Business Engineering

Herausgegeben von U. Baumöl, H. Österle, R. Winter

Springer
*Berlin
Heidelberg
New York
Hongkong
London
Mailand
Paris
Tokio*

Business Engineering

V. Bach, H. Österle (Hrsg.)
Customer Relationship Management in der Praxis
2000. ISBN 3-540-67309-1

H. Österle, R. Winter (Hrsg.)
Business Engineering, 2. Auflage
2003. ISBN 3-540-00049-6

R. Jung, R. Winter (Hrsg.)
Data-Warehousing-Strategie
2000. ISBN 3-540-67308-3

E. Fleisch
Das Netzwerkunternehmen
2001. ISBN 3-540-41154-2

H. Österle, E. Fleisch, R. Alt
Business Networking in der Praxis
2002. ISBN 3-540-42776-7

S. Leist, R. Winter (Hrsg.)
Retail Banking im Informationszeitalter
2002. ISBN 3-540-42776-7

C. Reichmayr
Collaboration und WebServices
2003. ISBN 3-540-44291-X

O. Christ
Content-Management in der Praxis
2003. ISBN 3-540-00103-4

E. von Maur, R. Winter (Hrsg.)
Data Warehouse Management
2003. ISBN 3-540-00585-4

L. Kolbe, H. Österle, W. Brenner (Hrsg.)
Customer Knowledge Management
2003. ISBN 3-540-00541-2

R. Alt, H. Österle
Real-time Business
2003. ISBN 3-540-44099-2

G. Riempp
Integrierte Wissensmanagement-Systeme
2003. ISBN 3-540-20495-4

T. Puschmann
Prozessportale
2004. ISBN 3-540-20715-5

Hubert Österle · Andrea Back
Robert Winter · Walter Brenner
(Herausgeber)

Business Engineering –
Die ersten 15 Jahre

Mit 114 Abbildungen
und 2 Tabellen

Prof. Dr. Hubert Österle
Prof. Dr. Andrea Back
Prof. Dr. Robert Winter
Prof. Dr. Walter Brenner
Institut für Wirtschaftsinformatik
Universität St. Gallen
Müller-Friedberg-Str. 8
9000 St. Gallen
Schweiz
vorname.nachname@unisg.ch

ISSN 1616-0002
ISBN 3-540-22051-8 Springer-Verlag Berlin Heidelberg New York

Bibliografische Information Der Deutschen Bibliothek
Die Deutsche Bibliothek verzeichnet diese Publikation in der Deutschen Nationalbibliografie; detaillierte bibliografische Daten sind im Internet über <http://dnb.ddb.de> abrufbar.

Dieses Werk ist urheberrechtlich geschützt. Die dadurch begründeten Rechte, insbesondere die der Übersetzung, des Nachdrucks, des Vortrags, der Entnahme von Abbildungen und Tabellen, der Funksendung, der Mikroverfilmung oder der Vervielfältigung auf anderen Wegen und der Speicherung in Datenverarbeitungsanlagen, bleiben, auch bei nur auszugsweiser Verwertung, vorbehalten. Eine Vervielfältigung dieses Werkes oder von Teilen dieses Werkes ist auch im Einzelfall nur in den Grenzen der gesetzlichen Bestimmungen des Urheberrechtsgesetzes der Bundesrepublik Deutschland vom 9. September 1965 in der jeweils geltenden Fassung zulässig. Sie ist grundsätzlich vergütungspflichtig. Zuwiderhandlungen unterliegen den Strafbestimmungen des Urheberrechtsgesetzes.

Springer-Verlag ist ein Unternehmen von Springer Science+Business Media

springer.de

© Springer-Verlag Berlin Heidelberg 2004
Printed in Germany

Die Wiedergabe von Gebrauchsnamen, Handelsnamen, Warenbezeichnungen usw. in diesem Werk berechtigt auch ohne besondere Kennzeichnung nicht zu der Annahme, dass solche Namen im Sinne der Warenzeichen- und Markenschutz-Gesetzgebung als frei zu betrachten wären und daher von jedermann benutzt werden dürften.

SPIN 11009955   42/3130/DK-5 4 3 2 1 0 – Gedruckt auf säurefreiem Papier

Vorwort

Die Forschungslandschaft wird seit langem globaler und differenzierter; IT-Innovationen und Managementtrends werden kurzlebiger. Unter diesen Umständen ist es sehr ungewöhnlich, dass eine bestimmte Forschungsausrichtung über einen langen Zeitraum hinweg eine hohe Zahl von Forschenden vereint. Business Engineering entstand Anfang der 1990er Jahre als konsequente Weiterentwicklung der Entwicklungsmethodik betrieblicher Informationssysteme durch Einbeziehung der Strategiegestaltung und vor allem der Prozessgestaltung als Bindeglied. Im Sinne einer betriebswirtschaftlichen Konstruktionslehre wurden in den Folgejahren die verschiedensten Anwendungsdomänen, Technologieinnovationen und Spezialaspekte einbezogen. Einen erheblichen Anteil an diesen Fortschritten hatten die Konsortial-Forschungsprojekte (Kompetenzzentren), die das Institut für Wirtschaftsinformatik der Universität St. Gallen (IWI-HSG) gemeinsam mit vielen grösseren Unternehmungen aus der Schweiz und Deutschland im Rahmen der Forschungsprogramme „Informationsmanagement 2000" und später „Business Engineering HSG" durchführte. Publikationen, Projektergebnisse, Ehemalige sowie die am IWI-HSG ausgebildeten Doktoranden und Habilitanden verbreiteten nicht nur die Idee und die Ergebnisse der anwendungsorientierten Konsortialforschung, sondern auch den Begriff und die Methodik des Business Engineering. In diesem Sammelband sind anlässlich des 15-jährigen Jubiläums des IWI-HSG ausgewählte, von verschiedenen Autoren verfasste und in verschiedensten Kontexten publizierte Beiträge versammelt, die die ersten beiden Jahrzehnte des Business Engineering St. Galler Prägung repräsentieren.

1989 wurde das IWI-HSG durch die damaligen Professoren Erwin Nievergelt, Hubert Österle, Ludwig Nastansky und Beat F. Schmid gegründet. Im selben Jahr erfolgte mit der Bildung eines Forschungsrats als Steuerungsgremium des Forschungsprogramms „Informationsmanagement 2000" die Institutionalisierung der durch Unternehmen getragenen Konsortialforschung am IWI-HSG. 1991 konnte mit dem Vertiefungsfach Informationsmanagement in der Studienrichtung Informations- und Technologiemanagement ein spezifischer Wirtschaftinformatik-Abschluss an der HSG geschaffen werden. 1994 bzw. 1996 wurden Andrea Back und Robert Winter als Professoren nach St. Gallen berufen und traten ins IWI-HSG ein. 1997 wurde als zweites Executive MBA-Programm der HSG das Programm „Master of Business Engineering" (MBE HSG) gegründet - nach wie vor das einzige MBA-Programm, das auf Transformation fokussiert und systematisch Business Engineering-Methoden vermittelt. Im selben Jahr gründete Beat F. Schmid das Institut für Medien- und Kommunikationsmanagement und verliess das IWI-HSG. Am 14. Juni 1999 feierte das IWI-HSG sein 10-jähriges Bestehen. 2001 bestand das IWI-HSG nach der Berufung von Walter Brenner wieder aus vier Lehrstühlen. 2002 arbeitete das IWI-HSG intensiv und erfolgreich in acht Kompetenzzentren und vier weiteren Forschungsprojekten mit über 30 führenden Unternehmen im deutschsprachigen Raum zusammen. Das MBE HSG wurde 2003 in „Executive MBA in Business Engineering" umgewandelt; Ende 2003 wurde dieses Programm als Teil der betriebswirtschaftlichen Abteilung der HSG durch die AACSB akkreditiert. Als Ergebnis einer umfassenden Studienreform an der HSG startet im Wintersemester 2004/05 der M.A. in Informations-, Medien- und Technologiemanagement, an dem Dozierende des IWI-HSG wesentlich beteiligt sind. Am 25. Juni 2004 feiert das IWI-HSG sein 15-jähriges Bestehen.

Zum Erfolg der Forschungsarbeit des IWI-HSG hat eine Vielzahl von Forschenden, Praktikern/innen und Studierenden beigetragen. Dieser Sammelband umfasst stellvertretend dafür 19 Arbeiten von 16 Autoren/innen, die den Zeitraum zwischen dem Ende der 1980er Jahre bis zur Jahrtausendwende repräsentieren. Die Auswahl der hier versammelten Arbeiten erfolgte durch die ehemaligen IWI-Professoren Dieter Bartmann, Ludwig Nastansky und Beat F. Schmid sowie durch die aktuellen IWI-Professoren/innen Andrea Back, Walter Brenner, Hubert Österle und Robert Winter. Wir danken den Autoren dafür, dass sie sich mit ausgewählten Arbeiten aus ihrer Zeit am IWI-HSG an diesem Sammelband beteiligen. Den jeweiligen Verlagen haben wir für die Gewährung der Rechte zum Wiederabdruck zu danken. Die Redaktion und Projektleitung dieses Bandes übernahm Kollege Robert Winter. Unser studentischer Mitarbeiter Remo Stieger übernahm mit grosser Sorgfalt die einheitliche Formatierung aller Beiträge, die Anfertigung der Verzeichnisse und die Endfertigung der Druckvorlagen.

St. Gallen, April 2004

Hubert Österle
Andrea Back
Robert Winter
Walter Brenner

Inhaltsverzeichnis

Hubert Österle
Eine Methode zum Entwurf betrieblicher Informationssysteme 1

Walter Brenner, Klaus Lieser, Hubert Österle
Datenintegration über Datenklassifikation: Ein Erfahrungsbericht.....................19

Hubert Österle
Computer Aided Software Engineering - von Programmiersprachen zu Softwareentwicklungsumgebungen..35

Ludwig Natstansky
Objektorientierte Systeme im Endbenutzercomputing...53

Hubert Österle
Generating Business Ideas Based on Information Technology 81

Hubert Österle, Walter Brenner, Konrad Hilbers
Forschungsprogramm IM2000: Umsetzung von Informationssystem-Architekturen...97

Michael Heym, Hubert Österle
Computer-aided Methodology Engineering 131

Thomas Hess, Hubert Österle
Methoden des Business Process Redesign: Aktueller Stand und Entwicklungsperspektiven...151

Beat F. Schmid
Elektronische Märkte..171

Walter Brenner, Lutz Kolbe
Die computerunterstützte Informationsverarbeitung der privaten Haushalte als Herausforderung für Wissenschaft und Wirtschaft 203

Dieter Bartmann
Home Banking: Künftige Relevanz aus Sicht der Kreditinstitute 225

Andrea Back, Andreas Seufert
Groupware Enabled Data Warehousing in Dienstleistungsunternehmen..........237

Beat F. Schmid
Der Information Highway als Infrastruktur der Informationsgesellschaft.........267

Andreas Seufert, Georg von Krogh, Andrea Back
Towards Knowledge Networking 289

Robert Winter
HSG Master of Business Engineering Program - Qualifying High
Potentials for IS-Enabled Change 309

Rüdiger Zarnekow, Walter Brenner
Diensteebenen und Kommunikationsstrukturen agentenbasierter
elektronischer Märkte 321

Robert Winter
Zur Positionierung und Weiterentwicklung des Data Warehousing in der
betrieblichen Applikationsarchitektur 335

Susanne Leist, Robert Winter
Finanzdienstleistungen im Informationszeitalter – Vision,
Referenzmodell und Transformation 351

Hubert Österle
Enterprise in the Information Age 369

Autorenverzeichnis..411

Index 415

Eine Methode zum Entwurf betrieblicher Informationssysteme[*]

Hubert Österle

---

[*] Wiederabdruck von Österle, H., Eine Methode zum Entwurf betrieblicher Informationssysteme, in: Wilhelm, R. (Hrsg.), GI - 10. Jahrestagung, 1980, S.150-165 mit freundlicher Genehmigung des Springer-Verlags.

1 Betriebliches Informationssystem

Systeme zur Finanzbuchführung, Lagerhaltung, Fertigungsplanung und Vertriebsplanung sind typische Beispiele für betriebliche Informationssysteme. Sie bestehen aus Informationen, Prozessoren und Methoden sowie den Beziehungen zwischen diesen Komponenten. Informationen bedeuten hier – im Gegensatz zur Informationstheorie – das Wissen um oder die Kenntnis über Sachverhalte (DIN 44300 1972; Schmitz u. Seibt 1975, S. 18 f.). Prozessoren sind Menschen (die Mitarbeiter der Fachabteilungen, in der Folge auch Benutzer genannt) und Maschinen (isolierte Kleinrechner, intelligente Terminals und Zentralrechner). Methoden sind Algorithmen und nicht formalisierte Verfahren der maschinellen und manuellen Informationsverarbeitung. Betriebliche Informationssysteme sind demnach soziotechnische Systeme. Programme und Rechner repräsentieren nur einen Teil aus dem gesamten System.

2 Komplexität und Abstraktion

Folgende Charakteristika kennzeichnen die Entwicklung betrieblicher Informationssysteme:

- Der Rechner übernimmt einen immer grösseren Teil der betrieblichen Informationsverarbeitung insbesondere der Massendatenverarbeitung.
- Nachdem zunächst die einfachen Routinetätigkeiten automatisiert worden sind, werden zunehmend anspruchsvollere Aufgaben angegangen.
- Die Integration der Teilsysteme eines Betriebes setzt sich durch.
- Die Anzahl maschineller Prozessoren, die in einem Informationssystem enthalten sind, wächst im Zuge der Verteilung der Intelligenz.
- Die permanente Weiterentwicklung der Betriebe als organischer Gebilde erzwingt eine laufende Anpassung der Informationssysteme.

Die Entwicklung der Informationssysteme ist den an sie gestellten Anforderungen nicht gewachsen. Kennzeichen dafür sind:

- Termin- und Kostenüberschreitung in der Entwicklung von Informationssystemen.
- Unzufriedenheit bei den Benutzern.
- Hohe Wartungskosten als Folge von Qualitätsmängeln (im Durchschnitt ca. 60–70 % der gesamten Personalkapazität der Softwareentwicklung [Black; Central Computer Agency (Hrsg.) 1973, Diebold 1976].

Die Probleme gehen überwiegend auf die hohe Komplexität der Systeme zurück. Diese ergibt sich aus der Diskrepanz zwischen dem Informationsumfang, der in der Entwicklung eines Informationssystems zu bewältigen ist, und der Informationsverarbeitungskapazität des Menschen. Elshoff (1969, S. 115 f.) hat für betriebliche Anwendungsprogramme (in PL/I) empirisch erhoben, dass ein Programm im Schnitt

- 384 Bezeichner enthält,
- von denen 277 in Operationen benutzt werden, und
- dass jeder Bezeichner durchschnittlich viermal verwendet wird.

Dem steht eine simultane Verarbeitungskapazität des bewussten Kurzzeitgedächtnisses des Menschen von ungefähr fünf Begriffen gegenüber (vgl. Cooke u. Bunt 1975; Weinberg 1971; Tracz 1979). Dies bedeutet, dass der Mensch die Systementwicklung nur durch Segmentierung und Sequentialisierung bewältigt, d.h., dass er die Aufgabenstellung in kleine Teilaufgaben zerlegt, die er nacheinander bearbeitet. Die grösste Schwierigkeit sind dabei die Schnittstellen zwischen den Teilaufgaben, also ihre Interdependenzen.

Zur Bewältigung der Komplexität benutzt der Mensch die Abstraktion. Man unterscheidet dabei die klassenbildende und die komplexbildende Superierung (vgl. Frank 1969, S. 106; Weltner 1970, S. 27 f.). In der klassenbildenden Superierung ersetzt man eine Menge von Begriffen durch einen Überbegriff, indem man Merkmale der Begriffe weglässt (z.B. Ballspiel für Fuss-Ballspiel, Hand-Ballspiel etc.). Von komplexbildender Superierung spricht man, wenn man mehrere Begriffe durch einen Überbegriff ersetzt, der eine Zusammenfassung darstellt (z.B. Fussballmannschaft für die Elemente Tormann, Libero etc.).

Im rein intuitiven Vorgehen sucht der Mensch ohne von aussen vorgegebene Regeln Abstraktionen. Die Schwierigkeit dabei ist, günstige Abstraktionen zu finden und so dafür zu sorgen, dass alle Elemente und Beziehungen eines Informationssystems für sich und in ihren Interdependenzen überblickt werden. Da dies intuitiv nur mangelhaft gelingt, wie die Erfahrung zeigt, sind seit längerem Intensive Bemühungen zu erkennen, Entwurfsmethoden zu entwickeln, welche die Abstraktion strukturieren, also Hilfen anzubieten, um günstige Abstraktionen zu finden. Bild 1 zeigt eine Zusammenstellung der bekanntesten Ansätze.

Methode	Autoren
top-down/Schrittweise Verfeinerung	Conway und Gries, Dijkstra, Mills, Wirth
Bottom up	
HIPO (Hierarchy plus Input-Process-Output)	IBM (Hrsg.)
Composite Design	Stevens e.a., Yourdon und Constantine
LITOS (Linzer Technique of Software Design)	Schulz
SADT (Structured Analysis and Design Technique)	Softech (Hrsg.), Ross und Schoman
IA (Information Analysis)	Lundeberg
Transitionsnetze	Peterson, Petri
LOGOS	Rose
SREM (Software Requirements Engineering Methodology)	Alford und Burns
JSP (Jackson Structured Programming)	Jackson
ISDS/HOS (Integrated Software Development System / Higher Order Software)	Hamilton und Zeldin
Entscheidungstabelle	Dressler e.a., Erbesdobler e.a., Strunz
Abstrakte Datentypen	Ehrich, Guttag, Liskov und Zilles

Abb. 1. Entwurfsmethoden

3 Methode des mehrdimensional abgestuften Entwurfs

Eine Analyse der Methoden aus Bild 1 hat gezeigt, dass deren Strukturierung auch nicht annähernd bis zu einer Algorithmisierung reicht. Die Verfahren enthalten aber einige Hinweise, welche die Beherrschung komplexer Informationssysteme vereinfachen. Die hier vorzustellende Methode versucht, diese Abstraktionshilfen in einem geschlossenen Ansatz verfügbar zu machen.

Die Grundlagen der Methode sind:

- Mehrdimensionale Betrachtung

  Zwischen den Elementen eines Informationssystems sind verschiedene Beziehungstypen zu betrachten. Die wichtigsten sind die der hierarchischen Ordnung von Begriffen, der Präzedenz und der Kontrolle.

- Abgestufte Dimensionseinführung

  Die Methode beginnt mit jener Systemdarstellung, welche die einfachste Form der Beziehungen berücksichtigt, und nimmt nach und nach zusätzliche Dimensionen (Beziehungstypen) in die Betrachtung auf, bis schliesslich eine vollständige Formulierung des Informationssystems vorliegt.

Im folgenden geben wir einen groben Überblick über die Bestandteile und die Arbeitsweise der Methode (zur detaillierten Darstellung s. Österle 1980, S. 185 ff.).

3.1 Bestandteile

3.1.1 Komponentenliste

Die Komponentenliste ist eine ungeordnete Aufzählung aller zu einem bestimmten Zeitpunkt bekannten Funktionen und Datentypen eines Subsystems des zu entwerfenden Informationssystems. Sie zeigt die einfachste Beziehung auf: Komponente K ist enthalten im Informationssystem.

3.1.2 Komponentenhierarchie

Die Komponentenhierarchie ordnet die Elemente der Komponentenliste nach den im Anwendungsbereich gängigen Begriffshierarchien. So würde etwa folgende Zerlegung festgehalten:

Lohnabrechnung
  Bruttolohnermittlung
  Nettolohnermittlung
    Steuern berechnen
    Krankenkassenbeitrag ermitteln

Die Komponentenhierarchie differenziert den Beziehungstyp der Komponentenliste zur Aussage: Komponente k ist Teil der Komponente K.

3.1.3 Schnittstellenentwurf

Der Schnittstellenentwurf legt die Schnittstelle zwischen den Prozessoren eines Informationssystems, vornehmlich aber die zwischen Mensch und Maschine fest. Die wichtigsten Formen sind

- grobe Druckbildentwürfe,
- Skizzen von Erfassungsformularen und
- eine grobe Darstellung von Bildern eines Bildschirmdialoges zusammen mit dem Dialogablauf.

Der Beziehungstyp des Schnittstellenentwurfs heisst: Prozessor A gibt den Datentyp D lt. Format F an Prozessor B. Die Elemente des Datentyps sind weit detailliert.

3.1.4 Präzedenzgraph

Der Präzedenzgraph zeigt den Fluss der Daten durch ein IS, d.h., aus welchen Datentypen über welche Funktionen welche Datentypen entstehen. Die einfache Form des hier verwendeten Präzedenzgraphen ist in Bild 2 erklärt.

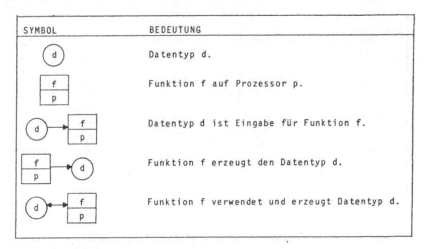

Abb. 2. Symbolik der Präzedenzgraphen

Die gerichteten Kanten drücken die Präzedenzbeziehungen aus. Sie besagen, dass die Ausführung einer Funktion f die Existenz eines Exemplars eines Datentyps d_e voraussetzt und dass die Existenz eines Exemplars eines Datentyps d_a die Ausführung einer Funktion f voraussetzt (Die Bestellung Nr. 3133 ist ein Exemplar des Datentyps Bestellung.) Die Einschränkung auf ein Exemplar eines Datentyps ist nötig, da beim Fortschreiben aus einem Datentyp zum Zeitpunkt t ein Datentyp zum Zeitpunkt t + 1, also aus einem Exemplar das nächste, entsteht. Diese Interpretation des Präzedenzgraphen entspricht der Verwendungsform in Literatur und Praxis (vgl. eine ähnliche Form bei Wedekind S. 178 ff.). Die sich daraus ergebende Bedeutung einiger zusammengesetzter Konstrukte im Präzedenzgraph ist in Bild 3 dargestellt.

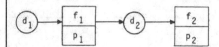

f_1 erzeugt aus einem Exemplar aus d_1 ein Exemplar aus d_2, das in f_2 eingeht. f_1 und f_2 laufen also bezüglich eines Exemplars aus d_1 und d_2 sequentiell ab. Das heißt nicht, daß f_1 und f_2 bezüglich unterschiedlicher Exemplare nicht nebeneinander ablaufen können.

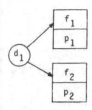

- Bei Existenz eines Exemplares aus d_1 läuft entweder f_1 oder f_2 ab (Selektion) oder
- bei Existenz eines Exemplares aus d_1 laufen f_1 und f_2 nebeneinander ab oder
- f_1 und f_2 laufen für unterschiedliche Exemplare aus d_1 nebeneinander ab.

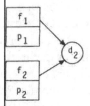

Ein Exemplar aus d_2 entsteht aus der Ausführung von f_1 und/oder f_2.

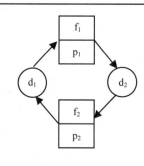

f_1 erzeugt aus einem Exemplar aus d1 ein Exemplar aus d_2.

f_2 ertzeugt aus dem Exemplar d_2 das nächste Exemplar d_1.

Abb. 3. Zusammengesetzte Konstrukte im Präzedenzgraph

3.1.5 Kontrollbaum

Der Kontrollbaum beschreibt die Kontrollstruktur Er benutzt die im Bild 4 gezeigten Komponenten.

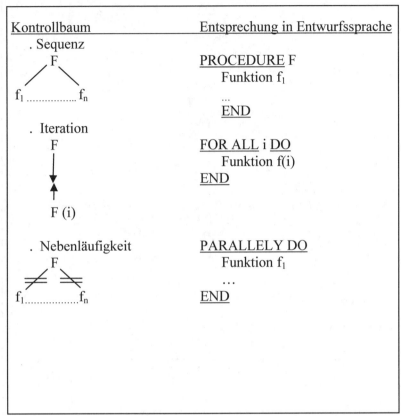

Abb. 4. Konstrukte des Kontrollbaumes

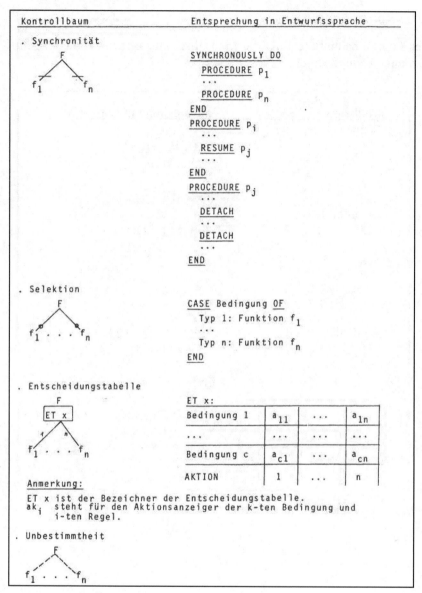

Abb. 4. Konstrukte des Kontrollbaumes (Fortsetzung)

Die Koordination nebenläufiger Funktionen geschieht ähnlich wie in Transitionsnetzen über Stellen, wenngleich nur Teilaspekte eines Netzes in der Baumdarstellung wiedergegeben werden können.

Die Synchronität entspricht grob dem Coroutinen-Konzept in SIMULA. Die Koordination der quasiparallelen Teilfunktionen erfolgt über Konnektoren und Konnektorreferenzen. In diesem Rahmen kann auf dieses Konstrukt nicht näher eingegangen werden.

Die Entscheidungstabelle hilft, komplexe Entscheidungssituationen, die mit der Selektion nur aufwendig beschreibbar sind, kompakt darzustellen.

Die Unbestimmtheit wurde aus der Erfahrung heraus aufgenommen, dass es insbesondere im Grobentwurf häufig schwer fällt, sich zwischen Sequenz und Nebenläufigkeit zu entscheiden. Die Festlegung kann damit auf einen späteren Zeitpunkt verschoben werden.

Der Beziehungstyp des Kontrollbaumes gibt an, ob eine Funktion f_i nach, neben, synchron mit oder alternativ zu einer Funktion f_j bzw. wiederholt ausgeführt wird.

3.1.6 Markiertes Instanzennetz

Das markierte Instanzennetz (vgl. Lockemann u. Mayr 1978, S. 74 ff.) dient der Untersuchung von Problemen der Nebenläufigkeit, die im Kontrollbaum unzureichend transparent gemacht werden können. Es greift also diesen Aspekt aus der Kontrollstrukturbetrachtung heraus und macht ihn einer isolierten Analyse zugänglich. Hier wird nicht näher darauf eingegangen.

3.1.7 Moduldefinition

Der Kontrollbaum beschreibt ein Informationssystem von der globalsten Ebene bis auf die Stufe elementarer Operationen wie etwa Statements der Zielsprache. Aus Gründen der Übersichtlichkeit wird er in Teilbäume zerlegt, von denen jeder als Modul betrachtet wird. Für jeden Modul wird die Ein- und Ausgabe als Liste der entsprechenden Datentypen beschrieben. Damit wird auch auf globaler Ebene der Definitions- und Wertebereich von Funktionen angegeben.

3.2 Prozedere

Der grundsätzliche Ansatz dieser Entwurfsmethode ist es, unter Verwendung der eben besprochenen Hilfsmittel ein IS nach und nach im Sinne der komplexbildenden und der klassenbildenden Abstraktion zu verfeinern. Das IS wird also einerseits in Teilsysteme zerlegt; andererseits werden die Aspekte (Dimensionen) eines IS stufenweise aufgenommen.

Abbildung 5 zeigt, wie der Entwerfer ein Informationssystem in Abschnitten entwickelt und welche Schritte er pro Abschnitt durchläuft.

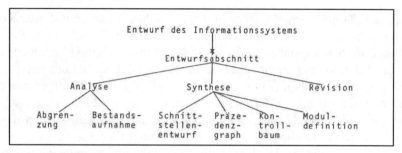

Abb. 5. Prozedere des mehrdimensional abgestuften Entwurfs

In der Analyse grenzt der Entwerfer das im aktuellen Entwurfsabschnitt zu behandelnde Teilsystem von seiner Umgebung ab, indem er dessen Funktion sowie Ein- und Ausgabe grob festlegt. Danach sammelt er in Komponentenlisten und Komponentenhierarchien alle Bestandteile des Teilsystems, die zu diesem Zeitpunkt bekannt sind. Er geht in der Analyse vom Transaktionsbestand aus. Das ist die Menge jener Datentypen, welche die Ausführung des Teilsystems auslösen.

Die Synthese, kombiniert die in der Analyse gefundenen Komponenten zu einem Teilsystem. Sie konkretisiert zunächst die Schnittstellen zwischen den Prozessoren, sofern dies für das Teilsystem relevant ist. Damit ist beispielsweise in Form des Formularentwurfs eine anschauliche Basis für die Festlegung des Datenflusses im Präzedenzgraph und die der Kontrollstruktur im Kontrollbaum gegeben. Für die Synthese gibt es Regeln wie beispielsweise:

- Das Teilsystem ist erst für die „Normalverarbeitung" und danach für die Fehlerbehandlung zu konzipieren.
- Für jede iterative Komponente muss eine Anfangs-, Einzel- und Endverarbeitung vorgesehen werden (s. Abbildung 6).
- Für jede Eingabe im Dialog ist ein Korrekturzyklus mit Abbruchmöglichkeiten vorzusehen.

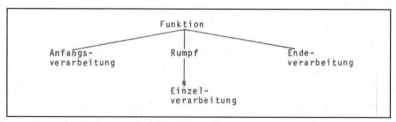

Abb. 6. Zerlegungsschema für Funktionen mit iterativer Komponente

Die Revision ist eine kritische Überarbeitung des zuvor entworfenen Teilsystems und seiner Umgebung. Auch dazu sind Hinweise für ein zweckmässiges Vorgehen und ausserdem eine Checkliste vorhanden.

3.3 Beispiel

Praktische Beispiele können wegen ihres Umfangs nur andeutungsweise gezeigt werden. Es wird hier für eine einfache Form der Bestelldisposition versucht.

In einer Artikelstammdatei wird auf Veranlassung des Benutzers für jeden Artikel geprüft, ob der Mindestlagerbestand unterschritten ist. Alle zu bestellenden Artikel werden zu Bestellungen an Lieferanten zusammengefasst und in einer Bestellvorschlagsliste ausgedruckt. Der Benutzer prüft, ob die Bestellvorschläge akzeptiert werden können, korrigiert sie ggfs. im Dialog und veranlasst den Druck der Bestellungen.

Der Entwurf dieses Systems könnte im ersten Entwurfsabschnitt wie folgt ablaufen:

- Analyse
  - Abgrenzung
    - Teilsystem: Bestellwesen
    - Eingabe: Artikelstammsätze
      Kreditorenstammsätze
    - Ausgabe: Bestellung
    - Aufgabe: Maschinelle Bestellvorschläge, manuelle Korrektur, maschinelle Bestellschreibung
  - Bestandsaufnahme
    - Funktionen: Bestellungen ermitteln
      Bestellungen pro Lieferant drucken
      Bestellung prüfen
      Bestellung korrigieren
      Bestellung drucken
    - Datentypen: Artikelstammsatz
      Kreditorenstammsatz
      Bestellung
      Bestellvorschlagsliste
      Bestellkorrektur
- Synthese
  - Schnittstellenentwurf
    Auf dieser globalen Ebene genügt folgende Festlegung bezüglich der Mensch-Maschine-Schnittstelle:

- Die Bestellvorschläge werden in einer Liste ausgedruckt.
- Die Korrekturen werden am Bildschirm ausgeführt.
- Die Bestellungen werden auf Papier ausgedruckt.
- Präzedenzgraph (s. Abbildung 7)

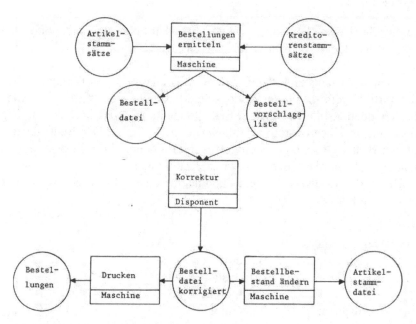

Abb. 7. Präzedenzgraph für die Bestelldisposition

- Kontrollbaum (s. Abbildung 8)

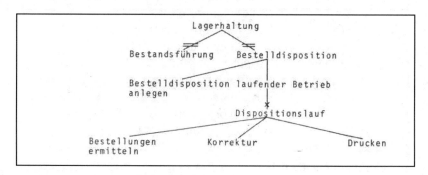

Abb. 8. Kontrollbaum für Bestelldisposition

Bestelldisposition anlegen heisst, bezogen auf die Bestelldisposition den Initialzustand aller Dateien zu schaffen.
- Moduldefinition

Eingabe:	Artikelstammsätze
	Kreditorenstammsätze
Ausgabe:	Bestellungen
	Artikelstammsätze
Aufgabe:	Maschinelle Bestellvorschläge, manuelle Korrektur, maschinelle Bestellschreibung und Fortschreibung der Bestellbestände

In den nächsten Entwurfsabschnitten wird der nun vorliegende Entwurf verfeinert und ggfs. umgestaltet.

3.4 Bewertung

Die Strukturierungsstärke der vorgeschlagenen Entwurfsmethode bleibt weit hinter dem wünschenswerten Grad der Formalisierung zurück. Dies hängt nicht nur mit der hier sehr gerafften Darstellung der Methode zusammen. Vielmehr bestimmt auch unter Anwendung aller Regeln des Verfahrens die Fähigkeit des Entwerfers die Qualität. Dass hier trotzdem eine neue Methode vorgestellt wurde, ist wie folgt zu begründen:

Die Methode vereint die wichtigsten Hilfen der bekannten Entwurfsverfahren in einem geschlossenen Ansatz. Die Erprobung des mehrdimensional abgestuften Entwurfs an praktischen Problemstellungen brachte im Vergleich zu den eingangs erwähnten Entwurfsverfahren durchweg zufrieden stellende Ergebnisse.

Folgende Faktoren sind dafür verantwortlich:

- Die von Entwurfsschritt zu Entwurfsschritt variierende Sichtweise (Mehrdimensionalität) stellt immer andere Aspekte in den Vordergrund. Wie die Erprobung zeigt und auch im Beispiel aus Punkt 3.3. sichtbar wurde, kommen dadurch immer wieder zusätzlich Komponenten und Beziehungen zum Vorschein, die in der eindimensionalen Betrachtung der meisten bekannten Verfahren u.U. nicht sichtbar werden.
- Die Entwicklung von einer äusserst einfachen Darstellung (Komponentenliste) zu einer schliesslich umfassenden Beschreibung (Kontrollbaum und Moduldefinition) geschieht durch stufenweises Hinzunehmen neuer Beziehungen und ist dadurch pro Schritt einfach durchzuführen.
- Das Kontrollkonstrukt Nebenläufigkeit, das nur in wenigen Entwurfsmethoden zugelassen ist, gestattet Mehr-Prozessor-Systeme zu entwer-

fen. Dies sind alle Informationssysteme, an denen Menschen und Maschinen beteiligt sind (s. dazu Griese u. Mühlbacher).
- Die Entwurfsmethode beschränkt sich nicht auf die maschinelle Informationsverarbeitung, sondern bezieht auch die menschliche ein. Dadurch werden Informationssysteme nicht mit Programmen, sondern mit betrieblichen Organisationen gleichgesetzt.
- Zerlegungsschemata wie das der Anfangs-, Einzel- und Endverarbeitung helfen, alle Komponenten zu berücksichtigen.
- Die Methode ist vom Grobentwurf bis auf die Ebene der Programmstatements ohne Bruch in der Darstellung oder im Vorgehen verwendbar.
- Die Arbeitsweise wird vom Entwerfer nach einer gewissen Einübung als natürlich empfunden.

Literaturverzeichnis

Black, R.K.E., Effects of Modern Programming Practice on Software Development Costs, in: COMPCON '77, a.a.O., S. 250—253.

Central Computer Agency (Hrsg.), Evaluation of Programming and Systems Techniques. Implications of Using Modular Programming, Central Computer Agency, Civil Service Department, Her Majesty's Stationery Office, London 1973.

Cooke, J. E., Bunt, R. B., Human Error in Programming: The Need to Study the Individual Programmer, INFOR 13 (1975) 3, S. 296—307.

Diebold Deutschland GmbH (Hrsg.), Einsatz softwaretechnologischer Methoden mit Normungseffekt, Frankfurt/Main 1976.

DIN 44300, Informationsverarbeitung Begriffe, Berlin und Köln 1972.

Elshoff, J.L., A Numerical Profile of Commercial PL/I Programs, Software - Practice and Experience 6 (1976) 4, S. 505–525.

Frank, H., Kybernetische Grundlagen der Pädagogik, Band 1: Allgemeine Kybernetik, Baden-Baden 1969 (2. Auflage).

Griese, J., Mühlbacher, J., Konstruktionsprinzipien und Problembereiche für Mensch-Maschine-Kommunikationssysteme, in: Noltemeier, H. (Hrsg.), a.a.O., S. 315—332.

Lockemann, P.C., Mayr, H.C., Rechnergestützte Informationssysteme, Berlin e.a. 1978.

Noltemeier, H. (Hrsg.), Computergestützte Planungssysteme, Würzburg und Wien 1976.

Österle, H., Entwurf betrieblicher Informationssysteme, Habilitationsschrift, Dortmund 1980.

Schmitz, P., Seibt, D., Einführung in die anwendungsorientierte Informatik, München 1975.

Tracz, W.J., Computer Programming and the Human Thought Process, Software — Practice and Experience 9 (1979) 2, S. 127—137.

Weinberg, G.M., The Psychology of Computer Programming, New York u.a. 1971.

Weltner, K., Informationstheorie und Erziehungswissenschaft. Quickborn 1970.

Datenintegration über Datenklassifikation:
Ein Erfahrungsbericht*

Walter Brenner, Klaus Lieser, Hubert Österle

Stichworte: Integration, Informationssystem, Synonym, Standardisierung, Datenentwurf, Klassifikation, Sprache

Zusammenfassung: Applikatorische Insellösungen führen zu unterschiedlichen Begriffswelten innerhalb eines Unternehmens. Eine über eine einzelne Anwendung hinausgehende Standardisierung der Bedeutung der Datenelemente ist eine elementare Voraussetzung zur Integration von Informationssystemen. Der Aufsatz berichtet über die Erfahrungen mit einer Methode zur Beschreibung von Datenelementen und zum Auffinden ähnlicher, bereits vorhandener Elemente.

---

* Wiederabdruck von Brenner, W.; Lieser, K.; Österle, H., Datenintegration über Datenklassifikation. Ein Erfahrungsbericht, in: Angewandte Informatik, 7, 1988, S. 302-309 mit freundlicher Genehmigung des Vieweg Verlags.

1 Das Problem der Datenintegration

Eine grosse Zahl unabhängiger Applikationen prägt das Bild der traditionellen EDV-Landschaft vieler Unternehmen. Kunden- und Produktestammdaten sind typische Beispiele für Daten, die häufig mehrfach geführt werden. Mehrfacherfassung, lange Durchlaufzeiten, Widersprüche, Probleme bei der Konsolidierung, Schnittstellenprobleme und unnötige Komplexität folgen daraus.

So entstand schon sehr früh die Forderung nach einem integrierten, betriebsumfassenden Informationssystem mit einer einzigen, redundanzfreien Datenbank. Rasch erkannte man, dass dies nicht in einem Schritt realisierbar ist, sondern allenfalls ein Fernziel sein kann. Bereits bestehende Insellösungen, Abteilungsgrenzen, Dezentralisierung, Performanceprobleme verfügbarer Datenbankmanagementsysteme und der Zeitdruck in Anwendungsprojekten verhindern eine rasche Integration.

Aus diesen Gründen müssen wir Redundanz zulassen, müssen sie aber planen. Wir sprechen von *geplanter Redundanz*, wenn der Entwickler von der Existenz gleicher Datenelemente in unterschiedlichen Bereichen weiss und er diese in seiner Lösung berücksichtigt. Er kann die eingangs erwähnten Nachteile zwar nicht ganz vermeiden, sie aber entscheidend vermindern.

Voraussetzung zur Planung der Redundanz ist das Erkennen gleicher oder ähnlicher Datenelemente *(Synonyme)*. Datenentwurf im Sinne der Normalisierung der Datenbankstruktur, der in der Theorie eine viel zu hohe Bedeutung zugemessen wird, kann erst beginnen, wenn die Datenelemente definiert sind.

Der entscheidende Schritt der Integration ist der Aufbau eines Inventars aller vorhandenen Datenelemente. Nicht die physische Zusammenfassung aller Datenelemente in einer Datenbank, sondern die logische Vereinigung in einem zentralen Datenverzeichnis ist die Basis der Datenintegration. Das maschinelle Hilfsmittel dazu ist das Data Dictionary.

2 Datenintegration bei der Dr. Karl Thomae GmbH

Mit eben dieser geschilderten Problematik sah sich auch die Dr. Karl Thomae GmbH in Biberbach/Riss konfrontiert, als sie Anfang der 80-er Jahre mit dem Aufbau der neuen Funktion „Datenverarbeitung" begann. Thomae, eines der grössten deutschen Pharma-Unternehmen, das zum

Firmenverband Boehringer Ingelheim gehört, wurde bis zu diesem Zeitpunkt von der Konzernmutter auf dem Gebiet der kommerziellen Datenverarbeitung mitversorgt. Im Bereich der forschenden und medizinischen Abteilungen hatte sich hingegen eine weitgehend unabhängige Informationsverarbeitung entwickelt, mit eigener, Hard- und Software sowie eigenständigen Methoden und Verfahren.

Die informationstechnologische Abnabelung von der Konzernzentrale gab der Dr. Karl Thomae GmbH die Chance, neue zukunftsweisende Strategien der Informationsverarbeitung zu entwickeln und einzuführen, ohne eine erdrückende Last von Altanwendungen vor sich herschieben zu müssen. Darüber hinaus wurde die „horizontale" Integration der internen Anwendungsgebiete (insbesondere auch zwischen kommerziellem und nichtkommerziellem Bereich) ebenso zum strategischen Ziel erhoben, wie die „vertikale" Integration mit den zentralen konzernrelevanten Anwendungen.

Die informationstechnischen Voraussetzungen dafür wurden mit der Einführung eines zentralen Data Dictionary und der Eigenentwicklung eines Werkzeugs (NDT : Normierte Dialog Technik) zur Unterstützung der Projektphasen „DV-Entwurf" und „Realisierung" geschaffen. Eine neu geschaffene Funktion „Datenorganisation" übernahm die Planung, Durchführung und Kontrolle der organisatorisch-methodischen Aktivitäten der Datenintegration (Durell 1985; Goodhue u. Quillard, Rockart 1986).

2.1 Spezifikation einer Datenbeschreibungsmethode

Ausgehend von der Prämisse, dass eine Erfassung, Bereinigung, Zusammenführung, Planung und Kontrolle der momentanen und künftigen Informationswelten (Sankar 1985) nur auf Basis der kleinsten Informationseinheiten des Unternehmens möglich ist, bestand die erste Aufgabe dieser neuen Funktion in der Entwicklung und Einführung eines Standards zur semantischen Beschreibung von Datenelementen aus fachlicher Sicht.

Nach eingehender Beschäftigung mit Methoden, welche die Bibliothekare zur Klassifikation von Literatur verwenden, entstand folgender Kriterienkatalog zur Auswahl einer Beschreibungsmethode:

Kriterium 1: 1:1-Abbildung
Für jedes Datenelement gibt es eine umkehrbare eindeutige Kombination von klassifizierenden Beschreibungsmerkmalen.

Kriterium 2: Flexibilität
Die Beschreibungsmethode muss den betrieblichen Erfordernissen leicht und problemlos anpassbar sein.

Kriterium 3: Stabilität
Die Methode muss ein sich veränderndes betriebliches Umfeld ohne Anpassungen bewältigen.

Kriterium 4: Objektivität
Die Methode soll personenneutral anwendbar sein. Verschiedene Personen mit gleichem fachlichen Hintergrund sollten bei der Definition eines bestimmten Datenelementes zu einer möglichst gleichen Beschreibung gelangen. Die Person, die ein Datenelement anhand von Beschreibungsmerkmalen wieder finden soll, ist meist nicht identisch mit der Person, die das Datenelement beschrieben hat.

Kriterium 5: Synonym-Suchunterstützung
Die Methode hat gleichermassen die Definition von Datenelementen in einem Data Dictionary und die Suche nach beschriebenen Datenelementen zu unterstützen. Idealerweise sollten sich die beiden Aktivitäten formal gar nicht unterscheiden.

Kriterium 6: Praktikabilität
Die Methode soll leicht verständlich und handhabbar sein für Informatiker wie für Mitarbeiter der Fachabteilungen. Insbesondere darf sie keine Informatikkenntnisse erfordern, sondern nur das Fachwissen des Anwendungsbereiches voraussetzen. Sie muss die Denk- und Vorgehensweise aller Betroffenen bei der Beschreibung und beim Suchen unterstützen.

Die Bedürfnisse der Softwareentwickler erfordern eine aktive Einbindung der Methode in den Entwicklungsprozess, was u.a. bedeutet:

- Die Klassifizierung muss in mehreren Verfeinerungsschritten entwickelt werden können.
Die Methode muss die Prüfung auf Vollständigkeit der Datenelementdefinition aktiv unterstützen.

2.2 Auswahl einer Datenbeschreibungsmethode

Anhand des Kriterienkatalogs wurden insgesamt vier bei anderen Unternehmen eingesetzte Methoden untersucht. Darüber hinaus berücksichtigen wir eine bis dahin nur theoretisch ausgearbeitete Methode. Die Methoden wurden von der Datenadministration mittels eines Testkatalogs von ca. 50 Datenelementen validiert. Die zur Auswahl stehenden Verfahren können wie folgt eingeteilt werden:

Namenskonvention im Stile eines sprechenden Schlüssels
Die Methode beschreibt ein Datenelement mit standardisierten Namensbestandteilen, bildet also die inhaltliche Bedeutung wie in einem sprechenden Schlüssel ab.

Beschlagwortung aus einem Schlagwortkatalog
Ein Datenelement erhält Beschreibungsmerkmale aus einem (mehr oder weniger strukturierten) Katalog von Schlagworten. Es ist möglich, beliebig viele Merkmale des Katalogs zu vergeben, wobei eine bestimmte Mindestanzahl vorgeschrieben ist.

Klassifikationsschema mit vorgegebenen Deskriptorenklassen
Jedes Datenelement erhält genau einen Deskriptor aus vorgegebenen Klassen von Deskriptoren.

Keine der untersuchten Methoden konnte die Anforderungen hundertprozentig erfüllen. Unter den verfügbaren Alternativen entschied sich die Dr. Karl Thomae GmbH aufgrund der Tests für das Klassifikationsschema mit vorgegebenen Deskriptorenklassen, obwohl dieses noch nicht in der Praxis erprobt war.

3 Methode zum Entwurf von Datenelementen

Die Methode (Brenner 1988; Österle u. Brenner 1986) ist ein Ergebnis des Projektes SEBIS (Gutzwiller u. Österle 1986) an der Hochschule St. Gallen. Sie geht davon aus, dass im Rahmen der Systementwicklung Datenelement um Datenelement spezifiziert und in das Data Dictionary aufgenommen wird. Sie enthält im wesentlichen zwei Komponenten: die inhaltliche Klassifikation von Datenelementen und die Suche von ähnlichen Elementen, die bereits im Datenlexikon vorhanden sind.

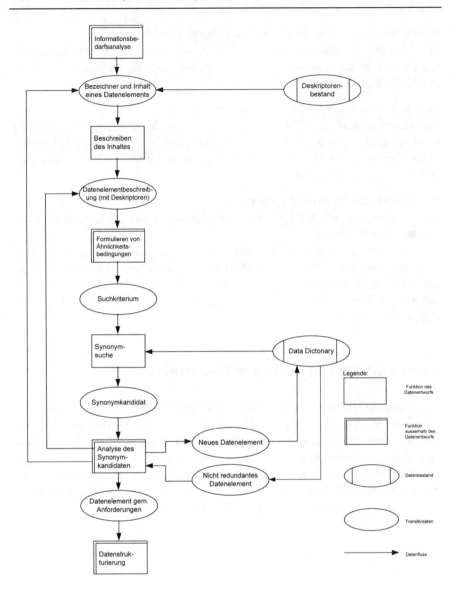

Abb. 1. Data Dictionary

Einen Überblick über die Methode liefert Abbildung 1. Der erste Schritt ist die Beschreibung des Inhaltes eines neuen Datenelementes (Sankar 1985). Diese Beschreibung muss auf den späteren Zweck, den Vergleich mit bereits existenten Datenelementen (Synonymsuche) ausgerichtet sein. Wie Abbildung 2 anhand von Beispielen aus dem Datenelementbestand der Dr.

Karl Thomae GmbH zeigt, werden jedem Datenelement Deskriptoren (beschreibende Begriffe) zugeordnet.

Die Deskriptoren werden nicht frei vergeben, sondern stammen aus einem vordefinierten Deskriptorenbestand (s. Abbildung 3). Dieses Klassifikationsschema zerfällt in Deskriptorklassen, die unterschiedliche Dimensionen (Attribute) eines Datenelementes repräsentieren. Jede Klasse besitzt eine überschaubare Zahl von Ausprägungen (Deskriptoren).

Findet der Datenadministrator keinen passenden Deskriptor, so wählt er das entsprechende Auffangfeld („nicht einzuordnen").

Dieses einfache Verfahren zur Beschreibung von Datenelementen löst zwei Probleme der betrieblichen Realität: Es erzwingt eine standardisierte, mehrdimensionale und anwendungsbezogene Datendefinition, und es schafft die Voraussetzung zur Synonymsuche. Oft deckt es so bereits in einer frühen Phase des Systementwurfs latente Konflikte über unterschiedliche Vorstellungen von Datenelementen auf. Kostspielige Korrekturen in späteren Phasen werden vermieden.

Zwei Datenelemente können nicht nur dann synonym sein, wenn ihre Beschreibungen in allen Deskriptorklassen übereinstimmen. Ein Verdacht auf Synonymität kann auch schon bei geringerer Übereinstimmung der Beschreibungen bestehen. Daher formuliert der Datenadministrator die Ähnlichkeitsbedingungen. Sie bestimmen, bei welchen Übereinstimmungen eines neuen Datenelementes mit bereits im Data Dictionary deskribierten Datenelementen diese aufgelistet werden.

Die eigentliche Synonymsuche erfolgt dann aufgrund dieser Angaben maschinell. Ergebnis ist eine Liste von Synonymkandidaten, die vom Datenadministrator auf tatsächliche Synonyme hin durchsucht wird. Existiert ein echtes Synonym, ist die Suche beendet: das neue Datenelement existiert bereits und darf nicht in das Data Dictionary aufgenommen werden. Der Entwickler hat das bestehende Datenelement zu verwenden. Andernfalls wird im Data Dictionary das neue Datenelement aufgenommen.

In manchen Fällen – insbesondere bei langen Listen von Synonymkandidaten – ist es notwendig, die Beschreibung des Datenelementes und die Spezifikation der Ähnlichkeitsbedingungen zu ändern und erneut zu suchen.

Bezeichner	Betriebsw Charakter	Inhaltl. Bezug	Betriebswi. Typus	Geograph. Dimension	Organisat. Dimension	Warennm. Dimension	Zeitliche Dimension	Äussere Form	Innere Form	Entstehungsart	Entstehungsort
Pathologieversuchsnummer	Ist-Daten	Forsch.projekt	Nummer	Nicht zutreffend	Nicht zutreffend	Nicht zutreffend	Nicht zutreffend	Ziffer	Konstant	Einzelgrösse	Maschinell erzeugt
Einsetzende_Menge_Lyophylisat	Plan-Daten	Artikel	Menge	Nicht zutreffend	Nicht zutreffend	Halbfabrikat	Nicht zutreffend	Reelle Dezimalzahl	Absolut	Definition	Pharma
Summe_Inventar_F+R	Ist-Daten	Anlagevermögen	Betrag	Nicht zutreffend	Abteilung	Betriebsmittel	Nicht zutreffend	Reelle Dezimalzahl	Konsolidiert	Kumulation	Verwaltung
Budgetierte_D_V_	Plan-Daten	Interner	Betrag	Nicht zutreffend	Abteilung	Nicht zutreffend	Jahr	ganze	Gerundet	Addition	Produktion & Technik
Kosten_für_A_Technik	Ist-Daten	Auftrag	Betrag	zutreffend	zutreffend	zutreffend	zutreffend	Dezimalzahl			
Dosierung	Ist-Daten	Versuchsobjekt	Menge	Nicht zutreffend	Nicht zutreffend	Wirksubstanz	Nicht einzuordnen	Alpha-numerisch	Variabel	Definition	Forschung
Galenikcode	Ist-Daten	Artikel	Code	Nicht zutreffend	Nicht zutreffend	Nicht einzuordnen	Nicht zutreffend	Alpha-numerisch	Variabel	Definition	Forschung
Inlandserlös_Spasmolytika_3.Quartal	Ist-Daten	Artikel	Betrag	Land/Staat	Nicht zutreffend	Fertigerzeugnis	Quartal	Reelle Dezimalzahl	Absolut	Algorithmus	Pharma
Morphologie	Ist-Daten	Versuchsobjekt	Code	Nicht zutreffend	Nicht zutreffend	Nicht zutreffend	Nicht zutreffend	Ziffer	Konstant	/ Definition	Staatl. Institution
Veränderung_Auftr.vo-lumen_gg.über_Vormt._an_Zulieferer_aus_Oberschwaben	Ist-Daten	Lieferant	Betrag	Bezirk Region	Hauptabt./ Bereich	Betriebsmittel	Monat	Reelle Dezimalzahl	Relativ	Algorithmus	Produktion & Technik

Abb. 2. Datenelementbestand

Datenintegration über Datenklassifikation: Ein Erfahrungsbericht

Betriebsw. Charakter	Inhaltlicher Bezug	Betriebsw. Typus	Äussere Form	Innere Form	Entstehungsart	Entstehungsort	Geographische Dimension	Organisator. Dimension	Warenmässige Dimension	Zeitliche Dimension
Ist-Daten	Mitarbeiter	Beschreibung	Formatierter Text	Absolut	Algorithmus	Verwaltung	Ort bzw. Stadt	Arbeitsplatz bzw. Stelle	Rohstoff	Kurzfristig
Plan-Daten	Kunde	Betrag	Unformatierter Text	Relativ	Addition	Forschung	Bezirk bzw. Region	Gruppe bzw. Team	Hilfsstoff	Tag
EDV-Daten	Lieferant	Code	Ganze Dezimalzahl	Konstant	Subtraktion	Pharma	Land bzw. Staat	Abteilung	Grundstoff	Woche
	Andere Thomae-Partner	Nummer	Reelle Dezimalzahl	Variabel	Multiplikation	Produktion & Technik	geographische Ländergruppe	Hauptabteilung bzw. Bereich	Halbfabrikat	Monat
	Material	Einheit	Alphanumerisch	Geglättet	Division	Tochter-gesellschaft	wirtschaftliche Ländergruppe	Operative Einheit	Bulkware	Quartal
Nicht einzuordnen	Andere Sache	Menge	Ziffer	Gerundet	Definition	EBKG	weltweit	Holding	Fertigerzeugnis	Halbjahr
	Anlagevermögen	Name	Binär	Gewichtet	Einzelgrösse	BIZ		Firmenverband	Wirksubstanz	Jahr
	Interner Auftrag	Nummer	Hexadezimal	Konsolidiert	Schätzgrösse		Nicht einzuordnen		Fremderzeugnis	Mehrere Jahre
	Organisatorische Einheit	Verhältnis	Symbol	Verdichtet	Durchschnitt	Staatliche Institution	Nicht zutreffend	Nicht einzuordnen	Handelsware	Nicht einzuordnen
	Prozess bzw. Funktion	Zeitangabe			Extremwert	Technologie & Wissenschaft		Nicht zutreffend	Betriebsmittel	Nicht zutreffend
	Softwareproduktionsumgebung		Nicht einzuordnen	Nicht einzuordnen	Mischung	Wirtschafts-verband				
	Forschungsprojekt	Nicht einzuordnen		Nicht zutreffend	Reaktion	Statistik & Ökonometrie			Nicht einzuordnen	
	Versuchsergebnis				Vortrag				Nicht zutreffend	
	Versuchsobjekt				Kumulation		Maschinell erzeugt			
	Örtlichkeit									
	Abstraktum				Nicht einzuordnen	Nicht einzuordnen				
	Nicht einzuordnen									

Abb. 3. Deskriptorenbestand

4 Implementierung der Methode bei der Dr. Karl Thomae GmbH

Die Methode wurde von der Dr. Karl Thomae GmbH in Biberbach übernommen, auf die Betriebsspezifika angepasst, auf dem vorhandenen Data Dictionary implementiert und nach einer Einführungsphase in allen neuen Anwendungsprojekten eingesetzt.

4.1 Anpassung des Deskriptorenbestandes

Nach der grundsätzlichen Entscheidung für die an der Hochschule St. Gallen entwickelte Beschreibungsmethode war die erste Aktivität der Aufbau eines firmenspezifischen Deskriptorenbestandes. Die in Frage kommenden Begriffe mussten dem Sprachgebrauch der zukünftigen Anwender (d.h. der Fachbereiche) entsprechen und darüber hinaus gegenüber inhaltsverwandten Begriffen eindeutig abgrenzbar sein.

Das Klassifikationsschema von Brenner (Brenner 1988, S. 122) diente als Grundlage für den zu definierenden Deskriptorenbestand. Bei der Validierung des Bestandes anhand der ausgewählten Testdatenelemente, erwies sich dieser als nicht ausreichend, das spezielle betriebliche Umfeld eines Pharmaunternehmens abzubilden. Eine Erweiterung und teilweise Umstrukturierung der Deskriptorenklassen war erforderlich.

Die zu diesem Zweck untersuchten DV-internen Unterlagen (z.B. Organisationsanweisungen, Fachspezifikationen von Anwendungssystemen u.ä.) erklärten das Thomae-„Geschäft" nicht hinreichend genau und gleichzeitig allgemeingültig. Sie waren somit für die Ableitung und Definition neuer Deskriptoren nicht ausreichend.

Auch die Analyse eines betriebswirtschaftlichen Thesaurus brachte nicht die gewünschten Resultate, da die darin aufgeführten Begriffe für den konkreten Betrieb zu allgemein sind. Im wesentlichen wurde der heutige Deskriptorenbestand (s. Abbildung 3) aus internen Ausbildungsunterlagen der Fachabteilungen extrahiert. Auch einige der in den anderen untersuchten Beschreibungsmethoden verwendeten Deskriptoren fanden Eingang in den Thomae-Bestand.

Die ausgewählten Deskriptoren und Klassen wurden sorgfältig beschrieben und gegen inhaltlich ähnliche abgegrenzt. Beispielhaft sind nachfolgend zwei Klassendefinitionen dargestellt:

Betriebswirtschaftlicher Typus
Die Begriffe dieser Klasse teilen die Datenelemente gemäss ihrem betriebswirtschaftlichen Inhalt global ein, d.h. die Frage, welche die Begriffe dieser Klasse beantworten sollen, lautet etwa: Welche Art von (betriebswirtschaftlicher) Information wird durch das zu beschreibende Datenelement dargestellt?

Inhaltlicher Bezug
Diese Deskriptorenklasse stellt einen inhaltlichen Bezug zwischen den betrieblichen Daten und den Objekten der realen Thomae-Welt her, die durch die Daten beschrieben werden sollen. Das bedeutet, die Zuordnung eines Begriffs aus dieser Klasse zu einem Datenelement soll etwa folgende Fragen beantworten: Was soll beschrieben werden? Wer tut etwas? Wer oder was verwendet diese Daten? Wem gehört etwas? Womit geschieht etwas?

4.2 Einführung

Die Methode wurde in zwei kleineren Pilotprojekten in den Softwareengineering-Prozess eingeführt. Die primären Ziele dieser Einführungsphase waren einerseits die Verifizierung des Deskriptorenbestands anhand konkreter Datendefinitionen in der Fachabteilung, andererseits der Nachweis der Praktikabilität des Verfahrens für die Systementwickler. Zu diesem Zeitpunkt waren die aus der Methode abgeleiteten Verfahren noch nicht vollständig in die Werkzeugumgebung integriert; es existierte lediglich eine einfache Abbildung der Formulare in die Benutzeroberfläche des Data Dictionary. Zu Beginn der jeweiligen Projekte wurde den Projektteams die Methode in einer etwa einstündigen Einführung erläutert.

Ein für die Datenadministration erstaunlich gutes Feedback kam aus den am Projekt beteiligten Fachabteilungen. Mit ihrer Hilfe konnten Unvollständigkeiten und Ungenauigkeiten der Deskriptorenbeschreibungen ausgebessert werden. Die notwendigen Anpassungen und Erweiterungen der Deskriptoren waren geringfügiger als in den optimistischen Erwartungen der Datenadministration. Auch die Anwendung der Methode bereitete den Mitarbeitern der Fachabteilungen nach relativ kurzer Zeit keine Schwierigkeiten.

Hingegen unerwartet blass blieben die Reaktionen der beteiligten Systementwickler. Zu der Weiterentwicklung der Deskriptoren oder des Verfahrens leisteten sie keinen Beitrag. Ihre Reaktion lässt sich noch am ehesten mit „mal abwarten, ob was daraus wird" umschreiben. Trotz des Wissens um die noch unvollkommene Werkzeugunterstützung und um den Prototypcharacter des Verfahrens bezogen sich nahezu alle Anregungen und Kriterien der Systementwickler auf das manuelle Handling.

5 Erfahrungen

Die Ergebnisse des Einsatzes sollen nun den Erwartungen gegenübergestellt werden, die bei der Auswahl des Verfahrens vorlagen.

5.1 Erwartungen

Mit der Implementierung dieser Methode verbanden sich folgende Erwartungen:

Von der einfachen Struktur des Deskriptorenschemas, das die Attribute eines Datenelements in verschiedene, voneinander unabhängige „Views" zerlegte, erhoffte man sich eine wesentliche Verbesserung der Kommunikation zwischen Fachabteilung und Systementwicklern bei der Festlegung der Semantik eines Datenelements. Darüber hinaus sollte diese Struktur die Möglichkeit schaffen, bei der Suche nach synonymen Datenelementen mehrere Strategien verfolgen zu können.

Die Unabhängigkeit der Deskriptorenklassen sollte speziell die iterative Vorgehensweise bei der Definition oder Suche von Datenelementen (siehe dazu Kriterium 6 im Kriterienkatalog der Methodenauswahl) unterstützen. Sie bildete das gewichtigste Argument für den Einsatz der Methode.

Einen weiteren Vorteil erwartete man im strengen methodischen Ansatz (genau ein Deskriptor aus jeder Klasse). Dadurch wurden einerseits die qualitativen Anforderungen der Datenadministration unterstützt und andererseits die gewünschte Ausgewogenheit zwischen Datenelementbeschreibung und Synonymsuche gewährleistet.

Ein weiterer Implementierungsgrund war der begrenzte, klar definierbare, aber doch umfassende Deskriptorenbestand. Er versprach Flexibilität und Stabilität.

5.2 Ergebnisse

Stabilität des Deskriptorenbestandes
Nach gut zwei Jahren produktiven Einsatzes des Verfahrens waren ca. 2000 Datenelemente damit beschrieben. Der Deskriptorenbestand erwies sich als äusserst stabil. Von den heute verfügbaren insgesamt 106 Deskriptoren gehörten nur sieben nicht dem ursprünglich gewählten Bestand an. Ein Deskriptor (nämlich Anlagevermögen) wurde durch Zusammenfassung der ursprünglichen Deskriptoren Sachanlage und Finanzanlage gebildet. Die infolge der Zusammenfassung notwendigen Änderungen an den Datenelementen, welche die ursprünglichen Deskriptoren enthielten, konnten

ohne nennenswerten Aufwand maschinell durchgeführt werden. Die anderen sechs Deskriptoren wurden neu in den Bestand aufgenommen, wobei keine der im Data Dictionary vorhandenen Beschreibungen infolge dieser Erweiterungen geändert werden musste.

Auswahl des Deskriptorenbestandes
Diese Stabilität ist allerdings nur erreichbar, wenn der Deskriptorenbestand mit grosser Sorgfalt so zusammengestellt wird, dass er die spezielle Informationslandschaft des Unternehmens möglichst genau abbildet.

Akzeptanz der Methode
Die Methode ist in erster Linie ein Instrument des Datenmanagements zur Kontrolle und Vermeidung von Redundanzen und zur Integration der betrieblichen Daten in einem unternehmensweiten Informationsmodell. Sie erleichtert bei der Bereinigung von Datenkonflikten wesentlich die Kommunikation zwischen den betroffenen Fachabteilungen. Ohne eine solche flexible, benutzergerechte, aber strenge Methode zur Beschreibung von Datenelementen ist das Datenmanagement nur schwerlich in der Lage, seiner primären Aufgabe gerecht zu werden, nämlich der Integration aller betrieblicher Informationen in einer umfassenden Informationsstruktur.

Die Methode fand bei den Fachabteilungen eine durchwegs sehr gute Akzeptanz. Die elf Deskriptorklassen bildeten für die Sachbearbeiter eine Checkliste bei der Beschreibung von Datenelementen, speziell bei der Abgrenzung eines Datenelements gegenüber sinnverwandten. Nach meiner Erfahrung wird von Anwendern überwiegend eine „indirekte" Beschreibung (d.h. durch Abgrenzung) bevorzugt, und diese Vorgehensweise wird durch die Methode optimal unterstützt.

Die Reaktion der Systementwickler auf die Datenbeschreibungsmethode war sehr zwiespältig. Sie war direkt abhängig von der grundsätzlichen Einstellung des jeweiligen Entwicklers zu Methoden, Verfahren und Standards schlechthin. Das Spektrum reichte von totaler Ablehnung („... ein Datenelement hat eine PICTURE-Klausel, alles andere ist Blödsinn...") über gleichgültige Benutzung („... meine Datenelemente werde ich auch ohne dieses Schema wiederfaden, aber so kann ich wenigstens Schnittstellen zu anderen Systemen erkennen...") hin bis zu aktiver Anwendung („... die Methode hilft mit bei der Klärung von Unstimmigkeiten in der Fachabteilung...").

6 Weiterentwicklung

Die Methode wurde inzwischen im Rahmen einer Diplomarbeit an der Fachhochschule Furtwangen (Braig 1987) in Zusammenarbeit mit der Dr. Karl Thomae GmbH vollständig in die Werkzeugumgebung des Data Dictionary integriert. Das implementierte Tool umfasst folgende Komponenten:

- Neuanlage eines Datenelements im Data Dictionary, wobei Synonymkandidaten mit identischen Deskriptoren automatisch durch das System gesucht und dem Benutzer am Bildschirm angezeigt werden (Homonyme werden durch das Data Dictionary abgewiesen.).
- Veränderung bestehender Datenelementdefinitionen, in Abhängigkeit von der Benutzerberechtigung und dem Produktivstatus des Elements.
- Iterative Suche nach Datenelementen im Data Dictionary. Dabei kann der Benutzer seine Suchstrategie nahezu frei wählen. Lediglich die Suche über „unbewusste Auswahl" (nach Brenner 1988), bei der nur die Anzahl der übereinstimmenden Deskriptoren definiert wird, aber nicht die Diskriptorklassen in denen Übereinstimmung erzielt werden muss, wurde aus Performancegründen nicht zugelassen.
- Tutorial der Methode und des Toolhandlings.
- kontextabhängige Online-Hilfen zu allen Systemfunktionen.

An der Hochschule St. Gallen entstanden im Rahmen eines Projektseminares zwei Werkzeugprototypen auf PC-Basis, einer auf der Basis von d-Base, einer in Open Access II. Beide Programmsysteme zeigen, dass eine rasch einsetzbare Lösung auf einer Workstation möglich ist und dass diese ungleich komfortabler als die Mainframe-Lösung sein kann.

Inzwischen liegen auch aus anderen Unternehmen Erfahrungen mit ähnlich positivem Grundtenor wie bei der Dr. Karl Thomae GmbH vor. Das Verfahren ist daher insgesamt als stabil zu bezeichnen. Eine Zusammenfassung der Ergebnisse aus unterschiedlichen Unternehmen und eine entsprechende Überarbeitung des Deskriptorenbestandes ist geplant.

Literatur

Braig, A.: Synonymerkennung in Datadictionaries. Systemkonzeption und Implementierung für ein Industrieunternehmen. Diplomarbeit an der Fachhochschule Furtwangen 1987.

Brenner, W.: Entwurf betrieblicher Datenelemente. Ein Weg zur Integration von Informationssystemen. Springer-Verlag, Berlin e.a. 1988 (Dissertation an der Hochschule St. Gallen 1985)

Durell, W. R.: Data Administration. Verlag McGraw Hill, New York e.a. 1985, S. 9 ff.

Goodhue, D. L., Quillard, J. A., Rockart, J. F.: The Management of Data: Preliminary Research Results. CISR (Center for Information Systems Research) der Sloan School of Management am MIT, Working Paper No. 140, Cambridge 1986

Gutzwiller, Th., Österle, H.: Das experimentelle Entwicklungssystem SEBIS. In: Österle, H., (Hrsg.), Anleitung zu einer praxisorientierten Software-Entwicklungsumgebung, Band 3: Entwicklungssysteme und 4.-Generation-Sprachen, AIT-Verlag, Hallbergmoos, erscheint im September 1986

Österle, H., Brenner, W.: Integration durch Synonymerkennung. In: Information Management 1 (1986) 2, S. 54—62

Sankar, C, S.: Analysis of Nantes and Relationships among Data Elements. In: Management Science 31 (1985) 7, S. 888—899

Computer Aided Software Engineering – Von Programmiersprachen zu Softwareentwicklungsumgebungen[*]

Hubert Österle

---

[*] Wiederabdruck von Österle, H., Computer aided software engineering – Von Programmiersprachen zu Softwareentwicklungsumgebungen, in: Kurbel, K.; Strunz, H., Handbuch Wirtschaftsinformatik, 1989, S. 345-361 mit freundlicher Genehmigung des C.E. Poeschel Verlags.

1 Mächtigkeit der Entwicklungskonzepte

Mit der Erfindung des Computers begann die Suche nach effizienten Programmiersprachen. Man erkannte früh, dass die Programmierung in Maschinencode sehr zeitaufwendig ist. Es entstanden Assembler, die eine symbolische Adressierung und symbolische Befehle zuliessen und immer wiederkehrende Folgen von Maschinenbefehlen zusammenfassten. Vor allem Befehlsfolgen zur Steuerung der Eingabe und Ausgabe wurden bald als Makros, Unterprogramme oder Programmbefehle angeboten. Es entstanden Betriebssysteme, Routinen für die Datenverwaltung und den Zugriff auf die Peripherie (Schreibmaschine, Drucker etc.) bis hin zu relationalen Datenbankmanagementsystemen sowie Programmiersprachen, die ihre höchste Leistungsfähigkeit in Sprachen der vierten Generation für Transaktionssysteme und in Sprachen für die Künstliche Intelligenz gefunden haben.

Abbildung 1 versucht, diese Entwicklung durch eine starke Vergröberung intuitiv zu veranschaulichen. Die zunehmend mächtigeren Konzepte gestatteten die Entwicklung immer umfangreicherer Anwendungssysteme; aus den Programmen wurden Informationssysteme, die Programmierung wuchs zur Systementwicklung.

Den Systementwicklern standen also immer mächtigere Werkzeuge zur Verfügung, um die gewünschte Informationsverarbeitung auszudrücken. Das bedeutet nach den Gesetzen der Informationstheorie, dass einerseits die Anzahl der Statements zur Formulierung einer Anwendung und damit der Implementierungsaufwand abnehmen, dass aber andererseits die Vielfalt der Statements (Befehle, Bausteine, Konzepte) der Sprache und damit die Komplexität der Entwicklungsumgebung zunehmen (vgl. Abbildung 2).

Unglücklicherweise entstanden die vielfältigen Bausteine für die Systementwicklung nicht in einer einzigen Sprache und damit in einem einzigen Werkzeug (Compiler usw.). Vielmehr entwickelten sich Spezialsysteme für Datenmanagement, Betriebsmittelverwaltung, Kommunikation usw. Gleichzeitig wuchs die Zahl der Funktionen der Systementwicklung, für die es eine Werkzeugunterstützung gibt. Rein äusserlich erwuchs aus der Programmeingabe durch Herstellung von Steckverbindungen eine Eingabe über Lochkarten hin zu den heute verfügbaren vollgrafischen Grossbildschirmen. Die Funktionalität deckt einen immer grösseren Bereich der Systementwicklung ab und reicht heute von der eigentlichen Spezifikation der Verarbeitungslogik bis zum Projektmanagement.

Aus Sicht der *Werkzeuge* besteht heute folgende Situation:

- Aus den wenigen, aber universell einsetzbaren Konzepten (Befehle der Maschinensprache) der frühen Programmierung entstanden mit jeder Generation von Programmiersprachen und -systemen mächtigere Hilfsmittel bis hin zu vorgefertigten, parametrisierbaren Applikationen (vgl. Abbildung 1 und Abbildung 2, rechte Seite).

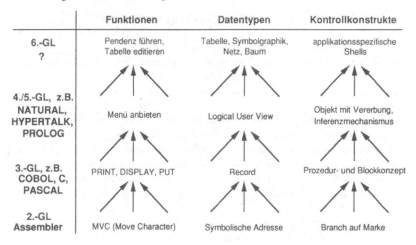

Abb. 1. Beispiele für wachsende Mächtigkeit von Entwicklungskonzepten

- Die Programmiersprache ist heute nur noch ein kleiner Teil der gesamten Entwicklungsumgebung.
- Die Konzepte der Entwicklungsumgebungen enthalten immer mehr Wissen über spezifische Anwendungsbereiche: Ein Autorisierungskonzept eines Datenbankmanagementsystems repräsentiert heute bereits viele organisatorische Lösungsvarianten für die Beschränkung des Datenzugriffs in einem Unternehmen (z. B. Gruppe, Hierarchie, Aufteilung eines Datenbestands nach Verantwortlichen).
- Die Hilfsmittel (Konzepte, Methoden und Werkzeuge) der Systementwicklung liegen nicht als geschlossenes Entwicklungssystem, sondern als Sammlung von häufig inkompatiblen und redundanten Komponenten vor.

Aus der Sicht der Anwendung, die mit minimalem Aufwand auf Basis der vorhandenen Entwicklungskomponenten realisiert werden soll, ist festzustellen:

- Die Maschine wächst dem Anwender/Entwickler entgegen (vgl. Abbildung 2, linke Seite, und Abbildung 3): Die Distanz zwischen den Konzepten der Anwendung und den Konzepten der Implementierung nimmt permanent ab. Funktionen, die vor wenigen Jahren in Sprachen

permanent ab. Funktionen, die vor wenigen Jahren in Sprachen der dritten Generation noch aufwendig ausprogrammiert werden mussten, liegen in Sprachen der vierten Generation als fertige Befehle vor. Diese Entwicklung setzt sich in zukünftigen Sprachgenerationen teilweise fort.

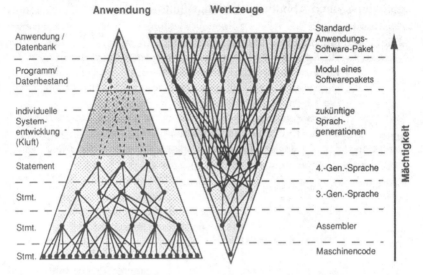

Abb. 2. Mächtigkeit versus Anzahl der Konzepte der Entwicklungswerkzeuge

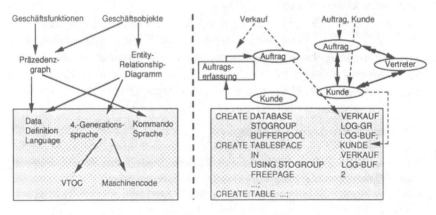

Abb. 3. Umsetzung von der Anwendungsidee über die Methode in die Implementation

- Dennoch bleibt auf lange Sicht eine breite Kluft zwischen den Anforderungen der Anwender und den für die Systementwicklung verfügbaren

Komponenten (Raum der individuellen Systementwicklung). In dieser Grauzone gibt es keine zwangsläufige Abbildung von Anforderungen (fachliche Konzepte wie z. B. ein Provisionsverfahren) auf Implementationskonzepte (Menü, Maske, Datei etc.). Methoden wie etwa für den Datenentwurf geben dem Entwickler Anleitungen zur Überwindung dieser Kluft.

- Die Entwicklungsumgebung ist schwer handhabbar. Die Einarbeitungszeit wächst ständig, der Entwickler kennt trotzdem einen immer kleiner werdenden Anteil der verfügbaren Entwicklungskonzepte, und viele der Konzepte passen nicht zusammen.

2 Typen von Werkzeugen

Verschiedene Autoren klassifizieren in Übersichtspapieren [1] die Softwareentwicklungsumgebungen (SEU) unterschiedlich. Die folgende Einteilung [2] versucht einerseits, allgemein verwendete Begriffsbildungen zu übernehmen, und fügt andererseits neue Kategorien hinzu. Sie differenziert:

- Programmiersprachen,
- Programmierumgebung,
- Entwurfsumgebung,
- Entwicklungsumgebung,
- Endbenutzerwerkzeug,
- Entwicklungsdatenbank,
- Standardanwendungssoftware.

Es gilt zu beachten, dass bei dieser Einteilung jedes Werkzeug Aspekte aus mehr als einer Klasse abdeckt.

2.1 Programmierumgebung

Nach dem IEEE Standard „Glossary of Software Engineering Terminology" ist eine Programmierumgebung eine „integrierte Sammlung von Werkzeugen, die über eine einzige Kommandosprache verfügbar sind und welche die Programmierung über den gesamten Softwarelebenszyklus unterstützen. Sie beinhaltet typischerweise Werkzeuge für den Entwurf, das Editieren, Compilieren, Laden, Testen, die Konfigurationsverwaltung und das Projektmanagement".

Sprachzentrierte Programmierumgebung
Eine erste Form von Programmierumgebungen entstand um die Programmiersprachen herum. Typische Vertreter sind Turbo Pascal, Interlisp oder das Ada programming support environment (APSE) [Derartige Werkzeuge bieten beispielsweise einen auf die Sprache abgestimmten Editor in einem Fenster, einen Debugger zur Steuerung und Überwachung der Ausführung in einem zweiten Fenster und schliesslich die Ein- und Ausgabe des Zielprogramms in einem dritten Fenster an. Sie arbeiten in der Regel inkrementell, gestatten also die Übersetzung und Ausführung bzw. die Interpretation von Programmfragmenten. APSE enthält darüber hinaus noch einen Konfigurationsmanager.

Kennzeichen dieser Systeme sind die enge Abstimmung zwischen Sprache und Werkzeug bzw. zwischen den Werkzeugkomponenten, die Beschränkung auf die Programmierung und die Beschränkung auf eine bestimmte Sprache. Softwareentwickler geben der Programmierumgebung einen hohen Stellenwert, da ihre persönliche Arbeitseffizienz unmittelbar sichtbar davon abhängt.

Strukturorientierte Umgebung
Eine strukturorientierte Umgebung ist eine Verallgemeinerung sprachzentrierter Programmierumgebungen. Sie beschränkt sich nicht mehr auf eine bestimmte Sprache, nicht auf textliche Sprachen und unter Umständen auch nicht mehr auf die Programmierung. Das wohl am weitesten entwickelte System dieses Typs ist das *Garden environment* [5]. Es erlaubt textliche und grafische Sprachen. Seine Werkzeuge – vom Struktureditor bis zum Browser – kommunizieren mit dem Entwickler auch auf der Ebene komplexer syntaktischer Konstrukte, „verstehen" also den Benutzer nicht auf der Ebene von Zeichenketten und Grafiksymbolen, sondern auf einer semantisch höheren Stufe, auf der Ebene der Sprachsyntax. Entsprechend speichert auch das dem Garden environment zugrunde liegende Datenbanksystem die Objekte in dieser Form. Die Datenbank besitzt damit die Granularität (Feinheit der Zerlegung) der Sprachsyntax.

Derartige Werkzeuge sind in dieser fortgeschrittenen Form noch nicht als Produkte erhältlich. Sie zeigen allerdings eine Entwicklungsrichtung auf: die Erweiterung der Werkzeugunterstützung von der textlichen Programmiersprache in die eher grafischen Sprachen des Entwurfs.

Betriebssystemzentrierte Programmierumgebung
Betriebssystemzentrierte Programmierumgebungen sind als Erweiterungen von Betriebssystemen zur Unterstützung der Softwareentwicklung entstanden. Sie werden auch als Werkzeugkästen (Toolkit environments) bezeichnet. Beispiele sind IBM's OPSS für MVS und VM/SP, DEC's Vaxset für VMS, Apollo's DSEE, die Programmentwicklungsumgebung unter U-

nix und Domino-2000 für das BS2000 von Siemens. Neben Compiler, Linker und Debugger enthalten sie Funktionen wie Data Dictionaries (vgl. Abschnitt 2.6), Hilfen für die Sourcecode und Konfigurationsverwaltung, Performance- und Testabdeckungsanalyse, Maskengeneratoren, Precompiler und die Kommandosprache des Betriebssystems (shell).

Im Gegensatz zu den obengenannten Programmierumgebungen sind die Hilfsmittel, die um die Betriebssysteme herum angesiedelt sind, – von Ausnahmen abgesehen – weder daten- noch funktionsmässig integriert. Jedes Werkzeug hat seine eigene Datenhaltung und eine – meist unkomfortable – Benutzeroberfläche. Das semantische Niveau der Kommunikation zwischen Entwickler und Werkzeug ist meist schwach strukturierter Text.

Die bisher besprochenen Programmierumgebungen, die wir als sprachzentrierte, strukturorientierte und betriebssystemorientierte bezeichnet haben, sind fast durchweg auf Sprachen der dritten Generation ausgelegt. Mit Sprachen wie Fortran, Cobol, Basic, PL/1, Pascal, C und Ada decken sie vermutlich über 80% des heute bestehenden Applikationsportfolios ab. Für die betriebliche Praxis sind sie somit für die nächsten zehn bis zwanzig Jahre weiterhin von tragender Bedeutung, auch wenn sie hier nur als eine Entwicklungswelt neben anderen behandelt werden.

Sprachen der vierten Generation
Eine eigene Klasse bilden die Programmierumgebungen für Sprachen der vier ten Generation. Die Sprachen der vierten Generation sind auf Transaktionssysteme wie Finanzbuchhaltung oder Reisebuchung spezialisiert und haben damit in der Praxis eine ausserordentliche Bedeutung gewonnen. Nachdem Generatorsysteme wie Delta und ADR/Metacobol in Transaktionssystemen immer wiederkehrende Programmteile zu Makros zusammenfassen liessen, haben Sprachen der vierten Generation wie CSP, Natural, Mantis oder PRO-TV dafür eigene Befehle geschaffen (vgl. Abbildung 1). Die Umgebungen dieser Sprachen verfügen meist über eine primitive Data-Dictionary-Funktion zur Verwaltung der Datendefinitionen, einen Maskeneditor, einen Menüeditor, einen Debugger und einen komfortablen Anschluss an ein oder mehrere Datenbankmanagementsysteme.

DBMS-zentrierte Programmierumgebung
Ein grösseres Potential steckt in Programmierumgebungen, die um ein Datenbankmanagementsystem (Adabas, Datacom/DB etc.) herum aufgebaut worden sind. Sie beinhalten eine Sprache der vierten Generation (einschliesslich Abfragesprache, meist SQL), ein immer umfassenderes Data Dictionary sowie Funktionen für die Textverarbeitung und die Kommunikation. Diese Werkzeuge sind in hohem Masse integriert, so dass der Entwickler und der Benutzer beispielsweise Angaben aus der Datenbankdefinition (z. B. die Attribute eines Entitätstyps) in der Datenbankabfrage (z.B.

SELECT *) oder in der Programmierung nicht noch einmal spezifizieren müssen.

Endbenutzerwerkzeuge
Auch Endbenutzerwerkzeuge sind zu den Programmierumgebungen zu zählen. Sie gestatten es, zahlreiche Funktionen, die bisher vollständig auf dem Zentralrechner programmiert werden mussten, dem Endbenutzer zu überlassen. Sie bieten dafür mächtige Funktionen an, mit denen der Anwender seine Informationsbedürfnisse selbst abdecken kann. Ein grosses Fragezeichen ist allerdings hinter den operativen Einsatz für die Abwicklung des Geschäfts eines Unternehmens zu setzen. Dafür fehlen gewöhnlich Funktionen für Datensicherung und Datenschutz sowie zur Integration in die Unternehmensdatenbanken. Endbenutzerwerkzeuge sind Gegenstand des nachfolgenden Beitrags dieses Handbuchs.

2.2 Entwurfsumgebung

Während Programmierumgebungen auf die Implementierung einer Applikation spezialisiert sind, konzentrieren sich Entwurfswerkzeuge auf die vorgelagerten Phasen: auf den strategischen Entwurf der Architektur eines Informationssystems, auf die unscharfe, fachliche Spezifikation der Anforderungen (Requirements specification) sowie auf den technischen Entwurf. Werkzeuge wie IDE, IEW, Automate plus sowie Maestro GWS/LSDM beinhalten Editoren für grafische Darstellungen wie Datenbankstrukturdiagramme, Datenflusspläne, Aufrufhierarchien oder Organigramme sowie Editoren für Text und Formulare etwa zur Datenelementbeschreibung. Sie beinhalten zum Teil auch Entwurfsregeln, deren Einhaltung das Werkzeug überwacht. Darüber hin aus besitzen sie teilweise ein eigenes Data Dictionary und/oder haben Schnittstellen zu anderen Data Dictionaries als Ablage (repository) der Entwurfsdaten. Sie bieten Auswertungsmöglichkeiten an und generieren Datendefinitions- und Programmanweisungen aus den Entwurfsdaten.

Die heutigen Systeme sind als Vorläufer zu betrachten, die zwar partielle Verbesserungen im Entwurf – verglichen mit der „Papier und Bleistift-Methode" – bringen und eine wichtige Aufgabe im Aufbau des Entwurfs-Know-hows in den Unternehmen spielen, aber noch weit von einem problemlosen Einsatz entfernt sind. Die wichtigsten Probleme sind Unklarheiten in der Entwurfsmethode, Brüche zwischen den Phasen, die mangelhafte Integration mit anderen Werkzeugen, vor allem der Entwicklungsdatenbank, sowie technische Restriktionen der heute verfügbaren Workstations.

2.3 Entwicklungsumgebung

Mit Entwicklungsumgebung bezeichnen wir eine Klasse von Werkzeugen, die alle Aktivitäten der Systementwicklung, meist aus Sicht des Projektmanagements, unterstützen. Gewöhnlich gehen sie von einem Phasenschema (Lebenszyklus-, Projektmodell) aus, definieren Phasenergebnisse in Form von Dokumentenmustern und besitzen eine vorstrukturierte Entwicklungsdatenbank, die noch auf die Besonderheiten des konkreten Unternehmens angepasst werden kann [7].

Diese *Entwicklungsdatenbank* ist teilweise als Textbibliothek (z. B. ADPS, Maestro), teilweise als formatierte Datenbank (z. B. Predict Case und Softorg) und teilweise als Mischung aus Textbibliothek und formatierten Dateien (z. B. GASE 2000, SPS) realisiert. Zugunsten einer umfassenden Abdeckung der Systementwicklung verzichten diese Werkzeuge auf eine tiefe Strukturierung (hohe Granularität) der Entwicklungsdaten.

Typische Leistungen sind auf die Systementwicklung spezialisierte Texteditoren, Hilfen für das Projektmanagement, eine Kommandosprache mit Fähigkeiten zur Formulierung von Prozeduren für häufig wiederkehrende Aufgaben und Schnittstellen zu angrenzenden Werkzeugen, beispielsweise zum Data Dictionary oder zur Datendefinitionssprache des Datenbankmanagementsystems. Dar über hinaus enthalten Entwicklungsumgebungen aber auch Makrogeneratoren, Maskeneditoren und andere Hilfsmittel zur Programmierung, die teilweise bis in die Nähe von Sprachen der vierten Generation reichen (z. B. Softorg).

Entwicklungsumgebungen dieser Art helfen, den Entwicklungsprozess in grossen Informatikabteilungen zu strukturieren. Sie erfordern aber einen grossen Einrichtungs- und Betreuungsaufwand und sind in der detaillierten Unterstützung der Entwicklungsarbeit den oben aufgeführten Spezialwerkzeugen unterlegen.

2.4 Allgemeines Bürosystem

Verglichen mit verschiedenen Entwicklungsumgebungen, in denen heute auf dem Hostcomputer gearbeitet wird, bieten allgemeine Bürosysteme auf dem Personal Computer mehr Komfort. Daher sind der PC und die Bürokommunikation zu festen Bestandteilen in der Systementwicklung geworden. Die wichtigsten Funktionen für die Systementwicklung sind *Electronic mail* und *Konferenzsysteme* für die effiziente Kommunikation im Team, Endbenutzerwerkzeuge (Textverarbeitung, Symbolgrafik etc.) für vielfältige Aufgaben des Entwicklers und allgemeine Entwurfssysteme zur Strukturierung beliebiger Probleme.

Eine besonders interessante Werkzeugklasse erwächst aus den Produkten für

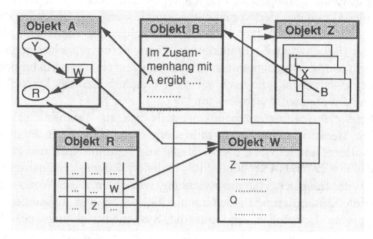

Abb. 4. Hypertext-Struktur

das Personal information management wie etwa Lotus Agenda und Hyper und card [8] Sie basieren gewöhnlich auf dem *Hypertext-Konzept*, einem objektorientierten Datenmodell [9] Die Datenbasis besteht aus einem Netz von Objekten, von denen – im Idealfall – jedes eine typenspezifische Syntax und Semantik besitzen kann. Abbildung 4 zeigt ein Netz von Objekten, die einen Datenflussplan (Objekt A), einen Text (Objekt B), eine Entitätsmenge (Objekt Z), eine Tabelle (Objekt R) und einen formatierten Text (Objekt W) darstellen. Für die Objektklasse jedes dieser Objekte existieren spezielle Funktionen. Ein Textobjekt besitzt beispielsweise einen Texteditor und einen Formatierer, für die Tabelle gibt es Spreadsheet-Funktionen und für die Entitätsmenge die Datenmanipulationen von SQL. Darüber hinaus existieren Funktionen zur Verwaltung des Objektnetzes, vom Einfügen neuer Objekte und vom Aufbau von Beziehungen über das Navigieren (browsing) bis zum Retrieval.

Die PC-basierten Werkzeuge sind bereits in der praktischen Systementwicklung zu beobachten. Dass sie einem Bedarf entsprechen, zeigt auch die Tatsache, dass das einfache und wenig komfortable, allerdings auf die Systementwicklung zugeschnittene Hypertext-System Rochade/DD in der betrieblichen Praxis eine grosse Verbreitung gefunden hat. Dieses sehr frühe Hypertext-Produkt kennt den Objekttyp "formatierter Text" und benutzerdefinierte Beziehungen.

Hypertext-Systeme unterstützen insbesondere schwer strukturierbare Gebiete der Systementwicklung, also vor allem die frühen Phasen und das

Projektmanagement. Ihre grösste Stärke ist allerdings gleichzeitig ihre grösste Schwäche: Sie erlauben eine äusserst flexible Strukturierung der Entwicklungsinformationen, überlassen es aber dem Entwickler, diese Struktur zu finden. Das Ergebnis ist ein schneller Einstieg bei einfachen Problemen, aber eine hohe Komplexität, sobald das Problem einen grösseren Umfang annimmt.

2.5 Entwicklungsdatenbank

Entwicklungsdatenbanken verwalten im Idealfall sämtliche Daten der Systementwicklung. Sie werden auch als Metadatenbanken bezeichnet, da sie ursprünglich als Datenbanken Informationen über die Daten des Betriebs enthielten. Heute sollen sie die Beschreibung des gesamten Informationssystems eines Betriebs aufnehmen.

Bibliotheksverwaltungssystem
Die für die Praxis nach wie vor bedeutendste Ablageform ist die Textbibliothek, in der die Entwicklungsinformationen als Textbausteine in einer hierarchischen Gliederung abgelegt sind. Sie sind die Basis für Maestro, ADPS und die meisten stark verbreiteten und eingesetzten Entwicklungssysteme. Da ihre Möglichkeiten zur Strukturierung eng begrenzt sind, genügen sie den längerfristigen Anforderungen an eine Entwicklungsdatenbank so wenig, wie ein Textsystem als Datenbasis für ein Produktionsplanungssystem ausreicht.

Data-Dictionary-System
Entwicklungsdatenbanken, die eher dem Begriff Datenbank entsprechen, sind Data Dictionaries. Sie sind aus Datenverzeichnissen entstanden, reichen heute aber darüber hinaus bis in die Dokumentation von Programmen und teilweise sogar der betrieblichen Organisation. Sie unterscheiden sich von allgemeinen Datenmanagementsystemen einerseits durch eine wenigstens zum Teil vordefinierte Datenbankstruktur für die Systementwicklung, andererseits durch spezielle Funktionen für diese Standardentwicklungsdaten. Beispiele dafür sind die Generierung von Dictionary-Einträgen durch die Auswertung von z. B. Cobol Quellcode, die Generierung der Datendefinitionen für Programmiersprachen der dritten Generation, Hilfen für die Durchsetzung von Standards (z. B. zur Namensvergabe), die Versionsverwaltung und vorgefertigte Auswertungen (z. B. Verwendungsnachweise).

Data-Dictionary-Systeme sind heute zwar in vielen Unternehmen installiert, werden aber noch wenig genutzt. Es ist bereits eine positive Ausnahme, wenn das Data Dictionary alle in den Datenbanken und Dateien des Unternehmens enthaltenen Sätze und Felder dokumentiert und diese Dokumentation mehr als die Namen, den Verwendungsort und das Format enthält. Selten treffen wir bereits eine Beschreibung des Datenelements an, die von einem anderen als dem Entwickler noch verstanden wird. Noch seltener sind Aussagen über das Informationssystem enthalten, die über die Datensicht hinausgehen, also beispielsweise Aussagen über Funktionen, Programme, Dialoge, Mitarbeiter und organisatorische Einheiten.

Objektmanagementsystem
Zahlreiche Forschungs- und Entwicklungsstätten arbeiten an Objektmanagementsystemen als einer neuen Klasse von Entwicklungsdatenbanken [10]. Sie sollen künftig als Träger integrierter Entwicklungsumgebungen fungieren.der bekannteste Ansatz, das Esprit-Projekt „Portable common tool environment" (PCTE), hat den Prototyp eines Objektmanagementsystems geschaffen, das Objekte unterschiedlichen Typs wie Modulen, Dokumente etc. verwalten kann, dabei aber deren interne Struktur im Detail offenlässt [11]. Dieses Vorgehen schafft zwar eine gewisse Voraussetzung für die Integration, verschiebt das Problem aber zu den Werkzeugen, die integrierbare Datenstrukturen im Detail benutzen sollen.

Die Entwicklungsdatenbank ist die kritische Komponente der Entwicklungsumgebung. Im Maschinenbau hat sich gezeigt, dass bei der Beschaffung von CAD-Systemen zwar häufig die Funktionalität, insbesondere der Benutzeroberfläche, im Vordergrund steht, dass im praktischen Einsatz aber die Datenhaltung das entscheidende Kriterium wird [12]. Das lässt sich auf die Entwicklung von Softwaresystemen übertragen. Die Entwicklungsdatenbank wird dort eine ähnlich zentrale Stellung erlangen wie die Konstruktions- und Fertigungsdatenbank im Maschinenbau. Die Auswahl der Entwicklungsdatenbank wird damit zu einer strategischen Entscheidung der Softwareentwicklung eines Unternehmens, die längerfristig bestimmt, wie komplexe Informationssysteme vom Unternehmen beherrscht werden und wie schnell Neuentwicklungen oder Änderungen mach bar sind.

2.6 Standardanwendungssoftware

Ein Grenzfall der Werkzeuge zur Softwareentwicklung ist die Standardanwendungssoftware. Hier heisst Systementwicklung häufig nur noch Parametrisierung eines vorgefertigten Pakets, beispielsweise durch das Ausfüllen eines Fragebogens, das Konfigurieren von Programmen und Datenbanken oder den Aufbau von Tabellen zur Steuerung der Programme zum Ausführungszeitpunkt. Das Ankreuzen einer bestimmten Funktion auf dem Fragebogen wird zu einem äusserst mächtigen Befehl (Konzept) im Sinne von Abbildung 2.

Die Einführung von Standardanwendungssoftware ist heute im Normalfall die effizienteste Form der „Systementwicklung". Probleme bestehen allerdings in der Integration eines fremden Pakets in die Landschaft der im Unternehmen schon eingesetzten Systeme. Es ist zu hoffen, dass die Bausteine von Standardpaketen mehr und mehr als isolierbare Moduln im Sinne einer äusserst mächtigen Sprache verfügbar werden, so dass sie flexibel mit anderen Softwaresystemen verbunden werden können. Der Weg dahin führt unter anderem über eine Standardisierung der zugrundeliegenden Datenstrukturen (Objekte) und ist noch sehr lang.

3 Einige Prinzipien von Softwareentwicklungsumgebungen

Über alle Typen von Werkzeugen hinweg lassen sich folgende Prinzipien für die Auswahl, den Aufbau und die Weiterentwicklung von SEU's nennen:

Abdeckungstiefe
Wieviel von der Distanz zwischen den fachlichen Anforderungen und der Maschine (vgl. Abbildung 2) überbrückt die SEU?

- *Mächtigkeit*: Wie mächtig sind die Konzepte, die für die Systementwicklung zur Verfügung stehen (vgl. Abbildung 2, rechte Seite)?
- *Phasenabdeckung*: Welche Ebenen der Systementwicklung – von dem Anwendungsproblem bis zum Maschinencode – deckt die SEU ab?
- *Granularität*: Strukturiert die SEU bis auf die Detaillierungstiefe der Methode (z. B. arithmetischer Operator in einem Ausdruck)?

Abdeckungsbreite
Welche Aspekte der Systementwicklung deckt das Werkzeug ab?

- *Objekttypen*: Welche Objekttypen der Systementwicklung, die in den Ergebnissen der Entwicklungstätigkeiten unterschieden werden können, sind darstellbar?
- *Sichten der Softwareentwicklung*: Welche Sichten – vom Analytiker über den Programmierer und den Datenadministrator bis zum Projektmanager – bietet die SEU?
- *Applikationstypen*: Für welche Arten von Applikationen (Transaktionssysteme, Expertensysteme, Maschinensteuerung, Kommunikationssteuerung, etc.) eignet sich die SEU?

Funktionalität
Welche Funktionen nimmt die SEU dem Entwickler ab?

- *Editierung*: Welche Möglichkeiten bietet das Werkzeug für die Erfassung und Modifikation der Systembeschreibung? Systembeschreibung bedeutet hier die Gesamtheit aller Aussagen über das Informationssystem, die in der Entwicklung und Wartung anfallen.
- *Simulation*: Kann das Entwicklungssystem Teile des Systems (Masken, Dialogsteuerung, Datenbank usw.) im Sinne des Prototyping ausführen (simulieren)?
- *Verwaltung*: Unterstützt die SEU Verwaltungsaufgaben wie die Schaffung von Arbeitsbereichen, die Integration von Arbeitsergebnissen, das Konfigurationsmanagement, Datensicherung und Datenverteilung?
- *Abfrage und Prüfung*: Welche Möglichkeiten zur Bildung von Teilmengen der Entwicklungsdatenbank und zur Auswertung hat der Entwickler? Welche Prüfungen auf Konsistenz und Vollständigkeit der Systembeschreibung nimmt die SEU dem Entwickler ab?
- *Schnittstellen*: Welche Schnittstellen bietet die SEU zu anderen Entwicklungswerkzeugen? Laufen diese im Batchbetrieb (Filetransfer) oder kommunizieren sie mit anderen Werkzeugen auch im Realzeitbetrieb (Programm-zu-Programm-Kommunikation wie „Dynamic data exchange" oder „LU 6.2")? Können sie auf einer gemeinsamen Datenbank arbeiten?
- *Generierung*: Welche Entwicklungstätigkeiten nimmt die SEU dem Entwickler ab? Beispiele sind die Generierung von Datendefinitionsanweisungen aus dem Data Dictionary, Vorschläge für die Normalisierung und die Ableitung des Datenbankstrukturdiagramms aus der Datenbankdefinition.
- *Benutzerfreundlichkeit*: Stehen alle Funktionen der SEU in einer einheitlichen und einfachen Oberfläche zur Verfügung?

Integration
Die fehlende Integration ist der Hauptgrund dafür, dass die vielfältigen Methoden und Werkzeuge, die heute auf allen Gebieten der Systementwicklung bestehen, kaum eingesetzt werden können. Hinsichtlich der Integration haben wir verschiedene Aspekte zu unterscheiden (vgl. Abbildung 5):

1. *Integration von Methoden und Werkzeugen*: Decken sich die Konzepte der Werkzeuge mit den Konzepten der Entwicklungsmethoden? Entspricht also beispielsweise ein Modul im Anwendungsentwurf einem Modul im Entwurfswerkzeug?
2. *Integration von Methoden unter sich*: Passen die methodischen Konzepte, die hinter den einzelnen Werkzeugen stehen, zueinander? Dies ist beispielsweise nicht der Fall, wenn ein Datenbestand im Datenbankstrukturdiagramm etwas anderes als im Datenflussplan bedeutet.
3. *Integration von Darstellungen*: Sind die Darstellungen auf eine minimale syntaktische Vielfalt zurückgeführt? Wird also zwischen dem Netzwerk des Datenbankstrukturdiagramms und dem Netzwerk des Datenflussplans nur dort unterschieden, wo es notwendig ist?
4. *Integration der Werkzeuge*: Sind die Funktionen der SEU redundanzarm? Wird beispielsweise die Versionsverwaltung an einem Ort zusammengefasst, oder haben das Werkzeug für den Datenentwurf und das Werkzeug für das Projektmanagement eigene Funktionen für die Versionsverwaltung?
5. *Integration der Daten*: Ist ungeplante Redundanz in den Daten ausgeschlossen? Gibt es also keine Entwicklungsdaten, die an mehr als einem Ort gehalten und nicht bei jeder Änderung automatisch an allen Orten nachgeführt werden?

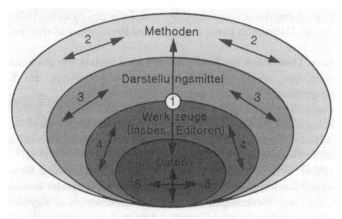

Abb. 5. Dimensionen der CASE-Integration

Technisches Konzept
Eine Reihe von technischen Restriktionen begrenzt die Möglichkeiten von SEU's in den nächsten Jahren. So werden viele Aufgaben erst mit Grossbildschirmen (im Minimum etwa zwei Seiten DIN A4 nebeneinander), einer etwa 10- bis 100-fachen Prozessorleistung eines 80286-PC's und einer schnellen und transparenten Kommunikationsverbindung zum Host effizient abzuwickeln sein. Für viele Aufgaben wird eine ausreichende Granularität beispielsweise erst erreicht sein, wenn die Systembeschreibung bis auf die Ebene der syntaktischen Elemente der Implementationssprache strukturiert ist. Die dafür notwendige Verarbeitungskapazität ist aber bei weitem noch nicht wirtschaftlich verfügbar. Die Frage, die hinsichtlich einer SEU also zu stellen ist, lautet: Ist das technische Konzept der verwendeten Hardware, Systemsoftware und des Datenmodells auf zukünftige Entwicklungen ausgerichtet, oder verlangt es in absehbarer Zeit einen Technologiesprung?

Anmerkungen

[1] Vgl. Balzert 1985b; Dart et al. 1987; Henderson 1987; Schulz 1986.
[2] Vgl. auch Osterle 1988a.
[3] Vgl. IEEE 1985.
[4] Vgl. Wehrum 1988.
[5] Vgl. Reiss 1987.
[6] Zu Programmiersprachen vgl. Kurbel, Eicker 1987.
[7] Vgl. Chroust 1988.
[8] Vgl. dazu auch den nachfolgenden Beitrag „Endbenutzerwerkzeuge".
[9] Vgl. Conklin 1987.
[10] Vgl. Dittrich u. a. 1986; Gallo et al. 1987; Gutzwiller et al. 1988; Penedo 1987; Softlab 1988. [Vgl. GaIlo et al. 1987].
[11] Vgl. Scheer 1985.

Objektorientierte Systeme im Endbenutzercomputing*

Ludwig Nastansky

Stichworte: Objektorientierte Programmierung – Objektorientierte Systeme – Objektorientierte Modellierung – Endbenutzercomputing – Mensch-Maschine-Schnittstellen – Graphische Benutzerschnittstellen – Vererbung

Zusammenfassung: Objektorientierte Softwaretechnologien sind derzeit in breiter Diskussion. Der Erfolg der objektorientierten Programmierung (OOP) ist dabei in engem, wenngleich prinzipiell nicht zwingendem, Zusammenhang mit der Verbreitung interaktiver graphischer Benutzerschnittstellen (GUI) zu sehen. In diesem Beitrag wird gezeigt, in welcher breiten Form OOP Konzepte des professionellen Software-Engineering Eingang in die Systementwicklung im Endbenutzercomputing (EUC) gefunden haben. Im EUC-Bereich ist ein weicherer Definitionsrahmen anzulegen als bei den strengeren OOP-Formalismen. Dennoch lassen sich auch hier klare Regeln für die Entwicklung von objektorientierten Systemen (OOS) definieren. Diese EUC orientierten OOS-Regeln werden aus den bekannten OOP-Formalismen Objekt, Nachricht/ Message, Methode, Klasse und Vererbung abgeleitet. Als Beispiele für EUC-OOS werden allgemeine OOS-basierte Betriebsumgebungen mit GUI-Desktops wie auch spezialisierte OOS für typische Anwendungsaufgaben der Wirtschaftsinformatik diskutiert. Konkrete Systembeispiele sind u.a.: *NewWave* (GUI-OOS Desktopsystem), der IlyperCard-Clone *Plus*, und *InTouch* (GUI-Applikationsgenerator für Anwendungen wie elektronischer Leitstand).

---

* Wiederabdruck von Nastansky, L., Objektorientierte Systeme im Endbenutzercomputing, in: Wirtschaftsinformatik, 32, 3, Juni 1990, S. 238-252 mit freundlicher Genehmigung des Vieweg Verlags.

1. Objektorientierung und Endbenutzercomputing

OOS-Szenario
Objektorientierte Systeme (OOS) sind aus vielerlei Gründen ein Thema der Stunde [1] Wie so häufig in der kurzen und äusserst lebendigen Geschichte computergestützter Informations- und Kommunikationstechnologien gilt auch für die mit OOS umrissenen Phänomene, dass von einem Konsens über die damit nun präzise gemeinten Architekturen, Konzepte und Methoden derzeit kaum die Rede sein kann. Gleichzeitig aber wird mit OOS sehr wohl ein wichtiger aktueller Evolutionsschritt konkreter softwaretechnologischer Strömungen akzentuiert.

In diesem Beitrag sollen die Auswirkungen von OOS-basierten Technologien auf *endbenutzerzentrierte* betriebliche Applikationen und Werkzeugumgebungen diskutiert werden. Dabei ist es problemangemessen, ein offenes und weiches Verständnis von „Objektorientierung" anzulegen.

Diese Offenheit im OOS-Verständnis empfiehlt sich gerade im Umfeld des Endbenutzercomputing (EUC). Erfolgreiche EUC-Konzepte sind regelmässig dadurch gekennzeichnet, dass sich ein formaler Systempurismus der relativierenden Pragmatik von zusätzlichen Besonderheiten und Ausnahmefällen unterzuordnen hat. Solche zusätzlichen Systemmerkmale sind oft strukturbrechend, zumeist aber „vernünftig" sowie intuitiv. Sie versuchen sich an solch schwer fassbaren, aber dennoch eminent wichtigen Grössen wie *Benutzerakzeptanz* oder *Benutzerpsychologie* auszurichten. Gemeint ist mit diesem Plädoyer für ein offenes OOS-Verständnis u.a., dass es z.B. nicht zweckmässig ist, die in einer der klar formalisierten objektorientierten Programmierungsumgebung (OOP) realisierten Konzepte, etwa bei *Smalltalk* [2], als Klassifizierungs- und Bewertungsbasis für OOS Konzepte im EUC-Bereich zunehmen. Genausowenig wäre es bisher sinnvoll gewesen, den EUC-Stellenwert der prozeduralen Komponenten in den enorm erfolgreichen EUC-Makrosprachen bei Tabellenkalkulationssystemen vor dem Hintergrund der *Pascal*-Formalismen beurteilen zu wollen.

Von den vielfältigen Facetten der Objektorientierung, die in der Fachliteratur, den OOP-Entwicklungssystemen, bei der Spezifikation von Applikationssystemen und auch in diesem Heft diskutiert werden, ist der zentrale OOS-Ansatz konzeptionell vergleichsweise einfach und vor allem für den EUC-Bereich in hohem Masse intuitiv. Dieser Ansatz geht aus vom *Objekt mit seinen lokal eingebundenen Verarbeitungsfunktionen, den sog. Methoden, und Interaktionsmechanismen über Message-Kommunikation zwischen den Objekten.*

Intuitivität von OOS-Ansätzen
OOS-basierte Konzepte erlauben eine bessere Modellierung von Phänomenen der realen Welt in Computersystemen als bisherige Technologien des Software-Engineering. Zur Komplexitätsreduktion bei der Modellierung von Systemen, wie Unternehmen oder Organisation, wenden Menschen intuitiv ein objektorientiertes Vorgehen an. Dabei werden die physischen wie organisatorisch-konzeptionellen Systembausteine mit ihren eingeschlossenen Funktionen als Objekte abgegrenzt. Die Objektgesamtheit stellt in einem komplexen Aufbau- und Wirkungsgefüge das Gesamtsystem dar. Ein derartiger OOS-analoger Systemansatz geht z.b. *nicht* von irgendwie abstrakt definierten (funktionsleeren) Atomen als ersten und grundlegenden Aufbauelementen aus.

Entsprechend bedient man sich bei der Analyse, Gestaltung und Kontrolle betrieblicher Informations- und Kommunikationssysteme regelmässig eines Objektansatzes, bei dem Objekte in einer rekursiven Folge von Aggregationsstufen die Elemente dieser Systeme bilden. Diese Objekte sind einschliesslich der in ihnen gekapselten jeweiligen Funktionen als Module in ein komplexes Prozessgefüge eingebettet. Dabei sind Kommunikationsbeziehungen zwischen den Objekten nach vorgegebenen Regeln wichtige Systemkomponenten. Ein solcher OOS basierter Ansatz ist z.B. im Gegensatz zu den in den Wirtschaftswissenschaften oft angewandten funktionsorientierten, mathematisch-analytischen Vorgehensweisen oder statisch deskriptiven Klassifzierungstechniken zu sehen. Bei derartigen Ansätzen bilden zumeist Daten und (Verarbeitungs-) Funktionen ohne ein über geordnetes Strukturierungskonzept die Systembausteine. Es fehlen dabei dann leistungsfähige Mechanismen für die Aggregation abkapselbarer Module und die Modellierung der Interaktion zwischen diesen Modulen unter Beachtung ihres gegebenenfalls ganz unterschiedlichen lokalen Funktionsbündels.

Die Intuitivität objektorientierter Konzepte gilt aber nicht nur für diese gesamtsystemhaften Modellierungsebenen. Sie ist vielmehr auch in sehr subtilen Schattierungen für den mehr molekularen Bereich der Gestaltung geeigneter Metaphern für die menschlichen Interaktionen an den vielfältigen Mensch-Maschine-Schnittstellen im Rahmen des Gesamtsystems von entscheidender Bedeutung. Diese Benutzerschnittstellen [3] müssen in entscheidender Weise dazu beitragen, ein leistungsfähiges Informationsmanagement im hochkomplexen Gesamtsystemen *Betrieb* zu ermöglichen. Dieses Informationsmanagement ist bei einer Vielzahl von Zugangsebenen zu den computergestützten Systemen und angesichts der nach wie vor anhaltenden Trends enorm zunehmender Datenvielfalt und Datenmengen zu realisieren. Um besser Informationen aus Daten schöpfen zu können, bedarf es Technologien, die sehr direkt die durchschnittlich zu erwartenden

Perzeptions-, Aggregations- oder Navigationsfähigkeiten der vielen beteiligten Menschen ansprechen, die mit den Informationen an unterschiedlichsten Arbeitsplätzen zu tun haben. Ohne dieses hochkomplexe Thema an dieser Stelle weiter zu diskutieren, ist es wohl keine Fehleinschätzung, dass OOS-basierte Ansätze die menschlichen Interaktionsdimensionen mit den Maschinensystemen auf ein grundsätzlich höheres Niveau heben als herkömmliche Methoden, wie etwa bisherige prozedurale Ansätze.

Die folgende Abb.1 zeigt eine derartige intuitive objektorientierte, graphische Endbenutzerschnittstelle in Fenstertechnik (*Macintosh Finder*). Dieses OOS-basierte Konzept ist einer zeichen-, zeilen- und prozedurorientierten sowie ungleich abstrakteren Benutzerschnittstelle für den Anwenderarbeitsplatz gegen übergestellt (MS-DOS). In beiden Fällen ist ein trivialer Geschäftsvorfall im täglichen Büroablauf modelliert: Zwei Kostentabellen werden vom lokalen Arbeitsplatz (Platz *WI_3* im Bereich *Accounting* in Abteilung *Office_Abt_KA*) über ein Local-Area-Network zu einem Server im Werksbereich 3 geschickt (Bereich Budger_90 auf dem Server L.4N_Host_Werk_3). Die erfolgreiche Uebertragung ist zu verifizieren. Anschliessend sind die lokalen Kopien der Kostentabellen auf dem Platz WI_3 zu löschen. Alle diese Funktionen werden auf dem anschaulichen GUI-Desktop durch intuitiv einleuchtende „mechanische" Manipulationen von Objekten auf dem Bildschirm und den dadurch implizit bewirkten Verarbeitungsmethoden realisiert.

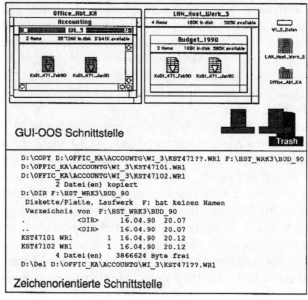

Abb. 1. Graphisch-objektorientierte vs. zeichenorientierte Endbenutzerschnittstelle

Es ist nicht verwunderlich, dass gerade in der Anwendungspraxis der Wirtschaftsinformatik diese zentrale Objekt- und Interaktionsidee derzeit zu einer starken Ausweitung im Angebot entsprechend ausgerichteter Applikationen und Werkzeugumgebungen führt. Dabei liegt ein Schwerpunkt im Segment der EUC-Technologien am netzintegrierten Computerarbeitsplatz.

Der Durchbruch der OOS ist dabei fraglos eng mit den fensterbasierten, graphischen und hoch interaktiven Benutzerschnittstellen, wie in Abb. 1 und späteren Beispielen skizziert, verbunden. Die zentralen OOS-Ideen sind jedoch viel grundlegender und prinzipiell unabhängig von graphischer Datenpräsentation. Die programmtechnische Komplexität graphischer Benutzerschnittstellen mit ihren hohen Anforderungen an Interaktivität hat vielmehr OOS-basierten Ansätzen zum Durchbruch verholfen, weil bisherige Konzepte des strukturierten Software Engineering nicht leistungsfähig genug waren, die Softwareentwicklung für GUI-Schnittstellen befriedigend zu unterstützen. Ein weiterer Grund für die Nähe der OOS-Idee zu graphischen Anwendungen liegt in der enormen Ausstrahlung der Pionierarbeiten im Palo Alto Research Center von Xerox, im OOP – wie im GUI-Bereich, auf jetzige OOP – und GUI-Systeme bei Apple, IBM, Hewlett Packard, Microsoft u.a. [4, S. 257].

Das zunehmende Angebot objektorientierter EUC-Ansätze wird nicht zuletzt über eine entsprechende Benutzernachfrage geschaffen, die als ein Marktspiegel der hohen Akzeptanz von OOS und GUI bei betrieblichen Anwenderinnen und Anwendern im EUC-Bereich anzusehen ist. Entsprechend ist, bei aller Komplexität im grundlegenden theoretischen OOS-Konzeptverständnis, der *menschliche Faktor* eine ganz entscheidende Dimension in der Beurteilung von objektorientierten Ansätzen für den EUC-Bereich [5, S. 240].

Die Isomorphie zwischen der OOS-Denkweise und Problemstellungen in typischen Anwendungsdomänen in der Wirtschaft ist auf allen Stufen, von der Modellierung bei Gesamtsystemen bis zu Designkonzepten für Benutzerschnittstellen, sehr hoch. Dies steht im Gegensatz etwa zu herkömmlichen Ansätzen, z.B. prozeduralen Konzepten. Dort ist diese Isomorphie auch nicht annähernd so intensiv, weder bei alltäglichen Anwendungswerkzeugen noch bei anspruchsvollen Entwicklungsumgebungen für komplexe Systemmodellierung in verteilten betrieblichen Systemen.

Problemstellung dieses Beitrags
Im folgenden Beitrag sollen vor dem Hintergrund dieses Szenarios die Verwendung grundlegender Architekturmerkmale und Konzepte objektorientierten Designs für Anwendungen im betrieblichen EUC-Bereich diskutiert werden.

Dabei ist, angesichts der Dynamik des Themas, zunächst einmal der Versuch für einen Schnappschuss in der Begriffsbestimmung von OOS vorzunehmen. Entsprechend ist die Themeneingrenzung auf das EUC-Segment zu definieren. Wie suggestiv die eingangs angerissene *intuitive* Ebene von OOS im Bereich der Wirtschaftsinformatik auch immer sein mag: Es ist unbedingt notwendig, intersubjektiv-kommunizierbare und operable Merkmalsmuster zur Charakterisierung objektorientierter Ansätze auch im formal unpräziseren EUC-Bereich zu verwenden. Sonst besteht die konkrete Gefahr, dass essentielle Konzepte im OOS-Design angesichts eines offensichtlich einsetzenden verwischenden Marketinggetümmels jeglichen Inhalts beraubt werden.

Neben diesen Abgrenzungsproblemen sind sowohl grundlegende Fragen objektorientierter Benutzerschnittstellen wie auch konzeptionelle Ansätze in der objektorientierten Durchformung betrieblicher Daten und der damit verbundenen Verarbeitungsmechanismen für den EUC-Bereich von Bedeutung und werden im folgenden angesprochen.

Wichtige Entwicklungstendenzen für OOS-Konzepte beim computergestützten betrieblichen Informationsmanagement sollen in diesem Beitrag anhand ausgewählter objektorientierter Applikationen und Werkzeugumgebungen aufgezeigt werden. Derartige beispielhafte Anwendungen umfassen – natürlich – Hyper-Card-Systeme (das Macintosh HyperCard-System und seine Clones), die wie kaum andere Applikationen Ideen und Strukturen objektorientierten Designs in das Bewusstsein und den Verfügungsbereich der Endbenutzer gebracht haben. Im weiteren wird auf den HyperCard-Clone Plus [6], vom Funktionsumfang her ein HyperCard Super-Set, als Systembeispiel Bezug genommen. Weitere Anwendungsbeispiele erstrecken sich auf: Konzepte für allgemeine endnutzerorientierte Betriebsumgebungen im Office-Bereich (Beispiel: *NewWave* [7]) und allgemeine Frontend-Systeme für die Ueberwachung und Steuerung von Realzeit-Prozessen (Beispiel: *InTouch* [8]).

Die, an dieser Stelle notwendigerweise beschränkte, Auswahl konkreter Anwendungssysteme wird im weiteren unter dem Aspekt getroffen, Breite und Variantenreichtum im Durchbruch objektorientierter EUC-Applikationen in ganz verschiedenen Anwendungsdomänen der Wirtschaftsinformatik deutlich zu machen. Es ist nicht ein Gegenstand der weiteren Untersuchungen, näher auf reine OOP Systeme wie SmallTalk oder objektorientierte Softwareentwicklungsumgebungen in den üblichen Hochsprachen, beispielsweise die in den letzten Jahren entwickelten C- oder Pascal-OOP-Erweiterungen, einzugehen. Weiterhin stehen die im EUC-Bereich bisher als Industriestandard breit akzeptierten Hard- und Softwareplattformen im Vordergrund (IBM, einschl. Kompatible; Macintosh). Insofern wird also z.B. nicht auf die Entwicklungen im UNIX-Bereich eingegangen, darunter etwa die weit fortgeschrittenen und mächtigen OOS-Konzepte, die im NEXT-System implementiert sind.

2. Struktur objektorientierter Ansätze im Endbenutzercomputing

2.1 Endbenutzercomputing

Der EUC-Bereich hat aus vielerlei Gründen eine strategische Bedeutung für privatwirtschaftliche Unternehmen wie öffentliche Organisationen in den 90er Jahren. Diese Gründe liegen u.a. bei den grundsätzlichen Entwicklungen der Informations- und Kommunikationstechnologien, sie sind bei wachsenden qualitativen wie quantitativen Anforderungen an das betriebsinterne Informationsmanagement zu suchen und haben in erheblichem Masse mit dem Wandel im externen wirtschaftlichen wie politischen Umfeld übernationaler Märkte zu tun.

Im Zuge dieser Entwicklungen verschieben sich die betriebsinternen Verantwortlichkeiten für Planung, operativen Ablauf und Kontrolle der computergestützten Informations- und Kommunikationssysteme entscheidend. Neben die bisherigen zentralorientierten Bereiche der Informatik-Spezialisten tritt eine flächendeckende Verteilung von Applikationen und Werkzeugen, bei denen Designfragen und operative Alltagsarbeit weitgehend im Zuständigkeitsbereich der Anwender in den betrieblichen Fachabteilungen liegen. Eine Koordination dieser Dezentralisierung ist natürlich notwendig und kann z.B. über Abteilungen wie Information Center, o.ä. realisiert werden. Die kommenden verteilten Systeme führen damit zu einer neuen Arbeitsteilung und erheblichen Akzentverlagerung in den grundsätzlichen Strategien für computergestütztes betriebliches Informationsmanagement. Es ist abzusehen, dass die Leistungsfähigkeit des EUC-Bereichs damit das eigentliche strategische Potential für das Informationsmanagement in zukünftigen betrieblichen Informations- und Kommunikationssysteme darstellt [9, S. 1-45].

Vor dem Hintergrund dieser Entwicklung stellen sich vielfältige Probleme. Ein wichtiger Problemkreis ist dabei, nach welchen Konzepten Endbenutzer integrierte Werkzeugumgebungen nutzen, fertige Anwendungen abwickeln, prototyphafte Applikationen laufend fortentwickeln oder neue Anwendungen in eigener Verantwortung selbständig gestalten. *Hier werden OOS-orientierte Konzepte angesichts ihrer hohen Intuitivität und Leistungsfähigkeit eine ganz entscheiden de Rolle spielen.* Im vorliegenden Beitrag steht diese Dimension von OOS-Ansätzen im Vordergrund.

Selbstverständlich ist eine scharfe Abgrenzung zwischen den Schichten „OOS für professionelle Systementwickler" einerseits und „OOS für Endbenutzer" anderseits nicht möglich. Sie scheint derzeit auch gar nicht wünschenswert, da sich mit der zunehmenden Mächtigkeit von computergestützten Werkzeugen die Grenzen zwischen Systemspezialisten und Endbenutzern in sehr variantenreichen Übergängen laufend verschieben [10, Kap. 2.4]. Was heute durch einen Software Systemspezialisten entworfen wird, kann morgen durch einen in keiner Weise Informatikspezialisierten Organisator entwickelt werden, der in seiner OOS basierten Werkzeugumgebung z.B. CIM-Systementwicklung durchführt (siehe etwa das weiter unten vorgestellte *InTouch*-System).

Insofern ist die hier geführte OOS-Diskussion vor diesem weichen Abgrenzungshintergrund zwischen Informatik-Spezialisten und Endbenutzern zu verstehen. Gleichwohl wird aber eindeutig eine Blickrichtung ausgehend von der EUC Position [11] angewandt.

2.2 OOS-Charakterisierung für den EUC-Bereich

Die wichtigsten OOS-Merkmale für den EUC-Bereich sollen anhand weit verbreiteter Vorstellungen über die bestimmenden Eigenschaften von OOP heraus gearbeitet werden. Entsprechend werden im weiteren die folgenden fünf grundlegenden OOP-Merkmale: Objekt, Nachricht/Message, Methode, Klasse und Vererbung auch für die Beurteilung von OOS-Ansätzen im EUC-Bereich herangezogen [12, S. 11-19; 13].

Objekt
Ein EUC-Objekt ist als eine einzelne Applikationseinheit zu verstehen, die lokal Daten wie auch Prozeduren oder Funktionen (*Methods*) zur Verarbeitung dieser Daten umfasst. Objekte sind die Träger jeglicher Funktionalität in einem OOS. Die Verarbeitungsmethoden sind dabei als Methoden in die Objekte eingekapselt. Ein Objekt nimmt zu jedem Zeitpunkt seiner Existenz einen bestimmten Zustand an, der in seinen lokalen Datensetzungen repräsentiert wird. Diese lokale Datensetzung mag in strenger OOP-Manier explizit über benutzerdefinierbare Variable verwaltet werden oder implizit mit vielfältigen EUC-freundlichen Konzepten, z.B. über Objekt-Eigenschaften (etwa sog. *Properties* bei HyperCard-Sytemen).

Verarbeitungsaktivierung der objektspezifischen Methoden und Interaktion mit anderen Objekten eines OOS finden dadurch statt, dass Objekte einerseits Nach richten (*Messages*) aussenden und andererseits auf empfangene Nachrichten reagieren. Durch empfangene Nachrichten werden Zustandsänderungen beim Objekt hervorgerufen. Diese resultieren aus der Aktivierung objektspezifischer Methoden durch die empfangenen Messages mir ihren Parametern und bewirken eine lokale Änderung der explizit verwalteten aktuellen Datensetzungen und/oder implizit berücksichtigter Objekteigenschaften.

Objekt-Beispiele: Eine *Karte* im HyperCard-System *Plus* ist ein derartiges Objekt. Die ihr zugeordneten Methoden bewirken z.B. bei Übersendung der Message *Animiere*, dass genau dieser Karte zugehöriger Programmcode kartenspezifische Animationsprozesse abwickelt. Mit anderen Worten wird die gleiche Message *Animiere* bei einer anderen Karte regelmässig andere, für jene andere Karte erwünschte Animationsprozesse aktivieren. Nach Empfang einer *Animiere*-Message und Abarbeitung der dadurch aktivierten Methoden hat das Objekt einen Endzustand, der als Ausgangszustand für Empfang und Abarbeitung weiterer späterer Messages dient. Ein auf dem Bildschirm simulierter und per Maus oder berührungssensitivem Bildschirm manipulierbarer *Schieberegler* bei einem elektronischen Leitstandsystem ist ein anderes Beispiel für ein Objekt. Je nach Reglerverschiebung teilt es anderen Objekten die Regleränderung in Messages mit und übermittelt gegebenenfalls in Messageparametern neue Einstellwerte. Weiterhin verbleibt der Regler nach Abarbeitung einer Message bis zum Empfang der nächsten Message in einem ganz bestimmten Zustand, z.B. seiner zuletzt fixierten, aktuellen Reglerhöhe.

Nachrichten/Messages
Die einzige Möglichkeit, Verarbeitungsprozesse in einem OOS zu bewirken, besteht in der Übersendung von Nachrichten (*Messages*) von einem sendenden Objekt an ein Zielobjekt. Messages bei OOP stehen in Analogie zu den Prozedur- oder Funktionsaufrufen (*function calls*) in einer prozeduralen Sprache. Messages können über ihre Bezeichner identifiziert werden. Sie können in angefügten Parameterbereichen Parameter übergeben. Objekte reagieren dabei auf die an Sie übersandten Messages mit Verarbeitungsfunktionen, die in ihren jeweiligen objektspezifischen Methoden codiert sind.

Eine bestimmte Message, versandt an verschiedene Objekte, kann dabei je nach Objekt zu ganz unterschiedlichen Verarbeitungsfunktionen führen. Hinter diesem OOS-Mechanismus, der sog. *Polymorphismus* bei OOS zulässt, verbirgt sich einer der entscheidenden Gründe für die Mächtigkeit OOS-basierter Systeme für modulare Systementwicklung. Objekte verbergen ihre Methoden nach aussen. Sie können im Zuge der System-Weiterentwicklung ausgetauscht werden, ohne dass Änderungen an anderer Stelle notwendig sind.

Die Strenge des Message-Prinzips und damit seine systemumfassenden Auswirkungen sind bei verschiedenen OOS sehr unterschiedlich. In EUC-zentrierten OOS können Anwender Messages regelmässig auch ohne das explizite Schreiben von OOP-Code generieren. Dies kann durch auf die spezifische Applikation ausgerichtete intuitive Mechanismen geschehen. Bei manchen Hochsprachenimplementierungen von OOP-Konzepten, etwa bei *Turbo Pascal5.5*, ist das Message-Prinzip in die übliche Deklarations- und Aufrufssyntax von Prozeduren und Funktionen integriert. Bei Hyper-Card-Systemen dagegen ist das Systemdesign grundlegend Message-zentriert.

Message-Beispiele: Ein (länger anhaltender) Mausklick kann dem angeklickten Objekt u.a. nacheinander die Messages *MouseDown, MouseStillDown, MouseWithin* und *MouseUp* übersenden. Das Anklicken eines Telefon-Deskaccessories mag bewirken, dass einer externen Kommunikations-Routine die Message *ModemAnwahl* übermittelt wird; in den mitgesandten Parametern „*ATDP, 001-123-4567*" werden der Modem-Kommandomodus sowie die vorher festgelegte Telefonnummer übergeben. Die (gleiche) Message „*SendeEmail Empfänger Betreff Text*" im Rahmen eines Kommunikationssystems kann bei Übersendung an das Objekt *X25_Service* bewirken, dass eine Paketnetzverbindung genutzt wird, bei Übersendung an das Objekt *Modem_Service* dagegen, dass eine Modem-Anwahl strecke realisert wird. Die grundsätzlich unterschiedlichen kommunikationstechnischen Vorgehensweisen und Prozeduren sind dabei in den jeweiligen Objekt-Methoden nach aussen unsichtbar festgelegt.

– Bei der Modellierung der *NewWave* GUI-basierten Desktop-Metapher finden auf EUC-Ebene *durchgängig* OOS-Prinzipien Anwendung (prinzipiell unabhängig davon, dass die darunterliegende interne *NewWave*-Codierung – auch – OOP-basiert ist): Ein Datenobjekt (etwa: Text-, Graphik-, Tabellenkalkulations-, Kornmunikations-Objekt) fordert seine Abarbeitung durch Übersenden einer entsprechenden Message an sein Anwendungsprogramm (etwa: Texteditor, Graphikprogramm, Tabellenkalkulationssystem, Kommunikationsprogramm). Das Anwendungsprogramm, aufzufassen als komplexer Message-Prozessor [14, S. 16], ruft sich selber auf und stellt damit seine (Verarbeitungs-) Methoden dem Datenobjekt zur Verfügung.

Methoden
Die in einem Objekt lokal verkapselten Methoden bewirken die Funktionalität eines Objektes. Die Verarbeitungsleistung eines gesamten OOS ergibt sich somit aus der Gesamtheit der in seinen Objekten verfügbaren Verarbeitungsfunktionen. Methoden bei OOP entsprechen ziemlich genau den üblichen Funktionen oder Prozeduren von prozeduralen Sprachen.

Bei EUC-orientierten OOS werden den Benutzern in einer Anwendersicht regelmässig auch höherwertige Mechanismen als prozedurale Codierung zur Definition der Methoden bereitgestellt. Diese Mechanismen können z.B. im Anklicken von Auswahlboxen bestehen (etwa: Definition von Objekt-*Properties* bei Hyper-Card), dem Ausfüllen von Parametertabellen oder in der Bereitstellung von Graphikorientierten Editoren, bei denen Methoden-Prototypen implizit mit der Generierung und/oder Modifikation eines Graphikobjektes bereitgestellt werden.

Es ist regelmässig zugelassen, dass ein Objekt auf verschiedene Messages reagieren kann und jeweils Message-spezifische Methoden aktiviert werden. Dieses mächtige, OOS-typische Modularisierungskonzept kann z.B. durch sog. *Handler* innerhalb des Objektes realisiert werden. Jeder dieser Message-Handler in einem Objekt definiert einen geschlossenen OOP-Modul, in dem seine Zuge ordneten Methoden, z.B. in prozeduraler Form, codiert sind. Ein bestimmter Messsage-Handler in einer (statisch) hintereinander codierten Abfolge verschiedener Message-Handler innerhalb eines Objekts reagiert dabei beim Systemablauf (dynamisch) jeweils genau nur auf die an ihn adressierte und z.B. über den Messsage-Bezeichner identifizierte Message. In EUC-OOS arbeiten dabei meist Interpreter die Handler ab; entsprechend ist die Datentypen-Flexibilität bei der Parameterübergabe vergleichsweise hoch.

Methoden-Beispiele: Die Abb.2 zeigt einen Ausstellungsplan als Karte *EXPO* eines HyperCard-Stacks (Karte aus der Apple-Macintosh Anwendung *Boston Kiosk*). Dieser Stack kann im Rahmen eines Messeinformationssystems Verwendung finden. Besucher können dabei Ihre Zielorte nach Ausstellern oder Produkten aussuchen. Nach Anwahl eines Zielortes fährt ein Finger-Objekt den Weg vom aktuellen Standpunkt bis zum Zielort ab. Im konkreten Fall zeigt der Finger nach Ablauf der Animation auf Saal G.

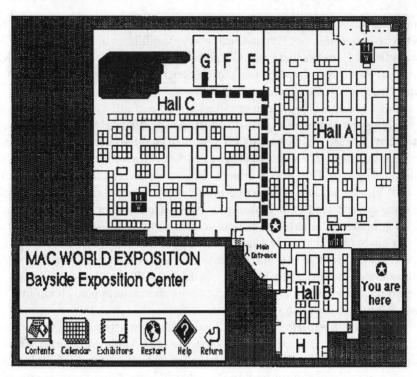

Abb. 2. Animationsbeispiel in einem Messeinformationssystem

Der dem Fingerobjekt zugehörige OOP-basierte Code (*Plus Programming Language*) enthält zwei Handler. Der Handler A *on MouseUp* mag z.B. einem Button zugeordnet sein, mit dem die Zielortselektion erfolgt. Die Betätigung des Buttons bewirkt die Übersendung der Message mit dem Bezeichner Animiere an das Objekt *Finger* auf der Karte *EXPO*. Damit wird die Animation (konkret: automatische Fingerbewegung auf dem Bildschirn) in Gang gesetzt werden. Entsprechend werden in der Message der Animationspfad des *Finger*-Objektes in der globalen Variablen *Spur* als vorher an anderer Stelle bestimmte Sequenz von (x,y)-Koordinaten und die Geschwindigkeit als Wartezeit in der zweiten Parameterposition übergeben. Der Handler B *on Animiere* erwartet beide Parameter. Die Animationsmethode selber ist bei diesem Handler-Beispiel in einer *repeat*-Schleife codiert. Die (x,y)-Koordinaten von *Spur* können z.B. algorithmisch festgelegt werden oder durch Aktivierung eines *Record*-Objektes aus einer vorgezeigten Mausbewegung gelernt werden.

– **Handler A:** einem Button zugeordnet

  on Mouseup

global Spur

send „Animiere Spur, 5" to card paintobject „Finger" of card „EXPO"

end Mouseup

- **Handler B:** dem Objekt „Finger" auf Karte „EXPO" zugeordnet

on Animiere Pfad, Speed

go to card „EXPO"

repeat with i=1 to nuxnber of lines of Pfad

set the loc of card paintobjekt „Finger" to line i of Pfad wait Speed

end repeat

end Animiere

An diesem Beispiel wird die oben angesprochene schwierige Grenzziehung zwischen Systemspezialisten und Endbenutzern deutlich. Die grundsätzlichen Designarbeiten beim Layout derartiger Stack-basierter Informationssysteme sind intuitiv. Es stellt sich jedoch die Frage nach der Codierungskomplexität, die Endbenutzern als Entwicklern derartiger Systeme im Detail noch zugemutet wer den kann. Der Entwurf solcher OOP-Module von Grund an dürfte derzeit noch als zu anspruchsvoll für die „normalen" Endbenutzer angesehen werden. Wenn man jedoch bedenkt, dass derartige OOP-Konstrukte als Prototypen vielerorts veröffentlicht sind bzw. schon gleich in die OOS-Anwendung via Help- oder Tutorials/ Beispiele integriert sind, beschränkt sich die konkrete OOP-Codierung auf Code- und Methodenanpassung bereits verfügbarer Bausteine. Derartige Modifikationen von Prototypen können einem breiteren Anwenderkreis durchaus zugemutet werden, dies vor allem, da die OOS-orientierten Modularisierungsmechanismen ungleich überschaubarer sind als die z.B. von prozeduralen Systemen.

Weiterhin kann an diesem Beispiel veranschaulicht werden, dass OOS-basiertes Systemdesign weniger als Revolution als vielmehr Evolution ausgehend und aufbauend auf bestehenden Technologien verstanden werden muss. Im angeführten Beispiel finden etwa bei der Methodencodierung die üblichen prozeduralen Konzepte Verwendung. Die Benutzergesamtsicht auf das OOS-basierte Gesamtsystem ist jedoch *nicht* mehr prozedural orientiert.

- Als weiteres Beispiel für Konzepte zur Methodendefinition sei eine Prozessleit-Anwendung des *Intouch*-Systems genommen. *InTouch* verfügt, wie viele ähnliche OOS, über problemangepasste Editoren zur Festlegung der Methoden. Diese Editoren machen z.B. das Ausfüllen von Parametertabellen notwendig. In der folgenden Abb. 3 ist, als ein weiteres Beispiel für einen derartigen spezialisierten Methodeneditor, ein View auf den *Logic*-Editor von *Intouch* gezeigt. Dabei liegt als konkreter Anwendungsfall die Modellierung der Objekte eines Chargenprozesses mit verschiedenen Reaktoren in der chemischen Industrie zugrunde. Die beiden eingeblendeten Handler legen die Systemreaktionen beim Prozessstart in Abhängigkeit von Wassermenge und Reaktorfüllniveau fest.

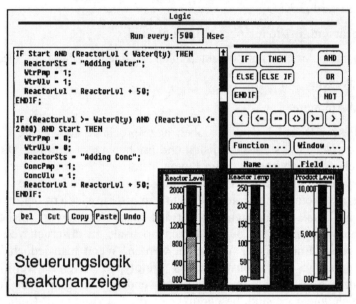

Abb. 3. Spezialisierter OOS-Methodeneditor (InTouch-System)

Klassen
Bei den eng zusammenwirkenden OOP-Konzepten *Klasse* und *Vererbung* sind im Hinblick auf saubere konzeptionelle Isomorphien bei der Übertragung von OOP Ansätzen auf *OOS-Design im EUC-Bereich* sicherlich die meisten Abstriche zu machen. Grundideen und Mechanismen beider Konzepte finden sich in dieser oder jener Schattierung auch in EUC-OOS wieder. Die sauberen Klassen- und Vererbungsbasierten OOP-Datenmodelle oder Syntaxregeln fehlen jedoch bei den EUC-Systemen regelmässig.

Bei vielen OOS-Ansätzen fur den EUC-Bereich werden zur anwendungsfreundlichen Modularisierung wie auch zur Vereinfachung der Systementwicklung vorgefertigte, abstrakte Objekttypen vorgesehen. Dies erinnert an das *Klassenkonzept*. Für diese vorgefertigten Objekttypen werden oft auch standardmässige Funktionen/Methoden prototypmässig vorgeschlagen. Diese Typenvorschläge können jedoch bei jeder Inkarnation eines Objektes ausgehend von einem abstrakten Objekttyp regelmässig in hoher Variationsbreite modifiziert und/oder durch weitere Methoden ergänzt werden. Da die damit generierten Inkarnationen der Objekte dann anschliessend selten noch in einem dem Benutzer bereitgestellten Klassenmechanismus verwaltet werden, kann hier von einem sauberen OOP Klassenkonzept auf *EUC-Ebene* nicht die Rede sein. (Dies schliesst in keiner Form aus, dass auf der darunterliegenden *Systemsoftware-Ebene*, für den Anwender unsichtbar, derartige Inkarnationen von Objekttypen nach klaren OOP-Klassenkonzepten gehandhabt werden.)

Klassen-ähnliche Beispiele: Das Konzept des Karten-*Backgrounds* bei Hyper-Card-Systemen erinnert an das OOP-Klassenkonzept. Alle Karten eines Hyper-Card-Stacks, die auf einen bestimmten Background zugreifen, können als einer Klasse zugehörig aufgefasst werden. Diese Karten können alle auf die im Background bereitgestellten Methoden zugreifen. Es finden dabei Vererbung wie auch Code-Sharing statt. Dagegen bilden *Buttons* in HyperCard-Systemen regelmässig keine Klasse. Sie reagieren zwar alle in irgendeiner Weise auf Mausbetätigung, werden jedoch nicht in einem dem Benutzer verfügbaren Klassenkonzept für umfassendes Button-Management verwaltet und bewirken auch regelmässig ganz unterschiedliche Funktionen.

– Andere Bespiele für eine gewisse Klassenähnlichkeit finden sich etwa bei vordefinierten Methodenklassen des *InTouch*-Systems. Dabei können in Auswahlmenüs präsentierte, vorgefertigte Methoden an Graphik-Objekte angebunden werden. Derartige Methoden bewirken z.B. Animationseffekte über einen analog skalierbaren Füll-Hintergrund von Objekten (etwa: Modellierung des Flüssigkeitsstandes in Behälter-Objekten über sog. *Percent Fill Links*; siehe auch Abb. 3), dienen der Bildschirmsimulation von Reglern (etwa: Schieberegler über *Slider Touch Links*), modellieren Objektbewegungen (etwa: Umpositionierung eines Transportwagen-Objektes via *Horizontal/Vertical Location Links*) oder dienen der Darstellung unterschiedlicher Objektgrössen (etwa: Modellierung verschiedener Zuschnittsmasse mit *Size Links*).

Vererbung
OOP-Vererbungsmechanismen finden Anwendung für Klassifizierungs- und Modularisierungszwecke wie insbesondere auch für evolutionäre Systementwicklung und inkrementelle Systemmodifikationen. In den derzeitig Endbenutzern angebotenen OOS-basierten Anwendungsumgebungen werden OOP-Vererbungsstrukturen wohl am wenigsten straff realisiert. Zwar finden Vererbungsanaloge Mechanismen Eingang in EUC-Umgebungen. Diese sind jedoch regelmässig, u.a. auch als Folge des weichen Klassen-

konzeptes, bei weitem nicht so ausgefeilt wie etwa bei *Smalltalk* oder OOP-Dialekten von *C* und *Pascal*.

Da die meisten EUC-Umgebungen über leistungsfähige objektbasierte *Kopier*mechanismen verfügen, lassen sich darüber im Zuge der Systementwicklung wie auch im späteren Anwendungsbetrieb leicht Töchter/Söhne von Objekten samt vererbten lokalen Methoden generieren. Es ist jedoch regelmässig nicht vorgesehen, dass die Vererbung dann dynamisch im weiteren Anwendungsbetrieb einfach und konsequent verwaltet werden kann.

Vererbungs-ähnliche Beispiele: Die Verarbeitungsstruktur von Messages in HyperCard-Systemen gehorcht einer genauen Vererbungshierarchie in den zugrundeliegenden OOP-basierten Skriptsprachen. Als Beispiel sei wieder die *Plus*-Skriptsprache gewählt [15, S. 22-3]. Wie Abb. 4 zeigt, werden z.B. Mausklick Messages zunächst zu einem Button-Objekt oder einem der angeführten Feldtypen-Objekte übersandt, wenn eines dieser Objekttypen an der entsprechenden Mausposition gefunden wird. Wird ein solches Objekt nicht gefunden, oder, sofern es vorhanden ist, enthält das gefundene Objekt keinen entsprechenden Handler, in dem die betreffende Message aufgefangen wird, wird diese Message in der angegebenen Objekthierarchie weitervererebt. Sie wird solange von *Card*, über *Background*, etc. weitergereicht, bis sie in einem passenden Handler aufgefangen und abgearbeitet wird.

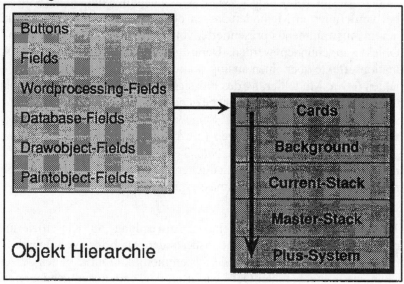

Abb. 4. Messages und Vererbung in einem HyperCard-System (Plus System)

– Ein grundsätzlich anderes Vererbungs-ähnliches Konzept sei anhand der *NewWave* EUC-Betriebsumgebung aufgezeigt. Bei *NewWave* lassen sich dynamische Links zwischen Dokument-Objekten definieren. Diese können, im Gegensatz z.b. zu der bekannten Dynamic-Data-Exchange Architektur der Host Betriebsumgebung *MS-Windows* [16], nicht nur zwischen in aktiven Programmen geladenen Dokumenten über den Clipboard-Mechanismus aufgebaut werden, sondern lassen sich fest in *NewWave*-Dokumenten verankern. Wenn also z.B. in einem Text-Dokument eine Tabellenkalkulationstabelle eingebunden wird, wird diese über dynamische Vererbungsmechanismen konsequent in dem Text-Dokument verwaltet: Jegliche Neuberechnung und Updates in der Tabellenkalkulationstabelle werden an das Dokument weitervererbt, in das die Tabelle eingebunden ist. Dies gilt rekursiv für eine beliebige Abfolge von Dokumenten, zwischen denen Links aufgebaut sind. Das *NewWave*-System sorgt dafür, dass die Datenkonsistenz dabei vom Ziel-Dokument her, im Beispiel also dem Text-Dokument, gewährleistet ist. Gegebenenfalls wird ein Update-Rollback über Aktivierung der vorgelagerten Applikationssysteme in Gang gesetzt.

3. Beispiele für OOS-Anwendungssysteme für den UC-Bereich

3.1 HyperCard-Systeme

HyperCard-Systeme [17] gehören zweifellos zu den im EUC-Bereich am meisten verbreiteten OOS-basierten Applikationen. In den ersten drei Jahren nach Erscheinen des Macintosh HyperCard-Systems haben erstaunliche Entwicklungsaktivitäten von HyperCard-Stacks stattgefunden. Zahl und Anwendungsbereiche derzeit verfügbarer Applikationen sind inzwischen unüberschaubar. Bezeichnend ist, dass die am häufigsten genannten Anwendungen aus typischen Endbenutzer bereichen kommen, wie etwa von Medizinern, Biologen, Chemikern oder aus dem pädagogischen Bereich. Das Besondere der OOS-basierten HyperCard-Applikationen ist dabei, dass sie ein leistungsfähiges und hoch individualisierbares Informationsmanagement vielfältiger Fakten erlauben, zwischen denen auf den verschiedensten Ebenen strukturelle Zusammenhänge bestehen.

Vom Charakter der Anwendungen her werden kombinierte Text-, Datenfeld- und Graphikbasierte Informationspräsentationen, oft ergänzt durch Audio-Informationen, verwaltet, die in Hyperlink-Beziehungen stehen. Zum weiteren werden im Detail auf diese Informationsobjekte regelmässig individuelle Verarbeitungsfunktionen angewandt, die nun gerade den Kern der Objektidee mit eingebetteten Methoden treffen. Zu diesen Verarbeitungsformen gehören z.B. solche vergleichsweise primitiven Graphikobjektbasierten Funktionen wie *Vergrössern, Verbinden, Verschieben, Aufdecken, Verdecken, Stapeln oder Animieren*. Diese einfachen Funktionen führen in ihrer OOS-basierten Host-Umgebung zu bemerkenswerten synergetischen Effekten.

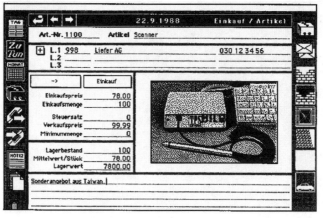

Abb. 5. HyperCard Anwendung Focal Point

Objektorientierte Systeme im Endbenutzercomputing 71

In Abb.5 findet sich ein Bildschirmauszug aus einem HyperCard-basierten Management-Informationssystem, bei dem der Bereich *Produktinformationen* angesteuert wurde [18]. Das einzelne Produktformular wird von einer Vielzahl von Objekten umrahmt, die eine integrierte Nutzung verzahnter Funktionen ermöglichen bzw. eine Verzweigung in andere Bereiche des Informationssystems ermöglichen. Die Detailgestaltung ist dabei in hohem Masse individualisierbar.

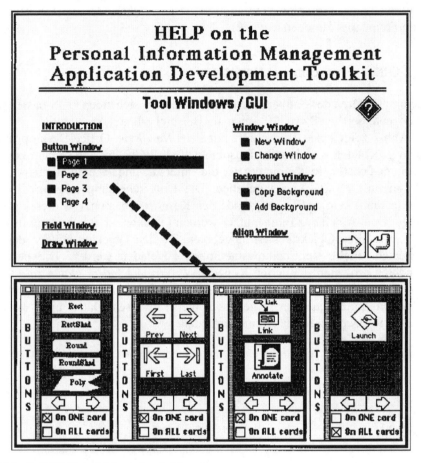

Abb. 6. OOS-Entwicklung durch Manager

Für derartige (Weiter-) Entwicklungen und Detailausgestaltungen OOS-basierter Systeme sind dem Endbenutzer/Anwender geeignete Werkzeuge zur Neudefinition und Modifikation von Objekten bereitzustellen. In Abb. 6 wird eine derartige in den HyperCard-Stack selbst integrierte Werkzeugumgebung gezeigt, die es z.B. einem Manager erlaubt, eine Anwendung nach individuellen Wünschen für persönliches Informationsmanagement auszugestalten (konkret: auf Basis des SuperCard-Systems [19]). Dazu werden standardmässige Objekttypen mit eingebetteten prototyphaften Funktionen in einem entsprechenden Entwicklungssegment der Hyper-Card-Anwendung zur optionalen Nutzung während des produktiven Anwendungsbetriebs angeboten. Zu diesen Funktionen gehören z.B. das Einbringen von Annotationen zu verwalteten Infornationseinheiten, der Aufbau von Informationsverbindungen (*Hyperlinks*) oder die Einbettung von Fremdapplikationen (*launch*).

3.2 Office-Environment NewWave

Einige Facetten der Endbenutzern zur Verfügung stehenden OOS-basierten Konzepte bei *NewWave* [20] seien am Beispiel erläutert.

Abb.7 zeigt einen Bildschirm mit dem *NewWave* Office-Desktop und dem geöffneten Kommunikationsobjekt *VAX: 9600 Baud* in seinem zugehörigen Fenster. In Klammern ist die unterstützende Applikation (= das Programm) *DynaComm* angegeben. Die Unterscheidung mag an dieser Stelle subtil sein, trifft aber gerade den Kern im Themenkreis dieses Beitrags: Dem *NewWave* Endbenutzer werden Objekte zur Bearbeitung in ihren jeweiligen Objektfenstern angeboten. Zu den Objekten können dabei unterschiedliche Verarbeitungsmethoden zugeladen werden. Die hergebrachten prozedurorientierten Konzepte *Programm laden, Daten zuladen, Daten bearbeiten, Daten sichern und Programm verlassen* sind also aufgegeben zugunsten einer in gewisser Weise inversen, Datenobjekt orientierten Konzeption für das Benutzermodell.

Objektorientierte Systeme im Endbenutzercomputing 73

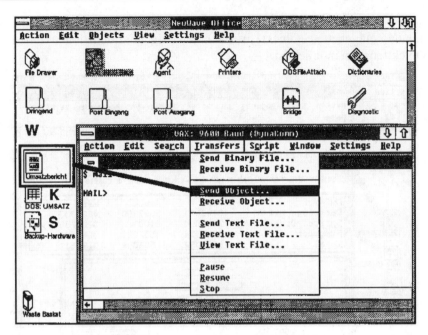

Abb. 7. NewWave Office Desktop mit Kommunikations-Objekt

NewWave-Office unterstützt z.B. Objekttypen wie: *Write-Objects* (W), *1-2-3- Objects* (K) oder *Scanned-Image-Objects* (S). Den Objekten stehen im *NewWave*-System selber implementierte Browser als defaultmässig verfügbare Methoden zum Betrachten der Objekte in ihren Fenstern bereit. Wenn jeweils eine für den Objekttyp geeignete (weitere) Applikation, z.B. Lotus 1-2-3 oder ein anderes Tabellenkalkulationssystem, das auf 1-2-3-Objekten arbeiten kann, installiert ist, können im Objektfenster alle in diesen jeweiligen Applikationen verfügbaren Verarbeitungsfunktionen genutzt werden.

Der GUI-erfahrene Betrachter wird bemerken, dass – konsequenterweise – das in der *Macintosh*- und *MS-Windows*-Welt übliche *File-Menü* an seinem linken Standardplatz in der Fenster-Menüleiste fehlt. Stattdessen ist ein *Action*-Menü für das Objekt verfügbar. Im Kommunikationsobjekt stehen als Funktionen *Send Object* bzw. *Receive Object*, zur Verfügung, wie am angezeigten Pulldown-Menü ersichtlich. Würde man das Write-Objekt *Umsatzbericht* (W) versenden, würden gleichzeitig eingebettete Kopien des 1-2-3-Tabellenobjekts *Umsatz* (K) und des Scanned-Image-Objektes *Backup-Hardware* (S) mitübersandt (siehe Abb.7).

Die Möglichkeit einer Einbettung eines anderen Objekttyps, in ein Write-Objekt (= Textdokument), z.B. eines Tabellen-Objektes bzw. eines Image-Objektes, bedeutet u.a. auch, dass innerhalb des Write-Objektes die

Verarbeitung der eingebetteten Objekte (nach dem üblichen Doppeildick auf das eingebettete Objekt) in ihren jeweilig unmittelbar aktivierbaren Objektfenstern möglich ist.

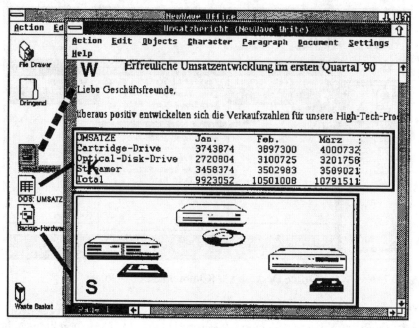

Abb. 8. Dokument mit Tabellen- und Graphik-Objekt

Die in *NewWave* angebotenen objektorientierten Konzepte haben vielfältige nützliche Auswirkungen im Grundsätzlichen, wie auch in vielerlei Details. Zum Grundsätzlichen gehört die prinzipiell datengetriebene Sicht auf computergestützte Informationen und dafür verfügbare Verarbeitungsdienste. Insofern gehorchen z.B. auch die Folders auf dem *NewWave* Desktop anderen Regeln als vom *Macintosh-Finder* oder diversen Shells über *MS-Windows* als weitverbreiteten Desktop-Metaphern gewohnt: Folders nehmen Objekte auf, die in ihnen aktiviert werden können. Ein Objekt kann durchaus in mehreren Folders zugleich gehalten werden (mittels des sog. *shared view*-Konzeptes). Damit wird eine büroübliche Mehrfachablage simuliert. Bearbeitung eines solchen Objektes in *einem* der Views führt zu automatischer Aktualisierung in allen anderen. Weiterhin lassen sich Objekte auch nicht nur mittels des weitverbreiteten Folder-Metaphers organisieren, sondern z.B. auch in einem *File-Drawer* Fenster (Ikone oben links, Abb.8).

Diese datengetriebenen Konzepte für den standardmässigen Office-Desktop, wie in *NewWave*, werden den wachsenden Anforderungen für leistungsfähiges und selbständiges computergestütztes Informationsmanagement durch den Endnutzerbereich eines Betriebes mehr gerecht als herkömmliche funktions- und dateizentrierte Konzepte.

3.3 Systemsteuerungs-Frontend InTouch

Die Modellierungsmächtigkeit vieler graphisch-basierter OOS ist derart allgemein, dass es Schwierigkeiten bereitet, eine kurze und prägnante Beschreibung des Applikationsprofils zu geben. Ein ausgezeichnetes Beispiel dafür ist das *In Touch*-System [21]. Dieses ist einmal ganz allgemein als eine EUC-Entwicklungsumgebung zur Generierung von GUI-basierten Mensch-Maschine-Schnitt stellen zu verstehen.

Die an Graphikobjekte gebundene Methodenvielfalt macht das System darüber hinaus besonders geeignet, als Frontend für die Steuerung und Kontrolle von Realzeit-Prozessen zu dienen. Insofern handelt es sich also um ein Modellierungswerkzeug, das besonders für den CIM-Bereich und dort für Applikationen des Typs *Elektronischer Leitstand* geeignet ist. Entsprechend unterstützt das In Touch-System auch Industriestandard-Interfaces für die netzgestützte Übermittlung von Mess- und Steuerdaten des Produktionsbereich.

Die Abb.9 zeigt ein solches Prozesssteuerungsbeispiel. Die eingeblendete Tool-Palette gibt einen Eindruck von den für die Systemmodellierung angebotenen Objekttypen. Für jeden Objekttyp stehen prototypartige Standardmethoden zur Verfügung, die in einem Selektionsmenü ausgewählt werden können. Für Rechteck-Objekte lassen sich Animationen definieren, z.B. zur Simulation eines Behälterobjekt-Füllstandes (s.o. Abb.3). Die Standard-Methoden regeln, um ein weiteres Beispiel zugeben, solche Verarbeitungsfunktionen wie das genaue Realzeit-Logbuch über die Eingriffe und Überwachungsvorgänge des Prozessbedienungspersonals. Hier sind u.a. routinemässige Einstellvorgänge vorzunehmen, sofortige Schalt-Reaktionen können notwendig werden, Bedienungsreaktionen auf Ereignisse minderer Prioritätsklasse können aufgeschoben werden, etc. (siehe *Acknowledge* Box).

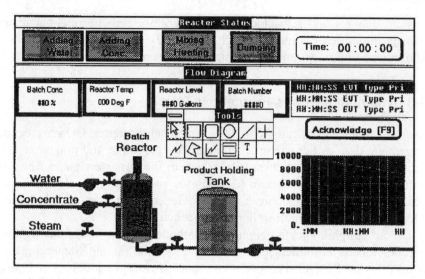

Abb. 9. Mensch-Maschine OOS-Schnittstelle „Leitstand"

InTouch ist in *die MS-Windows*-Umgebung eingebunden und unterstützt *Dynamic Data Exchange* zwischen verschiedenen Applikationen. Insofern lässt sich mit dem System ohne weiteres z.B. auch ein Manager-Leitstand modellieren, bei dem wichtige betriebswirtschaftliche Daten nach einem genauen Plan aus einem LAN abgerufen und in Prozessfenstern bereitgestellt werden. In gleicher Weise können auf der Grundlage von intuitiven GUI-basierten Metaphern bei diesem objektorientierten System Einstell- und Steuerungsgrössen in Interaktion des Managers mit dem System generiert und als Vorgabewerte unmittelbar an andere Abteilungen/Prozesse übersandt werden.

Einen Einblick in den Methodeneditor für die Animation des Füllstandes des *Product Holding Tank* aus Abb.9 findet sich in Abb. 10. Dort wird ein *check button* Menü zur Auswahl der verschiedenen verfügbaren Modellierungstools für Prozessanimation bei *InTouch* angezeigt. Im eingeblendeten weiteren Fenster nach Anwahl der Option *Percent Fill Vertical* können einige Zahlen-Parameter festgelegt werden: Im konkreten Fall wird für die an das Objekt *Product Holding Tank* gebundene Prozessvariable *ProdTnkLvl* ein Füllbereich von *0 bis 10000* definiert. Die entsprechende Animationsfärbung des Tank-Objektes wird zwischen *0 und 100%* der Objekt-Silhouette im Prozessfenster skaliert. In diesem Beispiel sind an das Objekt *Product Holding Tank* verschiedene Methoden gekoppelt. Im Gegensatz zu HyperCard-Systemen, bei denen die objektspezifischen Methoden

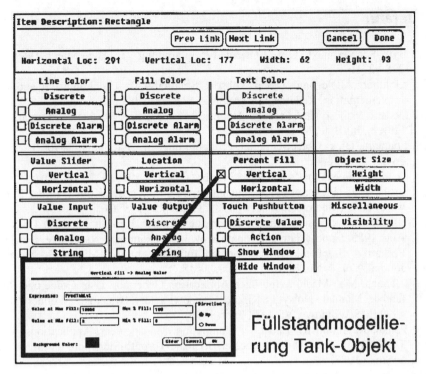

Abb. 10. OOS-Methodeneditor „Leitstand"

regelmässig in *einem* Fenster für die entsprechenden Handler-Skripts verwaltet werden, ist die Methodendefinition beim *InTouch* System u.a. auch über verschiedene Auswahlmenüs mit jeweils einer Palette von standardmässigen Methoden möglich.

Literatur

[1] Byte, Schwerpunkt „Object-Oriented Programming". In: Byte March 1989, S. 228 - 271.
[2] Goldberg,Adele, and David Robson: Smalltalk-80: The Language and Its Implementation. Reading MA (Addison Wesley) 1983.
[3] Dodani, Mahesh H., Charles E. Hughes, and J. Michael Moshell: Separation of Powers. In: Byte, March 1989, S. 255 - 262.
[4] Pountain, Dick: Object-Oriented Programming. In: Byte, Febr. 1990, S. 257 - 264.
[5] Thomas, Dave: What's an Object? In: Byte, March 1989, S. 231 - 240.
[6] Inside Plus. Plus Systemdokumentation. VS-Spnng'89. Köln (Format Software) 1989 (Macintosh, VS-1.1, 1989; OS/2, VS-?, 1990)
[7] HP NewWave. User's Guide; Reference Manual. Hewlett Packard, US-VS, Aug. 1989; Cobb, Alan, and Jonathan Weiner: Examining NewWave, Hewlett Packard's Graphical Object-Oriented Environment. In. Microsoft Systems Journal, Vol. 4, No. 6, Nov. 1989, S. 1 - 18.
[8] InTouch. Man-Machine Interface Application Generator. User Guide und Reference Manual. Noisy Le Grand France (Factory Systems / Wonderware) 1990 (MS/Windows, VS 1.00, Febr. 1990).
[9] Panko, Raymond R.: End User Computing. Management, Applications, and Technology. New York-Chichester-Brisbane-Toronto-Singapore (John Wiley & Sons) 1988.
[10] Nastansky, Ludwig: Betriebsinformatik. In: Vahlens Kompendium der Betriebswirtschaftslehre, Bd. 2, Hrsg. J. Baetge u.a., München (Vahlen) 1990, S. 371 - 412.
[11] Nastansky, Ludwig: Endbenutzerwerkzeuge. In: Handbuch der Wirtschaftsinformatik, Hrsg. K. Kurbel und H. Strunz, Stuttgart (Poeschel) 1990, S. 363- 382; Nastansky, Ludwig: Softwareentwicklung mit PC-basierten Enduser-Tools. In: Anleitung zu einer praxisorientierten Software-Entwicklungsumgebung. Band 1: Erfolgsfaktoren werkzeugunterstützter Software-Entwicklung, Hrsg. H. Oesterle, Hallbergmoos (AIT) 1988, S. 71 - 86.
[12] Shafer, Dan: HyperTalk Programming. Indianapolis (Hayden Books) 1988.
[13] Wegner, Paul: Learning the Language. In: Byte March 1989, S. 245 - 253.
[14] Examining NewWave, a.a.O.
[15] Inside Plus, a.a.O.
[16] Gates, Bill: Beyond Macro Processing. A strategy for customizing applications software. In: Byte, Bonus Edition, Summer 1987, S. 11- 16.
[17] Zu einem kompakten Überblick einschl. weiterer Quellen über Hypertext-/Hypermediasysteme siehe z.B.: Hofmann, M., R. Cordes und H. Langenhöfer: Hypertext/Hypermedia. In: Informatik Spektrum. „Das aktuelle Schlagwort". Vol. 12, Nr.4, Aug. 1989, S. 218 -220; Langendörfer, H. und M. Hoffmann (Hrsg.): Das Hypertextsystem CONCORDE. Forschungsbericht 89-06 der Forschungsgruppe „Office Systems", Techn. Universität Braunschweig, Dez. 1989.

[18] Goodman, Danny: Focal Point. Activision Inc., 1987 (Deutsche VS-2.OD, Benutzer- Dokumentation. Hamburg – Buochs/CH (Stucks Computer) 1988).

[19] Seidensticker, Franz-Josef Konzepte und Lösungsmöglichkeiten für Integriertes Personal Information Management von Fach- und Führungskräften mit PWS-basierten Hypertext-/ Hypermediasystemen. (Bisher unveröff.) Diss., St. Gallen 1990.

[20] Examining NewWave, a.a.O.

[21] InTouch, a.a.O.

Generating Business Ideas Based on Information Technology*

Hubert Österle

Abstract: An application search method is presented which helps generate business ideas based on information technology by opposing a categorized list of business functions to a typology of information technologies. Each of the three steps of the method is first illustrated by the example of a textile mill's customer relations and then described in general. Special attention is paid to the development of ideas for interorganizational information systems.

---

* Wiederabdruck von Österle, H., Generating business ideas based on information technology, in: Clarke, R.; Cameron, J. (Hrsg.), Managing Information Technology's Impact, II, 1992, pp.118-129 mit freundlicher Genehmigung des Elsevier Science Verlags.

Innovation Through Information Technology

The steam engine, electric power, and the automobile were basic innovations in the evolution of our society. They increased productivity, as well as fundamentally changing the organization of production, products, markets, and economies. Information technology is about to have a similar impact on today's society. For enterprises, this will entail extraordinary changes and radical innovation. An early detection of opportunities and threats will become a critical issue in many industries. The same is particularly true for the link between enterprises and business partners.

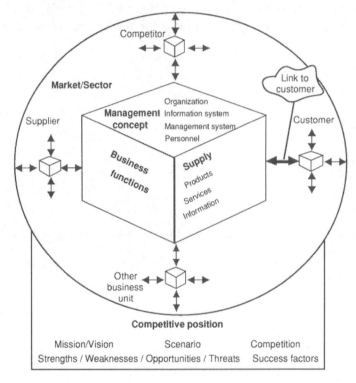

Fig. 1. Business concept

But how can an enterprise explore the potential inherent in information technology? Can there be a method of generating business ideas based on information technology? If we have in mind a single, simple technique for entrepreneurial innovation, then the answer is no. If we look for a method which helps us create ideas that are more numerous and better than those solely based on intuition, however, then the answer is yes.

This paper describes a method of innovation through information technology. The method itself covers all aspects of the business concept, i. e. the key decisions (strategy) in the management of a strategic business unit (cf. Fig. 1). For the purposes of this paper, the scope is restricted to the innovation of customer relations. The method combines a wide variety of concepts from information management [cf. Earl (1989), Ward et al (1990)] and management theory [cf. Porter & Millar (1985)], as well as experience gained from practical cases.

Fundamentals

The approach aims at establishing competitive advantages through customer relations. This implies, among other things, that customers should be offered more value, that customers' switching costs should be increased, that one's bargaining position with regard to customers should be improved, that barriers of other enterprises should be breached and barriers of one's own erected, and that new customers should be attracted.

The fundamental concept of this method is twofold: on the one hand, it stimulates creativity and extends the solution space accordingly; on the other hand, it makes use of selection to reduce diversity to such an extent as to keep it manageable. This should be achieved in three steps (cf. Fig. 2).

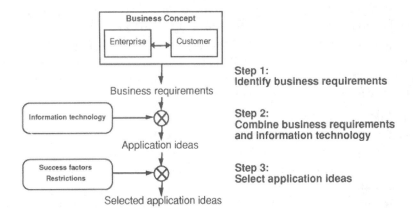

Fig. 2. Procedure of generating and selecting ideas

This procedure can be illustrated by means of a practical example. For this purpose, consider the case of a textile mill that manufactures outer clothing fabrics. The enterprise's customers are garment manufacturers producing skirts, suits, coats, etc. How can information technology help improve customer relations, which should in turn provide the enterprise with a competitive edge?

Step 1: Identify Business Requirements

In the first step, we analyze actual and potential customer relations. For this purpose we, together with a customer, a garment manufacturer, are going to ascertain those of the customer's and our own *business functions* which are in principle capable of communicating with each other.

Example
Fig. 3 shows an extract from such a list. If we look through the business functions, we recognize many actual or potential relationships. This starts with market research. With the exception of informal contacts, no information many be at present exchanged with respect to developments in fashion, the economy, buying patterns, or the supply range of outer clothing fabrics.

Closely connected with this is the *design* of fabric patterns and the *creation* of garment models. These two functions may be already linked in various ways: as a textile mill, we present our collection to garment manufacturers at trade fairs or by means of individual calls several times a year. Garment manufacturers may on occasion formulate their own pattern ideas and create them together with the fabric manufacturer's designers.

Apart from this, there may be many administrative connections, e.g. between the customers *ordering* function and our *primary requirements* explosion, between our *quality control* and the customer's *cutting* function, or between the two *accountancy* functions.

Method
For the purposes of representing the hierarchy of business functions, we make use of indented lists. Such lists enable aggregation and are easy to edit. For an examination of customer relations, the two indented lists are compared.

The following checklist helps us identify business functions and potential customer relations:

- **Business functions of mutual interest**
  Business functions (what Porter (1985) refers to as "value activities") are tasks that directly or indirectly generate value. Whether they are currently computer-supported is irrelevant. In the case of a customer relation analysis, this does not only concern a company's major functions, but also small subfunctions which are relevant to customer relations. *Complaint processing* within the larger business function *sales* is a case in point. What is important is that the business function, its execution, its data, and the knowledge connected with it are, or could be, of interest to other companies.

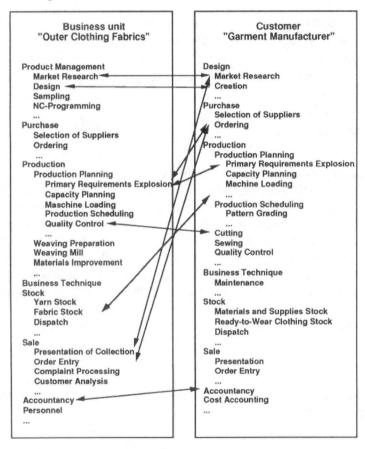

Fig. 3. Business functions in customer relations

- **Flow of goods, funds and information**
  Business functions must take full account of the flow of goods, funds and information between ourselves and the customer.

- **Customer resource life-cycle**
  The customer resource life-cycle according to Ives & Learmonth (1984) points out the business functions which the customer passes through in connection with our product:
  - requirements:
    - attributes (specification), amount
  - acquisition:
    - selection of source (market information, obtaining offers, supplier
    - evaluation), ordering, finance, quality control
  - stewardship:
    - integration, monitoring, cost control, management, support,
    - improvement,
    - maintenance
  - retirement:
    - removal, sale, return, disposal

- **Concentration on critical functions**
  Within a strategic business unit, it is likely that between 100 and 300 business functions would be identified. If a customer relation analysis were based on such a lengthy list, the result would be a diversity that would no longer be manageable. The analysis is therefore restricted to the 50-100 business functions which are critical with regard to customer relations though there may be a risk of overlooking innovation potentials. Business functions are critical if they exert a great influence on success, found in the success factors taken from the positioning of the business unit. Success factors are discussed in more detail in Step 3, below.

Step 2: Combine Business Requirements with Information Technology

The second step examines customer relations with regard to the application of information technology. For this purpose, we confront the business requirements from Step 1 with a *typology of information technology* (Fig. 4).

Example
Let us first consider the relation between the two *market research* functions we are going to examine each category of information technology with regard to any contribution it can make to this relationship:

- the application type *electronic mail* is of little help to communication between the customer's market research and our own;
- the next application type, *group work* on the basis of a joint know-how pool appears to be of much greater interest. We conceive of this as a semistructured database which could record texts, pictures and data with respect to fashion and to the market, and which both companies could work with together. Both companies would add new reports, photos from fashion shows, market trends, etc., and would, for instance, evaluate such data inthe design of fabric patterns and the creation of garment models;
- etc.

Whether any form of electronic communication would be appropriate to the relation between the two market research functions, or whether a different application type would be more suitable, cannot be said without a substantially more profound knowledge of the customer relation in question. Ultimately, such a decision always rests with the specialist who bears immediate responsibility. A wide variety of influences such as a fear of passing information on to competitors and a lack of trust in the market partner's quality and data play a role in this context.

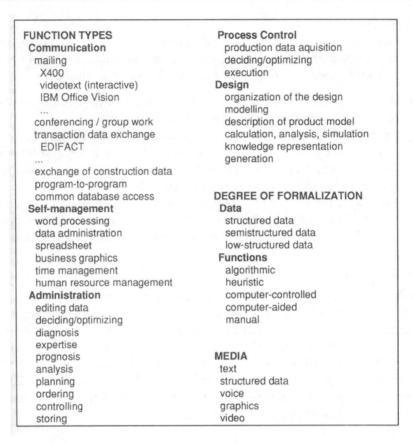

Fig. 4. Typology of information technology

A further, at present highly topical example within our customer relations is communication between the two *production planning* business functions. At present, we may wait until a customer places an order by telephone or in writing. Communication then takes place between the customer's *ordering* function and our own *order entry* function (cf. Fig. 3). Between the customer's *primary requirements explosion* on the basis of orders received from the trade and his *ordering* from us, a great deal of time elapses which could be at least partially used if communication were established between the two production planning functions. The customer in turn is interested in being informed about the schedules, delivery dates, and the actual production progress in respect of his order as early as possible. We discover this application idea if we combine the relation between the two *production planning* functions with the application types *transaction data exchange* and *prognosis* (cf. Fig. 4).

Method

The typology of information technology summarizes the *technical possibilities* at *the stage preceding practical application* so that they can be compared with the entrepreneurial tasks. Such a typology therefore does not deal with, for example, memory technologies and other foundations of information technology, but provides application categories. It is independent of specific industries or functional divisions inside a company. It also avoids a division of administration into sales, production, finances, etc., as well as their subdivision into, say, primary requirement planning, capacity planning, machine utilization, etc. A typology of information technology must *"cut across"* the corporate concept and its detailed structures, if it is to enhance creativity.

This typology is *multidimensional*. It classifies information technology according to *function types, degree of formalization*, and *media* (cf. Fig. 4). In the ideal case, the typology would provide search trees, which lead from high-level summaries to technical solutions which are as concrete as possible. This implies that such a typology cannot be a conclusive representation, but that it lives and changes in keeping with the development of information technology. At the University of St Gall, a small working group is occupied with the structuring and maintenance of the typology. Parts of it can be derived from reference models which are being created for certain functions (e.g. a reference model for the design function according to Abeln (1990), pp. 120ff.).

Fig. 4 is an extract from a considerably more extensive typology. It shows the top levels and examples of itemization in the case of communication and decision/optimization. Under the communication heading, program-to-program communication, for instance, describes an interactive communication between the two partner enterprises' production planning systems. Communication through access to a joint database is primarily an in-house matter; in future, however, this will extend to intercorporate communication with the help of reservation systems such as SABRE or GALILEO.

Self-management denotes the tools for the support of weakly structured tasks, while *administration* describes strongly structured operational processes.

Administration, however, also extends to leadership aids, inasmuch as these are structured; this includes planning, budgeting and reporting. *Process control* denotes the control of technical processes (from the control of a power station right down to that of automatic cash dispensers). *Design* here serves as an umbrella term for the conception and construction of physical or imagined objects (machines, molecules, prostheses, graphics, databases, banking products, etc.).

At the end of Step 2, the checklist in Fig. 5 helps check the completeness of the idea generating process. It summarizes concepts taken from the literature on customer relations. It contains aspects which deal with customer relations at the level of technical or business-administrative variants and options for business functions.

Data exchange between customers and ourselves
- Can customers place orders with us electronically, with a industry specific or general standard, directly in our "order entry", or through program-to-program communication?
- Can we take charge of customers' stock management?
- Can customers automatically order our service in connection with a business transaction with a third party (e.g. baggage insurance when booking a trip)?
- Can we extend our temporal or geographical availability to our customer?
- Which data available to customers can we use (faster)?
- Which data can be made available to customers in addition and faster (quality data, application know-how, etc.)?
- Which data on customers should we record and maintain (complaints, loans, etc.)?
- When customers call, do they get the best possible contacts inside the company?

Distribution of functions between customers and ourselves
- Can we take over a customer's business function within which he initiates an order (stock management, production planning, etc.)?
- Can we carry out another function of a customer better and at less cost (market research, quality assurance, setting-up of machines, maintenance, etc.)?
- Can we transfer functions to a customer which the customer can carry out better or at less cost (production planning, design, etc.)?

Synergies in our company
- Can we participate in the use of customer relations of other business units?
- Can other business units participate in our customer relations?

Competition
- Are we able to make this form of customer relations prevail in the face of competitors? Are there any standards in existence or emerging?
- Within what period of time and at what cost can competitors follow suit?
- Can we link customers closer to us (switching costs)?
- How does our bargaining position with customers change?

Use of existing possibilities
- Which applications do we have in today's customer relations? How are they used?
- Which solutions have been tested, tried or planned in the market? With what results?
- Do customers have the personal/technical prerequisites for a computerized solution?
- Through which networks do we get at customers?

Fig. 5. Checklist for customer relation analysis

Step 3: Select Application Ideas

Each statement regarding the possible use of information technology implicitly involves a concrete combination of entrepreneurial requirements and information-technological instruments. This evaluation process only retains application ideas which stand a realistic chance and promise adequate benefits. Yet an evaluation and selection still constitute a third, independent step in the search for innovations. They measure application ideas against the yardstick of *the company's success factors* and compare them with *restrictions* and *costs*. The result of this selection is a collection of written project proposals.

Example

The benefit of electronic communication between production planning functions seems to be obvious without any profound knowledge of the industry: our company will improve its market position in comparison with competitors, we will be better able to meet our deadlines, stocks can be reduced, etc. At the same time, both parties will have to bear high development costs for the communication facilities, and new dependencies will emerge. If, on the other hand, the company has not even found a satisfactory solution to its own internal production planning, then the option for an improvement in customer relations is probably precluded for the time being.

The know-how pool in the *market research* function is far more difficult to assess. Here, a profound knowledge of the industry and cooperation with partners is indispensable; the list of success factors can only provide clues.

Method

A *classification of success factors* on which information technology exerts a strong influence is as follows:

- quality
- time
- performance
- flexibility
- resources
- market position
- cost
- prices

This classification is general in nature, which means that the significance of the success factors for every individual company must be established by means of an analysis within the framework of the business unit's positioning.

The classification of success factors comprises benefit aspects and competitive arguments from many sources [Boynton/Zmud (1984), Earl (1989), Mertens & Plattfaut (1986), Porter (1985), Pümpin (1986), Stalk & Hout (1990), Ward et al (1990) among others] as well as from practical projects. The success factors describe the *special characteristics of customer relations*, not their individual components. Thus the characteristic *"quality"* can denote the quality of the entire product range, of individual products, of services, of advice and of information. It also embodies detailed characteristics such as responsiveness and adherence to deadlines. *"Time"* applies both to the time required to process an order from receipt to dispatch and to the "time-to-market" in product development (which, in the textile example, would cover the time between the design idea and the presentation of patterns to customers).

The characteristic *"performance"* describes the enterprise's ability to respond to challenges. It may concern creativity with regard to products, knowledge about products and their manufacture, and the ability to administer complex processes and manage them according to market requirements. It also extends to the company's database. For example, in the 1980s, a Swiss chemical company compiled a database about agriculturally used land in Switzerland which now is intensively used in customer consultation.

The success factor *"resources"* takes into account the requirement of critical resources which are not expressed in quantified costs. The capacity of the workforce with know-how which is difficult to come by, liquidity, and the spatial and temporal availability of our service for the customer are cases in point.

"Market position" is regarded as a success factor in its own right, although it is largely a result of the previously mentioned characteristics. Information technology provides further means for the establishment and extension of the image on the market, of the bargaining position with customers and suppliers, and of the company's position in comparison with competitors.

The list of success factors is no more than a referential framework. The success factors specific to individual companies must be selected, weighted and, if need be, refined with respect to the positioning of the business unit. They should, however, be worked out along the lines of the methods in use, i.e. they should represent characteristics, not functions.

The list of success factors is one of various classification possibilities. Thus the two frequently mentioned success factors "product differentiation" and "closeness to customers" have not been included; they form part of the quality of the range, the products, the services, etc.

Apart from the evaluation of an application idea against the yardstick of the success factors, we must also take into consideration any operative and technical restrictions. The following examples are typical:

- resources (personal, financial, temporal) for the realization of a solution. Innovation is also a question of resources (provision of the necessary staff, consultation fees, etc.) within the innovation process as such, and even more so in the realization of ideas;
- power structures, particularly in the marketplace. If, for instance, no standard for a data exchange can be agreed upon, then solutions based on such a standard have to be dropped;
- existing application portfolio. For example, direct electronic communication with a customer's production planning function cannot be envisaged as long as in-house production planning problems have not been sol satisfactorily;
- packaged application software, which may preclude some solutions;
- hardware and system software (technological platform) on which the solution envisaged cannot be realized;
- lack of a database.

The result of the selection of application ideas is a collection of written proposals.

Conclusion

The method presented in this paper is of assistance to a company looking for innovative ideas with regard to customer relations. We restricted ourselves to the analysis of customer relations, which form only one component of the business concept as sketched out in Fig. 1.

Many methodical approaches to innovation through information technology do not go further than an extremely rough set of instructions. For reasons of correctness, they are usually called frameworks rather than methods. We have tried to go beyond such a weak structure, and to work out a method. We started out from the following considerations:

- the above-mentioned method for innovation through information technology is a variation of morphological analysis, which has proved its worth as a creative technique in engineering disciplines. It serve to de-

termine operative requirements and compares these with the options provided by information technology;
- on the one hand, innovation is tantamount to an opening of the solution space, i.e. the discovery of new approaches to solutions. On the other hand, innovation means that the solution space must be restricted to an extent which keeps the operation manageable. A method must therefore promote creativity on the one hand, and select ideas on the other;
- an application idea combines a practical entrepreneurial problem (requirement) with a practical information-technological solution. Innovation through information technology is thus only possible if we possess the know-how in the field of application on the one hand, and the know-how in information technology on the other;
- many literary sources and practical observations indicate that an innovation process must be initiated in the operational area, rather than in a Head office staff division. Innovation must be conceived at the same level at which it is to be realized. Only at that level is the requisite expert knowledge available.

First experience with the method show that it works in a practical environment, but that it cannot be applied as a formalized procedure, step by step and business concept by business concept.

References

Abeln, O., Die Ca...-Techniken in der industriellen Praxis, Handbuch der computergestützten Ingenieur-Methoden, Carl Hanser Verlag, Munich and Vienna, 1990

Boynton, A. C., Zmud, R. W., "An Assessment of Critical Success Factors", Sloan Management Review 25,4 (1984), 17-28

Earl, M. J., "Management strategies for information technology", Prentice Hall, Hertfordshire, 1989

Ives, B., Learmonth, G. P., "The information system as a competitive weapon", Communications of the ACM 27,12 (1984), 1193-1201

Mertens, P., Plattfaut, E., "Informationstechnik als strategische Waffe", Information Management 1,2 (1986), 6-17

Porter, M. E., "Competitive advantage: creating and sustaining superior performance", The Free Press, New York, 1985

Porter, M. E., Millar, V. E., "How information gives you competitive advantage", Harvard Business Review 63,4 (1985), 149-160

Pümpin, C., "Management strategischer Erfolgspositionen. Das SEP-Konzept als Grundlage wirkungsvoller Unternehmungsführung", 3rd edition, Verlag Paul Haupt, Berne and Stuttgart, 1986

Stalk, G., Hout, Th. M., "Competing against time. How time-based competition is reshaping global markets", The Free Press, London, 1990

Ward, J., Griffiths, P., Whitmore, P., "Strategic planning for information systems", John Wiley & Sons, Chichester et al, 1990

Forschungsprogramm IM2000: Umsetzung von Informationssystem-Architekturen[*]

Hubert Österle, Walter Brenner, Konrad Hilbers

Zusammenfassung: Die Zusammenarbeit zwischen Hochschule und Praxis ist eine traditionelle Stärke der Hochschule St.Gallen. Sie sucht auf allen Ebenen und in allen Bereichen den konstruktiven und kritischen Dialog mit der Praxis. Das Institut für Wirtschaftsinformatik konzentriert sich in diesem Sinn auf den Teilbereich Informationsmanagement innerhalb der Wirtschaftsinformatik.

Ziel dieses Aufsatzes ist es, auf der einen Seite das Forschungsprogramm IM2000 als Grundlage anwendungsorientierten Forschens vorzustellen und auf der anderen Seite an der Themenstellung „Umsetzung von Informationssystem-Architekturen" erste Ergebnisse dieser neuen Form der Zusammenarbeit zu zeigen.

---

[*] Wiederabdruck von Österle, H.; Brenner, W.; Hilbers, K., Forschungsprogramm IM2000: Umsetzung von Informationssystem-Architekturen, in: Bartmann, D. (Hrsg.): Lösungsansätze der Wirtschaftsinformatik im Lichte der praktischen Bewährung, 1992, S. 1-37 mit freundlicher Genehmigung des Springer-Verlags.

1 Das Forschungsprogramm IM2000 an der Hochschule St. Gallen

1.1 Informationsmanagement als Herausforderung

Die Nutzung der modernen Informations- und Kommunikationstechnik ist für viele Unternehmungen entscheidend, um im nationalen und internationalen Wettbewerb zu bestehen (vgl. [15], S. 6 ff., [9], S. 1193 ff.). Obwohl sich viele Unternehmungen seit mehr als 20 Jahren mit elektronischer Informationsverarbeitung beschäftigen und auch erhebliche Kompetenz aufgebaut haben, gibt es eine ganze Reihe von Fragestellungen, die sich mit dem bestehenden Know-How nicht oder nur in begrenztem Masse bewältigen lassen. Solche Fragestellungen sind beispielsweise:

- Verbindung von Unternehmungsstrategie und Informatikstrategie
- Umsetzung von Informatikstrategien
- Enduser Computing, Personal Information Management
- Führung und Organisation einer Informatikabteilung
- Nutzung externer Informationssysteme (Datenbanken und Informationsdienste)
- Elektronische Märkte

Nicht alle diese Fragestellungen sind neu. Einige von ihnen sind fast schon „Klassiker" der Auseinandersetzung mit der betrieblichen Informationsverarbeitung. Wenn Informationssysteme in den nächsten Jahren für immer mehr Unternehmungen zu einem Wettbewerbsfaktor werden, gewinnt die Beschäftigung mit diesen Fragestellungen jedoch stark an Bedeutung. Für immer mehr Branchen und Unternehmungen wird es wichtig, sich anders als bisher mit der Informationsverarbeitung auseinanderzusetzen.

Analysiert man die Herausforderungen der Zukunft in diesem Bereich wird eine zusätzliche Tendenz deutlich: Technische Fragen rücken immer mehr in den Hintergrund. Managementfragen, insbesondere die Durchsetzung und Umsetzung von Zielen, gewinnen immer mehr an Bedeutung.

In vielen Grossunternehmungen sind in den vergangenen Jahren oft in Zusammenarbeit mit externen Beratern Informatikstrategien und Informationssystempläne erarbeitet worden. Ergebnisse dieser Projekte sind regelmässig ehrgeizige Zielsetzungen, wie das zukünftige Informationssystem einer Unternehmung aussehen soll. Problematisch ist in vielen Fällen die Umsetzung der Pläne. Trotz relativ klarer Ziele kommt man mit der Realisierung nur langsam voran. Viele Beteiligte erkennen erst nach mehreren Fehlschlägen, wie viel Zeit und finanzielle Mittel kosten, dass es nicht die Probleme mit der Hard oder Software sind, die zu Umsetzungsschwierigkeiten führen, sondern dass in der Regel Managementprobleme ungelöst bleiben. Viele Unternehmungen sind auf diese besonderen Probleme im Umgang mit der betrieblichen Informationsverarbeitung nicht vorbereitet.

Lösungen für Fragen dieser Art sind nur durch eine enge Verbindung von Informatik und Unternehmungsführung möglich. Informationsmanagement schafft durch eine ganzheitliche und unternehmerische Sicht auf die Informationsverarbeitung diese Verbindung.

Die Auseinandersetzung mit Informationsmanagement erfordert Anstrengungen der Unternehmungen und öffentlichen Verwaltungen in viele Richtungen. Neben eigenem Know How gewinnt die Nutzung externer Wissensquellen an Bedeutung. Eine interessante Möglichkeit ist die Zusammenarbeit mit Hochschulen und Universitäten (vgl. [10]).

1.2 Das Forschungsprogramm IM2000

Das Institut für Wirtschaftsinformatik an der Hochschule St. Gallen arbeitet seit dem 1. Januar 1989 im Forschungsprogramm Informationsmanagement 2000 (IM2000) mit Unternehmungen und öffentlichen Verwaltungen zusammen. Eine aktuelle Liste der Partnerunternehmungen ist in Abbildung 1 enthalten.

Die Zielsetzung des Forschungsprogramms lässt sich mit folgenden Punkten umschreiben:

- Kritische Gebiete des Informationsmanagements identifizieren, d.h. herausfinden, wo die Herausforderungen der Zukunft für Wirtschaft und öffentliche Verwaltungen in der Anwendung der Informationstechnik liegen.
- Theoretisches und praktisches Know How bei den Partnerunternehmungen und an der Hochschule aufbauen.
- Wissen an die Studenten in Vorlesungen und gemeinsame Projekte weitergeben.
- Know How in die Partnerunternehmungen transferieren, d.h. Umsetzen der Forschungsergebnisse in die betriebliche Realität.

> AGI, Arbeitsgemeinschaft für Informatik der Kantonalbanken, c/o St. Gallische Kantonalbank
> Gebrüder Bühler AG
> Bundesamt für Informatik
> Hoffmann La Roche
> Mettler Toledo AG
> Oerlikon Bührle Rechenzentrum AG
> Informatikdienste PTT
> Schweizerische Bankgesellschaft
> Schweizerischer Bankverein
> Schweizerische Kreditanstalt
> Schweizerische Lebensversicherungs- und Rentenanstalt
> Gebrüder Sulzer AG
> Swissair
> Telekurs AG
> Winterthur Versicherungen
> „Zürich" Versicherungs-Gesellschaft

Abb. 1. Liste der Partnerunternehmungen des Forschungsprogramms IM2000

Um diese Ziele im Rahmen der wissenschaftlichen Arbeit an einem Hochschulinstitut zu erreichen, ist Informationsmanagement als angewandte Forschung zu betreiben. Sie bezieht ihre Fragestellungen aus der Wirtschaft und bringt die Lösungen wieder in die Praxis zurück. Angewandte Forschung unterscheidet sich von Unternehmungsberatung. Nicht die spezifischen Probleme einer Unternehmung, sondern das Streben nach verallgemeinerbaren Erkenntnissen steht im Vordergrund. Diese Art der Forschung geht also weiter als eine blosse wissenschaftliche Wiedergabe von Lösungen der Praxis. Angestrebt werden allgemeine Gestaltungsmodelle für die betriebliche Realität (vgl. [25], S. 180).

Klassische Empirie als Forschungsmethode hilft dabei oft nicht weiter. Im Sinne des „direct research" von Rockart kommt es darauf an, wegweisende Konzepte der Praxis zu finden und aufzuarbeiten (vgl. [23], S. 10 f.). Die kontinuierliche Zusammenarbeit mit der Praxis ist zusätzlich ein Korrektiv bei der Bearbeitung.

Bei der Konzeption des Forschungsprogramms IM2000 orientierte sich das Institut für Wirtschaftsinformatik am Programm „Management in the 1990s" des Massachusetts Institute of Technology (MIT). Es ist inzwischen abgeschlossen und wird sowohl aus der Sicht der Praxis (vgl. [11], S. 5 ff.) und des MIT (vgl. [16]) als erfolgreich beurteilt.

1.3 Organisation des Forschungsprogramms IN12000

Eine reibungslose Zusammenarbeit zwischen akademischer und praktischer Welt erfordert gewisse organisatorische Voraussetzungen. Sie stellen sicher, dass die Zusammenarbeit für beide Seiten ein Erfolg wird.

Das Forschungsprogramm ist in verschiedene Kompetenzzentren (CC) gegliedert. Jedes Kompetenzzentrum beschäftigt sich mit einer Themenstellung des Informationsmanagements. Abbildung 2 zeigt die Struktur des Forschungsprogramms.

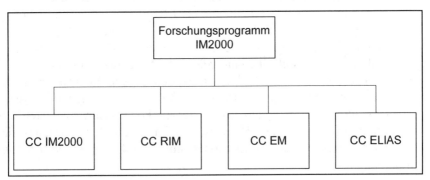

Abb. 2. Struktur des Forschungsprogramms IM2000

Zur Zeit existieren vier Kompetenzzentren:

- CC IM2000 (Informationsmanagement)
  Dieses Kompetenzzentrum entwickelt ein Managementsystem, um Informatikstrategien, insbesondere Informationssystem-Architekturen, durch Projekte in neue Applikationen umzusetzen. Von Abschnitt 2 an beschäftigt sich dieser Aufsatz mit den Arbeiten dieses Kompetenzzentrums.

- CC RIM (Rechnerunterstütztes Informationsmanagement)
  Schwerpunktmässig befasst sich dieses Kompetenzzentrum mit der Rechnerunterstützung beim Entwurf betrieblicher Informationssysteme. Ziel ist es, ein Referenzmodell für die Softwareentwicklung zu entwickeln. Als Basis dienen verschiedene Methoden und Werkzeuge der Softwareentwicklung, die in den Partnerunternehmungen eingesetzt werden.

- CC EM (Elektronische Märkte)
Im Rahmen des Kompetenzzentrums elektronische Märkte wird untersucht, wie und in welchem Ausmass es möglich ist, Markttransaktionen durch den Einsatz moderner Informations und Kommunikationstechnologien teilweise bzw. voll zu automatisieren. Das Hauptziel besteht in der Entwicklung einer Methode zur Spezifikation von elektronischen Märkten auf der Basis kommunizierender Systeme.

- CC ELIAS (Elektronischer Informationsassistent)
Unternehmungen stehen einem immer grösser werdenden Angebot elektronisch verfügbarer Informationen (Rohinformationen) gegenüber. Aus der Fülle des Angebots müssen die relevanten Informationen herausgefiltert und in entscheidungsrelevante Nutzinformationen transferiert werden. Ziel des CC ELIAS ist es, den Umwandlungsprozess von Rohinformationen in Nutzinformation möglichst automatisiert und effizient zu gestalten. In einem ersten Schritt konzentriert man sich auf quantitative Informationen. Basis ist eine Methodik, die es erlaubt, die Semantik quantitativer Informationen auf dem Computer vollständig abzubilden.

Die Themen der Kompetenzzentren werden in gemeinsamen Gesprächen zwischen Hochschule und den Partnerunternehmungen festgelegt. In einem Rahmenplan mit einem Zeithorizont von fünf Jahren werden gemeinsame Zielsetzungen definiert. Hochschule und Partnerunternehmungen wissen deshalb, welche Ergebnisse sie aus der Arbeit eines Kompetenzzentrums erwarten können.

In einem Kompetenzzentrum arbeiten unter Leitung eines Professors wissenschaftliche Mitarbeiter, Doktoranden, Studenten und Spezialisten aus den Partnerunternehmungen in einem Team zusammen. Die Arbeit jedes Kompetenzzentrums wird von einem Beirat begleitet, der sich aus hochrangigen Vertretern der Partnerunternehmungen und der Hochschule zusammensetzt. Der Beirat steuert das Kompetenzzentrum inhaltlich und sorgt für einen Transfer des Wissens in die Partnerunternehmungen.

In jedem Kompetenzzentrum finden mehrmals jährlich Workshops statt. Bei diesen Workshops arbeiten Vertreter der Hochschule und der Partnerunternehmungen zusammen. Zwischen den Workshops arbeiten die Partnerunternehmungen und die Hochschule vertieft an den Fragestellungen. An den Workshops fliessen die Ergebnisse der Arbeiten zusammen. Grundlage des Ablaufs ist eine jährliche Planung, die vom Beirat genehmigt wird.

Die Geschäftsleitungsmitglieder der Partnerunternehmungen sind einmal im Jahr zu einer Jahrestagung zu einem aktuellen Thema des Informationsmanagements eingeladen. Die erste Tagung fand im April 1990 statt und hatte das Thema „Unternehmensführung und Informationsmanagement: Dezentrales Unternehmertum bei zentraler Steuerung?". Teilnehmer sind sowohl Vertreter der Fachbereiche wie auch Vertreter der Informatik auf Geschäftsleitungsebene. Sie schätzen insbesondere die Gespräche zwischen Fach und Informatikabteilungen im Rahmen einer solchen Tagung.

1.4 Erfahrungen mit dem Forschungsprogramm IM2000

Das Forschungsprogramm IM2000 läuft seit fast 2 Jahren. Dieser Zeitraum erlaubt es uns, über erste Erfahrungen mit dieser neuen Form der Forschung zu berichten. Sie lassen sich in folgende Punkte zusammenfassen:

- Neue Inhalte für Forschung und Lehre
  Die gemeinsame Arbeit mit der betrieblichen Praxis führt zu neuen Themenstellungen in der wissenschaftlichen Arbeit und bei der Festlegung der Lehrinhalte für die Studenten. Durch den engen Kontakt mit den Partnerunternehmungen ist das Institut für Wirtschaftsinformatik in der Lage, Probleme der Praxis frühzeitig zu erkennen.
  Bei Gesprächen mit Vertretern der beteiligten Unternehmungen über strategische Informationssystemplanung nickte 1988 immer mehr der Aspekt der Umsetzung der Planungen in den Vordergrund. Auf der Basis dieser Problemstellung wurde das CC IM2000 gegründet, das in diesem Aufsatz näher beschrieben wird.
  Die Gespräche und Workshops liefern ständigen Input für die Forschungsarbeit. Mitarbeiter, die noch nicht in der Wirtschaft oder einer öffentlichen Verwaltung tätig gewesen sind, lernen im Umgang mit den Partnerunternehmungen die praktische Seite der Probleme kennen, mit denen sie sich im Rahmen ihrer wissenschaftlichen Arbeit auseinandersetzen. Die gemeinsamen Workshops erweisen sich als hervorragendes Testfeld für neue Ideen. Durch das schnelle Feed Back erfährt der Forscher unverzüglich, ob eine Idee oder ein Konzept der Praxis nützt, und kann so die Basis für erfolgreiche angewandte Forschungsarbeit legen.
- Keine Probleme bei der inhaltlichen Kernarbeit
  Nach einer kurzen Anlaufzeit, in der einheitliche Begriffe für jedes Kompetenzzentrum geschaffen wurden und sich die Partner aus Praxis und Hochschule näher kennenlernten, sind die inhaltlichen Aufgaben in Angriff genommen worden. Die Kluft zwischen Praxis und akademischer Welt konnte in allen Kompetenzzentren schnell überwunden werden. Ein wichtiger Teil der Zusammenarbeit steht jedoch noch bevor: Die Umsetzung der Ergebnisse in die Praxis. Ein wesentlicher Erfolgs-

faktor für diesen Schritt ist aber schon getan: Die Mitarbeiter der Partnerunternehmungen erfahren durch die Mitarbeit in einem Kompetenzzentrum Ausbildung, die eine langfristige Grundlage für die Umsetzung darstellt.
Wichtig ist, dass die Mitarbeiter an der Hochschule und in der Praxis so ausgewählt werden, dass die Fragen, mit denen sie sich im Forschungsprogramm beschäftigen, eine maximale Überschneidung mit ihrer praktischen Arbeit bzw. ihrem Forschungsschwerpunkt aufweisen.

- Neuer Stil wissenschaftlichen Arbeitens
Die Zusammenarbeit mit der Praxis hat zu einer Veränderung des Stils wissenschaftlichen Arbeitens geführt. Auf der einen Seite sind Managementaufgaben, wie z.B. die Akquisition von Partnerunternehmungen oder die Durchführung von Beiratssitzungen, hinzugekommen. Auf der anderen Seite kann mit der Praxis nur dann zusammengearbeitet werden, wenn wie in der jährlichen Planung vorgesehen – Berichte und andere Ergebnisse termingerecht vorliegen. Dies führt zu einer fruchtbaren, ergebnisorientierten wissenschaftlichen Arbeitsweise.
Eine Aufgabe hat sich als Erfolgsfaktor herausgestellt: Der Umgang mit den Erwartungen. Bereits bei der Zieldefinition für ein Kompetenzzentrum muss darauf geachtet werden, dass keine euphorischen Erwartungen über den wissenschaftlichen und praktischen Fortschritt entstehen. Der Verantwortliche für ein Kompetenzzentrum muss dafür sorgen, dass sich die Erwartungen auf ein realistisches Niveau einpendeln.

Gespräche mit leitenden Vertretern der Partnerunternehmungen zeigen, dass sie die Vorteile gemeinsamen Arbeitens mit dem Institut für Wirtschaftsinformatik im Forschungsprogramm IM2000 in der Drehscheibenfunktion für Informationen der Kompetenzzentren, im Teilen teurer Experten, im Dialog und in der Kooperationen zwischen den Partnerunternehmungen sehen. Selbst grosse Unternehmungen wären vor allem durch den Mangel an qualifizierten Mitarbeitern nicht in der Lage, die Fragestellungen der Kompetenzzentren auf ähnliche Art und Weise anzugehen.
Aus der Sicht des Instituts für Wirtschaftsinformatik ist diese neue Form der Kooperation zwischen Universität und Wirtschaft erfolgreich: Die Forschung erhält nicht nur die nötigen Ressourcen, sondern vor allem wertvollen Input aus der betrieblichen Praxis. Praxisprobleme und Lösungen sowie die damit verbundenen Forschungsergebnisse schlagen sich auch im Lehrgang Informationsmanagement der Hochschule St. Gallen nieder (vgl. [17]).

2 Umsetzung von Informationssystem-Architekturen

2.1 Problemstellung

Informationssystem-Architekturen werden in den 90er Jahren für viele Unternehmungen zu einem Wettbewerbsfaktor. Anforderungen wie

- Globalisierung der Informationsverarbeitung, d.h. Abwicklung des Geschäfts an beliebigen Standorten möglichst unter zentraler Steuerung,
- 7x24h Betrieb, d.h. durchgehende zeitliche Verfügbarkeit der Informationssysteme,
- Erhöhung der Geschwindigkeit bei der Verarbeitung, z.B. bei der Auftragsabwicklung in der Produktionsindustrie,
- Informationsvorsprung, z.B. durch eine mehrdimensionale Erfolgsrechnnung,
- Reduktion der Kosten, nach wie vor eines der Hauptziele der Informationsversorgung,

sind an umfassende Informationssystem-Architekturen gebunden. Dies bedeutet für viele Unternehmungen, ihre bestehenden EDV Applikationen durch neue zu ersetzen. Grundlage für den Transfer ist die Informationssystem Architektur, d.h. der Plan, wie das zukünftige Informationssystem aussehen soll. Seine Planung, Umsetzung und Pflege wird zu der wichtigsten Aufgabenstellung des Informationssystemmanagements (ISM). In den vergangenen Jahren dominierte die Planung der Informationssystem Architektur. Viele grosse Unternehmen führten Projekte, wie z.B. strategische Informationssystemplanungen, durch. Um aber die Vorteile moderner Konzepte der Informationsverarbeitung zu nutzen, muss der Planung die Realisierung folgen.

Dieser Schritt erweist sich in der betrieblichen Praxis als grosse Herausforderung. 1989 haben wir bei den Partnerunternehmungen erfragt, welche Faktoren über Erfolg und Misserfolg der Umsetzung von Informationssystem-Architekturen bestimmen. Es zeigte sich, dass zwar technische Fragen eine Rolle spielen, dass aber der wichtigste Faktor ein auf die Realisierung der Informationssystem Architektur ausgerichtetes Informationssystem Management ist (siehe Abbildung 3).

> **Zusammenarbeit zwischen Fachbereichen und Informatikabteilung**
> intensiver Dialog zwischen Fachbereich und Informatik
> Involvierung sämtlicher Managementebenen insbesondere der Machtzentren
> Einbettung in die Gesamtplanung der Unternehmung
> Klarheit der Konsequenzen des Migrationsplans
> Schulung der Fachvertreter
> Förderung des Verständnisses „Information als Ressource"
> „Normalisierung der Erwartungshaltung"
> **Organisation des Informationssystem Managements Bildung der Stelle**
> Bildung der Stelle Informationssystem – Management
> Verankerung bei einem kompetenten Promotor
> Besetzung der Stelle mit einem teamfähigen „Integrierer"
> Verantwortung der Fachvertreter für die Architektur
> schrittweise Einführung des Informationssystem Managements
> Identifikation und Kontrolle von Kosten und Nutzen bei jedem Einführungsschritt
> Managementkonzept für das Informationssystem Management
> **Abgrenzung ISA**
> Konzentration auf die Objekte Daten, Funktion und Organisation
> strikte Trennung von logischer Architektur und physischer Implementierung

Abb. 3. Erfolgsfaktoren der Umsetzung von Informationssystem-Architekturen

2.2 Aufgaben und Zielsetzung

Auf der Grundlage der im vorigen Abschnitt beschriebenen Problemstellung bedeutet die Umsetzung von Informationssystem-Architekturen eine Beschäftigung mit den folgenden Fragen:

- Was sind die Bestandteile einer Informationssystem Architektur (Grundlage)?
- Was kann ein Vorgehensmodell zu einer erfolgreiche Umsetzung von Informationssystem-Architekturen beitragen und wie sieht ein solches Vorgehensmodell aus?
- Welche Massnahmen helfen, eine Informationssystem Architektur in produktive Anwendungen umzusetzen?

Eine Antwort auf diese Fragen liefert ein Managementsystem für das Informationssystem Management. Das Managementsystem geht über die Planung der Informationssystem Architektur hinaus und zeigt den gesamten Kontext, in dem eine Umsetzung neuer Informationssystem-Architekturen stattfinden kann. Aufgaben, Dokumente, Methoden/Werkzeuge und organisatorische Implementierung des Managementsystems sind festzulegen. Dieses System muss in sich geschlossen und in die Unternehmungsführung eingebettet sein. Informationssystem Management wird zu einem Bestandteil der Unternehmungsführung.

2.3 Informationssystem Management als Teil des Informationsmanagements

Informationssystem Management ist ein Teil des Informationsmanagements. Wir unterscheiden drei Funktionen des Informationsmanagements ([20], vgl. ähnliche Gliederungen bei [26], S.27, [5], S. 62 ff., [24], S. 71):

- Informationsbewusste Unternehmungsführung, d. h. die Nutzung von Informationstechnik für Fachlösungen einer Unternehmung (z.B. Airline -Reservationssysteme oder integrierte Logistiklösungen),
- Informationssystem Management, d.h. Umsetzen der geforderten Fachlösungen in EDV Applikationen,
- Management der Informatik, d.h. Betreiben der Informatikinfrastruktur für das computergestützte Informationssystem (Personal, Hardware, Netzwerke etc.).

Informationssystem Management in diesem Sinn bedeutet, dass wir uns weder mit der Gestaltung von, Fachlösungen noch mit Fragen der Hardware, Systemsoftware oder Netzwerken beschäftigen. Die Funktion Informationssystem Management geht von einer Konzeption der Fachlösung (z.B. neues Geschäftsfeld) aus, konzipiert das Informationssystem, gibt Anstösse für fachliche Innovationen, stellt Anforderungen an die Infrastruktur, implementiert und testet das Informationssystem und betreut den Benutzer während des Betriebes.

3 Informationssystem Management

3.1 Struktur des Managementsystems

Jedes Managementsystem, egal ob es für das Marketing, Personalwesen oder Informationssystem Management konstruiert wird, besteht aus vier Komponenten. Sie sind zusammen mit ihren Beziehungen in Abbildung 4 dargestellt.

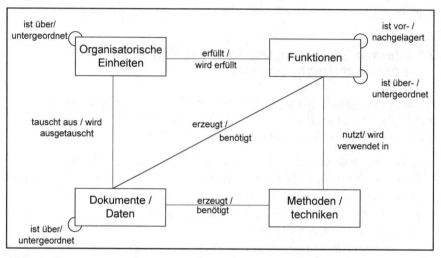

Abb. 4. Komponenten eines Managementsystems

Funktionen, wie z.B. Entwickeln eines Datenmodells, stehen im Mittelpunkt jedes Managementsystems. Sie legen fest, wie vorzugehen ist und was für Ergebnisse zu erzeugen sind. Bei ihrer Ausführung werden bestimmte Methoden und Techniken, z.B. besondere Erhebungs oder Modellierungstechniken, angewendet. Funktionen erzeugen oder benötigen Dokumente, wie z.B. das Datenbankstrukturdiagramm. Organisatorische Einheiten, wie z.B. die Abteilung Datenmanagement, führen die Funktionen aus.

Im Rahmen dieses Aufsatzes ist es nicht möglich, auf alle vier Bestandteile des Informationssystem Managements einzugehen. Wir konzentrieren uns auf die Darstellung der Funktionen. In ihre Beschreibung fliessen Teile der anderen Komponenten ein.

3.2 Überblick über die Funktionen des Informationssystem Managements

Diskussionen und Workshops mit den Partnerunternehmungen führten zu einer mehrstufigen Struktur der Funktionen des Informationssystem Managements. Die Architektur des Informationssystems ist nur eine, wenn auch zentrale Ebene.
Abbildung 5 zeigt die vier Ebenen.

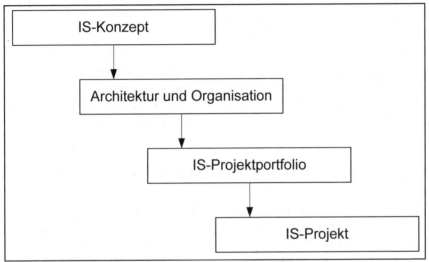

Abb. 5. Ebenen des Informationssystem – Managements

Voraussetzung einer erfolgreichen Umsetzung ist, dass die verschiedenen Ebenen inhaltlich besetzt und aufeinander abgestimmt werden. Die IS Architektur ist damit in eine Umgebung eingebettet, die eine Umsetzung ermöglicht.

Das IS Konzept legt die Basis für die Entwicklung von Informationssystemen. Es enthält die Standards und Grundsätze für die Arbeit im Informationssystem – Management und in der IS – Entwicklung.

Die Architektur und Organisation stellt den „Überbauungsplan" für die IS Entwicklung dar. Die logischen Strukturen der Informationssystem Landschaft und der Organisation werden gelegt. Neu ist die Berücksichtigung der Organisation auf dieser Ebene. Die Informationssystem Architektur (Daten, Funktionen) ist zusammen mit der Organisation zu entwerfen, wenn nicht nur bestehende Strukturen und Abläufe computerisiert werden sollen.

Die Organisation gewinnt an Bedeutung, da künftig viel mehr als in der Vergangenheit erst grundsätzliche Reorganisationen die Potentiale verbesserter Informationssysteme erschliessen (z.B. dezentrale Vertriebssteuerung).

Auf der Ebene des Projektportfolios wird aufgrund von Bewertungen der unterschiedlichen Vorhaben oder aufgrund technischer Abhängigkeiten die Reihenfolge der Realisierung festgelegt und die Ressourcen der Systementwicklung verteilt.

Grundlage für die Entwicklung von Informationssystemen und auch für die Durchsetzung von Reorganisationen ist die Durchführung von IS-Projekten. Sie müssen zielorientiert geführt und kontrolliert werden. Es ist Aufgabe des Informationssystem-Managements, die entsprechenden Vorkehrungen für eine solche Führung zu treffen.

Die vorgestellte Systematik beruht auf dem Prinzip der schrittweisen Verfeinerung. Konzepte auf der Ebene des IS-Konzepts werden in der Architektur und Organisation usw. verfeinert. Wir betonen den Aspekt der schrittweisen Verfeinerung, weil er u.E. einen wesentlichen Beitrag zur Umsetzung von Zielen und Plänen in der Informationsverarbeitung leistet.

4 State of the Art des Informationssystem – Managements

Bevor wir ein Idealmodell des Informationssystem Managements entwickeln, stellen wir den State of the Art in den Partnerunternehmungen und bei den Unternehmensberatern dar. Wir beschäftigen uns mit den Beratungshäusern, weil viele Unternehmungen in Fragen der Informationssystemplanung und des Informationssystem-Managements externe Berater in Anspruch nehmen. Infolgedessen ist an dieser Stelle ein umfangreiches Know How vorhanden. Die Analyse dieser Vorgehensweise hat folgende Ziele:

- Vergleich unserer Struktur mit anderen Ansätzen
- Stärken/Schwächenanalysen

Basis der Untersuchungen des State of the Art sind unsere in Abbildung 5 dargestellten Ebenen des ISM. Eine ausführliche Beschreibung des State of the Art ist in einem eigenen Arbeitsbericht (vgl. [2]) enthalten.

4.1 Die Situation in den Partnerunternehmungen

Jede Partnerunternehmung des Kompetenzzentrums IM2000 hat an einem Workshop gezeigt, wie in ihrem Unternehmen die IS Architektur in die Ableitung von ISProjekten eingebunden ist.
Die einzelnen Vorgehensweisen wurden am Institut für Wirtschaftsinformatik ausgewertet und in drei „Ableitungsmustern" zusammengefasst.

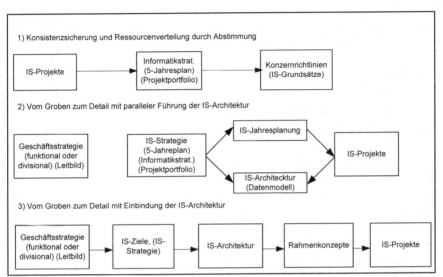

Abb. 6. Von der Geschäftsstrategie zum IS Projekt: Ableitungsmuster

1. Konsistenzsicherung und Ressourcenverteilung durch Abstimmung

In der ersten Form der Ableitung von IS-Projekten spielt die IS-oder Unternehmungsstrategie und auch die IS-Architektur als Ursprung der Ableitung von IS-Projekten eine untergeordnete Rolle. In diesen Unternehmungen werden Projekte aus den Geschäftsbereichen heraus initiiert, an die IS-Abteilungen herangetragen und von diesen bewertet bzw. in einem Projektportfolio verwaltet. Das Projektportfoliomanagement zielt in erster Linie auf die Verteilung der knappen Ressourcen (im IS-Bereich), andererseits auch auf die Sicherstellung bestimmter Standards ab. Das Projektportfoliomanagement ist dabei von „Konzernrichtlinien" beeinflusst. Die Zusammenstellung der mehrjährigen Projekteinzelpläne wird dann als „Informatik-Strategie" (oder „5 Jahresplan" oder „Projektportfolio") verabschiedet. Einige der Partnerunternehmungen setzen für die Bewertung des Projektportfolios hockentwickelte Porfolioansätze zur Beurteilung der strategischen Bedeutung der Projekte ein.

Wir schätzen den Anteil der Grossunternehmungen mit einem solchen Ableitungsmuster für die Schweiz auf ca. 30 %.

2. Vom Groben zum Detail mit paralleler Führung der IS-Architektur

Einige der beteiligten Unternehmungen leiten zwar die „IS-Strategie" und die „IS-Projekte" aus der „Geschäftsstrategie" oder zumindest einem „Unternehmungsleitbild" ab. Die Rolle der IS-Architektur als Gesamtüberbauungsplan zur Ableitung von IS-Projekten ist jedoch noch untergeordnet. Ziel der IS-Architektur ist es, die Integration der IS-Projekte zu sichern. Projekte werden aber nicht aus der IS-Architektur abgeleitet. Die IS-Architektur wird in einem Projekt erstmalig in Teilen entworfen und von dort aus weiterentwickelt. Die später initiierten Projekte müssen sich an die in früheren Projekten entwickelten Vereinbarungen hinsichtlich Daten- und Funktionsmodellen halten.

Die Entscheidung für die Einführung der relationalen Datenbanktechnologie veranlasste eine Partnerunternehmung vor einigen Jahren, den Kernbereich ihres Datenmodells neu zu formulieren. Es wurde ein Projekt zur Entwicklung eines Datenmodells „Kundeninformation" ins Leben gerufen. Das abgeschlossene Datenmodell ist ein unternehmungsweiter Standard geworden. In Teilbereichen wird er durch neue Projekte erweitert. Projekte im kundennahen Bereich müssen das Modell als Grundlage übernehmen.

Unseres Erachtens beschäftigen sich 50 % der Grossunternehmungen mit Daten und Funktionsarchitekturen zur Abstimmung von Projekten.

3. Vom Groben zum Detail mit Einbindung der IS-Architektur

In diesem Ableitungsmuster für IS-Projekte basiert die „IS-Strategie" oder die „Informatikstrategie" auf der „Geschäftsstrategie" (oder zumindest einem „Unternehmungsleitbild"). Die IS-Strategie ist hier in Verbindung mit der „IS-Architektur" zu sehen. Die IS-Architektur gibt einen Überblick über die in der strategischen Periode zu entwickelnden Systeme und ihre Zusammenhänge. Der Kern der Informationssystem Architektur besteht aus der Zuordnung von Daten und Funktionen zu Informationssystemen, die entwickelt werden sollen. Aus der IS-Architektur heraus werden (teilweise unter Berücksichtigung von Rahmenkonzepten für Unternehmensbereiche) IS-Projekte identifiziert. Der IS-Bereich der Unternehmung stellt diese Projektspezifikationen der weiteren kurzfristigen Planung der Unternehmung (Budgetplanungen, Personalplanungen) zur Verfügung.

Die strategische Planung einer konkreten Dienstleistungsunternehmung im IS-Bereich wird vom Leiter des IS-Bereichs auf Konzernebene angestossen. Ein international besetztes Gremium (Ausschuss IT-Strategie International) verabschiedet die IT-Strategie für den Gesamtkonzern. Die Vertreter der Niederlassungen und der Geschäftsbereiche aus dem Inland erarbeiten gemeinsame konzernweite Architekturen und verabschieden die IT-Strategie. Die momentanen Schwerpunkte der IT-Strategie liegen in Plänen zur Integration der weltweiten heterogenen EDV-Umgebung der Unternehmung. Neben der Realisierung unternehmungsweiter Applikationen stehen auch die notwendigen Standards für die Kommunikation zur Diskussion. Als Teil der langfristigen Planung werden die Vorstudien und Rahmenkonzepte grösserer EDV-Vorhaben im Ausschuss IT-Strategie International aus den IT Architekturen abgeleitet, diskutiert und verabschiedet.

Wir schätzen den Anteil der schweizerischen Grossunternehmungen, die die IS-Architektur bereits konsequent in einen Top-Down-Prozess (von der Unternehmungstrategie zum IS-Projekt) einbinden, auf ca. 20%.

Im Rahmen der Arbeiten des Kompetenzzentrums haben die Partnerunternehmungen die drei Ableitungsmuster diskutiert und bewertet. Die Ergebnisse dieser Analysen lassen sich im folgenden, idealtypischen Ableitungsmuster zusammenfassen: In einem IS-Konzept sind die Grundlagen (vor allem Standards) verbindlich festzulegen. Unternehmungen, die die IS-Architektur wie in Ableitungsmuster drei verwenden, sind in der Lage, Vorteile aus der IS-Architektur zu ziehen. Bei der Definition der Projekte können im Sinne eines „Überbauungsplans" die Zusammenhänge zwischen einzelnen Projekten systematisch berücksichtigt werden. Eine realistische Planung und Durchführung der Projekte erfordert ausserdem ein systematisches Projektportfoliomanagement.

Leider haben bisher schätzungsweise 80 % der schweizerischen Grossunternehmungen ein solches Ableitungsmuster nicht implementiert.

4.2 Die Ansätze der Beratungsunternehmungen

Parallel zu den Vorgehensweisen in den Partnerunternehmungen wurden die Konzepte von sieben Beratungshäusern untersucht:

- Arthur Andersen (Strategic Information Planning),
- Arthur D. Little (Business Information Management) (vgl. auch [1], [27]),
- A.T. Kearney (Informationsmanagement) (vgl. auch [13]),
- IBM (Information Systems Management) (vgl. [8]),
- McKinsey & Co. (Strategische Planung und Controlling des IM) (vgl. auch [14]),
- Nolan,

- Norton & Co. (Managing the Benfits of IT) (vgl. auch [18], [19]),
- Price Waterhouse (Strategic Information Systems Planning).

Mitarbeiter des Instituts für Wirtschaftsinformatik analysierten das zur Verfügung gestellte Material. Vertiefende Interviews ergänzten die Erhebung. Die Ergebnisse sind im folgenden kurz zusammengefasst.

Nur wenige Ansätze haben einen konkreten Anknüpfungspunkt des Ansatzes an die Geschäftsstrategie. Der Ansatzpunkt für eine IS-Strategie wird innerhalb eines entsprechenden Projekts selbst ermittelt. Die meisten Beratungshäuser kommen über die Analyse von Geschäftsfunktionen in der Unternehmung, von Informationstechnologie-Potentialen oder des Wettbewerbsumfeldes zu einer IS-Strategie.

Interessant erscheint uns, dass viele Ansätze Integrationsbereiche kennen. Sie identifizieren Integrationsbereiche als Felder, in denen die Informationsverarbeitung einen hohen Beitrag zur Erreichung der Unternehmungsziele leisten kann. Zur Identifikation dieser Integrationsbereiche entwickeln sie keine detaillierten Daten und Funktionsmodelle, sondern beschreiben die Integrationsbereiche lediglich grob durch die abgedeckten Geschäftsfunktionen. Keiner der Berateransätze beschreibt jedoch eine operationalisierte Methodik zur Festlegung von Integrationsbereichen.

Alle betrachteten Ansätze befassen sich mit der Entwicklung von Informationssystem-Architekturen. Bis auf einen Fall unterscheiden sie sowohl Daten als auch Funktionsarchitekturen, vernachlässigen aber die Organisation.

Die einzelnen IS-Projekte werden idealerweise aus der Informationssystem-Architektur heraus identifiziert. Das einzelne IS-Projekt wird zwar in den Ansätzen der Beratungshäuser nicht immer explizit behandelt, bleibt jedoch die geeignetste Organisationsform der Entwicklungsarbeit im IS Bereich. Anschlussplanungen, wie z.B. die Planung von Anforderungen an die technische Infrastruktur schliessen sich an.

Abbildung 7 fasst die Ergebnisse der Untersuchung der Ansätze zusammen.

Ansatz		1	2	3	4	5	6	7
Geschäfts-Strategie						O	O	O
IS-Strategie		O	O	O	O	O		O
Integrationsbereiche		O	O		O	O	O	O
Informations-system-Archit.	Daten	O	O	O	O		O	O
	Funktionen	O	O	O	O	O	O	O
IS-Projektport-Folio		O	O	O	O		O	
IS-Projekt		O	O	O			O	

(Kreise deuten die Abdeckung der Ebene durch den Ansatz an.)
(Auf Basis der vorliegenden Informationen. Die Reihenfolge der Ansätze ist willkürlich!)

Abb. 7. Ansätze der Beratungshäuser

Alle Vorschläge der Beratungshäuser beruhen auf einer Ableitungskette für IS-Projekte. Diese Ketten sind verschieden und nicht immer an die Geschäftsstrategie angebunden. Meist steht die Abwicklung eines Beratungsprojekts „Strategische IS-Planung" im Vordergrund der Ansätze und nicht der Aufbau eines systematischen Informationssystem Managements. Fragen nach dem Zusammenhang von Organisation und Informationssystem Management, Fragen der organisatorischen Implementierung des IS Management und auch Fragen der Methodik des IS-Management in dezentralen Grossunternehmungen werden nicht behandelt.

5 Die Funktionen des Informationssystem Managements

5.1 Der Führungskreislauf

Management als Funktion bedeutet eine auf die Unternehmungsziele ausgerichtete Kombination der vier Teilfunktionen: Ziele setzen, Planen und Entscheiden, Umsetzen und Kontrollieren. Die vier Funktionen stehen in einem regelkreisförmigen Zusammenhang, dem Führungskreislauf (siehe Abbildung 8).

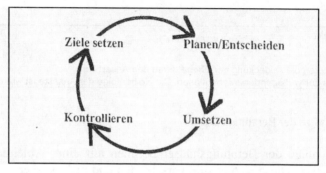

Abb. 8. Der Führungskreislauf

Die Teilfunktionen hängen zusammen. Jede in einer Teilfunktion vorkommende Aktivität muss eine entsprechende Aktivität in den anderen Teilfunktionen nach sich ziehen. Ziele führen zu Plänen. Pläne strukturieren die Umsetzung. Im Rahmen der Kontrolle wird untersucht, ob die Ziele durch die Umsetzung erreicht wurden.

Eine wichtige Funktion im Rahmen eines Führungskreislaufs ist die Kontrolle. Die systematische Analyse der Soll-Ist-Abweichungen führen zu einem Lernvorgang. Seine Ergebnisse sind die Basis zukünftiger Ziele und Planungen. Gleichzeitig erlaubt eine kontinuierliche Kontrolle, bei Abweichungen Massnahmen einzuleiten, um die Ziele doch noch zu erreichen.

Zielsetzung und Kontrolle (vgl. [6], S. 105 ff.) in einem Informationssystem-Management müssen so gestaltet sein, dass die Verantwortlichen für die Umsetzung eines Plans ihre persönlichen Ziele nur dann erreichen können, wenn die Planung umgesetzt wird und damit die Unternehmungsziele erreicht werden. Die bei den Beratungshäusern und den Partnerunternehmungen vorhandenen Ansätze zum Informationsmanagement konzentrieren sich in der Regel auf die Planung und vernachlässigen Umsetzung und Kontrolle.

Unser Ansatz zum Informationssystem Management berücksichtigt den ganzen Führungskreislauf. Abbildung 9 verbindet die Ebenen des Informationssystem-Managements mit den Funktionen des Führungskreislaufs.

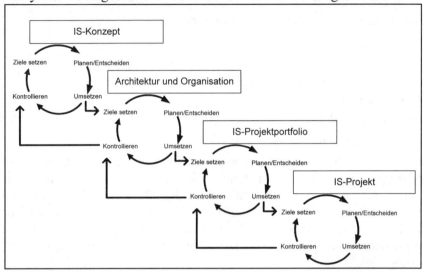

Abb. 9. Ebenen und Funktionen des Informationssystem Managements

Dieses Modell des Informationssystem Managements basiert auf der Kombination von Führungsfunktionen und Ebenen des ISM. Wir legen damit die Basis für eine Umsetzung von Zielen und Plänen im Informationssystem-Management.

Die folgende Beschreibung des Informationssystem-Managements gliedert jede Ebene in einen Teil, der die Inhalte beschreibt, und in eine kurze Beschreibung der Funktionen. Das gesamte Modell ist in einem Handbuch des Informationssystem-Managements ausführlich dargestellt (vgl. [3]).

5.2 IS-Konzept

5.2.1 Inhalte des IS-Konzeptes

Das IS-Konzept dokumentiert die grundsätzlichen Entscheidungen für das Informationssystem-Management in einer Unternehmung. Ziel des IS-Konzepts ist es,

- die Anbindung der IS Entwicklung an die Unternehmungsstrategie sicherzustellen,
- eine unternehmungsweite einheitliche Vorgehensweise für das Informationssystem Management festzulegen,

- die grundlegende Positionierung des IS Bereichs in einer Unternehmung explizit zu erläutern und
- eine Basis für die Integration der Informationssysteme zu legen.

Das IS Konzept enthält folgende Bestandteile:

- IS-Grundsätze,
- IS-Standards,
- Standards im Projektmanagement,
- ISM-Organisation,
- Standards in der Systementwicklung,
- Prinzipien des IS-Controllings.

Die IS-Grundsätze legen das Selbstverständnis des IS-Bereichs und seine Positionierung in der Unternehmung fest. Sie sind vergleichbar mit der Verfassung: eines Staates und bilden die Grundlage zukünftiger Entscheidungen. Die Grundsätze sind langfristig gültig. Inhalte für Grundsätze sind die Ziele des IS-Bereichs, Abhängigkeiten zwischen IS-Bereich und anderen Unternehmungsteilen sowie Grundsätze der Organisation und der Personalpolitik.

IS-Standards schaffen die Grundlage für die Umsetzung von Informationssystem-Architekturen. Diese Basis besteht aus Kommunikationsstandards, Datenbankstandards und aus Betriebssystemstandards. Im IS-Konzept sind die Geltungsbereiche und die Art der Standards festzulegen.

Die Projektmanagement Methodik ist ein Eckpfeiler des Informationssystem-Managements. Sie beschreibt die Vorgehensweise bei der Entwicklung von Informationssystemen und ihrer Implementierung. Das Projektmanagement legt weiterhin die Grundlage für die Qualitätssicherung im Informationssystem-Management.

Die ISM-Organisation regelt die Zuordnung der Funktionen auf organisatorische Einheiten und den Ablauf der Funktionen des Informationssystem Managements. Besonders eingegangen wird z.B. darauf, welche organisatorischen Stellen für das ISM relevant sind, wie die Ausschüsse besetzt sind, welche Kompetenzen Stellen und Ausschüsse haben und wie der IS Bereich einer Unternehmung gegliedert ist.

Aufgabe des IS-Konzepts ist es, die Qualität des Entwurfs, die Austauschbarkeit von Analyse und Designdaten und der Dokumentation der Systementwicklungsprojekte sicherzustellen. Durch die Festlegung von Standards für die Methoden der Systementwicklung wird eine Grundlage geschaffen, damit diese Ziele erreicht werden können.

Die Prinzipien des IS-Controllings erstrecken sich auf die Bewertung und Verrechnung von Leistungen des IS-Bereichs. Der Ansatz für die Bewertung und die Basis der Verrechnung der Leistungen der Informationsverarbeitung auf die Fachbereiche werden im IS-Konzept festgelegt.

5.2.2 Management des IS-Konzepts

– Entwicklung des IS-Konzepts

Das IS-Konzept bildet die Grundlage einheitlichen Handelns im ISM. Es wird jährlich den neuen Erfordernissen angepasst. Entwickeln des IS-Konzepts für eine Unternehmung bedeutet, langfristige Dispositionen zu treffen. Entsprechend gut ausgewiesen muss das Team sein, das einen Vorschlag ausarbeitet.

– Verabschiedung des IS-Konzepts

Über das IS-Konzept entscheidet der IS-Ausschuss. Er setzt sich aus Vertretern der Unternehmungsleitung und den Leitern der Divisionen zusammen. Die Mitglieder des IS-Ausschusses prüfen das IS-Konzept oder Änderungsanträge auf die Auswirkungen auf den von ihnen vertretenen Bereich.

– Umsetzung und Kontrolle des IS-Konzepts

Die Umsetzung des IS-Konzepts erfolgt durch Anwendung der vorgegebenen Richtlinien in der täglichen Arbeit und in zweiter Linie durch Qualitätssicherung. Umsetzung des IS-Konzepts bedeutet in erster Linie Verbreitung und Erklärung. Es obliegt dem IS-Leiter, die Anwendung des IS-Konzepts im Rahmen der Informationssystem Architektur, des Projektportfoliomanagements und der Projektabwicklung zu kontrollieren. Er erstellt zuhanden des IS-Ausschusses einen Statusbericht.

5.3 Architektur und Organisation

Die Ebene Architektur und Organisation unterteilen wir in drei Bereiche:

– Integrationsbereiche,
– Informationssystem Architektur und
– Organisation.

5.3.1 Integrationsbereiche

Die typische Aufbauorganisation vieler Grossunternehmungen besteht aus unabhängigen Einheiten. Sie können nach funktionalen, geographischen oder produktorientierten Kriterien gebildet werden. Die dezentralen Einheiten werden wie unabhängige Unternehmungen geführt (Profit Center). Die Gesamtunternehmungsleitung sorgt u.a. für die Nutzung von Synergien.

Zwischen den dezentralen Einheiten existieren Interdependenzen im Sinne horizontaler Verflechtungen (vgl. [21], S. 461 ff.). Diese Interdependenzen beruhen auf Zusammenhängen in der Wertschöpfungskette, auf der gemeinsamen Nutzung von Ressourcen sowie gemeinsamen Kunden oder Konkurrenten am Markt.

Die Unternehmungsleitung hat die Aufgabe, diese Interdependenzen zu erkennen und sie nach Möglichkeit zu berücksichtigen. Bereiche, in denen die Interdependenzen für eine Unternehmung genutzt werden, bezeichnen wir als Integrationsbereiche.

5.3.2 Management der Integrationsbereiche

- Entwicklung der Integrationsbereiche

Der IS-Bereich hat die Aufgabe, Interdependenzen aus Sicht der Informationsverarbeitung zu analysieren und Integrationsbereiche vorzuschlagen. Die Untersuchungen erstrecken sich auf die gesamte Unternehmung, d.h. über alle dezentralen Einheiten hinweg. Integrationsbereiche werden durch Analyse der Geschäftsfunktionen entwickelt. Zur Identifikation von Geschäftsfunktionen auf globaler (unternehmungsweiter) Ebene hat sich die Wertschöpfungskette als Analyseinstrument durchgesetzt (vgl. [21], S. 63 ff.). Die Informationsverarbeitung innerhalb der Geschäftsfunktionen wird durch die Darstellung ihrer Eingaben, Verarbeitungsschritte und Ausgaben analysiert. Globale Datenflüsse helfen, die informatorische Verflechtung zwischen Geschäftsfunktionen verschiedener dezentraler Einheiten zu erkennen. Kriterien für die Zusammenfassung von Geschäftsfunktionen zu Integrationsbereichen sind die Verwendung gleicher Datenstrukturen, die Verwendung derselben Daten, eine ähnliche Struktur der Funktionen oder der gegenseitige Austausch von Daten zwischen Geschäftsfunktionen.

- Verabschiedung von Integrationsbereichen

Aufgabe des IS-Bereichs ist es, die Unternehmungsleitung auf Interdependenzen und potentielle Integrationsbereiche aus Sicht der Informationsverarbeitung hinzuweisen. Die Entscheidung, ob es zu ihrer Realisierung kommt, liegt bei der Unternehmungsleitung. Diese vergleicht einerseits Nutzen und Kosten der Integrationsbereiche, andererseits bezieht sie auch weitere unternehmerische Dimensionen, wie z.B. die Kundennähe, die dezentrale Ergebnisverantwortung, Machtstrukturen oder steuerliche Aspekte ein.

- Umsetzung und Kontrolle von Integrationsbereichen
  Die Umsetzung und Kontrolle von Integrationsbereichen findet in Form von Projekten statt. Der IS-Ausschuss kontrolliert die Umsetzung jährlich.

5.3.3 Informationssystem Architektur

Die Informationssystem Architektur ist der konzeptionelle Rahmen für die Entwicklung von Applikationen und Datenbanken. Ziel der Informationssystem-Architektur ist es, auf logischer Ebene ein Modell der Informationssysteme der Unternehmung zu erhalten. Die Informationssystem-Architektur enthält folgende Teile:

- Darstellung des Geschäftssystems
  Eine Liste der Geschäftsfunktionen, deren Ziele und hierarchische Ordnung beschreiben das Geschäftssystem.
- Darstellung der Informationsstrukturen
  Bestandteile sind ein Katalog der Entitätstypen und das konzeptionelle Datenmodell.
- Darstellung der Kommunikationsbeziehungen
  Kommunikationsbeziehungen modellieren die Datenflüsse zwischen Geschäftsfunktionen und zwischen organisatorischen Einheiten.
- Festlegung von Applikationssystemen und Datenbanken
  Geschäftsfunktionen werden zu Applikationssystemen, Entitätstypen zu Datenbanken zusammengefasst.
- Planung der Umsetzung
  E Probleme der Ist-Architektur werden analysiert und dokumentiert. Die Suche nach Lücken zwischen Ist- und Soll-Architektur führt zu Projektideen.

Aufbau und Struktur der Informationssystem-Architektur basiert auf der Methode Business System Planning (BSP) der IBM (vgl. [7], [12]).

5.3.4 Management der Informationssystem-Architektur

- Entwicklung der Informationssystem-Architektur

Die Entwicklung einer Informationssystem Architektur setzt sich in Anlehnung an die Struktur des Inhalts aus den folgenden Teilfunktionen zusammen:

- Entwicklung eines Funktionsmodells
- Entwicklung eines Datenmodells
- Entwicklung eines Kommunikationsmodells (Datenflüsse)
- Entwicklung von Anforderungen an die Sicherheit der Daten und Funktionen
- Entwicklung von Anforderungen an die personelle und technische Infrastruktur
- Vorbereitung der Umsetzung der Architektur (Definition der Projekte)

Vorgehensweisen für die strategische Informationssystemplanung sind in vielen Publikationen ausführlich beschrieben worden. Wir verweisen auf den Vorschlag des Business System Planning (BSP) ([7]) und auf eine kürzlich veröffentlichte Methodik der QED Information Science ([22]).

- Verabschiedung der Informationssystem-Architektur

Die IS-Architektur legt neben den Daten- und Funktionsmodellen einer Unternehmung die Projekte und ihre Abhängigkeiten fest. Die Verabschiedung muss in Einklang mit den definierten Integrationsbereichen und den verfügbaren Ressourcen stehen. Der IS-Ausschuss verabschiedet die IS-Architektur.

- Umsetzung und Kontrolle der Informationssystem-Architektur

Die Umsetzung der Informationssystem-Architektur erfolgt in Projekten. Für die Umsetzung ist der IS Bereich verantwortlich. Eine Kontrolle erfolgt über Statusberichte des IS Leiters an den IS-Ausschuss. Der Ausschuss wird damit über die Fortschritte bei der Umsetzung informiert und kann, falls notwendig, Massnahmen ergreifen.

5.3.5 Organisation

Organisation bedeutet die Gestaltung der Struktur einer Unternehmung und des Ablaufs der Funktionen. Diese Tätigkeit weist eine hohe Interdependenz mit der Entwicklung von Informationssystemen auf. Wir berücksichtigen organisatorische Fragen bereits auf der Ebene der Informations-

system-Architektur. Wir sehen die Gestaltung der Organisation in erster Linie als Führungsfunktion der Linienstellen an.
Organisationsabteilungen unterstützen diesen Prozess.

Wir unterscheiden die Makro- und Mikro-Organisation. Die Makroorganisation umfasst die Strukturierung der Unternehmung auf den obersten Ebenen, während die Mikro-Organisation sich auf die Aufbau- und Ablauforganisation von Stellen und

Funktionen bezieht, die in der Hierarchie weiter unten angesiedelt sind. Insbesondere der Zusammenhang zwischen Mikro – Organisation und der Informationssystem – Architektur ist eng. Das Informationssystem-Management hat sich in erster Linie um die Gestaltung der Mikroorganisation zu kümmern. Diese ermöglicht es, die Potentiale der Informationsverarbeitung zu nutzen.

5.3.6 Management der Organisation

- Entwicklung der Aufbau und Ablauforganisation

Die Schritte zur Gestaltung sind der Organisationslehre entnommen. Die Geschäftsfunktionen werden ermittelt und auf die organisatorischen Einheiten verteilt. Stellenbeschreibungen werden angelegt. Während dieses Prozesses ist ein enger Kontakt mit den Stellen notwendig, die sich aus informationsverarbeitender Sicht mit den Funktionen beschäftigen.

- Verabschiedung der Aufbau- und Ablauforganisation

Entscheidungen über Aufbau- und Ablauforganisation müssen parallel mit den Entscheidungen über Informationssysteme getroffen werden. IS-Architektur, Aufbau und Ablauforganisation werden gemeinsam dem IS-Ausschuss zur Verabschiedung vorgelegt.

- Umsetzung und Kontrolle der Organisation

Die Führungskräfte der Linie sind verantwortlich für die Umsetzung der organisatorischen Konzepte. Die Organisatoren beraten dabei. Einmal im Jahr erstattet der Leiter des IS Bereichs an den IS-Ausschuss Bericht über den Stand der Umsetzung.

5.4 IS-Projektportfolio

5.4.1 Inhalte des IS-Projektportfolios

Das IS-Projektportfolio fasst Ideen für neue Projekte und laufende Projekte in einer umfassenden Sichtweise zusammen. Projektideen kommen aus den folgenden Quellen:

- Anforderungen, die aus den Kontakten des IS Bereichs mit den Anwendern entstehen,
- Ideen zur Reorganisation, die aus der Arbeit der Organisationsabteilung kommen, und
- Projekte, die der Analyse der Informationssystem Architektur entstammen.

Ziel ist es, die Projekte auszuwählen, die einen optimalen Beitrag zur Erreichung der Unternehmungsziele leisten, und sie mit den Ressourcen, die zur Verfügung stehen, abzustimmen. Im Rahmen des Projektportfoliomanagements wird der Bedarf an neuen Informatiklösungen den Ressourcen, die zur Verfügung stehen werden, gegenübergestellt.

5.4.2 Management des IS Projektportfolios

- Entwicklung von Projektideen

Der IS Leiter sammelt sämtliche Ideen für neue Projekte. Der IS-Ausschuss lässt interessante Projektvorschläge durch Projektvorstudien vertiefen.

- Durchführung von Projektvorstudien

Projektvorstudien liefern die Basis für die Bewertung der Projektideen. Situationsanalyse, Pflichtenheft, Lösungsansatz und ein Vorschlag für die Abwicklung des Projekts ermöglichen es, auf sachlicher Grundlage eine Entscheidung zu treffen.

Die Vorstudie ordnen wir bewusst dem Projektportfoliomanagement und nicht dem Projektmanagement zu. Durch diese Verlagerung bekommt die Vorstudie wieder die Bedeutung zurück, die sie ursprünglich haben sollte: Entscheidungsgrundlage, ob ein Projekt in Angriff genommen wird oder nicht.

- Projektbewertung

Wirtschaftlichkeit, Risiko (vgl. [4], S. 161 ff.) und qualitativer Nutzen sind wichtige Kriterien um zu entscheiden, ob ein Projekt freigegeben wird oder nicht. Die Vorstudie ermöglicht eine Bewertung. Der IS-Ausschuss bewertet sie und entscheidet, ob ein Projekt in Angriff genommen wird.

- Festlegung des Migrationsplans

Migrationsplanung bedeutet, die ausgewählten Projekte in Übereinstimmung mit den verfügbaren Ressourcen in ihrer Reihenfolge festzulegen. Der Migrationsplan zeigt Termine für Beginn und Ende der Projekte und die notwendigen Ressourcen. Abbildung 10 zeigt ein Beispiel eines Migrationsplans.

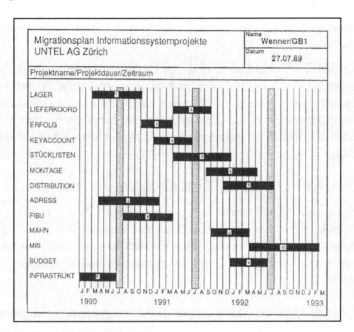

Abb. 10. Beispiel Migrationsplan

- Projektfreigabe

Sind alle Bedingungen für den Start eines Projekts gegeben, bestimmt der IS-Ausschuss den Projektleiter und startet das Projekt.

- Projektfortschrittskontrolle

In regelmässigen Abständen lässt sich der IS-Ausschuss über den Verlauf der Projekte berichten. Er vergleicht den effektiven Ablauf mit der Planung und leitet bei Bedarf Massnahmen ein.

5.5 IS Projekt

Die letzte Ebene unserer Systematik des Informationssystem Managements sind die IS-Projekte. Wir gehen im Rahmen dieses Aufsatzes nicht darauf ein, sondern verweisen auf etablierte Projektmanagementmodelle, wie z.B. IFA PASS oder ORGWARE.

6 Konklusionen

1. Informationssystem-Architekturen werden im Rahmen eines Managementsystems realisiert.

Informationssystem-Architekturen und ihre Umsetzung kann man nicht eigenständig betrachten. Ein umfassendes Managementsystem für Informationssysteme ist dazu notwendig und in den Unternehmungen einzuführen. Dieses System behindert die IS-Entwicklung möglichst wenig durch Administration und koordiniert trotzdem die IS-Entwicklungsarbeit im erforderlichen Mass.

2. Informationssystem Management gliedert sich in vier Ebenen.

Informationssystem Management ist zu strukturieren. Wir unterscheiden die Ebene des IS Konzepts, der Architektur und Organisation, des IS Projektportfolios und der IS Projekte. Die Ebenen hängen voneinander ab (schrittweise Verfeinerung). Jede von ihnen muss jedoch eigenständig bearbeitet werden.

3. Das Informationssystem-Management der Partnerunternehmungen und die Ansätze von Beratungshäusern sind verbesserungsfähig.

Analysen der Vorgehensweisen in den Partnerunternehmungen und bei ausgewählten Beratungshäusern zeigen klar, dass Informationssystem Management in der Praxis noch in den Anfängen steckt. Konzepte für ein Informationssystem-Management sind zu erarbeiten. Sie sollten schrittweise in der Praxis umgesetzt werden.

4. Informationssystem-Management umfasst den gesamten Führungskreislauf.

Informationssystem Management bedeutet konsequente Anwendung des Führungskreislaufs: Ziele setzen, Planen/Entscheiden, Umsetzen und Kontrollieren. Jede Ebene des Informationssystem-Managements ist so zu gestalten, dass der Kreislauf geschlossen wird. Insbesondere ist die Implementierung von Kontrollmechanismen von Bedeutung.

5. Angewandte Forschung im Informationsmanagement hilft der Praxis und der Hochschule.

Von der Zusammenarbeit im Rahmen des Kompetenzzentrums IM2000 profitieren Hochschule und die beteiligten Unternehmungen. Praxisorientierte Lösungen können gemeinsam erarbeitet werden. Die Unternehmungen erhalten Ergebnisse, die reale Probleme lösen und gleichzeitig so praxisorientiert sind, dass sie eingeführt werden können. Die Hochschule erhält Themen und Inhalte für praxisorientiertes Lehren und Forschen.

Literaturverzeichnis

[1] Brandes, W.; Sommerlatte, T.; Stringer, D.; Zillessen, W.: Leistungsprozesse und Informationsstrukturen, in: Arthur D. Little (Hrsg.): Management der Hochleistungs-organisation, Wiesbaden, 1990, 43-56

[2] Brenner, W.; Hilbers, K.; Österle, H.: „State of the ArC des Informationssystem Mangements", Arbeitsbericht Nr. IM2W0/CC1M2000/4, Institut für Wirtschaftsinformatik, Hochschule St. Gallen, St.Gallen, 1990

[3] Brenner, W.; Hilbers, K.; Österle, H.: Handbuch des Informationssystem Managements, in Vorbereitung, erscheint im Frühjahr 1991

[4] Cash, J.; Mcfarlan, W.; McKenney, J.: Corporate Information Systems Management, Homewood, 1988

[5] Earl, M.: Management Strategies for Information Technology, New York, u. a., 1989

[6] Heinrich, L.; Burgholzer, P.: Informationsmanagement, z. Auflage, München Wien, 1988

[7] IBM: Business System Planning, Handbuch zur Planung von Informationssystemen, Stuttgart, 1986 (IBM Form GE 12 1400 2)

[8] IBM: ISM, Information Systems Management, Management der Informationsverarbeitung, Band 1 bis 6, Stuttgart, 1988 (IBM Form GF 12 1640 0 bis GF 12 1645 0)

[9] Ives, B.; Learmonth, G.: The Information System as Competitive Weapon, in: Communications of the ACM 27(1984)12, 1193 1201

[10] Kubli, R.: Wettbewerbsfähiger durch Forschungskooperation, in: 10 Management 59 (1990)10, 71 73

[11] MacDonald, H.: The Management in the 1990s Research Program, in: Information Ressource Management 1(1990)1, 5 11

[12] Martin, J.: Strategic Planning Methodologies, Englewood Cliffs, 1982

[13] Meyer Piening, A.: Informationstechnologien: Was macht Unternehmen erfolgreich?, in: Information Management, 2(1987)2, 17 26

[14] Meyersiek, D.; Jung, M.; Kopplung von System und Unternehmensstrategie als Voraussetzung für Wettbewerbsvorteile, in: Spremann, K.; Zur, E. (Hrsg.) Informationstechnologie und strategische Führung, Wiesbaden, 1989, 151 164

[15] Mertens, P.; Plattfaut, E.: Informationstechnik als strategische Waffe, in: Informationsmanagement 1 (1986) 2, 6 17

[16] MIT (Hrsg.) Management in the 1990s Research Program Final Report, Cambridge, 1989

[17] Nadstansky, L.; Nievergelt, E.; Österle, H.; Schmid, B.: Lehrgang Informationsmanagement an der Hochschule St.

Gallen, Arbeitsbericht Nr. 36, Institut für Wirtschaftsinformatik, Hochschule St. Gallen, St. Gallen, 1990
[18] Nolan, R., L.; Mulryan, D., W.: Undertaking an Architecture Program, in: Stage by Stage, 7(1987)2, 1 10
[19] Norton, D., P.: Strategie Vectors: Translating Vision into Action, in: Stage by Stage, 7(1987)3, 1 8
[20] Österle, H.: Erfolgsfaktor Informatik Umsetzung der Informationstechnik in der Unternehmensführung, in: Information Management 2 (1987) 3, 24 31
[21] Porter, M.: Wettbewerbsvorteile, Frankfurt, New York, 1989
[22] QED Information Science INC.: Strategie and Operational Planning for Information Services, 2nd Edition, Wellesley, 1989
[23] Rockart, J.; De Long, D.: Executive Support Systems The Emergence of Top Management Computing, Homewood, 1988
[24] Teixeira, D.; Steiner, T.: An New Framework for Systems Management, in: McKinsey Quarterly 25(1989)1, 69 84
[25] Ulrich, H.: Die Betriebswirtschaftslehre als angewandte Wissenschaft, in: Ulrich, H.: Management, Bern, Stuttgart, 1984
[26] Ward, J.; Griffiths, P.; Whitmore, P.: Strategie Planning for Information Systems, Chichester, u.a., 1990
[27] Zillessen, W.: Der Notstand der heutigen DV ist durch Umbau nicht zu beenden, in: Computerwoche, 16(1989)42, 13. Oktober 1989, 8 9

Computer-aided Methodology Engineering[*]

Michael Heym, Hubert Österle

The paper introduces an approach to a structured and disciplined specification of methods in the area of information systems development (ISD), especially in software engineering and project management. In particular, we focus on the underlying model to specify such ISD knowledge. This proposed methodology representation model and the corresponding MEET-tool are intended to build a so-called computer-aided methodology engineering wol in order to support methods specification and further development. The paper is based on the research work that compares different ISD methods in the 'Information Management 2000' research program at the Institute for Information Management at the University of St Gallen. Several information systems development methods used in practice have been completely analysed by the participating industrial partners.

computer-aided methodology engineering, information systems development, project management

---

[*] Wiederabdruck von Heym, M.; Österle, H., Computer-aided methodology engineering, in: Information and Software Technology, 35, 6, 1993, pp.345-354 mit freundlicher Genehmigung des Elsevier Verlags.

Scope and Terminology

The paper uses the term *method* to signify an *integrated, disciplined approach to information systems development*. Information systems development (ISD) covers all aspects, such as systems specification, project management, quality assurance or risk management from strategic planning, analysis, design, construction, installation to maintenance of an information System (IS). It is recognized that in practice the term methodology is often used in place of method. As this paper focuses on *a study on methods,* we differentiate the term method from methodology in the Sense that methodology is used when referring to *a study of methods, e.g.* the description or representation of different methods.

Our research applies concepts from computer-aided software engineering (CASE) to the development of ISD methods. Where CASE is concerned with an engineering approach to systems development, computer-aided methodology engineering (CAME) comprises the structured specification and disciplined development of ISD methods. A comprehensive description of the developed concepts and tools as well as a detailed study on existing approaches is described in Heym[2].

The paper overviews different approaches to ISD modelling in the second section. We will briefly compare our approach to others in the literature and outline four concepts for methodology engineering. The third section presents an overview of the developed representation model for method specification and integration and goes on to explain the research approach and an example of one of the models which were conducted out of the analysis of current ISD methods.

The fourth section describes the development of the MEthodology Engineering Tool (MEET), which applied this representation model to describe and integrate different ISD methods. MEET focuses on the replacement of written handbooks and a corporate-wide ISD method storage, outlined as *a long-term action* in the research agenda of the Computer Science and Technology Board[3]. The last section draws some conclusions and proposes research directions.

Objectives

When installing CASE-technology at the IS department of any corporation, the major success and cost factors are adaptation and training for methodical support in using these tools[4]. ISD methods systematically prescribe the development processes and products as well as the usage of related CASE-tools. When looking at different ISD methods, one mostly finds fuzzy-semantic descriptions with very different notations and description structures. This makes it difficult to understand, to compare and to integrate different ISD methods.

The paper intends to resolve different terminology problems associated with the large number of ISD methods and proposes an engineering approach to the specification and further development of such methods. A semantic data model approach is proposed in order to address standardization and harmonization of ISD methods in accordance with sveral European and international standardization projects[24].

Furthermore, corporate usage of a specific ISD method and tools is subject to frequent changes regarding the methodological approach in accordance with the technological, organizational or personnel requirements of the corporation and with the customization of the method to the specific project. This specification and documentation requires a structured description of the method as well as computer support to yield consistent changes and to manage different customized versions of the method. Only a so-called *computer-aided methodology engineering* approach in ISD will provide consistent development, active reuse and documentation of methodology knowledge and experience in a corporation. This is seen as a critical success factor in information systems development in the near future.

Computer-aided methodology engineering

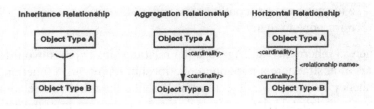

Fig. 1. ASDM object and relationship types

Semantic Data Model Notation

This section introduces the semantic data model notation ASDM developed at the Institute for Information Management at the University of St Gallen[9]. Semantic data models provide a rich data structuring capability of modelling objects and the relationships between them[10]. We concentrate briefly on the fundamental concepts in ASDM, which we will apply to our models in the third section.

ASDM provides a graphical notation and distinguishes between object types and relationship types. An object type describes the structure of a class of individual objects of a certain reality *(instances)*. This classification of individual objects is a method of abstraction which ignores differences among elements in order to form a generic dass. Object types are represented by named boxes.

ASDM further provides directed and binary associations between two object types. Associations are distinguished with regard to inheritance, aggregation or horizontal relationships (see Figure 1):

- An *inheritance* relationship expresses a generalization or further classification of object types. A number of object types (sub types) may be generalized into a super object type. Every sub type **B** inherits all the properties from the generic supertype A. An inheritance relationship is represented by a line and a sector at the end of the super object type.
- An *aggregation* relationship represents another type of abstraction and is used to build complex object types. In Figure 1 a complex object type A consists of another object type **B**. This is represented by an arrow from the complex object to its parts. At each end of the relationship the cardinalities for the aggregation have to be defined. This expresses how many Bs the A consists of and whether the B belongs to more than one instance of object type A. Possible cardinalities are:

    1 for one and only one;
    c for none or one (conditional); and
    n for none to many.

- Whereas inheritance and aggregation relationships express two different kinds of abstraction, a horizontal relationship represents a functional dependency between two object types. Just like the other two relationship types, a horizontal relationship is directed, in this case from the active to the passive object type. For each horizontal relationship type, the relationship has to be defined by a name. Furthermore, the Same cardinalities as for aggregation (1, c, n) have to be defined for both object types.

Both aggregation and horizontal relationships may be defined recursively. For instance, a recursive aggregation relationship is a decomposition of business functions in a corporation, and the precedence (one business function is the predecessor or successor of another) is a recursive horizontal relationship of the object type business function. For both, cardinalities have to be defined as for the non-recursive relationships and are represented in ASDM as shown in Figure 2.

An object type can be classified from different points of view. Therefore the instances of that object type may belong to more than one sub type (multiple inheritance). An *inheritance relationship set* is a group of inheritance relationships from one object type to others, where the object type is classified by one certain view.

Consider the example in Figure 3, where all the *vehicles* are classified, on the one hand, by the medium of transportation into *road* or *railroad vehicles* and, on the other, by their usage into *public* or *private vehicles*. Because a bus may be used privately as well as publicly, the 'USAGE' inheritance relationship set is *non-disjoint*. Conversely, the 'MEDIUM' inheritance relationship set is *a disjoint* splitting of the vehicles, since we do not want to include amphibious vehicles in our model. Therefore, an inheritance relationship belongs always to one and only one relationship set, which may be either a disjoint or a non-disjoint set.

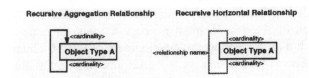

Fig. 2. ASDM recursive relationship types

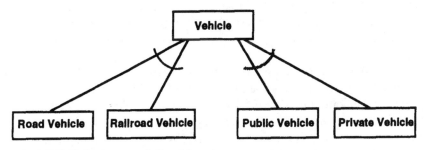

Fig. 3. ASDM inheritance relationship sets

Approaches to Methodology Engineering

Within this section we discuss different approaches to modelling information systems development, all covering different aspects in so-called methodology engineering. *Methodology engineering,* more narrowly defined, is understood to be the disciplined process of building, improving or modifying a method by means of specifying the method's components and their relationships. The resulting method is intended to improve the most effective solution to a specific development situation.

From this definition, the major aspect in methodology engineering is the formal specification of methodology knowledge covered in existing methods. Since ISD methods build a model of the real world, this formal modelling of methods is also called *meta-modelling*[12] Some studier even cover the *knowledge acquisition* process by observing experts during the development process [5].

Electronic handbooks provide a non-linear representation of methodology knowledge in the form of hypertext systems. Most of the method handbooks are nowadays available in hypertext systems[16] and in the near future, even hypermedia systems will become a commodity product. Like the *computer assisted learning* tools, all these systems concentrate an distribution and learning of methods rather than on further development and customization to specific situations.

The so-called *software process modelling* approaches aim at the formal specification of the development process models, in contrast to CASE-tools, which mainly support the development products. The major issue in software process modelling is a better understanding and the execution/enactment of the development processes[17-22]. This leads to the fact that most of these approaches use some kind of programming language as their representation formalism rather than originating from a conceptual modelling of the development process. Current approaches use imperative[21,23], frame-based[6,24], Petri-net oriented[25], rule-based[29] or even hybrid languages[29,30].

Meta-CASE approaches, like the Virtual Software Factory[31], the Ramatic CASE-Shell, "Toolbuilder", or the Finnish MetaEdit[34] are aiming at the customization of CASE-tools to specific development methods. The modification of the underlying repository and the specification diagrams are the minimal requirements to a meta-CASE-tool. The process of customizing or building a CASE-tool for a specific method using meta-CASE is often called meta-modelling or methodology engineering.

Our approach to methodology engineering applies CASE-technology to the specification and development of methods, like the meta-modelling approaches[2,14,35] The focus is on the *integration* of different methods and the *customization* of methods to specific situations. In comparison to the electronic handbooks, this engineering approach is based on specification techniques for ISD methods[2,14,15] Our approach follows the assumption that ISD will always be a cognitive and social process and that methods provide just guidelines for specific development situations[3,35-37]. Consequently, the ISD method is not strictly executed by some kind of Interpreter, but rather the knowledge is represented in an adequate way so that the user (in this case all people who are involved in ISD, such as project managers, business analysts, programmers, etc.) can understand, apply and enhance this method knowledge.

We recognize four concepts as part of an approach to computer-aided methodology engineering:

1. A methodology representation model.
2. Several methodology specification techniques.
3. Integration of experience knowledge.

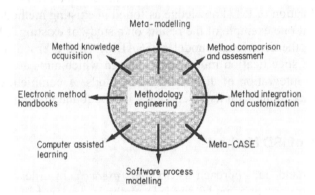

Fig. 4. Topics in methodology engineering

4. A versioning concept for customization and method enhancement.

The first and fundamental part is a model for representing methodology knowledge. Based on the morphological model of methodology knowledge, specification diagrams and techniques are required in order to specify the knowledge in user-convenient and aggregated views[2,20]. This is highly compatible with the specification techniques and diagrams in Software engineering.

The major aspect of methodology engineering is seen in the further development, enhancement and application of the methods to specific problems[38,39] Therefore we recognize the need for a mechanism to store experience with the methods applied by the different participants involved in the development process. In order to have different customized versions of certain methods and techniques, we have developed a versioning model in addition to the methodology representation model presented here[2]. This enables the integration of different methods and customization to organizations or to specific projects. It also supports an approach to methods release management. All these aspects are, as of yet, not fully covered by the other approaches.

The rest of this paper describes an integrated semantic data model approach for method representation and integration of experience knowledge. It also introduces the developed MEET-tool which implements specification diagrams. The last mentioned concept[3] will not be covered further by this paper[2].

Method Specification and Harmonization

This section presents an overview of the unified representation model for the specification of ISD knowledge as found in existing methods. First, we will present one example of the results on a study of existing ISD methods illustrating the description model of SSADM. Then a broad overview of the unified specification model is introduced which aims at the harmonization and integration of different ISD methods. A complete description of the model, along with its seven views, can be found in Heym[2, 40].

Analysis of ISD Methods

We understand our approach as *applied research.* In order to develop a unified representation model for ISD methods we conducted during the last two years in the IM2000 research group a study on integrated ISD methods available in the marketplace.

Resulting from this work, detailed morphological models for each analysed method were developed. These models include the concepts and notations which are used in describing the methods. We developed the representation model as a synthesis from these models and the experience of the ISD experts participating in the IM2000 research group.

As an example, Figure 5 shows the description model used to describe the structured systems analysis and design method (SSADM)[42]. Corresponding models have

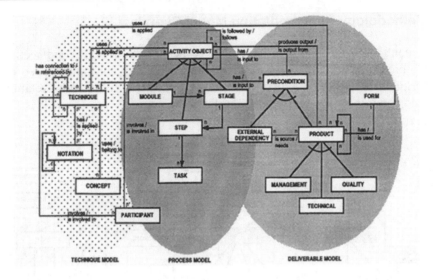

Fig. 5. SSADM description model

been developed for Information Engineering Methodology[43], Navigator, ISOTEC[45], Oracle CASE Method and the project management method IFA PASS. These modeln can be found in Heym[2].

SSADM uses four levels of aggregation for the specification of units of work during development, from *modules,* which consists of *stages,* to *steps* and *talks.* For all these *activity objects,* the corresponding output *products* are described. Products are further distinguished in *managerial, technical* or *quality* assurance products and may have *forms* to produce them. *Preconditions* to any activity are either input products, developed earlier, or external dependencies, like certain users, top management or external documents of the analysed organization.

Corresponding to any activity object, the *techniques* applied to produce the products are described. A technique, e.g. entity relationship modelling or entity type life-cycle analysis, may reference another technique and has associated *notations* for the representation of corresponding deliverables, e.g. notation of an entity relationship diagram. *Concepts* model the elementary components that a technique deals with. They represent the conceptual meta model objects of the method such as entity types, attributes and relationships for entity relationship modelling. SSADM also briefly describes the involved *participants* (roles) applying a technique or involved in an activity.

Methodology Representation Model Overview

In contrast to other approaches, such as mentioned in the second section, we present a semantic data model approach for the conceptual-based description of methods. A first version of the model used an entity relationship notation. Within this version of the repre-

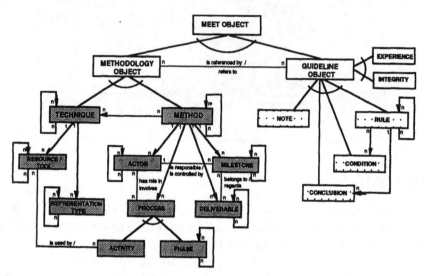

Fig. 6. Methodology representation overview

sentation model, we are able to express more semantics using the ASDM notation developed at the University of St Gallen.

In Figure 6 the most general object type in our model is the MEET object which provides attributes common to all the other objects, e.g. identification, name, example or a textual description. A MEET object is either a methodology object or a guideline object. Methodology objects embrace all description objects for the specification of a method and are represented by grey boxes in the model.

A method covers the complete systematic, disciplined description for developing an information System. A method consists of *techniques,* used to develop certain types of development products. Furthermore, in order to describe the method's process model we provide *actors, milestones, processes* and *deliverables* as part of a method.

A process can be either *a phase* or an *activity,* whereas the phase consists of further phases (phase structure) or of activities[48,49]. An activity is an elementary unit of work which is not further divided into sub activities. It is permissible that phases or activities belong to more than one superior phase so that you may build a net of aggregations. According to the step categories in 011e' we describe activities in systems development with further descriptors, e.g. abstraction, review, decision or control activities[2,40].

A deliverable is any result of a process (phase or activity), e.g. any document an paper, a CASE-tool graphic, a list of problems and requirements, program code or decisions. *A milestone* defines synchronization points or special points of control within the process model at which deliverables have to be at a certain level of completion. A milestone may consist of other milestones and has an associated actor who is responsible for the achievement of the milestone.

An *actor* is any person, group of persons or organizational unit which is involved in an activity or is responsible for a process or a milestone. Actors may consist of other actors. For instance, an organizational unit consists of other organizational units and persons. The actor concept is used to describe the proposed project organization of an ISD method with certain committees and positions.

A method consists of *techniques,* which describe the development of certain types of deliverables in detail, e.g. the *data flow diagram modelling* technique explains how to produce a current physical, a current logical and the required data flow diagram in SSADM[42]. A technique is *a generic process description*, which will be used several times in the method's process model for certain types of deliverables. In the abovementioned representation model, a technique consists of several *resources* and *representation types.*

Resources are any non-person requirements of a process, as long as they are not input deliverables to certain processes. This is explicitly modelled in the deliverable usage view of the model. Resources in ISD are a necessary infrastructure, any CASE-tool feature or a formula which help support the development of certain deliverables.

Besides all the methodology objects discovered by our morphological analysis of different methods in information systems development, we provide the representation of experience and integrity knowledge within the model. A method cannot be taken off the shelf and used in a project, but has to be intelligently applied and customized to the special project depending on size, people or other constraints. In order to preserve the development knowledge of organizations, the model includes the concept of *guideline objects,* which may refer to any *methodology object* on the left-hand side of Figure 6.

In this manner, the systems developer may Store or search for experiences about certain activities or deliverables collected on other projects and by other people. A computer-aided tool with an intelligent user interface can serve as a know-how Pool and as a knowledge assistant in information systems development. Therefore, *guidelines* reflect the more dynamic part of methodology knowledge. On the one hand, we distinguish a textual *note* as a representation of experience from applying and using specific parts of a method.

On the other hand, we provide a formal way of representing rules in the notation of *horn clauses*[50,51], in order to formulate integrity rules in a formal manner and to evaluate these rules with existing rule systems. A *rule* consists of a number of *conditions* (logical expressions of methodology objects) and *conclusions,* which may be applied to the development process or executed if all the conditions are true. A rule may consist of other rules through which you may build rule packages. Also, any rule or note can be either classified as an *integrity* rule between certain methodology description objects or as an experience gained on a project using the method.

The seven more detailed views of the representation model cover *process dependency* specification, *actor/role* involvement in the development processes, *deliverable* and *technique* specification including *deliverable representation types* and the underlying *meta model* as well as the *usage of deliverables* by development processes[2,40].

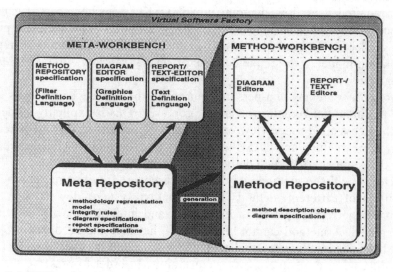

Fig. 7. MEET architecture

Methodology Engineering Tool (MEET)

MEET Architecture

Since computer-aided methodology engineering applies software engineering concepts to the development of methods, it is straightforward to use a CASE-tool for the development of a corresponding CAME-tool. The Software Engineering Institute (SEI) has successfully used the CASE-tool STATEMATE for the specification of software process models[20]. Originally, this tool was designed to develop real-time and embedded systems[52]. Therefore, some of the diagrams are quite appropriate for process/method modelling, while some others are not. In particular, the underlying repository does not fulfil all the required concepts for methodology engineering as comprised in the unified representation model in the second section.

Instead of using an existing CASE-tool without any changes, the MEET-tool is based an the meta-CASE-tool Virtual Software Factory (VSF)[53]. VSF provides a so-called META-WORKBENCH including formalisms to specify and generate a complete CASE-tool. In particular, the meta-workbench offers three languages

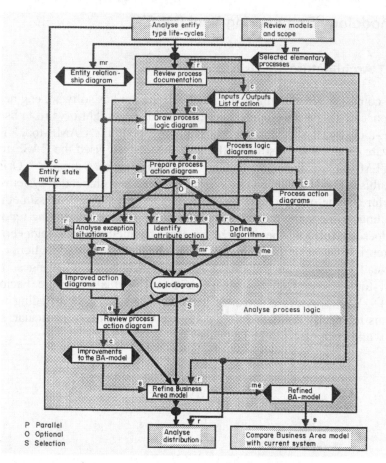

Fig. 8. MEET process model editor Vol 35 No 6/7 June/July 1993

the *filter definition language* to specify the repository of the new CASE-tool; the *graphics definition language* for the generation of graphical diagram editors; and the *text definition language* for the definition of textual reports[31]. The major strengths of VSF are its strong integration of these three components and the definition of complex integrity rules and automatic consequences within the repository.

Within the MEET architecture, we used the metaworkbench to specify and generate the METHODWORKBENCH, in which the method engineer can specify and further improve different methods in a consistent and standard notation. On the basis of the methodology representation model which formed the *method repository,* seven special *diagram editors* and four *text editors* have been implemented into MEET so far. Adding a new diagram or report to the MEET-tool takes, based on our experience, approximately one day. This easy enhancement and the specially adapted diagrams and notations to the method and process modelling are the strongest features of MEET.

Process Model Editor

This section will describe one of the seven graphical diagrams of the MEET-tool. The *process model editor* provides the graphical specification of the global method's process model. Based on the two specific views of the representation model covering *process dependency* and *deliverable usage,* we have developed this editor[2].

Any diagram editor in VSF consists of a number of different nodes and links, representing different facts in the underlying method repository. The process model editor offers three different node boxes and ten different arrows between these node symbols. The method engineer can place, by mouse click, a milestone, a process (activity or phase) or a deliverable box, anywhere on the diagram. Based on the semantics defined in the method repository, he now can draw different arrow links between these boxes.

Let us consider as an example in Figure 8 the specification of the process model of the phase `Analyse process logic' during the Business Area analysis of the information engineering methodology[43]. The process model describes on the one hand the *process dependencies* (represented by the dark arrows between process and milestone boxes) and, on the other hand, the *deliverables* and their usage by the corresponding processes (represented by the light-grey arrows between deliverable boxes and process boxes).

The five process dependency arrows define the process model by programming specification concepts like *sequence, iteration, selection, optional* or *parallel* execution of processes. As alternative concept, in addition to the process dependency, we propose a detailed process model defined by the usage of deliverables, so-called entity-based process models[19]. Process dependency proves to be an adequate concept to understand the global process model of a method by defining the activity precedence for each phase and sub phase. However, the intention of deliverable input/output modelling, with its light-grey *input* and *output arrows, is* to define the lowest level of detail of a process model concerning *elementary deliverables,* with no further decomposition, used by *activities.*

According to the complexity of the process model using the *deliverable input/output* modelling concept, we differentiate between an *essential* and *a referential* usage of deliverables. The idea is to reduce the deliverable input/output usage of a whole phase to the important deliverables only by looking at the essential inputs. An *essential input* of a process is a deliverable whose content is primarily used or converted into a new output deliverable. For instance, essential inputs are documents which are never used again in the method because their information is converted or updated into a new document. Every non-essential input of a deliverable is called *a referential usage*. In Figure 8 an *essential usage is* shown by an "e" on the deliverable usage arrow and a *referential usage* by an "r". Furthermore, we distinguish the *creation* of a deliverable by a "c" and the modification of an existing deliverable indicated by an "m".

Conclusions

We outlined four concepts for *methodology engineering* and focused on the harmonized representation and specification of ISD methods. The obtained representation model for methods in information systems development (ISD) is based on experience from the morphological analysis of different ISD methods. The research was conducted at the competence centre on "Computer Aided Software Engineering"(CC RIM) within the "Information Management 2000" research program at the University of St Gallen. The developed MEthodology Engineering Tool (MEET) supports the representation model. In fact, an earlier version has been successfully used by a number of major Swiss corporations during the last two years. So far, the representation model has been used extensively to describe and compare ISD methods[54] such as SSADM[42], Navigator", ISOTEC[45], Oracle*CASE Method[46] or the Information Engineering Methodology[43] Moreover, project management methods such as IFA PASS[47] have been investigated.

The representation model provides a standard specification model for ISD methods and has been used to compare[55], harmonize and integrate the different analysed methods into a so-called reference model for information systems development[56,57] Apart from the *morphological* method description, our approach addresses the integration of integrity and experience regarding the application and further improvement of a method.

On the basis of the underlying representation model, we developed several diagrams for method specification, which together form the fundamental concepts for a disciplined and structured development of ISD methods. The necessary tool support was obtained by using a so-called meta-CASE-tool. The developed MEET-tool2 provides automatic consistency checks on method specification and generation of individual graphical views and reports of method description, e.g. for the project manager, the business analyst or the programmer. MEET can be seen as being a prototype towards a methodology engineering tool for the standard specification, storage and integration of different ISD methods.

During the work in CC RIM, the need was recognized for a better support of the maintenance, improvement and further integration of different methods in the MEET-tool. As a consequence, we developed a version model suitable for the adaptation and customization of methods within the representation model. Research in the near future will address experience with the development of method specifications and with integration of different methods in order to accomplish a complete meta-method for CAME.

Acknowledgements

We would like to thank the CC RIM working group, without whose support and commitment this work would not have been possible. Members of the CC RIM working group were the IS and methodology experts of the following companies: Federal Office for Information Technology and Systems, PTT, Sulzer Brothers Ltd, Swissair, Swiss Bank Corporation, Union Bank of Switzerland, Winterthur Insurance and Zurich Insurance.

References

1. Olle, T W, Hagelstein, J, Macdonald, I G, Rolland, C, Sol, H G, Van Assche, F J M and Verrijn-Stuart, A A Information systems methodologies: a framework for *understanding* (2nd edn) Addison-Wesley (1991)
2. Heym, M 'Methodology engineering—specification and integration of methods for information systems development' *PhD Thesis,* University of St Gallen 1433 (1993)
3. Computer Science and Technology Board Scaling up: a research agenda for software engineering' *Commun. ACM* Vol 33 No 3 (1990) pp 281–293
4. Huff, C C 'Elements of a realistic CASE tool adoption budget' *Comm. ACM Vol* 35 No 4 (1992) pp 45–54
5. Esprit The AMADEUS Project—Deliverable D1, Workpackage A: A classification of methods (1986) to be ordered from: Interprogram BV, Wildenborch 3, 1112 XB Diemen, Netherlands
6. Esprit The AMADEUS Project—Workpackage D: The unified model (1987) to be ordered from: Interprogram BV, Wildenborch 3, 1112 XB Diemen, Netherlands
7. Eurogroup Euromethod Project—An introduction and rationale, Internal Report: Deliverable 1, Phase 3 (1991)
8. ISO/IEC 'Information technology—standardization framework for software engineering' *Draft Technical Report,* Ref. No ISO/IEC JTC1/SC7 N984 (1992)
9. Lindtner, P 'Domänenwissen in Methoden zur Analyse betrieblicher Informationssysteme' *PhD Thesis,* University of St Gallen, No 1292 (1992)
10. Abiteboul, S, Hull, R 'IFO: a formal semantic database model' *ACM Trans. Database Syst.* Vol 12 No 4 (December 1987) pp 525–565
11. Hull, *R* and King, R Semantic database modeling' *ACM Comp. Surv.* Vol 19 No 3 (1987) pp 201–260
12. Brinkkemper, S 'Formalisation of information systems modelling' *PhD Thesis,* University of Nijmegen, Thesis Publishers, Amsterdam (1990)
13. Brinkkemper, S, de Lange, M, Looman, R and van der Steen, F 'On the derivation of method companionship by meta-modelling' *ACM SIGSOFT Soft. Eng. Notes* Vol 15 No 1 (1990) pp 49–58
14. Verhoef, T F, Hofstede, A H M and Wijers, G M Structuring modelling knowledge for CASE shells' in Andersen, R, Bubenko, J A and Solvberg, A (eds) *Advanced information systems engineering* Lecture Notes in Computer Science 498, Springer (1991) pp 502–524
15. Wijers, G M 'Modelling support in information systems development' *PhD Thesis* University of Delft, Thesis Publishers, Amsterdam (1991)
16. James Martin & Company IE/Expert customizer user guide, Part 1: The Customization Process, Part II: The Customization Toolset James Martin & Company, Chertsey (1991)
17. Dowson, M (ed) Proceedings First International Conference an the Software Process IEEE Computer Society Press (1991)

18 Humphrey, W S `The software engineering process: definition and scope' in Tully, C (ed) *Proc. 4th Int. Soft. Proc. Workshop ACM SIGSOFT Soft. Eng. Notes* Vol 14 No 4 (1989) pp 82–83
19 Humphrey, W S *Managing the software process* Addison-Wesley (1990)
20 Kellner, M I Software process modeling support for management planning and control' in 17 pp 8–28
21 Osterweil, L Software processes are software too' *Proc. 9th Int. Conf. Soft. Eng. IEEE* (1987) pp 2–13
22 Tully, C (ed), Proc. 4th Int. Soft. Process Workshop: Representing and Enacting the Software Process ACM SIGSOFT Soft. Eng. Notes Vol 14 No 4 (1989)
23 Roberts, C `Describing and acting process models with PML' in 22 pp 136–141
24 Sathi, A, Fox, M and Greenberg, M `Representing of activity knowledge for project management' *IEEE Trans. Patt. Anal. and Mach. Intelligence* Vol PAMI-7 No 5 (1985) pp 531–552
25 Gruhn, V `Validation and verification of software process models' PhD Thesis, University of Dortmund, Informatik Report No 394/91 (1991)
26 Hünnekens, H, Junkermann, G, Peuschel, B, Schäfer, W and Vagts, J `A step towards knowledge-based software process modeling' in Madhavji, N H, Schäfer, W and Weber, H (eds) *Proc. First Int. Conf. System Development Environments and Factories* Pitman (1990) pp 49–58
27 Kaiser, G E `Rule-based modeling of the software development process' in 22 pp 84–86
28 Kaiser, G, Feiler, P H and Popovich, St S Intelligent assistance for software development and maintenance' *IEEE Software* (May 1988) pp 40–49
29 Krogstie, J, McBrien, P, Owens, R and Seltveit, A H `Information systems development using a combination of process and rule based approaches' in Andersen, R, Bubenko, J A and Solvberg, A (eds) *Advanced Information Systems Engineering* Springer (1991) pp 319–335
30 Taylor, R N, Beiz, F C, Clarke, L A, Osterweil, L, Selby, R W, Wileden, J C, Wolf, A L and Young, M `Foundations for the arcadia environment architecture' *ACM SIGSOFT Soft. Eng. Notes* Vol 13 No 5 (1988) pp 1–13
31 Pöcock, J N `VSF and its relationship to open systems and standard repositories' in Endres, A and Weber, H (eds) *Software Development Environments and CASE Technology* Lecture Notes in Computer Science 509 Springer (1991) pp 53–68
32 Bergsten, P, Bubenko, J, Dahl, R, Gustafsson, M R and Johansson, L A `Ramatic—a CASE Shell for implementation of specific CASE tools' Swedish Institute for Systems Development (SISU), *TEMPORA T6.1 Report,* First Draft, Göteborg (1989)
33 Alderson, A 'Meta-CASE technology' in Endres, A and Weber, H (eds) *Software development environments and CASE technology* Lecture Notes in Computer Science 509, Springer (1991) pp 81—91
34 Smolander, K, Marttiin, P, Lyytinen, K and Tahvanainen, V-P `MetaEdit—a flexible graphical environment for methodology modelling' in Andersen, R,

Bubenko, J A and Solvberg, A (eds) *Advanced information systems engineering* Lecture Notes in Computer Science 498, Springer (1991) pp 168-193

35 Madhavji, N H and Schäfer, W `Prism—methodology and process-oriented environment' *IEEE Trans. Soft. Eng.* Vol 17 No 12 (1991) pp 1270-1283

36 Finkelstein, A `Not waving but drowning': representation schemes for modelling software development *Proc. 11th Int. Conf. Soft. Eng.* IEEE Computer Society Press (1989) pp 402-404

37 Gruhn, V `Software processes are social processes' in Forte, G, Madhavji, N H and Müller, H (eds) *Proc. 5th International Workshop on Computer-Aided Software Engineering* IEEE Computer Society Press (1992) pp 196-201

38 Boehm, B `What we really need are process model generators' *Proc. 11th Int. Conf. Soft. Eng.* IEEE Computer Society Press (1989) p 397

39 Potts, C `A generic model for representing design methods' *Proc. 11th Int. Conf. Soft. Eng.* IEEE Computer Society Press (1989) pp 217-226

40 Heym, M and Österle, H `A reference model for information systems development' in Kendall, K E, Lyytinen, K and DeGross, J (eds) *The impact of computer supported tech - nologies on information systems development* North-Holland (1992) pp 215-239

41 Wynekoop, J L and Conger, S A `A review of computer aided software engineering research methods' in Nissen, H-E, Klein, H K and Hirschheim, R (eds) *Information systems research: contemporary approaches and emergent traditions* North-Holland (1991)

42 Central Computer and Telecommunications Agency (CCTA) *SSADM Version 4 Reference Manual* NCC Publications, Manchester (1990)

43 James Martin Associates Information engineering methodology, Business Area analysis handbook James Martin Associates PLC, Ashford (1989)

44 Ernst & Young NAVIGATOR Systems Series, Reference Manual, Release 1.0 (1990)

45 Ploenzke *ISOTEC Handbuch: Version 2* EDV Studio Ploenzke (1991)

Methoden des Business Process Redesign: Aktueller Stand und Entwicklungsperspektiven[*]

Thomas Hess, Hubert Österle

Viele Unternehmen sehen in der Neugestaltung ihrer wichtigsten Prozesse ein Instrument, ihre Wettbewerbsfähigkeit zu stärken. Die in Forschungsinstituten und Beratungshäusern entwickelten Methoden unterscheiden sich teilweise fundamental. In vielen Unternehmen herrscht deshalb erhebliche Unsicherheit über das richtige Vorgehen.

Der Beitrag gibt einen Überblick über zur Zeit verfügbare Methoden für den Entwurf betrieblicher Prozesse. Ausgehend von einer exemplarischen Gegenüberstellung zweier Methoden präsentiert er einen Kriterienkatalog, der die wichtigsten Gemeinsamkeiten und Unterschiede von 15 untersuchten Methoden herausarbeitet. Zudem gibt er einen Einblick in drängende Fragen der Methodenentwicklung. Der vorgestellte Kriterienkatalog lässt sich auch für die Beschreibung bzw. den Vergleich weiterer Methoden verwenden.

---

[*] Wiederabdruck von Hess, T.; Österle, H., Methoden des Business Process Redesign: Aktueller Stand und Entwicklungsperspektiven, in: HMD-Theorie und Praxis der Wirtschaftsinformatik, 32, 1995, Heft 183, S.120-136 mit freundlicher Genehmigung des dpunkt.verlag.

1 Einleitung

Betrachten wir zunächst die Situation der Betriebe an einem typischen Beispiel: Ein Grosshändler hat Probleme mit seiner Auftragsabwicklung. Die Durchlaufzeit eines Auftrags vom Eingang der Bestellung bis zur Auslieferung der Ware ist doppelt so hoch wie beim wichtigsten Konkurrenten. Bei Anfragen erwarten die Kunden sofortige und zuverlässige Auskunft über die Lieferbarkeit einzelner Artikel. Die sich verengende Marge erhöht den Kostendruck in der Abwicklung. Kleinere Verbesserungen, wie sie das Unternehmen in den vergangenen Jahren immer wieder durchgeführt hat, haben die Situation nicht grundlegend verbessert. Vor diesem Hintergrund entschliesst sich das Unternehmen nun, seine komplette Auftragsabwicklung von Grund auf in Frage zu stellen und neu zu gestalten.

Zwar ist das Ziel klar, über den einzuschlagenden Weg herrscht aber erhebliche Unsicherheit. Aus Publikationen in der Fach- und Tagespresse sowie von Seminar- und Vortragsveranstaltungen kennen einzelne Mitarbeiter die unter Schlagworten wie Business Reengineering [1], Business Innovation [2] oder auch Geschäftsprozessoptimierung [3] in den letzten Jahren diskutierten Konzepte zur radikalen Neugestaltung der wichtigsten Prozesse eines Unternehmens. Eine erste Bestandsaufnahme zeigt aber sehr schnell, dass die einzelnen Mitarbeiter mit den ähnlich klingenden Schlagworten ganz unterschiedliche Inhalte verbinden.

In einer vergleichbaren Situation befinden sich zur Zeit sehr viele Unternehmen. Über die Notwendigkeit, ihre oft über Jahre und Jahrzehnte mehr oder weniger zufällig entstandenen Prozesse radikal in Frage zu stellen, herrscht Einigkeit. Um so grösser ist aber die Uneinigkeit über den einzuschlagenden Weg. Erste empirische Untersuchungen, die übereinstimmend auf das hohe Risiko derartiger Projekte hinweisen [4, 5], erhöhen die Unsicherheit noch.

Durch einen systematischen Überblick über das Spektrum der heute in Forschungsinstituten und Beratungshäusern entwickelten Methoden sowie der aktuellen Schwerpunkte der Methodenentwicklung will der vorliegende Beitrag Transparenz schaffen und damit dem Praktiker Entscheidungshilfen bei der Planung und Durchführung von Projekten geben.

Der vorliegende Beitrag ist aus der Arbeit des Kompetenzzentrums Prozessentwicklung (CC PRO) heraus entstanden. Im CC PRO arbeiten im Rahmen des Forschungsprogramms „Informationsmanagement Hochschule St. Gallen" das Institut für Wirtschaftsinformatik der Hochschule

St. Gallen sowie der Migros Genossenschafts-Bund, die Schweizerische Bankgesellschaft, der Schweizerische Bankverein und die Schweizerische Lebensversicherungs- und Rentenanstalt eng zusammen. Zentrale Themen des CC PRO sind die Entwicklung von Methoden für den Entwurf und die Führung von Prozessen, die Berücksichtigung der Informationstechnik als Enabler neuer organisatorischer Lösungen, die Integration der Prozessentwicklung mit der Entwicklung von Geschäftsstrategie und Informationssystem sowie die Computerunterstützung bei Prozessentwurf und Prozessführung.

2 Zwei Beispiele

Bevor wir im 3. Punkt einen Überblick über das Spektrum der zur Zeit verfügbaren Methoden präsentieren, wollen wir die Frage der Methodenauswahl durch eine Gegenüberstellung zweier Methoden konkretisieren.

Nach einer Darstellung des grundlegenden Modells beschreiben wir jede Methode im Sinne des Method Engineering nach einem einheitlichen Raster aus vier Perspektiven [6, 7]: dem Vorgehensmodell, dem Rollenmodell, dem Ergebnismodell und den Techniken. Das Vorgehensmodell umfasst die Aktivitäten, die erforderlich sind, um die im Ergebnismodell definierten Ergebnisse zu erstellen. Das Rollenmodell ordnet die Aktivitäten einzelnen Aufgabenträgern zu. Techniken sind detaillierte Anweisungen, um Ergebnisse zu erstellen.

2.1 PROMET BPR

PROMET BPR ist eine am Institut für Wirtschaftsinformatik der Hochschule St. Gallen in Zusammenarbeit mit den Partnerunternehmen des CC PRO und der Information Management Gesellschaft (IMG) entwickelte Methode zur grundsätzlichen Neugestaltung von Prozessen bei besonderer Berücksichtigung der Potentiale der Informationstechnik [8, 9, 10].

Grundmodell

PROMET BPR betrachtet einen Prozess aus vier unterschiedlichen Perspektiven: den Leistungen, der Aufgabenkette, dem Informationssystem und der Führung (vgl. Abb. 1).

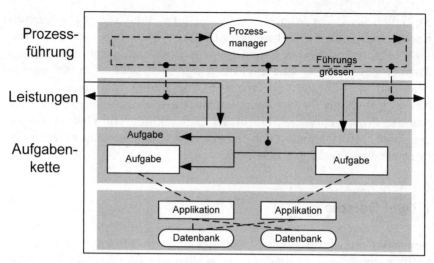

Abb. 1. Grundmodell von PROMET BPR

- Ein Prozess produziert und konsumiert Leistungen. Der Verkaufsprozess des Grosshändlers bietet dem Kunden spezielle Beschaffungsvorschläge, Hinweise für seine eigene Verkaufsstrategie oder auch Informationen über die Lieferbarkeit einzelner Artikel. Vom Kunden erhält er die Verkaufszahlen, den Auftrag usw.
- Die *Aufgabenkette* beschreibt die zum Erstellen der Leistungen erforderliche Folge von Aufgaben und ordnet sie organisatorischen Einheiten zu. Im Beispiel des Verkaufsprozesses akquiriert und berät der Vertreter den Einzelhändler und nimmt den Auftrag an, die Auftragserfassung wickelt Auftrag und Auftragskorrektur ab, das Marketing analysiert Markt und Verkaufszahlen. Um den Blick für grundsätzliche Neuerungen nicht zu verschliessen und gleichzeitig die zur Umsetzung notwendige Konkretisierung zu erreichen, unterscheidet PROMET BPR zwei Detaillierungsebenen. Die Makro-Ebene gibt einen Überblick über den gesamten Prozess, die Mikro-Ebene verfeinert den Prozess bis auf die Ebene detaillierter Arbeitsanweisungen.
- Das *Informationssystem* unterstützt die Durchführung der Aufgaben durch Applikationen und Datenbanken. So nutzt z. B. der Vertreter seinen Laptop, um auf aktuelle Kunden- und Produktdaten zuzugreifen und den Auftrag aufzunehmen. Auf einer Makro-Ebene reicht die grobe Beschreibung der Applikationen, auf einer Mikro-Ebene ist die genaue Spezifikation der Funktionalität der eingesetzten Applikationen notwendig.

- Die *Prozessführung* setzt finanzielle und nichtfinanzielle Ziele für den Prozess, misst deren Erreichung anhand von Führungsgrössen (z. B. die Durchlaufzeit eines Auftrags, die Abwicklungskosten pro Auftrag) und leitet bei Abweichungen korrigierende Massnahmen ein. Verantwortlich für die Führung eines Prozesses ist der Prozessmanager. Der Prozesszirkel, ein Gremium aus Mitarbeitern der involvierten Unternehmensbereiche, unterstützt den Prozessmanager bei der Führung seines Prozesses.

PROMET BPR sieht den Prozess als Bindeglied zwischen Geschäftsstrategie und Informationssystem (vgl. Abb. 2). Der Entwurf eines Prozesses geht grundsätzlich von den Vorgaben der Geschäftsstrategie aus, kann aber auch zu Anpassungen der Strategie führen. Genauso wie der Prozess die Geschäftsstrategie sollte das Informationssystem den Prozess umsetzen. Restriktionen wie z. B. die eingeschränkte Funktionalität von Standardsoftware können aber die Umsetzung eines neu entworfenen Prozesses ganz oder teilweise verhindern.

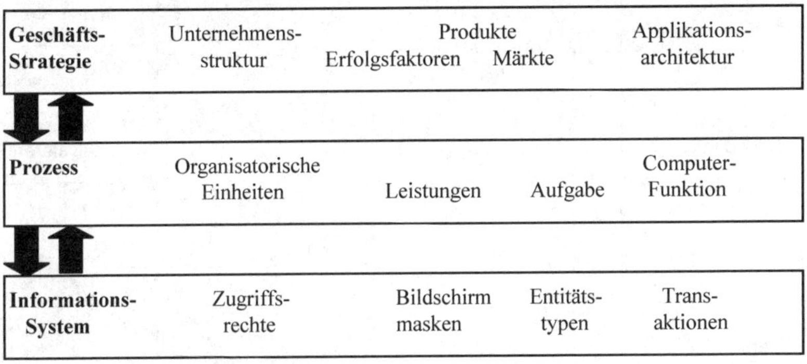

Geschäfts-Strategie	Unternehmens-struktur	Produkte Erfolgsfaktoren Märkte	Applikations-architektur
Prozess	Organisatorische Einheiten	Leistungen Aufgabe	Computer-Funktion
Informations-System	Zugriffs-rechte	Bildschirmmasken Entitätstypen	Transaktionen

Abb. 2. Der Prozess als Bindeglied in PROMET BPR

Vorgehens- und Ergebnismodell

Ein Projekt zum Prozessentwurf umfasst drei Phasen: Vorstudie, Makro-Entwurf und Mikro-Entwurf.

Ausgangspunkt eines Projekts zum Prozessentwurf ist eine Überprüfung der Geschäftsstrategie, aus der die Prozesslandkarte, das Prozessverzeichnis und die kritischen Erfolgsfaktoren des Prozesses abgeleitet werden. Prozesslandkarte und Prozessverzeichnis geben einen Überblick über die Prozesse des Unternehmens. Sie identifizieren die Prozesse und grenzen sie gegeneinander ab. Bereits im Rahmen der Vorstudie (Phase I) wird der Prozessmanager als Verantwortlicher für den Prozess bestimmt.

Ausgangspunkt der zweiten Phase, des Makro-Entwurfs, ist die Prozessvision. Sie liefert die Grundlage zum Entwurf der Leistungen sowie der

Leistungserstellung eines einzelnen Prozesses. Die Entwurfsergebnisse beziehen sich auf die Leistungen (Kontextdiagramm mit dem Input/Output eines Prozesses, Leistungsverzeichnis und Profil der einzelnen Leistung), den Ablauf (grobes Aufgabenkettendiagramm und grobes Aufgabenverzeichnis) und das Informationssystem (grobe Übersicht der Applikationen). Abgeschlossen wird Phase II durch die Prozesszerlegungsmatrix. Sie dokumentiert die tiefergehende Zerlegung der Prozesse.

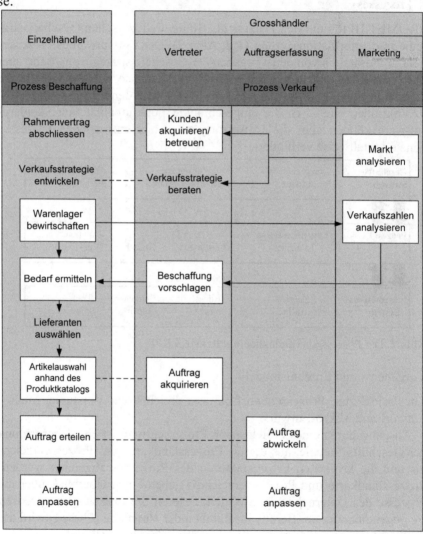

Abb. 3. Aufgabenkettendiagramm von PROMET BPR

Das Aufgabenkettendiagramm (vgl. Abb. 3) dokumentiert den Ablauf eines Prozesses und den Ablauf bei seinem wichtigsten „Kunden". Es ist das zentrale Dokument zum Entwurf von Prozessen. Die Knoten (Rechtecke) repräsentieren Aufgaben; computerunterstützte Aufgaben sind hell unterlegt. Kanten repräsentieren die Ablauffolge der Aufgaben, Spalten die Aufgabenträger.

Phase III, der Mikro-Entwurf, entwirft den Prozess im Einzelnen. Detailliertes Aufgabenkettendiagramm, detailliertes Aufgabenverzeichnis und detailliertes Applikationsverzeichnis konkretisieren Ablauf und Informationssystem. Führungsgrössen und Prozessziel werden festgelegt, der Prozesszirkel wird eingesetzt.

Techniken

Kern der Methode sind folgende Techniken:

- Die *Architekturplanung* hat die Aufgabe, die wettbewerbsentscheidenden Prozesse eines Unternehmens zu bestimmen und ihren Leistungsaustausch untereinander sowie vor allem mit den Prozessen der Kunden und Lieferanten zu dokumentieren. Dazu geht sie von den Prozessen beim Kunden, den ausgetauschten Leistungen und einer allgemeinen Prozesstypologie aus. Zudem unterstützt sie die schrittweise Zerlegung eines Prozesses in Teilprozesse.

- Die *Prozessvision* legt die „Eckpfeiler" der langfristigen Gestaltung des Prozesses fest. Ausgehend vom Bedarf des Endkunden (Konsumenten), einer Analyse der Wertschöpfungskette und der noch ungenutzten Potentiale der Informationstechnik werden die wichtigsten Leistungen und die grundlegenden Prinzipien der Leistungserstellung für den Prozess festgelegt. Die Vorgaben aus der Strategie fliessen in die Prozessvision ein; neue Ideen können aber auch zu einer Anpassung von Teilen der Geschäftsstrategie führen.

- Die *Leistungsanalyse* prüft die Effektivität eines Prozesses. Dazu werden die Leistungen eines Prozesses im Hinblick auf die Anforderungen der Prozesskunden und den Vorgaben aus der Prozessvision überprüft. Alle Leistungen werden grob, besonders wichtige Leistungen detailliert mit ihren Bestandteilen und Merkmalen untersucht.

- Ausgehend von den groben Vorgaben aus der Prozessvision, den Leistungen sowie dem Ablauf beim wichtigsten Prozesskunden legt die *Ablaufplanung* die Aufgaben eines Prozesses, deren Ablauffolge und die Zuordnung der Aufgaben zu Aufgabenträgern fest. Restriktionen bei der Gestaltung, z. B. bedingt durch die zur Verfügung stehende Standardsoftware oder die Qualifikation der vorhandenen Mitarbeiter, fliessen direkt in die Ablaufplanung ein.

- Die Prozessführung bereitet die Führung des Prozesses nach Abschluss des Projekts vor. Mit Hilfe der kritischen Erfolgsfaktoren leitet sie Führungsgrössen
- und Prozessziele ab und macht Vorschläge für die Benennung von Prozessmanager und Prozesszirkel.

Rollenmodell

Die Methode unterscheidet drei zentrale Rollen: Prozessentwurfsteam, Prozessausschuss und Prozessmanager. Das Prozessentwurfsteam entwirft den neuen Prozess im Detail, der Prozessausschuss koordiniert und überwacht die Arbeit des Prozessentwurfsteams und trifft Grundsatzentscheidungen. Der Prozessmanager ist für die Realisierung und Weiterentwicklung des Prozesses verantwortlich und deshalb schon in den Entwurf des neuen Prozesses involviert.

2.2 Action Methodology

Die Redesign Methodology ist eine vom amerikanischen Toolhersteller Action Inc. entwickelte Methode zur grundlegenden Neugestaltung von Geschäftsprozessen (11, 12].

Grundmodell

Zentraler Begriff des Modells von Action ist der *Workflow*. Ein Workflow umfasst alle Koordinationsbeziehungen, die durch den Austausch von Leistungen zwischen *Customer* und *Performer* entstehen. Ein Workflow ist unabhängig von Unternehmensgrenzen zu definieren. Typische Workflows sind die Auftragsabwicklung (Customer: Kunde, Performer: Verkäufer) oder auch die Personalrekrutierung (Customer: Linienmanager, Performer: Personalverantwortlicher).

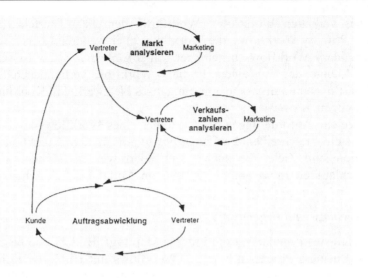

Abb. 4. Process Map von Action

Jeder Workflow lässt sich in vier Phasen unterteilen (vgl. Abb. 4):

Preparation: Der Customer fragt beim Performer eine bestimmte Leistung nach bzw. der Performer bietet dem Customer eine bestimmte Leistung an (im obigen Beispiel berät der Vertreter den Kunden).

Vegotiation Customer und Performer einigen sich über die vom Performer zu erbringende Leistung (z. B. auf einen bestimmten PC-Typ sowie Preis- und Lieferkonditionen).

Performance: Der Performer erbringt eine Leistung und meldet dies dem Customer (im Beispiel liefert das Unternehmen den bestellten PC aus und erstellt Lieferschein und Rechnung).

Acceptance: Der Customer überprüft die erbrachte Leistung und teilt das Ergebnis der Überprüfung dem Performer mit (z. B. beschwert sich der Kunde beim Vertreter, dass der falsche Bildschirm geliefert wurde).

Jeder Workflow wird in Arbeitsschritte, so genannte *Acts,* zerlegt, die der Performer bzw. Customer ausführt. Sie sind immer so hoch aggregiert, dass dem Ausführenden keine konkreten Handlungsanweisungen, sondern nur recht globale Aufträge zugeordnet werden. Typische Beispiele sind die Definition der Anforderungen (Customer), die Rücknahme fehlerhafter Lieferungen (Performer) oder auch das Stornieren eines Auftrags (Customer).

Links verketten Workflows. Workflows der ersten Verfeinerungsebene sind Primary Workflows, die Workflows aller weiteren Ebenen werden als Secondary Workflows bezeichnet. Ein *Business Process* ist schliesslich die Menge der mit einem Primary Workflow verbundenen Secondary Workflows und umfasst damit ein ganzes Netzwerk von Koordinationsbeziehungen.

Welche Anforderungen der Customer eines Workflows an die Leistungen stellt, beschreiben die *Conditions of Satisfaction*. Conditions of Satisfaction sind Ziele, die auch quantifiziert werden können (z. B. „Die Durchlaufzeit muss am 31.12.1996 im Mittel bei 2,5 Arbeitstagen liegen.").

Vorgehens- und Ergebnismodell

Wichtigstes Ergebnis ist die Process Map (vgl. Bild 4). Sie beschreibt einen Business Process mit seinen Workflows mit Hilfe von Ellipsen. Die vier Segmente einer Ellipse repräsentieren die vier Phasen eines Workflows; Customer und Performer sind symbolisch in den Kreis integriert. Diese grobe Darstellung kann schrittweise detailliert werden. Bild 4 zeigt einen Ausschnitt aus der Process Map für die Auftragsabwicklung eines Grosshändlers.

Um die Process Map sukzessive zu erstellen, sieht die Methode sechs Schritte vor: Create a preliminary map, Interview workflow participants, Map the workflow, Create links between Workflows, Evaluate the design und Integrate the Information flow.

Ergebnis von Schritt I ist eine grobe Abgrenzung des Workflows mit Customer, Performer, Observer sowie der wichtigsten Anforderungen des Customers an den

Workflow. Anhand von Interviews mit Customer, Performer und Observer werden in Schritt II die Schwachstellen des zur Zeit implementierten Prozesses identifiziert. Aus Schritt III resultiert eine noch grobe Modellierung des Soll-Workflows. Schritt IV liefert eine wesentlich detailliertere Spezifikation. Die Modellierung wird in Schritt V mit allen Beteiligten noch einmal durchgesprochen und verabschiedet. Schritt VI ergänzt das Vorgehen durch eine Analyse des Informationsflusses im Workflow.

Techniken

Zentrale Technik ist die Modellierung der Workflows, wie sie in den beiden vorausgehenden Abschnitten bereits skizziert wurde.

Ein Fragenkatalog unterstützt die Identifikation von Schwachstellen. Schwerpunkt ist die Analyse der Kundenanforderungen (Conditions of Satisfaction).

Rollenmodell

Einbezogen werden die Mitarbeiter und Führungskräfte aus den in den Prozess involvierten Unternehmensbereichen, ein interner oder externer Berater sowie in Schritt VI zusätzlich ein Softwareentwickler.

3 Bestehende Methoden im Überblick

Schon ein intuitiver Vergleich zeigt eine Reihe markanter Unterschiede zwischen den beiden vorgestellten Methoden. Um den angestrebten Überblick zu erhalten, beziehen wir in unsere Untersuchung jetzt nicht 2, sondern 15 Methoden ein [13]: Action Inc. (Action Methodology), Boston Consulting Group (Reengineering), Davenport (Process Innovation), Diebold Deutschland GmbH (Geschäftsprozessoptimierung), Eversheim (Prozessanalyse und -gestaltung), Ferstl/Sinz (Semantisches Objektmodell), Hammer (Reengineering), Harrington (Business Process Improvement), IBM Unternehmensberatung GmbH (Continuous Flow Manufacturing), Johansson (Break Point Process Reengineering), Malone (Handbook of Organizational Processes), McKinsey & Company (Core Process Redesign), Ploenzke AG (Geschäftsprozessanalyse), Österle (PROMET BPR) und Scheer (ARIS).

Zusammen erlauben die ausgewählten Methoden einen Einblick in den Stand der Methodenentwicklung aus unterschiedlichen Denkrichtungen (insbesondere der Organisationslehre, der Wirtschaftsinformatik und der Managementlehre), unterschiedlichen Umfeldern (insbesondere Beratungsunternehmen und Forschungsinstituten) und unterschiedlichen Regionen (insbesondere Europa und USA). Sie wurden aus rund 30 in eine Voruntersuchung einbezogenen Methoden ausgewählt.

Die Untersuchung soll einen Überblick über den Stand der Methodenentwicklung liefern, nicht aber einzelne Methoden bewerten. Aus diesem Grund war die Verbreitung der Methoden kein Auswahlkriterium. Aus dem gleichen Grund konzentrieren wir uns nachfolgend auf inhaltliche Aspekte und gehen auf Fragen wie die Qualität der Ausbildungsunterlagen nicht ein.

Grundlage des Methodenvergleichs ist eine detaillierte Beschreibung aller 15 Methoden auf Basis des zu Beginn von Punkt 2 definierten Ansatzes, ergänzt um eine Darstellung des Metadatenmodells. Die detaillierte Beschreibung der Methoden sowie des angewendeten Kriterienkatalogs findet sich in [13].

3.1 Gestaltungsbereiche der Methoden

Ein erstes Merkmal, in dem sich die untersuchten Methoden unterscheiden, ist die „Tiefe" der Betrachtung: Beschränkt sich eine Methode nur auf den Ablauf (d. h. die Aufgabenkette und die Zuordnung der Aufgaben zu Aufgabenträgern) oder berücksichtigt sie auch die Leistungen (Output des Prozesses), das Informationssystem (unterstützende Applikationen und Datenbanken), die Aufbauorganisation (Über- und Unterordnungsverhältnisse), die Prozessführung (Instrumentierung und Institutionalisierung einer kontinuierlichen Prozessführung) und vielleicht sogar die Organisationskultur? Abbildung 5 zeigt die sehr unterschiedlichen Gestaltungsfelder der untersuchten Methoden. Je mehr eine Methode ein Gestaltungsfeld berücksichtigt, um so mehr ist ein Kreis in Abbildung 5 ausgefüllt.

Gestaltungsfelder \ Methode	Ablauf	Leistungen	Informationssystem	Aufbauorganisation	Prozeßführung	Organisationskultur
Action	●	●	○		●	
BCG	●	●	○	●	◐	◐
Davenport	●	●	○	●	◐	◐
Diebold	●		●	●	◐	
Eversheim	●		◐			
Ferstl/Sinz	●	◐		●		
Hammer	●	●		●	◐	◐
Harrington	●	◐	○	◐	●	
IBM UBG	●		○		◐	
Johansson	●	●	○	○	◐	
Malone	●		○	○	○	
McKinsey	●	◐	○		●	
Österle	●	●	●	○	●	
Ploenzke	●	○	●	○		
Scheer	●		●	◐		

Abb. 5. Gestaltungsfelder der Methoden

Charakteristisch für den Gestaltungsbereich einer Methode ist nicht nur die Tiefe, sondern die „Breite" der Betrachtung. In diesem Punkt sind die untersuchten Methoden recht homogen: 12 der 15 untersuchten Methoden definieren Prozesse unabhängig von bestehenden Organisationsstrukturen, nur zwei orientieren sich an den Geschäftsfeldern und nur eine an den Abteilungsgrenzen.

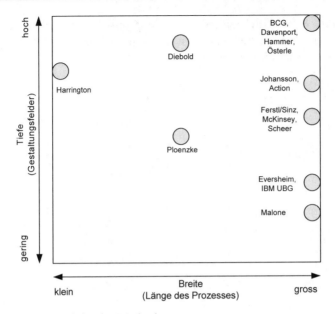

Abb. 6. Gestaltungsbereiche der Methoden

Abbildung 6 fasst diese beiden Untersuchungsergebnisse über den Gestaltungsbereich zu einem Gesamtbild zusammen.

3.2 Umfang der methodischen Unterstützung

Zwei Kriterien charakterisieren den Umfang der methodischen Unterstützung: Die Abdeckung der wichtigsten Methodenaspekte im Sinne des Method Engineering und die Berücksichtigung der Informationstechnik als Enabler.

Zunächst zur Abdeckung der Methodenaspekte: Eine „komplette" Methode im Sinne unserer Methodendefinition aus Kapitel 2 umfasst detaillierte Vorschläge zum Vorgehen, zu den Rollen, zu den Ergebnissen und zu den Techniken. Fast keine der untersuchten Methoden deckt alle vier Bereiche vollständig ab. Abbildung 7 gibt einen Überblick.

Ein ähnlich heterogenes Bild ergibt die Analyse der untersuchten Methoden im Hinblick auf die Rolle der Informationstechnik. Fünf der 15 untersuchten Methoden beziehen die Suche nach innovativen Lösungsansätzen mit Hilfe der Informationstechnik konsequent ein. In den übrigen 10 Ansätzen spielt die Informationstechnik eine weniger bedeutende, geringe oder überhaupt keine Rolle.

Abbildung 8 fasst die beiden Analyseergebnisse zur methodischen Unterstützung in einem Übersichtsbild zusammen. Eine Beschreibung der einzelnen Methoden findet sich in (13).

Methode \ Komponente	Vorgehen	Rollen	Ergebnisse	Techniken
Action	●	○	●	●
BCG	●	●	○	◐
Davenport	●	◐	○	◐
Diebold	●	●	○	●
Eversheim	◐	○	●	●
Ferstl/Sinz	◐		●	●
Hammer	●	●	○	○
Harrington	●	●	●	●
IBM UBG	●	●	◐	◐
Johansson	●	◐	●	●
Malone	◐	○	●	●
McKinsey	◐		○	○
Österle	○	●	●	●
Ploenzke	●	●	●	◐
Scheer	◐		●	●

Abb. 7. Komponenten der Methoden

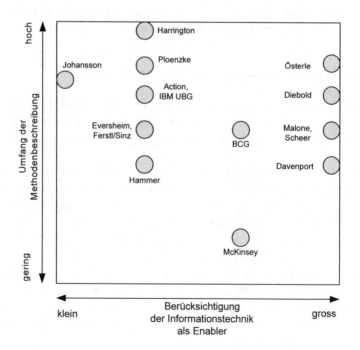

Abb. 8. Methodische Unterstützung

3.3 Die Spannbreite der Gemeinsamkeiten und Unterschiede

Der Vergleich von Gestaltungsbereich und Methodenumfang macht die grundlegenden Unterschiede zwischen den untersuchten Methoden transparent. Tabelle 1 gibt einen detaillierten Überblick über die ganze Spannbreite der Gemeinsamkeiten und Unterschiede. Eine detaillierte Übersicht über die Ausprägung der Kriterien bei jeder der 15 untersuchten Methoden findet sich in [13].

Kriterium	Spektrum der Ausprägungen von	bis
Umfang der Betrachtung	Nur die 3-5 Kernprozesse eines Unternehmens	Alle Prozesse eines Unternehmens
Berücksichtigte „Enabler"	Nicht berücksichtigt	Informationstechnik, Teamorganisation und Organisationskultur
Rolle der Geschäftsstrategie	Nicht berücksichtigt	Überprüfung der Geschäftsstrategie ist Teil des Vorgehensmodells
Aktive Unterstützung des Wandels („Change-Management")	Nicht berücksichtigt	Im Vorgehens- und im Rollenmodell berücksichtigt
Dokumentation Ist-Prozess	Grob	Detailliert
Dokumentation Soll-Prozess	Grob	Detailliert
Generelles Vorgehen	Top-Down, ausgehend von der Unternehmensstrategie und einer Prozessvision	Bottom-Up, ausgehend von den operativen Problemen und dem zur Zeit realisierten Prozess
Teamzusammensetzung	Gestaltung der Prozesse ist Aufgabe der oberen und mittleren Führung	Gestaltung der Prozesse ist Aufgabe der Mitarbeiter, die direkt in den Prozess involviert sind
Modellierung des Ablaufs	Ausgangspunkt ist die Folge von Aufgaben, die erforderlich sind, um Leistungen zu erstellen	Ausgangspunkt sind die für den Austausch von Leistungen erforderlichen Koordinationsbeziehungen
Darstellung des Ablaufs	Nicht berücksichtigt	Detaillierte Vorschläge bis zur formalen Spezifikation
Analyse der Vernetzung mit anderen Prozessen	Nicht berücksichtigt	Techniken zur Analyse des Leistungsaustauschs, des Ablaufs beim Kunden und der Wertschöpfungskette
Spezifikation des Informationssystems	Nicht berücksichtigt	Techniken zur Spezifikation von Funktionalität und Daten
Prozessidentifikation und Abgrenzung	Nicht berücksichtigt	Kriterien, Techniken und Referenzmodelle
Ideengenerierung	Nicht berücksichtigt	Checkliste, Techniken, Beispiele und Referenzmodelle

Tab. 1. Spannbreite bestehender Methoden für den Prozessentwurf

4 Zur weiteren Methodenentwicklung

Mit dem heute erreichten Stand ist die Entwicklung von Methoden für den Entwurf betrieblicher Prozesse keinesfalls abgeschlossen. Die Methoden werden sich gegenseitig ergänzen, überlegene Teilansätze einzelner Methoden werden sich durchsetzen, insgesamt wird sich das heute noch sehr weite Spektrum der Lösungsvorschläge eher reduzieren. Darüber hinaus sind folgende Entwicklungen zu erwarten, die wir in den folgenden sechs Thesen zusammenfassen:

Die Abstimmung mit dem Informationssystem gewinnt an Bedeutung

Viele der heute verfügbaren Methoden gehen immer noch davon aus, dass sich jeder beliebige neue Prozess auf dem betrieblichen Informationssystem auch realisieren lässt. Der Zwang zur Nutzung von Standardsoftware macht dies immer mehr zur Illusion. Für viele Unternehmen ist Standardsoftware heute der einzige gangbare Weg, um ihr Informationssystem schnell, mit vertretbarem Aufwand und relativ geringem Risiko zu erweitern. Da die Funktionalität von Standardsoftware trotz einer gewissen Bandbreite im Kern doch fix vorgegeben ist, sind auch die Optionen zur Neugestaltung eines Prozesses bei der Verwendung von Standardsoftware begrenzt. Obwohl bisher konzeptionell noch weitgehend unbeachtet, geht in vielen Unternehmen von den bestehenden, individuell entwickelten Applikationen (Legacy Systems) eine ähnliche Wirkung wie von der Standardsoftware aus. Nicht selten machen die unkontrollierten Verflechtungen von Applikationen und Datenbanken eine schnelle Erweiterung des Informationssystems sehr aufwendig, in vielen Fällen sogar unmöglich [14]. Da die völlige Neuentwicklung des gesamten Informationssystems gerade in Unternehmen, die bereits sehr viel in ihr Informationssystem investiert haben, eher unrealistisch ist, gehen auch von den bestehenden Applikationen Restriktionen aus, die den Spielraum beim Entwurf neuer Prozesse deutlich einschränken. Methoden zum Entwurf betrieblicher Prozesse dürfen daher nicht nur die Optionen der Informationstechnik, sondern müssen auch die Restriktionen des Informationssystems berücksichtigen.

Standardlösungen werden immer wichtiger

Analog zu den lange Zeit dominierenden Methoden zum Entwurf von Informationssystemen gehen die heute verfügbaren Methoden zum Entwurf von Prozessen immer noch von der Eigenentwicklung als zentralem Entwurfsprinzip aus. Die Folge sind lange, risikoreiche Projekte, die Ressourcen in erheblichem Umfang an sich binden und nicht zwangsläufig zu den besten Ergebnissen führen. Demgegenüber bestehen zwei Möglichkeiten, auf Standardlösungen zurückzugreifen:

- Referenzprozesse, nicht unbedingt nur in der bisher bekannten Verbindung mit Standardsoftware, können die Basis für den Entwurf eines eigenen Prozesses sein. Sie sind ein wichtiger Weg, um an anderer Stelle aufgebautes organisatorisches Wissen schnell zu adaptieren. Da der Erfolg eines neuen Prozesses nicht nur vom Entwurf, sondern mindestens genauso von seiner Realisierung im Unternehmen abhängt, eignen sich derartige „Blaupausen" durchaus auch für wettbewerbsrelevante Prozesse. Ihr wichtigstes Einsatzfeld ist aber sicherlich der nichtkompetitive Bereich. Darüber hinaus ist der Rückgriff auf Referenzprozesse für kleinere und mittlere Unternehmen oft der einzige Weg, um überhaupt zu einer Neugestaltung ihrer Prozesse zu kommen.
- Nicht jeder Prozess muss ein Unternehmen vollständig neu entwerfen. Gerade wenn ein Unternehmen seine Prozesse nach Kunden, Märkten oder Regionen segmentiert hat, ergeben sich durch eine Vielzahl gleicher Aufgaben Überschneidungen, die die oft prozessbezogenen Projektteams in der Regel nicht erkennen. Durch die Verwendung von Aufgaben als „organisatorische Bausteine" könnte sich der Aufwand für die erforderliche DV-Unterstützung oder auch die Ausbildung der Mitarbeiter deutlich reduzieren lassen. Das dafür notwendige Instrumentarium steht bisher noch nicht zur Verfügung.

Die Reorganisation erfasst auch die schwach strukturierten Prozesse

Die bisher entwickelten Methoden konzentrieren sich durchgängig auf stark strukturierte Prozesse, d. h. Prozesse, deren Aufgaben sich allgemeingültig bis ins Detail festlegen lassen. Da die Standardisierung von Prozessen im gesamten Dienstleistungssektor und auch in den administrativen Bereichen von Fertigungsbetrieben noch nicht sehr weit fortgeschritten ist, steckt in der Standardisierung ein enormes Potential. Workflow-Managementsysteme, die erstmals eine systematische Steuerung von Prozessen ausserhalb der Produktion erlauben, erhöhen die Potentiale noch. Ein nicht zu unterschätzendes Potential steckt aber auch in der Neugestaltung von weniger strukturierten Prozessen, so z. B. das Erstellen einer Marktstudie in einem Marktforschungsinstitut, die Entwicklung einer Applikation in einem Softwarehaus, die Entwicklung eines neuen Produkts oder auch die Budgetierung. Hier bieten die vorliegenden Methoden den Unternehmen kaum konkrete Hilfestellungen.

Die Perspektive öffnet sich von den Kundenbeziehungen zum Sektornetzwerk

Obwohl nur wenige Methoden die systematische Analyse des Kunden mit seinen Prozessen und den Leistungsaustausch zwischen ihm und dem eigenen Unternehmen überhaupt berücksichtigt haben, zeichnet sich schon jetzt der nächste Schritt ab: Die Neugestaltung der Prozesse darf nicht bei den Beziehungen zum Kunden stehen bleiben, sondern muss den Prozess auch in den grösseren Zusammenhang des Wirtschaftssektors stellen und die Verteilung der Leistungen auf die einzelnen Marktteilnehmer überprüfen [15, 16]. Diese erweiterte Perspektive öffnet den Blick für eine ganze Reihe interessanter Optionen. Das Instrumentarium, um diese Chancen systematisch zu identifizieren, steht bis heute nicht zur Verfügung.

Radikale Neugestaltung und inkrementelle Weiterentwicklung werden noch enger verbunden sein

Die Neugestaltung eines Prozesses ist mit dem Abschluss des Entwurfsprojekts keinesfalls schon abgeschlossen. Letztlich lässt sich der Erfolg nur an den realisierten Massnahmen und daher erst weit nach Projektabschluss beurteilen. Durch die Definition von über das Projektende hinaus gültigen Führungsgrössen und Zielen sowie der organisatorischen Verankerung haben einige Methoden erste Verbindungen zwischen radikaler Neugestaltung und inkrementeller Weiterentwicklung geschaffen. Gerade im Zusammenhang mit der Erhebung der Führungsgrössen oder der Beschaffung von Vergleichswerten aus anderen Unternehmen, innerhalb oder ausserhalb der eigenen Branche, sind noch eine Reihe von Fragen offen [17].

Tools werden auch weiterhin eine untergeordnete Rolle spielen

Über einen längeren Zeitraum hat der Einsatz computergestützter Werkzeuge einen Teil der Diskussion in Theorie und Praxis geprägt. Mittlerweile ist auf dem Markt eine kaum noch überschaubare Anzahl von Tools verfügbar [18]. Demgegenüber zeigt sich in Projekten immer wieder, dass die Frage des Tooleinsatzes letztlich doch nicht über Erfolg oder Misserfolg eines Projekts entscheidet. Berücksichtigt man die nur geringe Formalisierbarkeit der Problemstellung, kann dies auch gar nicht überraschen.

Zentrale Funktion computergestützter Werkzeuge wird auch weiterhin die Dokumentation und Visualisierung des entworfenen Prozesses sein. Damit können Tools einen wesentlichen Beitrag zur effizienten Abwicklung eines Projektes leisten. Dies gilt allerdings nur dann, wenn der Einarbeitungsaufwand für das Tool gering ist. Ungenutzte Potentiale stecken noch in der Integration eines BPR-Tools mit einem ergebnisorientierten Projektmanagement, mit der inkrementellen Weiterentwicklung eines Prozesses und unter Umständen auch mit der Entwicklung des Informationssystems bzw. Nutzung eines Workflow-Managementsystems.

5 Literatur

[1] Hammer, M., Champy, J.: Reengineering the Corporation, Harper Business, New York 1993.
[2] Davenport, Th.: Process Innovation – Reengineering Work through Information Technology, Harvard Business School Press, Boston 1993.
[3] Diebold Deutschland GmbH, Geschäftsprozesse im Zentrum der modernen Unternehmensführung, Eschborn/Taunus 1993.
[4] Hall, G., Rosenthal, J., Wade, J.: How To Make Reengineering Really Work, in: Harvard Business Review, Jg. 71, 1993, November-December, S. 119-131.
[5] CSC Index Group: State of Reengineering Report, Cambridge u. a. 1994.
[6] Heym, M.: Prozess- und Methoden-Management für Informationssysteme, Springer, Heidelberg 1995.
[7] Gutzwiller, Th.: Das CC-RIM Referenzmodell für den Entwurf von betrieblichen, transaktionsorientierten Informationssystemen, Springer, Heidelberg 1994.
[8] IMG Information Management Gesellschaft: PROMET BPR. Methodenhandbuch für den Entwurf von Geschäftsprozessen, Version 1.5, St. Gallen/ München 1995.
[9] Österle, H.: Business Engineering. Prozess- und Systementwicklung, Band 1: Entwurfstechniken, Springer, Heidelberg 1995.
[10] Österle, H., Brenner, C., Gassner, C., Gutzwiller, Th., Hess, Th.: Business Engineering. Prozess- und Systementwicklung, Band 2: Fallbeispiel, Springer, Heidelberg 1995.
[11] Action Inc.: Action Workflow Analyst User's Guide, Version 1.0, Alamada (USA) 1993.
[12] Medina-Mora, R., Winograd, T., Flores, R., Flores, F.: The Action Workflow Approach to Workflow Management Technology, in: ACM (Hrsg.), Proceedings of the „1992 Conference an Computer-Supported Cooperative Work", Toronto 1992, S. 1-10.
[13] Hess, Th., Brecht, L.: State of the Art des Business Process Redesign, Gabler, Wiesbaden 1995.
[14] Gassner, C., Gutzwiller, Th., Österle, H., Vogler, P.: Bestandteile einer Ist-Informationssystembeschreibung für die Systemintegration, Arbeitsbericht IM HSG/CC PSV2 des Instituts für Wirtschaftsinformatik der Hochschule St. Gallen, St. Gallen 1995.

[15] Venkatraman, N.: IT-Enabled Business Transformation: From Automation to Business Scope Redefinition, in: Sloan Management Review, Jg. 35, 1994, Winter, S. 73-87.

[16] Schmid, B.: Elektronische Märkte, in: Wirtschaftsinformatik, Jg. 35, 1993, Nr. 5, S. 465-480.

[17] SAP AG/Institut für Wirtschaftsinformatik der Hochschule St. Gallen: SAP-Benchmarking: Learning from SAP's Best;ln-Class, Walldorf/St. Gallen 1995.

[18] Bach, V., Brecht, L., Österle, H.: Software-Tools für das Business Process Redesign, FBO-Verlag, Baden-Baden 1995.

Elektronische Märkte*

Beat F. Schmid

---

* Wiederabdruck von Schmid B.F., Elektronische Märkte, in: Wirtschaftsinformatik, 35, 1993, S. 465-480 mit freundlicher Genehmigung des Vieweg Verlags.

1 Was sind Elektronische Märkte?

Der *Begriff des Elektronischen Marktes* ist in der Fachliteratur bereits etabliert. In den letzten Jahren sind dazu verschiedene Arbeiten veröffentlicht worden, z.B. [MaYaBe87], [MaYaBe89], [Bako91b], [Freu91]. Ein einheitlicher Sprachgebrauch liegt jedoch noch nicht vor. Folgende Begriffe werden mit „Elektronischem Markt" (Electronic Market) im wesentlichen synonym verwendet: Elektronischer Marktplatz (Electronic Marketplace, z.B. [Bako91b]), Elektronische Beschaffung (Electronic Purchasing [Hubm89], [Butl90]), Computerisierter oder seltener: Automatisierter Handel (Computrized / Automated Trading [Domo90], [Domo92]) bez. Elektronischer Handel (Electronic Trading / Trade, z.B. [Freu89], [Kuul90]). Gewisse Formen Elektronischer Märkte werden auch mit Electronic Marketing bezeichnet (vgl. [Butl90]), was insofern unglücklich ist, als dieser Begriff schon in der eigentlichen Marketingliteratur verwendet wird, [HeSc92]. Im Gegenzug verwenden einige Autoren für Systeme der Datenerhebung am Verkaufspunkt ebenfalls den Begriff Elektronischer Marktplatz [Cord91]. Der Sprachgebrauch ist uneinheitlich. Es ist deshalb angezeigt, sich zunächst klarzumachen, welche Funktionen Märkte in unserem arbeitsteiligen Produktionssystem haben.

Die arbeitsteilige Produktion zerfällt in eine Vielzahl von Prozessen, die nur bestehen können, wenn sie Güter und Leistungen untereinander austauschen. Es bedarf also eines Mechanismus, der diesen Austausch erlaubt. Die Standardmarkttheorie der Ökonomie definiert nun *Märkte* als „ökonomische Orte des Tausches", wo sich die aggregierte Nachfrage und das aggregierte Angebot treffen. Dadurch kann ein Ausgleich ungleich verteilter Ressourcen, Fähigkeiten und Produkte stattfinden [Wilm72]. Die Möglichkeit des Tausches allein ist aber nicht hinreichend für das Funktionieren einer Wirtschaft. Es ist vielmehr nötig, dass die einzelnen Prozesse so koordiniert werden, dass die Ressourcen möglichst optimal alloziert und die gesamtwirtschaftliche Wohlfahrt maximiert wird. Die ökonomische Theorie in der Gestalt der neoklassischen Preistheorie lehrt, dass diese Koordination in Märkten, in denen jeder Marktteilnehmer bestrebt ist, seinen Nutzen zu maximieren (Rationalprinzip) unter gewissen Bedingungen „automatisch" erfolgt. Die zentrale Steuerungsfunktion übernehmen dabei die *Preise*, die sich im vollkommenen Wettbewerbsmarkt bilden. Sie sind Träger von Informationen, die für Entscheidungen, welche die Ressourcenallokation betreffen, von Nutzen sind [Koop70]. Die ökonomische Theorie zeigt, dass unter bestimmten Annahmen Wirtschaftssysteme, die auf voll-

kommenen Wettbewerbsmärkten basieren, allokationseffizient sind (vgl. z.B.[HeQu80].
Es darf jedoch nicht übersehen werden, dass die klassische Theorie die Realität stark idealisiert: so wird z.b. vollkommene Markttransparenz angenommen (jeder kennt alle Angebote und Nachfragen und deren Preise); es wird vollkommener Wettbewerb unterstellt. Es gibt deshalb in der ökonomischen Literatur eine grosse Anzahl von Ansätzen, die der realen Situation näherzukommen trachten. Speziell zu erwähnen ist hier die Industrieökonomie (Industrial Organization), die sich konkreten Marktausprägungen widmet (vgl. etwa [Sche80]). Wichtige Elemente sind hier die Betrachtung der Transaktionskosten und von Informationsassymetrien. Diese Ansätze schlagen eine Brücke zur Betriebswirtschaftslehre und zu den über Märkte hinaus anzutreffenden Strukturen zur Leistungskoordination.

1.1 Andere Koordinationsmechanismen

Märkte haben auf volkswirtschaftlicher Ebene eine überlegene Koordinationsleistung. Der Versuch, ihre Funktion durch zentrale Planungsmechanismen zu ersetzen, hat sich als deutlich weniger effizient erwiesen. Die ökonomische Theorie kennt aber auch für marktwirtschaftlich organisierten Volkswirtschaften neben den Märkten weitere Typen von Koordinationsmechanismen, nämlich „Unternehmen" und „Kooperationen" (vgl. [Will90]).

- Unternehmen (Hierarchien)
  Charakteristisch für Unternehmen ist die zentrale Verfügungsgewalt der Unternehmensspitze. Deshalb spricht man auch von Hierarchien. Die unternehmensinternen wirtschaftlichen Beziehungen der Akteure sind durch Aufbau- und Ablauforganisation geregelt. Die Aufgabenzuweisung, die Ressourcenzuteilung und die Bewertung der Leistungen erfolgen durch einen zentralisierten Steuerungs- und Kontrollapparat.

Nachdem diese auf volkswirtschaftlicher Ebene unterlegen sind, bedarf ihre Existenz einer Erklärung. R.H. Coase hat deshalb schon in den 30er Jahren die Frage gestellt, warum überhaupt hierarchisch organisierte Unternehmen existieren [Coas37]. Als Grund werden die wesentlich niedrigeren Transaktionskosten von Hierarchien gegenüber Märkten genannt.

Die Organisationstheorie hat das klassische hierarchische Modell u.a. als Folge der technologischen Entwicklungen als modifizierungsbedürftig erkannt. Die Lösungsvorschläge gehen dahin, Hierarchien mehr und mehr durch kooperative Elemente zu ergänzen. Die Reorganisation grosser Unternehmen führt in diesem Sinne zu einer Divisionalisierung, zu Proficenterbildung oder Holdingbildung [Will75]. Dies zeigt, dass die Grenze zwischen Hierarchie und Marktmechanismen im Fluss ist. Hierarchien sind auch in anderer Hinsicht nicht identisch mit den Unternehmensgrenzen: Oft umfassen Hierarchien mehrere Unternehmen. Als typisches Beispiel kann die Automobilindustrie genannt werden.

- Kooperationen
  Unter Kooperationen versteht man eine längerfristige Zusammenarbeit zwischen an sich autonomen Wirtschaftspartnern auf der Basis vertraglich ausgehandelter Rahmenbedingungen. Die Partner schränken damit für einen bestimmten Zeitraum ihre Handlungsautonomie freiwillig ein, um dadurch Vorteile zu gewinnen, z.b. eine bessere Planbarkeit ihrer Geschäftsprozesse oder eine Verminderung ihrer Transaktionskosten. Klassische Beispiele für Kooperationen sind strategische Allianzen oder Joint Ventures.

Kooperative Beziehungen können auch in sehr loser Form vorkommen, wie z.B. Liefer- oder Abnahmegarantien, Fixierung von Marktparametern wie Preisen für einen bestimmten Zeitraum, Entwicklungspartnerschaften, kooperative Vertriebs- und Absatzbemühungen etc. Solche kooperativen Marktformen sind vor allem im Industriegütermarkt weit verbreitet. Sie dürften durch überbetriebliche Informationssysteme zunächst eher an Bedeutung gewinnen.

Wenn man die Arten der Prozesskoordination nach diesem Schema (Unternehmen, Kooperationen, Märkte) gliedert, so sind informationstechnische Unterstützungssysteme für die marktmässige Leistungskoordination zu den Elektronischen Märkten zu rechnen. Wie eingangs bereits erwähnt, werden jedoch auch viele die Kooperation unterstützenden Systeme zu Elektronischen Märkten gezählt. Um bessere Abgrenzungskriterien zu erlangen, ist es nötig, kurz auf die einzelnen Funktionen einzugehen, die bei der Leistungskoordination zu erfüllen sind und durch diese Systeme unterstützt werden.

1.2 Phasenmodelle der Koordination

Worum geht es bei der Koordination von Prozessen? Ein Prozess benötigt einerseits Güter oder Leistungen zu seiner Durchführung; andererseits will oder muss er Güter oder Leistungen absetzen. Solche Transaktionen bestehen aus einem Bündel von Teilfunktionen, die sich grob in drei Gruppen gliedern lassen:
- *Informationsphase*
  Zunächst geht es darum, herauszufinden, welche Produkte und Leistun-

gen überhaupt existieren, die für die fragliche Aufgabe in Betracht kommen. Was sind die Spezifikationen dieser Produkte? Wo können sie bezogen werden (Hersteller, Lieferanten etc.)? Was sind die Konditionen (Preise, Lieferfristen)? Analoge Fragen sind bezüglich der potentiellen Käufer zu stellen und zu beantworten. Ohne Informationen zu diesen oder verwandten Fragen ist ein Zustandekommen einer Transaktion nicht denkbar. Aber auch gesamtwirtschaftliche Rahmeninformationen, Brancheninformationen, Informationen zu technologischen Trends und dergleichen sind relevant. Resultat dieser Phase sind Listen der interessanten Marktpartner und Angebote bzw. Nachfragen.

- *Vereinbarungsphase*
  In dieser Phase wird auf die eine oder andere Weise Kontakt mit den Transaktionspartnern aufgenommen. Die Konditionen der Transaktion werden mit dem selektierten Marktpartner vereinbart (Zahlungsbedingungen, Termine, Lieferkonditionen, Garantieleistungen, Serviceleistungen etc.). Diese Phase schafft die rechtlichen Voraussetzungen für die Transaktion und legt die Grundlagen für die nun folgende Phase.

- *Abwicklungsphase*
  In dieser Phase wird die eigentliche Transaktion durchgeführt. Je nach Typ des auszutauschenden Gutes und der beteiligten Partner (z.B. ihrem Standort) kann diese Phase sehr unterschiedliche Teilfunktionen enthalten. Im Falle eines physischen Gutes gehören dazu: Verpackung, Transport, Kommissionierungen, Zwischenlagerungen, Versicherungen, Verzollungen, etc. Diese Phase ist oft Anlass für abgeleitete Markttransaktionen, wie z.B. Einkauf von Transportleistungen, Versicherungen, etc. Komplementär zum Austausch der Güter finden die mit ihnen zusammenhängenden Finanztransaktionen statt: Bezahlung im vereinbarten Verfahren (z.B. Lastschriftverfahren, Akkreditivgeschäfte, ev. Devisengeschäfte etc.). Zudem wird sie von Informationsströmen begleitet, die zur Abwicklung benötigt werden.

Dieses *Phasenmodell* lässt sich verfeinern. Es ist jedoch nicht sehr sinnvoll, dies unabhängig von einzelnen Branchen zu tun. Die Abläufe z.B. im Industriegüterbereich unterscheiden sich doch erheblich von denen z.B. im Tourismusmarkt.

Die genannten Phasen der Leistungskoordination sind bei allen Formen der Koordination zu durchlaufen. In der Hierarchie sind die organisatorischen Abläufe so geregelt, dass die Informationsphase und die Vereinbarungsphase oft fast völlig entfallen. Auch die Abwicklungsphase wird so organisiert sein, dass sie Routine und möglichst effizient ist.Die Transaktionskosten sind hier somit günstiger als im Markt, wo z.B. oft über Preise zu verhandeln ist, bevor eine Transaktion stattfinden kann.

In der reinen Theorie ist der Markt als Ort des Tausches ortslos. Die Transaktionskosten werden im klassischen Modell vernachlässigt. Die Realität verlangt die Berücksichtigung aller mit einer Transaktion verbundenen Kosten, d.h. der Kosten für jede der drei genannten Phasen. Der *Begriff der Transaktionskosten* wird jedoch nicht immer scharf genug definiert. Vor allem die Kosten der Abwicklungsphase werden teilweise zu den Produktpreisen geschlagen und daher nicht (voll) zu den Transaktionskosten gerechnet. Es empfiehlt sich daher, die Transaktionskosten für die Informations- und Vereinbarungsphase gesondert zu betrachten. Die Kosten für die Abwicklung sind durch elektronischer Märkte ebenfalls einer Veränderung unterworfen. Sie sollten daher von den eigentlichen Herstellungskosten des Produktes beim Erzeuger getrennt und als Teil der Transaktionskosten betrachtet werden, um Informationen über ökonomisch vorteilhafte Produktionsformen liefern zu können.

1.3 Informationstechnik und Leistungskoordination

Betrachtet man die erwähnten Funktionen, die in den einzelnen Phasen der Leistungenskoordination zu erbringen sind, so ist es offensichtlich, dass die Informatik in allen diesen Funktionen ein Potential zu ihrer Automatisierung und/oder Produktivitätssteigerung vorfindet. Am einen Ende des Spektrums, bei der Koordinationsform „Unternehmen", stehen die betrieblichen Informationssysteme. Sie unterstützen die Leistungserstellung und die darin notwendige Koordination der Teilprozesse innerhalb des Betriebes. Das der unternehmensinternen Leistungskoordination zugrundeliegende zentralistische Modell wurde durch diese Technologie zunächst verstärkt.

Durch das Zusammenwachsen von Informatik und Telekommunikation – oft Telematik genannt – wird die Leistungskoordination über weite Distanzen wesentlich erleichtert. Die moderne Just-in-Time-Produktion mit ihrer Tendenz zur überbetrieblichen Verflechtungen der Computersysteme ist ein Beispiel dafür.

Jedesmal wenn Technologien eingeführt wurden, die die Leistungskoordination erleichtert haben, wie bei der Einführung des Buchdruckes, der Eisenbahn und des Automobils, des Telephons etc., hat dies tiefgreifende Auswirkungen auf die Unternehmen und die Organisation der volkswirtschaftlichen Produktion gehabt. Die Telematik gestattet nun den Bau weltumspannender Koordinationssysteme, welche die Aktivitäten verteilter Systeme auf eine Weise zu koordinieren gestatten, wie das bisher nicht möglich war. Der Bau von globalen, ubiquitären Marktplätzen, die 7 x 24 Stunden zugänglich sind, wird möglich. Sie sind heute im Entstehen begriffen. Ihre Technologie wird sich von derjenigen der bekannten betrieblichen Informationssysteme stark unterscheiden. Durch das Verschmelzen des Computers mit der Telekommunikation entsteht eine Technologie mit neuen Leistungsmerkmalen und weitreichenden Folgen für die Informationsverarbeitung. Die Auswirkungen auf die Organisation der Produktion im allgemeinen und auf die Betriebe im besonderen dürften sehr tiefgreifend sein. Der Einsatz der Informations- und Kommunikationstechnologie im Koordinationsmechanismus „Markt" führt zum „Elektronischen Markt".

1.4 Definition Elektronischer Märkte

Die nachstehende Definition Elektronischer Märkte verwendet die oben definierten Koordinationsbegriffe sowie das Phasenmodell der Koordination:

- *Elektronische Märkte im engeren Sinne* sind mit Hilfe der Telematik realisierte Marktplätze, d.h. Mechanismen des marktmässigen Tausches von Gütern und Leistungen, die alle Phasen der Transaktion (Informationsphase, Vereinbarungsphase, Abwicklungsphase) unterstützen.

Sie unterstützen daher auch die Preisbildung. Sie sind damit ein Schritt zur Realisation des idealen ökonomischen Markts als abstraktem Ort des Tausches, wo vollkommene Information herrscht und Transaktionskosten entfallen:
- Die Ortslosigkeit bzw. Ubiquität Elektronischer Märkte ist durch die Telekommunikation im Prinzip garantiert: jeder Teilnehmer hat von überall her, wo er Anschluss an die Telekommunikation hat, Zugriff auf den Elektronischen Marktplatz – 7 x 24 Stunden.
- Die Beschaffung von Information kann durch Informationssysteme wesentlich erleichtert werden – wenn auch Informationsassymetrien damit nicht gänzlich zum Verschwinden gebracht werden können.
- Die Transaktionskosten können durch Elektronische Märkte in allen Phasen verringert werden, vor allem in den Phasen 1 und 2. Ganz verschwinden werden sie allerdings nicht.

Wie bereits eingangs erwähnt, würde dieser Begriff des Elektronischen Marktes nicht dem heute herrschen Sprachgebrauch gerecht. Die heute und auf lange Sicht anzutreffenden Systeme realisieren meistens nicht eigentliche, vollständige Märkte. Sie unterstützen vielmehr nur einzelne der oben im Phasenmodell genannten Funktionen. Es ist daher zweckmässig, eine etwas liberalere Definition zuzulassen:

- Unter *Elektronischen Märkten im weiteren Sinne* sind informationstechnische Systeme zur Unterstützung aller oder einzelner Phasen und Funktionen der marktmässig organisierten Leistungskoordination zu verstehen.

Unter diese Definition fallen damit auch überbetriebliche Koordinationssysteme, sofern sie von einer Vielzahl von gleichberechtigten Partner als Anbieter oder Nachfrager von Gütern oder Leistungen genutzt werden können.

Offen sollen Elektronische Märkte dann heissen, wenn sie für alle Anbieter oder Nachfrager zugänglich sind, die sich den für den Zutritt verlangten Regeln zu unterwerfen bereit sind. Offenheit in diesem Sinne ist nicht notwendiges Merkmal. Man kann sich z.B. einen elektronischen Markt vorstellen, der nur für EG-Mitglieder offen ist.

Nicht unter die hier vorgeschlagene Definition von Elektronischen Märkten fallen bilaterale Systeme (1:1) und zwischenbetriebliche Hierarchien, d.h. Systeme, die einen Anbieter oder Nachfrager mit mehreren Partnern verbinden (1:n), wie z.B. gewisse Bestellsysteme. Der Übergang ist in vielen Fällen jedoch fliessend, wie die nachfolgenden Beispiele zeigen werden. Wesentlich bei der vorgeschlagenen Definition ist der marktmässige Koordinationsmechanismus – oder wenigstens die Verträglichkeit mit diesem. So kann durch die Integration und damit auf der Basis mehrerer 1:n - Bestellsysteme ein Elektronischer Markt entstehen. Ungeeignet scheint uns dagegen ein Abgrenzungskriterium, das die Betriebsgrenzen verwendet. Auch überbetriebliche Informationssysteme können hierarchisch organisiert sein – und umgekehrt: Nichts verbietet die marktmässige Koordination von Teilen der innerbetrieblichen Leistungserstellung.

Elektronische Märkte im eben definierten Sinne erlauben es nicht nur, Anbieter und Nachfragen zwecks des Tausches eines bestimmten Typs von Gütern zusammenzubringen. Es liegt in der Natur der Sache und der Möglichkeiten der verwendeten Technologie, in diesem Zusammenhang benötigte weitere Dienstleistungen wie Versicherungen, Transportleistungen etc. sowie der Abwicklung der Zahlungsströme zu integrieren, wie es bei fortgeschritteneren Systemen beobachtet werden kann (siehe unten 2.3 und 2.5). Damit wird ein Elektronischer Markt zu einer Drehscheibe mit hoher Funktionalität.

2 Beispiele

2.1 Elektronische Börsen

Seit einigen Jahren hat die Computerisierung der Börsen begonnen. Die Motivation bestand zunächst in der Reduktion der Transaktionskosten und in der Automatisierung von Routinetätigkeiten wie Clearing und Abrechnungsoperationen. Die erste vollautomatische Elektronische Börse war SOFFEX (Swiss Options and Financial Future Exchange). SOFFEX handelt derivative Finanzprodukte, nämlich Optionen (seit 1988) und Futures (seit 1990 – vgl. dazu [Henr92]). Berechtigte Käufer, Verkäufer oder Händler können direkt von ihrem Arbeitsplatz aus handeln. Das System garantiert ihnen einen Abschluss zum bestmöglichen Preis. Es führt – anders als in den üblichen Börsensystemen – ein automatisches und anonymes Matching durch. SOFFEX ist ein System, das automatisch Börsenpreise bildet, indem es die vereinbarten Spielregeln beachtet und umsetzt.

SOFFEX besitzt jedoch noch eine weitere, für die künftige Entwicklung von Marktsystemen ausserordentlich wichtige Fähigkeit: Das automatische Matching von *Kombinationen* von Kontrakten. Unter einer Kombination versteht man eine Order, die aus mehr als einem Kontrakt besteht. In einer solchen Order können z.b. gleichzeitig Verkaufs- und Kaufspositionen enthalten sein. Die Preise solcher Kombinationen als Ganzes werden durch die Elektronische Börse automatisch berechnet. Das Matching solcher Kombinationen mit anderen Kombinationen, Teilen von Kombinationen oder regulären Ordern erfolgt ebenfalls automatisch. Von der Logik des Systems her sind beliebige Kombinationen bildbar und handelbar, ganz nach den Bedürfnissen des Marktteilnehmers. (Überträgt man diese Funktionalität auf andere Märkte, in denen weniger homogene Güter gehandelt werden, dann taucht am Horizont die Vision eines Elektronischen Marktes auf, in dem der Unternehmer ein Bündel handeln kann, bestehend aus dem von ihm gefertigten Endprodukt und den zu seiner Herstellung benötigten Inputprodukten...!)

SOFFEX ist nicht die einzige Elektronische Börse im Finanzbereich. Für Europa sind hier z.B. die London Stock Exchange zu erwähnen oder die im Entstehen begriffene Deutsche Elektronische Börse, sowie die Elektronische Börse Schweiz (EBS), die nach dem SOFFEX-Muster gebaut werden soll. Die Elektronisierung des Börsengeschäftes ist in vollem Gange, so dass vermutet werden darf, dass binnen ca. 10 Jahren im Finanzbereich der überwiegende Teil des Börsengeschäftes elektronisch abgewickelt wird.

Elektronische Börsen sind von der Technologie her im Prinzip offene, globale Systeme, die 7 mal 24 Stunden betrieben werden können. Das kontrastiert mit der Tatsache, dass sie bis heute versuchen, die alte Organisationsform noch weitgehend beizubehalten. So wird der Kreis der Handelsbevollmächtigten geschlossen gehalten. Es ist aber nur eine Frage der Zeit, bis die Globalisierung und Öffnung der Börsensysteme durch den Kunden erzwungen werden wird. Andernfalls werden andere Anbieter in die Bresche springen, wie z.B. Reuters mit seinem System GLOBEX. Die Vision einer globalen, offenen Börse für Aktien, Devisen etc. beginnt Gestalt anzunehmen.

Ein weiteres wichtiges Gebiet, in dem Elektronische Börsen Einzug gehalten haben und sich weiter ausbreiten werden, sind Waren- und Warenterminbörsen im Commoditybereich. Als Beispiele seien erwähnt: Das Telcot-System in den USA, eine elektronische Baumwollbörse; das Computer-Aided Livestock Marketing System (CALM), für den Verkauf von Vieh (Schafe, Schweine) in Australien und Neuseeland; das Fair Auction Selling Technology System (FAST), zum Verkauf des täglichen Fischfanges an der Ostküste Australiens; das Hock Auction Market System (HAM), in Singapure zum Verkauf von Schweinen. Die meisten dieser Systeme sind hybride Systeme, d.h. nicht vollständig automatisiert. Einer Entwicklung in Richtung des SOFFEX-Systems steht jedoch aus technischer Sicht ebenso wenig im Wege, wie einer Vernetzung dieser Systeme untereinander.

Neben diesen grossen Systemen entstehen laufend kleinere Systeme für spezielle Güter und/oder kleinere Benutzerkreise. Stellvertretend sei die Swatch-Börse in Zug (Schweiz) genannt, die von der Firma Quintex AG betrieben wird und weitgehend automatisiert ist, unter Einschluss des Vertragsabschlusses. Ihr Adressatenkreis sind Sammler von Swatch-Uhren und sie steht jedermann offen. Im Bereich der Dienstleistungen soll weiter unten im Rahmen der Logistik auf Laderaumbörsen und ähnliche Dienstleistungsbörsen eingegangen werden.

2.2 Tourismus

Die Tourismusbranche handelt nicht lagerbare Güter: Ein Sitzplatz eines Fluges etwa, der zur Check in-Zeit noch nicht verkauft ist, muss abgeschrieben werden. Zeit ist also ein kritischer Faktor. Die Tourismusbranche ist sehr informationsintensiv und es herrscht ein sehr starker Wettbewerb und Margendruck. Das waren und sind günstige Voraussetzungen für die Einführung und den Ausbau computergestützter Koordinationssysteme. Diese sind denn auch recht zahlreich entstanden und in voller Entwicklung. Die nachstehende Graphik zeigt die Struktur der Branche sowie den Grad der heutigen Computerunterstützung der Kommunikationswege [Ritz92].

Die *touristischen Leistungsträger* sind Fluggesellschaften, Bahn, Schiff etc., Hotels, Restaurants, Mietwagenverleiher etc. Von ihnen kaufen die *Reiseveranstalter* ganze Flug- und Hotelkontingente sowie weitere Kontingente von Dienstleistungen zur Freizeitgestaltung und bündeln diese zu Angeboten, die bislang meist in Form von Katalogen publiziert werden. Sie verkaufen ihre Produkte sowohl über eigene *Verkaufsstellen*, wie auch über Reisebüros an den Endkunden. Reisebüros sind die hauptsächlichen Partner der Konsumenten: Sie besorgen das Detailgeschäft der Tourismusbranche. Die Konsumenten, namentlich grosse Geschäftskunden, verhandeln aber auch häufig direkt mit den Reiseveranstaltern oder mit touristischen Leistungsträgern. Neben dieser Distributionskette haben *regionale Verbände* (Tourismusverbände, Verkehrsvereine) eine wichtige Rolle als Vertreter des regionalen Leistungsangebots, d.h. als Leistungsträger, sowie im Detailgeschäft gegenüber dem Konsumenten.

Reservationssysteme betreiben nicht nur Fluggesellschaften, sondern auch grosse Hotelketten oder Autovermietungsfirmen. Nach und nach begannen die Betreiber, Terminals, die zunächst nur für hausinternen Gebrauch gedacht waren, auch Reisebüros zur Verfügung zu stellen. So entstanden die CRS – Computer-Reservationssysteme – oder GDS – Globale Distributionssysteme. Es gibt – nach Fusionen und Übernamen – heute drei CRS-Gruppen, die weltweit operieren: SABRE, ein System der AMR, der Muttergesellschaft von American Airlines; COVIA mit GALILEO, das der United Airlines und europäischen Fluglinien gehört; WORLDSPAN, ein System von Delta Airlines und TWA. Die Lufthansa hat mit drei anderen führenden europäischen Fluggesellschaften seit 1987 AMADEUS entwickelt, dass sich primär an europäische Kunden wendet.

Allen diesen Systemen ist gemeinsam, dass sie nicht nur das Buchen von Flügen erlauben, sondern auch den Zugriff auf Systeme von Autovermietern, Schiffahrtsgesellschaften, Hotelketten, Reiseanbietern etc. gestatten. Auch die Bezahlung der gebuchten Leistungen z.B. mittels Kreditkarten ist möglich. Ebenso gehört das Erstellen von Tickets zum Leistungsumfang solcher Systeme (vgl. Bild 4, nach [BoSc92]). Damit wird dem Reisebüro bzw. mittelbar dem Kunden bereits ein recht umfassendes Angebot geboten: Es ist möglich, ein Reisebüro zu betreten, einen Flug, ein Hotelzimmer, einen Mietwagen, Konzertbesuch, Reiseversicherung etc. zu buchen, zu bezahlen und das Reisebüro mit den Tickets zu verlassen.

Die Nutzer dieser Systeme beschränken sich zunehmend auf jeweils nur ein System. Die Gründe dafür liegen bei der wachsenden Komplexität der Systeme auf der Hand. Diese Entwicklung hat wiederum die Anbieter der Systeme gezwungen, ihre Systeme untereinander zu vernetzen: *Direct Access* wurde entwickelt, das den Zugriff von einem GDS auf andere erlaubt – unter der Oberfläche und unter Verwendung des Kommunikationsnetzwerkes des eigenen GDS [Elli92]. Damit hat der Nutzer eines GDS tendenziell Zugriff auf alle Systeme.

Die Branche der Reisevermittler ist historisch in *nationalen Märkten* gewachsen und hat deshalb z.T. unterschiedliche Bedürfnisse. Deshalb sind eine Menge nationaler Systeme zur Unterstützung der Reisevermittler entstanden: In Deutschland START, in Frankreich ESTEREL, in Grossbritannien das bereits erwähnte TRAVICOM, in der Schweiz TRAVISWISS, in Österreich TRAVIAUSTRIA etc.

Die Reiseveranstalter betreiben zwischenzeitlich mehr und mehr computergestützte Distributionssysteme – häufig über Bildschirmtext. Als Beispiel sei TOPS des englischen Reiseveranstalters Thomson Holidays erwähnt, das bereits seit 1986 erfolgreich im Einsatz ist [Bruc89]. Trotzdem ist das relativ inflexible Medium des gedruckten Reisekataloges als Informationsträger nach wie vor dominant. Hier ist das Projekt EUROTOP, das einen elektronischen Reisekatalog anstrebt, eine interessante Systemalternative. Das System will zunächst das Medium Papier durch elektronische, über das Telekommunikationsnetz verteilte Informationsträger ersetzen. Die Vorteile des Systems liegen für die Anbieter in der Möglichkeit zu kurzfristigen Änderungen ihres Angebotes. Der Bedarf dafür ist gross, die Möglichkeit im klassischen Medium nicht gegeben. Auf Seiten des Benutzers bietet das System nicht nur aktuellste Informationen, sondern die in Datenbanken üblichen viel mächtigeren Suchmöglichkeiten. Von der technischen Seite her dürfte es keine sehr grossen Schwierigkeiten bereiten, das System so zu erweitern, dass wesentliche Funktionen der Reiseveranstalter durch das System übernommen werden können – namentlich die Bündelung der Angebote der Leistungsträger (Reise, Hotelunterkunft, etc.).

Die *regionalen Tourismusverbände* realisieren mehr und mehr, dass Angebote, die nicht elektronisch verfügbar sind, im globalen Tourismusmarkt fehlen und, nur noch regionale Bedeutung haben. Um mit den grossen Hotelketten konkurrieren zu können, ist es nötig, das vielfältige Bettenangebot, das Familienbetriebe und andere nicht in Ketten eingebundene Hotels anbieten, sowie andere Tourismusdienstleistungen der Regionen über die weltweiten Reservationssysteme zugänglich zu machen. Regionale Systeme sind sehr zahlreich entstanden bzw. im Entstehen begriffen und decken z.T. kleinere Regionen ab (wie z.B. Multimedia Graubünden oder in Deutschland SI-Tour für die Region Siegen-Wittgenstein) oder grössere Regionen wie das System TIS (Tirol-Informationssystem).

Eine durchgehende elektronische Vernetzung der *gesamten touristischen Wertschöpfungskette* ist in vollem Gange. Die heute existierenden Systeme und ihr Ausbau dienen zunächst v.a. der Unterstützung der Funktionen der Informationsphase, v.a. dem Marketing und dem Verkauf von touristischen Leistungen und der Unterstützung von Funktionen der Abwicklung (Erstellung von Tickets, Bezahlung usw.). Dem Einbezug von eigentlichen Märkten, wo z.b. noch freie Flugplätze oder Hotelbetten kurzfristig zu Marktpreisen an *Spotmärkten* verkauft werden könnten, sind von den Betreibern der Systeme (z.b. den Fluggesellschaften) aus verständlichen Gründen Widerstände entgegengesetzt worden. Aber auch in diesem Feld ist die Entwicklung nicht aufzuhalten. Online-Travel ist in der Schweiz z.b. ist eine Last Minute-Börse, auf der über Videotex günstige Flüge angeboten werden und weitere Dienstleistungen wie z.b. Reiseversicherungen gleich mitgebucht werden können. Es darf deshalb angenommen werden, dass, wenn die grossen Reservationssysteme nicht von sich aus Marktfunktionalitäten im Sinne von Spotmärkten anbieten, dies durch Dritte unter Verwendung der globalen Reservationssysteme geschehen wird.

Der Weg zu einem *globalen, integrierten elektronischen Tourismusmarkt* ist beschritten. Was diese Entwicklung für die Struktur der Tourismusbranche bedeutet, ist noch nicht endgültig absehbar. Die Rolle der Reisevermittler in einem solchen künftigen System ist unklar. Ihre Funktion kann im Prinzip durch computerisierte Systeme übernommen werden. Dies wird akzentuiert durch den Trend zu mehr und mehr individualisierten Reisen [Ritz92]. Da solche Systeme nicht nur vom Reisebüroangestellten, sondern auch vom Endbenutzer bedient werden können, ist weiter anzunehmen, dass ein Teil der Leistungen, die heute Reisebüros erbringen, durch die Endverbraucher selber erbracht werden (z.B. SABRE light bei Compu-Serve). Im Bereich des Geschäftstourismus ist diese Entwicklung im Gange. Das wahrscheinlichste Szenario enthält daher die touristischen Leistungsträger mit ihren Systemen bzw. mit standardisierten maschinenlesbaren Beschreibungen ihrer Leistungen auf der einen Seite und den Geschäfts- und Privatkunden auf der anderen Seite. Dazwischen wird es ein Netzwerk von Systemen geben, die Funktionalitäten eines *globalen Elektronischen Tourismusmarktes* erstellen und anbieten.

2.3 Banken

Die Bankenbranche hat ihre interne Leistungserstellung im Back-Office-Bereich in den letzten Jahrzehnten mit Hilfe informationstechnischer Systeme in einem sehr weitgehenden Masse automatisiert. Die Computerunterstützung weiterer bankinterner Bereiche wie des Portfolio-Managements sind in vollem Gange. Die Notwendigkeit, *betriebsübergreifende, offene Systeme* zu realisieren, stellt eine neue Herausforderung dar. Dies soll im folgenden kurz skizziert werden. (vergleiche dazu auch: [Chor89], [Egne90], [MoAj90], [MoBe90], [Sign92]).

Der Bereich der Elektronischen Börsen wurde bereits oben angesprochen. Für den Verkehr grosser Banken mit ihren Tochtergesellschaften und Filialen betreiben diese seit langem z.T. globale Kommunikationsnetzwerke. Auch der Interbankverkehr wird zu einem erheblichen Teile auf elektronischem Wege abgewickelt. SWIFT ist hier an erster Stelle zu nennen.

Die hohen Kosten haben die Banken dazu geführt, Privatkunden mittels Automaten zu bedienen (ATM, Automated Teller Machines). Aus dem gleichen Grunde ist es für die Banken in hohem Masse wünschenswert und wichtig, Privat- und Geschäftskunden vermehrt dazu zu bewegen, ihre Bankgeschäfte über elektronische Schnittstellen abzuwickeln (*Electronic Banking*). Auf der anderen Seite verlangt auch der Kunde nach einer rationelleren Abwicklung seiner Bankgeschäfte. Er verlangt multibankfähige Systeme. Solche Systeme sind inzwischen im Angebot. Das führt aber zu einer grösseren Mobilität der Kunden, zum Leistungs- und Kostenvergleich und damit längerfristig zu einem Druck auf die Margen.

Im Geld- und Devisengeschäft können Kontostände und Zahlungsflüsse durch einen Saldenausgleich optimiert werden, *Netting* genannt. Im Interbankbereich wird dieses Netting über verschiedene Systeme unterstützt: ECHO Netting (European Clearing House), NACHO (North American Clearing House Organisation), FXNET (Foreign Exchange Network) und SWIFT ACCORD sind solche grenzüberschreitenden Nettingsysteme für das Interbanknetting. Nun haben aber Grossunternehmen damit begonnen, mit Hilfe geeigneter Software ein Netting durchzuführen. Auch VANS-Anbieter wie IBM, Geisco, Reuters bieten mehr und mehr Netting-Operationen an. Dieser Trend wird durch das Aufkommen von Intercorporate Netting-Software verstärkt. Diese Entwicklungen können dahin führen, dass die Banken nur noch die Spitzen der Zahlungsflüsse verarbeiten. Solche technisch nun möglich gewordenen Entwicklungen werden vom Kunden genutzt werden, wenn und solange sie ihm Kosteneinsparungen bringen. Die Frage, wer die entsprechenden Dienste erbringt – Banken oder VANS Anbieter – ist noch nicht entschieden. [Ovum92]

Als weiteres Beispiel, wie elektronische Marktsysteme das traditionelle Bankengeschäft in Gefahr bringen können, seien die *Barter-Clubs* erwähnt. Barter-Clubs sind zunächst reine Informationssysteme gewesen, die den angeschlossenen Teilnehmern das Deponieren von Angeboten oder Nachfragen sowie effiziente Suchmöglichkeiten erlaubten. Die Vereinbarungs- und Abwicklungsphase wurde durch diese Systeme nicht unterstützt. Der Wunsch, Nettingoperationen innerhalb des Kreises der Teilnehmer des Barter-Clubs durchführen zu können, hat dazu geführt, dass interne Verrechnungseinheiten eingeführt wurden, in denen ein Netting der Leistungen und Forderungen durchgeführt werden konnten. Der nächste Schritt war die Möglichkeit, kurzfristige Kredite (Laufzeit bis zu einem Jahr) in Verrechnungseinheiten beim Barter-Club aufnehmen zu können. Der Barter-Club musste den Kreditnehmern dafür nur seine Versicherungskosten von knapp 2% in Rechnung stellen. Bei Banken sind Kurzfristkredite wesentlich teurer, da dort eine Reihe weiterer Kostenelemente dazu kommen (Abwicklungskosten, Eigenmittelkosten etc.).

Am Beispiel der Barter-Clubs kann man erkennen, dass Systeme zur Unterstützung des zwischenbetrieblichen Handels nicht nur im Zahlungsverkehr und im Netting ins Bankgeschäft eindringen können, sondern sogar im Kreditgeschäft, das zum Kernbereich des Bankgeschäfts gehört. Die Informatisierung der Bank-Kunden-Beziehungen hat indes erst begonnen. Die aufgeführten Beispiele zeigen, dass gerade in Dienstleistungsbranchen durch solche Entwicklungen die Definition der Dienstleistungen, die Art ihrer Abwicklung und der Träger ihrer Erstellung in Frage gestellt ist. Die Bankwirtschaft steht deshalb durch das Heraufkommen elektronischer Märkte vor grossen Herausforderungen.

2.4 Logistik

Die Logistikkosten erreichen oft eine Grössenordnung, die der der Produktionskosten vergleichbar ist. Während in der Produktion im Zuge der Umsetzung der CIM-Philosophie erhebliche Rationalisierungspotentiale ausgeschöpft wurden, hat dieser Prozess in der Logistik erst begonnen. Ein Element ist die Umstellung auf EDI. Die USA sind hier führend vor Europa, innerhalb Europas ist es England. In Kontinentaleuropa ist EDI noch nicht sehr verbreitet (ca. 1 Nutzer auf 1000 Unternehmen), seine Einführung hat jedoch begonnen und es ist mit einer eigentlichen Explosion in diesem Bereich zu rechnen [Schm92].

Im Bereich der Logistik sind in den letzten Jahren eine grosse Zahl von Systemen entstanden, die spezielle Bereiche abdecken und in der Regel keine Marktelemente enthalten, sondern vielmehr hierarchischen Charakter haben oder reine Bestellsysteme sind. Trotzdem sind sie für die Etablierung Elektronischer Märkte im Bereich der Logistik von Bedeutung. Sie dienen nämlich als Basis für solche Elektronische Märkte.

Die Einführung von Flugreservationssystemen durch die Fluggesellschaften hat schon frühzeitig dazu geführt, auch für die *Luftfracht* entsprechende Systeme einzuführen. Um die Funktionalität zu verdeutlichen soll kurz auf MOSAIK eingegangen werden. Entwickelt wurde das System von der Lufthansa. Ziel war es, Agenten und Spediteure an die Frachtsysteme der Lufthansa anzuschliessen. MOSAIK deckt als neutrale Plattform zur Kommunikation zwischen Agenten bzw. Spediteuren auf der einen Seite und der Airline auf der anderen Seite folgende Funktionen ab: Bereitstellung von Produktinformationen, Buchung und Reservierung, Frachtbriefdatenaustausch und Sendungsverfolgung. Unter Produktinformation ist im Luftfrachtverkehr ziemlich detaillierte Information über Flugpläne, Beschreibung des noch nicht disponierten Frachtraumes, Angaben zu Alternativen für die Abwicklung des Transportes usw. zu verstehen. Die Angaben müssen so detailliert sein, dass die betroffenen Agenten und Disponenten die Buchung ohne Rückfragen vornehmen können. Online-Reservationen sind möglich und werden innerhalb von Sekunden bestätigt oder zurückgewiesen.

Eine erst mit solchen Systemen mögliche Funktionalität ist die *Sendungsverfolgung*, d.h. die Online-Abfrage über den Status von Transportaufträgen bzw. Sendungen. Der Frachtbriefdatenaustauch ist eine EDI-Lösung, die die vorauseilende Information von Spediteuren bzw. Frachtführern ermöglicht, die eine Sendung vor oder nach dem Lufttransport übernehmen. Damit ist eine bessere Integration der Lufttransporte in die gesamte Transportkette möglich. Das System MOSAIK unterstützt also alle Phasen (Informationsphase, Vereinbarungsphase und Abwicklungsphase), ist aber trotzdem kein Marktsystem, weil es auf der einen Seite nur einen Partner, nämlich die Lufthansa, gibt. (vgl. dazu [HoSc91]).

Auch für den *Schiffsverkehr* sind zahlreiche ähnliche Systeme entstanden.

Die im Bereich des *Strassenverkehrs* entstandenen Systeme weisen eine grosse Vielfalt auf. Zu diesen Systemen gehören z.B. SENARDIS, ein mittelgrosses französisches Paketdienstunternehmen. SENARDIS bedient einen Kundenkreis von ca. 500 verladenden Unternehmen und wickelt täglich etwa 12'000 Aufträge ab [Ovum90]. TRANSPOTEL ist eine europäische Ladungs- und Laderaumbörse für den Strassengüterverkehr. Speditionen haben die Möglichkeit, Laderaum oder Ladungen in einem elektronischen Anzeiger zu veröffentlichen und anzubieten. Weitergehende Funktionen soll das von mehreren Partnern entwickelte und vom deutschen

Bundesministerium für Forschung und Technologie unterstützte System INTAKT unterstützen [HoSc91]. TELEWAYS ist eine eigentliche Börse. Die Systeme für den Strassenverkehr entwickeln sich immer mehr zu eigentlichen Marktsystemen, die alle Funktionen unterstützen.

Auch die *Bahnen* haben begonnen, ihren Laderaum über elektronische Systeme verfügbar zu machen. DOCIMEL z.B. ist ein Informationssystem der europäischen Bahnen.

Die relativ papier- und zeitintensive *Zollabfertigung* wird ebenfalls mehr und mehr über elektronische Systeme möglich. Beispiele solcher Systeme sind ALPHA (Flughäfen Frankfurt, München und Stuttgart; dieses System wird unter dem Projektnamen DOUANE auch auf Nicht-Flughafenstellen ausgeweitet, oder Air AMS (Air Automated Manufest System), ein System der US Customs Service – verfügbar auf 10 Flughäfen, mittlerweile sind 7 Carrier beteiligt.

Die genannten Systeme, die grösstenteils keine Elektronischen Märkte darstellen, bilden die Basis für *umfassendere Systeme*, die diesen Charakter haben oder erlangen werden. Solche Systeme sind: ENCOMPASS (Logistics Information Management System) von American Airlines und der CSX Corp., TRADENET in Singapure oder EURO-LOG. Das System EURO-LOG versucht die Vielfalt der Systeme, die für einen Ferntransport angesprochen werden müssen, in ein einziges System zu integrieren. Es will ein umfassendes Informations- und Kommunikationssystem sein, das den Bedarf aller an der logistischen Kette beteiligten Stellen abdeckt. Es ist branchenneutral und für jedermann offen. EURO-LOG soll die jederzeitige Standortbestimmung der Sendungen über die ganze Transportstrecke erlauben (Tracking),. und Störungen die Frachtpartner aktiv benachrichtigen. Auch die nachträgliche Verfolgbarkeit des gesamten Sendungsverlaufes soll möglich sein (Tracing). Ein elektronischer Abladenachweis (mit Zeitpunkt, Vollständigkeit, Unversehrtheit, Name des Empfängers) soll generiert werden. Ein elektronisches „Check-In" der Fracht sowie Online-Auskunft und Dispositionsmöglichkeiten gehören ebenfalls zur Funktionalität des Systems. Fracht und Abrechnungsdokumente erfolgen über EDI, ein abgestimmtes Barcode-System soll unterstützt werden. Die verschiedenen Systeme der logistischen Dienstleister werden über eine allgemeine, Verkehrsträger übergreifende Schnittstelle erreichbar sein [Grom92]. Es ist beabsichtigt, das System bis 1995 in Europa flächendeckend einzuführen.

Am Institut für Wirtschaftsinformatik der Hochschule St. Gallen wird im Kompetenzzentrum Elektronische Märkte zusammen mit führenden Unternehmen an der Entwicklung eines umfassenden Logistikmodells gearbeitet, das im Prinzip den Tausch Ware gegen Geld an der Türe des Lieferanten bzw. Geld gegen Ware beim Empfänger, sowie die notwendigen

Informationseingaben und Abfragen vor, während und nach dem Transport, erlaubt.

Ein solches System soll Sendungen von Tür zu Tür vermitteln – unter Einbezug der begleitenden Finanzströme. Es funktioniert als (mindestens im Prinzip) offenes System, in dem Elektronische Märkte für Speditionsleistungen, für die einzelnen Transportdienste etc. enthalten sind. Damit würde die Vision eines globalen, marktmässig organisierten Koordinationsmediums, das die raum-zeitliche Transformation von Güterbündeln leistet, wie das z.b. X.400 für den wesentlich einfacheren Fall der Elektronischen Post tut, ihrer Realisierung einen Schritt näherrücken.

3 System- und Architekturkonzepte

3.1 Verteilte Systeme und Standards

Das Unternehmen als Form der Leistungskoordination wird im administrativen Bereich seit mehr als 30 Jahren durch die Informationstechnik unterstützt. Theorie und Praxis der betrieblichen Informationssysteme haben einen hohen Stand erreicht. Diese Systeme folgen dem zentralisierten Muster und sind in der Regel hostbasiert. Sie bilden heute auch weitgehend die Basis für die zwischenbetriebliche Koordination.

Seit 10 bis 15 Jahren – von Pionieren abgesehen – werden auch in der Fertigung Informationssysteme breit eingesetzt und mehr und mehr integriert, geleitet durch die CIM-Vision. Es handelt sich dabei um verteilte, heterogene Systeme, die CAD-Workstations, technische Steuerungssysteme bis hin zu hostbasierten PPS-Systemen umfassen. Der Versuch, solche heterogenen Systeme zu integrieren, hat die Informatik vor neue Aufgaben gestellt und die Beschäftigung mit verteilten Systemen und neuen Typen von Kommunikationsmodellen gefördert.

Im zwischenbetrieblichen Bereich ist der Austausch strukturierter maschinenlesbarer Geschäftsdaten – EDI (Electronic Data Interchange) – notwendig, wenn verschiedene Applikationen zusammenarbeiten sollen. Das verlangt, dass gemeinsame Protokolle erarbeitet werden müssen. Das ist schon früh bei einzelnen Herstellern, in einzelnen Branchen (z.B. MAP in der amerikanischen Automobilindustrie, ODETTE in der europäischen Automobilindustrie, SWIFT für Banken) oder Ländern (z.B. TRADACOM in Grossbritannien) erfolgt. Mit UN/EDIFACT ist nun ein weltweiter Standard durch die UNO in Arbeit. Es darf heute angenommen werden, dass sich dieser Standard durchsetzen wird. Vor allem kontinentaleuropäische

grosse Firmen haben sich für EDIFACT entschieden – nicht zuletzt, weil sie gegenüber der USA und Grossbritannien einen Rückstand haben.
Als Transportmittel für die EDIFACT-Nachrichten kann mit X.435 die elektronische Post nach dem Standard X.400 verwendet werden – ein Dienst, der auch für kleine und mittlere Unternehmen ohne grosse Investitionen verfügbar ist und zusammen mit X.500, sobald diese Dienste flächendeckend verfügbar sind, auch die Adressierung leicht macht. Für grössere Datenmengen oder wenn grössere Geschwindigkeiten nötig sind, kann der FTAM-Standard Verwendung finden. EDIFACT-Protokoll-Konvertierungssoftware ist bereits heute als Standardsoftware vorhanden und für einige tausend DM zu kaufen. Die Infrastrukturbasis für den zwischenbetrieblichen Austausch standardisierter Geschäftsinformation ist also im Aufbau und kann heute schon für viele Zwecke befriedigend genutzt werden.
Alle Kommunikationsverbindungen gemäss dem OSI-Modell sind aber Punkt-zu-Punkt-Verbindungen. Damit Elektronische Märkte oder Vorformen solcher Systeme verbreitete Realität werden, bedarf es weiterer organisatorischer und technischer Elemente. Eine mögliche Lösung sind Systeme, bei denen ein Host, der durch ein Unternehmen betrieben wird, die Applikation fährt und das betreffende Unternehmen für die organisatorischen Belange verantwortlich zeichnet. Die Partner loggen sich in dieses System ein und tauschen Information im User-Modus aus oder – meist Voraussetzung für die Einbindbarkeit in eigene Applikationen – sie tauschen mit dem System Messages in assynchronem Store- and Forward-Verfahren in standardisierter Form aus. Diese Architektur ist zunächst wenig geeignet, sich zu offenen Märkten zu entwickeln. Sie ist aber bei vielen, v.a. älteren Systemen anzutreffen, v.a. bei Bestell- und Reservationssystemen (vgl. oben v.a. 2.3). Andere Lösungen waren deshalb zu entwickeln.

3.2 Direct Acess und Clearing-Centers

Durch die Vernetzung von host-basierten, durch ein Unternehmen betriebene Systeme und die Möglichkeit, von einem System auf ein anderes zugreifen zu können (Direct Access – siehe 2.3 oben), kann dieses Muster allerdings durchbrochen werden: Mehrere Systeme können für den Benutzer wie ein grosses, viele Anbieter umfassendes System erscheinen, so dass de facto eine n:m-Beziehung entsteht, wie das bei Flugreservationssystemen der Fall ist.
Der nächste Schritt ist der Bau und Betrieb von (EDI-) Clearing Centers, oft durch Firmen, die mit dem über sie abgewickelten Geschäft wenig oder

gar nichts zu tun haben, wie z.B. IBM, oder GEIS. Solche Clearing-Centers übernehmen nicht nur die Weiterleitung der Nachrichten, sie führen auch Protokollkonversionen aus, sowie z.T. weitere, bereits die Vorverarbeitung der Nachricht betreffende Operationen (wie sprachliche Anpassungen oder Übersetzungen, Ergänzungen von benötigten oder Löschen von nicht benötigten Daten). Auch die eigentliche Verarbeitung der Nachrichten kann ganz oder teilweise diesen Dienstleistern übertragen werden. Diese Lösung wurde im EAN-Bereich (europäische Artikelnummercode) für Konsumgütertransaktionen zwischen Markenartikelherstellern und dem Einzelhandel in der BRD und in der Schweiz gewählt.

Eine weitere Steigerung der Funktionalität zwischenbetrieblicher Systeme bieten Systeme, die eine Vielzahl bereits existierender Systeme logisch zu einem einzigen System integrieren. Ein Beispiel dafür ist das oben in 2.5 erwähnte System EURO-LOG. Dieser Systemtyp dürfte in den nächsten Jahren an Häufigkeit stark zunehmen. Der Aufwand für eine solche Systemintegration ist jedoch oft erheblich.

Technisch sind alle der genannten Systemtypen meist host-basierte hierarchische Systeme, in der Regel mit klassischer IS-Architektur. Der Zugriff auf andere Systeme spielt jedoch oft eine wichtige Rolle und zwingt zu z.T. komplizierten und kostspieligen Lösungen. Es ist nicht ein Zufall, dass grosse Systeme wie die Flugreservationssysteme GALILEO oder AMADEUS Kosten in Milliardenhöhe verursachen. Ein Grund dafür ist im Fehlen von ähnlich leistungsfähigen Modellen und Spezifikationstechniken für stark kommunikationsorientierten Systeme zu suchen, wie sie für die klassischen betrieblichen Informationssysteme mit der Daten- und Funktionsmodellierungstechniken und den darauf abgestimmten Phasenmodellen und CASE-Tools verfügbar sind. Client-Server-Architekturen sind angemessener - aber haben noch kaum den für sehr grosse Projekte wünschbaren Reifegrad erreicht. Neben den noch vergleichsweise wenig ausgereiften Modellen und Spezifikationstechniken für verteilte, kommunikationsintensive Systeme macht das Fehlen eines alle involvierten Prozesse kontrollierenden Betriebssystem Schwierigkeiten.

3.3 Open Distributed Processing (ODP)

Die ISO hat 1987 damit begonnen, ihr Modell für die offene Kommunikation, das nur die Standardisierung der Punkt-zu-Punkt-Kommunikation unterstützt, durch ein Referenzmodell zu ergänzen, das auf umfassende Weise die Kooperation von Prozessen in verteilten Systemen erlaubt. Dieses Modell läuft unter dem Namen ODP (Open Distributed Processing). Die CCITT hat mit ihrem Framework for Distributed Applications (DAF) analoge Anstrengungen unternommen, welche nun mit denen der ISO zusammengelegt wurden. Auch die OSF (Open System Foundation) hat ein Konzept vorgeschlagen (DCE). ODP oder analoge Standards werden, wenn sie einmal verfügbar sind, die Realisation von Elektronischen Märkten erheblich vereinfachen und beschleunigen. Das ODP-Modell ist gut durchdacht und beginnt mit einem Gesamtkonzept, in das sich einzelne Standards einfügen sollten. Es enthält einen „Overview" (ISO 10746 - 1), ein „Descriptive model" (ISO 10746 - 2), ein „Prescriptive mode" (ISO 10746 - 3), ein „User model" (ISO 10746 - 4) und schliesslich eine „Architectural semantics" (ISO 10746 - 5). Es werden verschiedene „Viewpoints" unterschieden (enterprise, information, computational, engineering und technology viewpoint). Damit sind semantische und pragmatische Aspekte von Anfang an mitberücksichtigt. Es ist zu hoffen, dass sie möglichst präzise und verbindlich spezifiziert werden. Die Arbeiten dazu sind im Gange und dürften in den nächsten Jahren wirksam werden (vgl. dazu [Lini92]).

Ein interessantes Konzept in ODP ist das des *Traders*, einer sogenannten generischen Funktion des Modells. Der Trader hat die Aufgabe zu wissen, bei welchen Servern gerade Leistungen (eines bestimmten Typs) vorhanden sind und sie mit Nachfragen, die von Clients kommen, zu „matchen". Er übergibt dem nachfragenden Client die notwendigen Angaben des Servers, damit er diesen aufrufen kann (vgl. dazu [BeRa92]). Dieses Konzept kommt marktmässigen Koordinationsstrukturen weit entgegen, ohne jedoch die hierarchisch orientierte Sicht zu verlassen. Weitergehende Konzepte, die nur kurz beschrieben werden sollen, tun dies. ODP ist aber in jedem Falle eine nützliche und notwendige Entwicklung.

4 Neue Architekturkonzepte für offene Systeme

4.1 Das Problem

Verteilte Systeme sind heute Realität. Im Fertigungsbereich und im Büro innerhalb des Unternehmens sind sie weit verbreitet. Im zwischenbetrieblichen Bereich werden durch EDI und E-Mail im Bürobereich zahlreiche Prozesse zu miteinander kommunizierenden Prozessen – ohne übergeordnetes Betriebssystem. Dabei muss sichergestellt werden, dass die verteilt ablaufenden Prozesse so koordiniert werden, dass insgesamt ein erwünschtes Ergebnis resultiert. Der Versuch, mit „zentralistischen" Denkmustern in diesem Bereich Lösungen zu finden, dürfte nicht nur wegen des dafür notwendigen Zeitbedarfs scheitern [Kubi91], sondern aus grundsätzlichen Schwierigkeiten, auf die nur kurz eingegangen werden soll. Die Wirtschafts-informatik wird daher nicht daran vorbeikommen, sich mit gänzlich neuen Konzepten vertraut zu machen.

Ein Ansatz, der für das Gebiet der Elektronischen Märkte von hoher Relevanz scheint, wird seit einigen Jahren von Forschern am Xerox-Palo-Alto-Research-Center, am MIT und anderen Stellen verfolgt. Offene Systeme werden dabei als verteilte Systeme definiert, die keine globale Kontrolle besitzen [Hube88] – wie das bei Systemen der Fall ist, wie sie im Gebiete Elektronischer Märkte anzutreffen sind und sein werden (– aber auch im Bürobereich – vgl. [Hewi88]). Solche Systeme sind nebenläufig und arbeiten (zu einem erheblichen Teil) assynchron.

Um in diesem Sinne offene Systeme handelt es sich auch bei Elektronischen Märkte. Sie beschreiben die reale Situation im zwischen- und überbetrieblichen Bereich viel besser als die klassischen zentralistischen Konzepte. Der reifste dem Schreibenden bekannte Ansatz, solche Systeme als Computersysteme zu entwerfen, stammt von Miller und Drexler; er soll im folgenden kurz skizziert werden [MiDr88a][MiDr88b].

4.2 Offene Marktsysteme (Open Agoric Systems)

Miller und Drexler haben zunächst nach Systemen gefragt, die – wie die von ihnen betrachteten offenen Computersysteme – aus einer Menge von sich entwickelnden, innerhalb eines bestimmten Regelwerks interagierenden Entitäten bestehen. Sie nennen eine solche Sozietät eine „Ökologie" (Ecology – siehe [MiDr88a]). Die brauchbarste Analogie finden sie in marktmässig arbeitenden Wirtschaftssystemen, wie sie oben in 1.2 beschrieben wurden. In solchen Systemen fehlt die zentrale Koordinationsstelle ebenfalls – trotzdem lässt die „Invisible Hand" Adam Smith's die dezentral interagierenden Agenten sinnvoll zusammenwirken. Miller und Drexler schlagen deshalb offene Systeme vor, die über Marktmechanismen koordiniert werden, und nennen sie Open Agoric Systems – Offene Agorische Systeme oder Offene Marktsysteme (griech. Agora = Markt, Marktplatz [MiDr88a]).

Ihre Intention ist es, die bei heutigen Rechnerarchitekturen durch das zentrale Betriebssystem durchgeführten Ressourcenzuteilungen und Prozesskoordinationen durch Marktprozesse zu ersetzen. Wenn ein Prozess z.b. Speicherplatz oder Prozessorleistung benötigt, so muss er (oder ein in seinem Auftrag handelnder Agent) diese zunächst auf einem Marktplatz einkaufen. Solche Elektronischen Marktplätze, die nach dem Auktionsprinzip arbeiten, wurden implementiert [MeYaBe89] – mit sehr positiven Resultaten. Wenn viele Prozesse eine knappe Ressource nachfragen, wird ihr Preis steigen. Prozesse mit niedriger Priorität (niedrigem Budget) werden dann nicht kaufen und auf bessere Zeiten, d.h. Marktpreise warten. Damit wird eine wesentlich ausgeglichenere Lastkurve erreicht und mit der gleichen Prozessorenausstattung kann in der Praxis mehr verarbeitet werden. Es wäre zudem denkbar, auch Optionen und Futures für Prozessorleistung, Speicherplatz etc. zu handeln. (PC-Netzwerke, versehen mit einem solchen Marktsystem, könnten für den Nutzer enorme Rechenleistungen erbringen, wenn man an die heutige effektive Auslastung der Prozessoren denkt.)

Neben Prozessorleistungen und dergleichen denken Miller und Drexler auch an höhere Leistungen, die so bezogen werden können. Sie schlagen „Data Type Agents" vor, die Leistungen von (Implementationen von) Datentypen auf entsprechenden Marktplätzen für einen Prozess beschaffen – Look-up-tables, Stacks, aber auch höhere Datentypen sind denkbar. Bezahlt wird für die (Dauer der) Benutzung-charge per use. Auf Elektronischen Märkten für solche Datentypen sind natürlich nicht nur die nachfragenden Prozesse vertreten, sondern auch alle interessierten Anbieter solcher Datentypen bzw. Datentyp-Leistungen.

Die Autoren entwerfen eine künftige Software- und Hardwarewelt, in der auch der Prozess der Hardware- und v.a. Softwareentwicklung durch diesen offenen Systemtyp beeinflusst wird und argumentieren, dass auf diese Weise eine wesentlich effizientere Entwicklung zu erwarten wäre. D.h. sie betrachten nicht nur – wie Melone et.al. - andersartige Betriebssysteme für Rechner oder kleinere Rechnerverbunde, sondern die Organisation grosser Systeme bis hin zur ganzen Softwareindustrie. Sie machen sich Gedanken zu den notwendigen rechtlichen Institutionen beim „Charge-per-use"-Prinzip gegenüber dem heutigen Lizenzverkauf und zu Architekturkonzepten solcher Systeme, siehe [MiDr88b].

Die vorgeschlagenen Konzepte sind für Elektronische Märkte wichtig, auch wenn die Rechnersysteme als solche noch lange nicht nach diesen Prinzipien arbeiten werden. Aus einer abstrakteren Sicht sind Elektronische Märkte nämlich Plätze, an denen Datentypen genauer: Objekte eines bestimmten Typs, gehandelt werden, welche von Prozessen benötigt oder angeboten werden. Insofern sind sie „Open Agoric Systems" im Sinne von Miller und Drexler – auch wenn die technische Infrastruktur innerhalb den einzelnen Rechnersystemen mit klassischen Systemkonzepten arbeiten.

4.3 Modellierung von Marktsystemen

Für die Modellierung von Unternehmen so, dass damit eine Grundlage für den Bau effektiver und effizienter informationstechnischer Unterstützungssysteme möglich wurde, verfügen wir über gut durchdachte und leistungsfähige Techniken.
Eine entsprechende Modellierung von Marktsystemen befindet sich dagegen erst in den Anfängen. Die vorgestellten Arbeiten von Miller und Drexler zielen nicht auf die Modellierung ökonomischer Marktsysteme ab, sondern auf die Organisation von Rechnernetzen. Sie sind trotzdem von Relevanz für die Marktmodellierung. Zum einen sind von Rechenprozessen benötigte Ressourcen nicht fundamental von andern Gütern verschieden. Zum anderen soll das Modell eines Marktsystems letztlich auf einem Rechnernetz implementiert werden. Die Modellierung muss so erfolgen, dass die verwendeten Konzepte einerseits genügend präzise Informationen enthalten, um als Grundlage für eine den Bedürfnissen des Informatikers entsprechende Spezifikation der sehr komplexen Systeme dienen zu können. Wenn für Rechnernetze marktmässige Organisationskonzepte verwendet werden, dürfte die zu überbrückende Kluft zwischen Modellierung von Märkten und Modellierung des Zielsystems tendenziell kleiner werden.
Die verwendeten Sprach- und Darstellungskonzepte müssen auch von den Vertretern der wirtschaftlichen Seite verstanden werden. Ein diesbezüglich vielversprechender Ansatz ist die Modellierung von Produktionsnetzwerken mit Kanal-Instanz-Netzen, einer Form von Petri-Netzen, wobei die Instanzen Produktionseinheiten und die Kanäle Austauschmechanismen (z.B. Märkte) bezeichnen. Es zeigt sich, dass diese Darstellung einerseits von den Vertretern der Wirtschaft gut verstanden wird und andererseits die Möglichkeit besteht, die Netze so anzureichern, dass sie genug Information zu einer Spezifikation der zu implementierenden Systeme enthalten. Dazu werden den Kanälen zunächst Datentypen zur Beschreibung der in ihnen ausgetauschten Objekte zugeordnet. (Diese Datentypen kön-

nen auf tieferen Vertiefungsebenen auch als Grundlage zur Protokollspezifikation dienen.) Auf dieser Basis kann dann entweder ein objektorientiertes Design vorgenommen werden (indem Datentypen Klassen zugeordnet werden) oder Daten und Funktionen können getrennt modelliert werden, um damit Anschluss an konventionelle Techniken für die Modellierung einzelner Kanäle des Systems zu finden (vgl. dazu [Lang91]).

Um ganze Marktsysteme im Sinne von Miller und Drexler als „Open Agoric Systems" zu automatisieren, muss zunächst versucht werden, Preisbildungsmechanismen zu automatisieren (wie im Falle von Börsen, etwa in SOFFEX). Das ist möglich. Zur Spezifikation solcher Mechanismen vgl. [Reck92]. Der Bau von globalen Systemen, in denen die einzelnen Produktionsprozesse über Agenten in automatisierten Börsen oder Auktionen kaufen und verkaufen und mittels solcher Mechanismen zusammenwirken, scheint somit technisch möglich und ökonomisch sinnvoll (vgl. [Bako91]).

5 Mögliche Auswirkungen von Elektronischen Märkten

5.1 Auswirkungen auf die Unternehmensformen

Die Computerisierung der Märkte im Sinne der Unterstützung wichtiger Marktfunktionen durch die Informations- und Kommunikationstechnik ist in vollem Gange. Sie hat in gewissen Branchen schon erhebliche Veränderungen gezeitigt; die breite Einführung dieser Technik steht jedoch noch bevor. Über die Auswirkungen zu spekulieren mag müssig sein. Trotzdem muss es die Unternehmensleitungen interessieren, was mögliche Auswirkungen sein könnten.

Kürzere Produktelebenszyklen und grössere Absatz- und Einkaufsgebiete als Folge der Informations- und Kommunikationstechnologie sind inzwischen Gemeinplätze. Absehbar ist weiter eine Verschiebung der Grenzen der Bereiche, in denen die in 1.1 und 1.2 beschriebenen Koordinationsmechanismen (Unternehmen, Netzwerk, Markt) jeweils die überlegene Form der Leistungskoordination sind. Es wäre ein unwahrscheinlicher Zufall, wenn diese Grenzen unberührt bleiben würden, d.h. wenn die Veränderungen, die Elektronische Märkte im heute marktmässig organisierten Bereich in der Transaktionskostenstruktur bewirken, durch entsprechende Änderungen der Transaktionskosten im hierarchisch organisierten Unternehmen gerade kompensiert würden. Vieles spricht dafür, dass die an sich leistungsfähigere, aber bisher teurere marktmässige Koordination v.a. durch Senkung der Kosten in der Informationsphase und auch in der Vereinbarungsphase relativ billiger wird und an Territorium gewinnt, d.h. in den bisher hierarchisch strukturierten Unternehmensbereich eindringen wird. Entwicklungen in vielen Industriezweigen, die bereits im Gange sind, z.B. in der Computerindustrie, sprechen dafür. Das würde aber bedeuten, dass die heute vertikal hochintegrierten Unternehmungen sich in Richtung eines Netzwerkes marktmässig koordinierter Einheiten entwickeln.

5.2 Umwandlung der Handelsmittler

Elektronische Märkte stellen globale Medien dar, die Angebot und Nachfrage vermitteln. Der in 2.5 anvisierte integrierte Logistikdienst ist dafür ein Beispiel – wie auch die in 2.2 und 2.3 beschriebenen Entwicklungen zur globalen Börse bzw. zum globalen Tourismusmarkt. Mit diesen Entwicklungen werden die heutigen Strukturen der Warenflüsse vom Produzenten zum Konsumenten über – je nach Branche – Grossisten oder andere Mittler eine Umwandlung erfahren. Die vertikale und funktionale Organisation der Wirtschaft ist eine Funktion der verfügbaren Kommunikationsmedien. Jedesmal, wenn diese sich ändern – Einführung der Eisenbahn und der Strassennetze, des Telephons etc. – ändert sich diese Organisation.

Die bislang offene Frage ist, wer neu Träger der Mittlerfunktion sein wird. Werden es die gleichen Unternehmen sein, die heute diese Funktion wahrnehmen? Oder – und dafür spricht die gegenwärtige Entwicklung – werden es eher VANS-Anbieter und/oder Branchenfremde sein? Werden die verschiedenen Wirtschaftsräume anteilsmässig etwa gleich in diesem Geschäft, das wertschöpfungsmässig sicher zu den rasch wachsenden und künftig wichtigsten gehören wird, vertreten sein, oder wird eine Region dominieren? Sicher scheint: der (Zwischen-) Handel steht vor grossen Herausforderungen – auch bezüglich neuer Chancen.

5.3 Reverse Marketing

Die Entwicklung vom Verkäufer- zum Käufermarkt ist in vollem Gange. Die Vernetzung von Produktionseinheiten über Drehscheiben mit elektronischer Marktfunktionalität ermöglicht die sehr flexible Herstellung von hochindividuellen Produkten. Das Design der Produkte mit dem Käufer und die anschliessende Herstellung unter Ausnutzung der globalen Produktionsmaschinerie zu Bestpreisen ist eine technisch längerfristig realisierbare Option und marktmässig wohl überlegen. Ein Schlagwort dafür ist Reverse Marketing.

Aufgrund dieser Entwicklungen sind tiefgreifende Veränderungen in der Art der Leistungserstellung zu erwarten. Die damit verbundenen Probleme, welche die Informatik zu lösen hat, sind gross und zum Teil neuartig. Sie verlangen eine enge Verzahnung betriebswirtschaftlich-organisatorischer und technischer Kompetenz.

Literaturverzeichnis

[Bako91a] Bakos, J. Yannis: A strategic analysis of electronic marketplaces. In: MIS Quarterly,15 (1991), S. 309.

[Bako91b] Bakos, J. Yannis: Information links and electronic marketplaces: the role of interorganizational informations systems in vertical markets. In: Journal of Management Information Systems (8), Heft 2 (1991 b) S. 31 - 52.

[Baur90] Baur, C.: Make-or-buy-Entscheidungen in einem Unternehmen der Automobilindustrie: empirische Analyse und Gestaltung der Fertigungstiefe aus transaktionskostentheoretischer. VVF, München, zugl. Diss. Univ. München 1990.

[BoSc92] Bodendorf, F.; Schulz Axel: Computergestützte Reisevertriebssysteme und ihre überbetrieblichen Auswirkungen. In: Newsletter des Kompetenzzentrums Elektronische Märkte Nr. 3, Hochschule St. Gallen 1992.

[Bruc89] Bruce, M.: Technological change and competitive marketing strategies. In: Witt, S. F.; Moutinho, L.: Tourism Marketing and Management Handbook, New York usw.: Prentice Hall (1989) S. 455 - 458.

[Bena82] Ben-Ari, M.: Principles of Concurrent Programming. Prentice Hall International, London 1982.

[BeRa92] Bearman, M.; Raymond, Kerry: Federating Traders: an ODP Adventure. In: Open Distributed Processing, I.de Meer, V. Heymer and R. Roth (Editors) Elservier Science Publishers B.V. (North-Holland) (1992) P. 3 - 13.

[BoKiKo90] Bower, M.; King, J.; Konsynski, B.: Singapore Tradenet: a tale of one city, Harvard Business School Case Study No. 9-191-009, Boston 1990.

[Butl90] Butler, C.: Electronic Marketplaces, Research Report 77, London usw., 1990.

[Chor89] Chorafas, D.: Electronic Banking - eine langfristige Strategie: Von den menschlichen Ressourcen zu Produktentwicklung und Informationssystemen, 1989.

[Coas37] Coase, R. H.: The nature of the firm. In: Economica (4) (1937) S. 386 - 405.

[Cord91] Cordell, A.: The rise of the infobot: the computerized marketplace. In: Policy Options (12), Heft Mai (1991) S. 32 - 34.

[Domo90] Domowitz, I.: The mechanics of automated trade execution systems. In: Journal of Financial Intermediation (1) (1990) S. 167 - 194.

[Domo92] Domowitz, I.: A taxonomy of automated trade execution systems, Department of Economics, Northwestern University, unveröffentlichtes Manuskript, 1992.

[Egne90] Egner, F. E.: The Electronic Future of Banking Financial Sourcebooks, Maperville, 1990.

[Elli92] Ellis, M. A.: Elektronische Reservationssysteme. In: Newsletter des Kompetenzzentrums Elektronische Märkte Nr. 3, Hochschule St. Gallen 1992.

[Freu89] Freund, W. C.: Current issues: international markets; electronic trading and linkages in international equity markets. In: Financial Analyst Journal (45), Heft 3 (1989) S. 10 - 15.

[Freu91] Freund, W. C.: Trading stock around the clock: the future growth of global electronic markets. In: California Management Review (34), Heft 3 (1991) S. 87 - 102.

[Grom92] Gromball, P.: EURO-LOG: Nutzung neuer Informationstechniken für die umweltgerechte Steuerung des europäischen Warenflusses. In: Informationstechnik it 34, 3 (1992) S. 168 - 176.

[HeQu80] Henderson, J. M.; Quandt, Richard, E.: Microeconomic theory: a mathematical approach. 3. Aufl., MacGraw-Hill, Auckland usw 1980.

[Henr92] Henry, M.: The automated electronic exchange SOFFEX. In: Newsletter des Kompetenzzentrums Elektronische Märkte, Nr. 5, Hochschule St. Gallen 1992.

[HeSc92] Hermann, Schneider: Electronic Marketing, Ch. Beck Verlag, München 1992.

[Hewi88] Hewitt C.: Offices Are Open Systems. In: Hubermann (1988) p. 5 - 23.

[HoSc91] Hohagen U.; Schmid M.: Stand und Entwicklungstendenzen Elektronischer Märkte in der Logistik. Arbeitsbericht IM2000/CCEM/7, St. Gallen, 1991.

[Hube88] Hubermann B.A., ed.: The Ecology of Computation, North - Holland, Amsterdam, 1988.

[Hubm89] Hubmann, H.-Egbert: Elektronisierung von Beschaffungsmärkten und Beschaffungshierarchien - Informationsverarbeitung im Beschaffungsmanagement unter dem Einfluss neuer Informations- und Kommunikationstechniken, VVF, München, zug. Diss. Techn. Universität München 1989.

[Koop70] Koopmans, T.C.: Uses of prices. In: Scientific Papers of Tjalling C. Koopmanns, Springer, Berlin (1970) S. 243 - 257; originally in: Proceedings Conference on Operations Research in Production and Inventory Control 1954.

[Kubi91] Kubicek, H.: Der überbetriebliche Informationsverbund als Herausforderung an die Organisationsforschung und -praxis. In: Information Management, Heft 2 (1991) S. 6 - 15.

[Kuul90] Kuula, J.: Electronic trade and internationalization. In: International Journal of Information Management (10) (1990) S. 182 - 191.

[Lang91] Langenohl, T.: Methode zur Modellierung Elektronischer Märkte - Die Modellierungsstufe S1 - Arbeitsbericht IM 2000/CCEM/15, St. Gallen, 1991.

[Lang93]   Langenohl, T.: Systemarchitekturen Elektronischer Märkte. Dissertation an der Hochschule St. Gallen, Institut für Wirtschaftsinformatik, in Bearbeitung.

[Lini92]   Linington, P.F.: Introduction to the Open Distributed Processing Basic Reference Model. In: Open Distributed Processing, I.de Meer; V. Heymer; R. Roth (Editors) Elservier Science Publishers B.V. (North-Holland) (1992) P. 3 - 13.

[MaYaBe87] Malone, T. W.; Yates JoAnne; Benjamin Robert I.: Electronic markets and electronic hierarchies. In: Communications of the ACM (30) (1987) S. 484 - 497.

[MaYaBe89] Malone, T. W.; Yates JoAnne; Benjamin Robert I.: The logic of electronic markets. In: Harvard Business Review, Heft 3 (1989) S. 166 - 172.

[MiDr88a]   Miller M.S.; Drexler K.E.: Markets and Computation: Agoric Open Systems. In: Hubermann (1988) p. 133 - 177.

[MiDr88b]   Miller M.S.; Drexler K.E.: Incentive Engineering for Computational Ressource Management. In: Hubermann (1988) p. 231 - 267.

[MoAj90]   Mookerjee, A. S.: Global electronic wholesale banking Graham & Trotman, London, 1990.

[MoBe90]   Moser, B.: Modernes Portfoliomanagement und Informationstechnologien. Bern 1990.

[Ovum90]   OVUM Ltd. (Hrsg.): EDI in Europe: The Business Opportunity, London 1990.

[Ovum92]   O.V.: Swift busters strike out. In: The Banker 5/92 (1992) S. 44 - 46.

[Ovum92]   O.V.: Banks risk large losses over EDI netting. In: Banking Technology 4/1992, S. 5.

[Reck92]   Reck, M.: Formally specifying an automated trade execution system. In: The Journal of Systems and Software, Special Issue on Applying Specification, Verification & Validation Techniques to Industrial Software (1993).

[Ritz92]   Ritz, D.: Elektronische Märkte verändern die Tourismusbranche. In: io Management Zeitschrift 61 Nr.1, Verlag Industrielle Organisation BWI ETH, Zürich (1992).

[Sign92]   Signer, D.: Computer-Integriertes Private Banking (CIPB), Haupt-Verlag, Bern 1992.

[Sche80]   Scherer, F.M.: Industrial market structure and economic performance. 2. Aufl., Houghton Mifflin, Boston usw 1980.

[Schm92]   Schmid, B.: EDI in der Logistik, Die Schweizer Industrie, Wirtschafts-Journal für Banken und Versicherungen, Handel, Gewerbe und Industrie III/92 (1992) S. 48 - 49.

[ScHo91]   Schmid, M.; Hohagen Ulrich: Stand und Entwicklungstendenzen Elektronischer Märkte in der Logistik, Arbeitsbericht IM2000/CCEM/7, Kompetenzzentrum Elektronische Märkte, Hochschule St. Gallen, 1991.

[Schm90] Schmidt, S.: Grenzüberschreitender Warenverkehr: Mit Alfa und Sofie in die Zukunft, Logistik Heute 1 - 2/1990, S. 36 - 37.

[Sign92] Signer, D.: Computer-Integriertes Private Banking (CIPB), Haupt-Verlag, Bern, 1992.

[Will75] Williamson, O. E.: Markets and hierarchies: analysis and antitrust implications. Free Press, New York, 1975.

[Will90] Williamson, O. E.: Die Ökonomischen Institutionen des Kapitalismus: Unternehmen, Märkte, Kooperationen, Mohr, Tübingen, 1990. Titel der engl. Originalausgabe: The economic institutions of capitalism, Free Press, New York, 1985.

[Wilm72] Wilmsen, E. N. (Hg.): Social exchange and interaction, University of Michigan, Ann Arbor, 1972.

Die computerunterstützte Informationsverarbeitung der privaten Haushalte als Herausforderung für Wissenschaft und Wirtschaft*

Walter Brenner, Lutz Kolbe

Stichworte: Private Haushalte, In-home-Infrastruktur, Out-of-home-Infrastruktur, Informationsverarbeitung der privaten Haushalte, Anwendungstypen im privaten Bereich

Zusammenfassung: Die Schnittstelle von Informations-, Kommunikationstechnik und Unterhaltungselektronik wird in den nächsten Jahren grosse Wachstums-potentiale für die Wirtschaft bieten und ein neues Forschungsgebiet für die Wirtschaftsinformatik eröffnen. Die Grundlage bilden auf den privaten Haushalt zugeschnittene Infrastrukturen. Die innerhalb abgrenzbarer Anwendungstypen angebotenen Produkte und Dienstleistungen führen zu einer Veränderung des privaten Lebens.

---

* Wiederabdruck von Brenner, W.; Kolbe, L., Die computerunterstützte Informationsverarbeitung der privaten Haushalte als Herausforderung für Wissenschaft und Wirtschaft, in: Wirtschaftsinformatik, 36, 1994, S. 369-378 mit freundlicher Genehmigung des Vieweg Verlags.

1 Einleitung

Unter *computerunterstützter Informationsverarbeitung der privaten Haushalte (CIPHa)* verstehen wir Anwendungen der Informationstechnik und Telekommunikation, die Privatpersonen in ihrer Wohnung, auf Reisen oder in der Offentlichkeit in Anspruch nehmen.

Es zeigt sich, dass immer mehr Bereiche des alltäglichen Lebens durch die Nutzung neuer Möglichkeiten der Informationstechnik, z.B. Home-fax, oder Weiterentwicklung vorhandener Heimanwendungen, z.b. interaktives Fernsehen, verändert werden [Tiet87]. Der Aufsatz definiert und strukturiert im ersten Teil die informationstechnische Infrastruktur. Der zweite Teil verdeutlicht mit Hilfe funktionalorientierter Anwendungsbeispiele die Informationsverarbeitung der privaten Haushalte und macht die Potentiale und Herausforderungen deutlich, die sich aus diesem neuen Gebiet für Unternehmen einerseits und die Haushalte andererseits ergeben.

Die Initiative der amerikanischen Regierung zum Aufbau einer *National Information Infrastructure* [NI193] zeigt, dass es heute eine globale Herausforderung ist, die Infrastruktur für die weitere Verbreitung der Informationstechnik bis in die privaten Haushalte zu schaffen („communication highway"). Ähnliche Anstrengungen zeichnen sich auch in Japan und Europa im Hinblick auf die Liberalisierung der Kommunikationsinfrastruktur ab [Dern93].

2 Die informationstechnische Infrastruktur der privaten Haushalte

2.1 Übersicht

Der private Haushalt wird in Zukunft über Netzwerke in eine heterogene Umgebung der Informationstechnik eingebunden sein, aus der er Dienstleistungen bezieht. Er steht an der Schnittstelle zwischen zwei Infrastrukturwelten unterschiedlicher Prägung, der *In-home-* und der Out-of-home-Infrastruktur (vgl. Bild 1).

2.2 In-home-Infrastruktur

Die In-home-Infrastruktur umfasst sämtliche Hardware, Software und Netzwerke, die in einem privaten Haushalt installiert sind.

Beispiele für Bestandteile der In-home-Infrastruktur sind Home-Computer, CD-Player, Fernseher und Telefon-Nebenstellenanlagen. Das Spektrum der IT-Infrastruktur der privaten Haushalte ist grösser als das der betrieblichen Informationsverarbeitung. Neben den traditionellen Komponenten sind vernetzte Haushaltsgeräte, die Unterhaltungselektronik und Teile der Ausrüstungstechnik einzubeziehen.

2.2.1 Netzwerke

Grundlage der gesamten zukünftigen In-home-Infrastruktur wird, wie in Bild 1 dargestellt, die Vernetzung der verschiedenen Komponenten über leistungsfähige und standardisierte „Hausnetzwerke" (Small Area Networks, SAN) sein. Für diesen Bereich wurden die Begriffe „Smart House" oder „Intelligent Home" geprägt.

Integration verschiedener Netze

Die Hausnetzwerke ermöglichen den Austausch von Prozessdaten (z.B. zur Steuerung der Heizung), Sprache, Stand- und Bewegtbildern in jedes Zimmer eines privaten Haushaltes [EHSA92]. Bereits heute sind in vielen privaten Haushalten Netzwerke oder zumindest Vorstufen davon installiert. Diese Netzwerke sind bisher auf *spezielle Anwendungsfelder* ausgerichtet. Das Ziel muss jedoch die Integration von audiovisueller und haushaltstechnischer Kommunikation sein.

Das „Beolink" von Bang & Olufsen ermöglicht es von jedem Zimmer eines privaten Haushaltes aus, die Hifi-/ TV- oder auch Videoanlage fernzusteuern und in anderen Räumen zu verwenden.

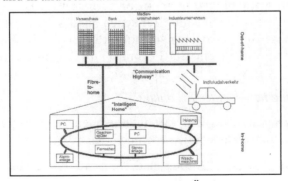

Abb. 1. Out-of-home und In-home-Infrastruktur im Überblick

Eine Erweiterung ist erhältlich, die über eine Fernsteuerung die Beleuchtung in einzelnen Räumen oder global für das ganze Haus reguliert. „Beolink" erlaubt auch das Betrachten von Videofilmen aus einem zentralen Videorecorder in Nebenräumen [B&O92].

Standardisierung

Der *Standardisierung* dieser Netzwerke kommt entscheidende Bedeutung zu. Ein zentraler Punkt ist dabei die topologische Verteilung der Intelligenz auf die Geräte selbst, die Netzanschlüsse oder auf eine zentrale Steuereinheit. Gremien wie die European Home Systems Association (EHSA) im Rahmen eines ESPRIT-Programms und Unternehmen wie Siemens mit dem European Installation Bus (EIBus) beschäftigen sich seit Mitte der 80er Jahre mit der Standardisierung der privaten Netzwerke [EHSA92; Jeck93; IEEE92].

2.2.2 Hardware

Die Hardware, die dem Bereich „Informationsverarbeitung der privaten Haushalte" zugerechnet werden kann, ist durch einen hohen Grad an Spezialisierung gekennzeichnet: Der CD-Player dient zum Abhören von Musik und das Telefon vornehmlich zur sprachlichen Kommunikation. Es ist – neben innovativen Produktideen und der Verbesserung vorhandener Produkte – eine Tendenz zur Verbindung bereits bestehender und neuer Funktionalität zu beobachten.

Integration verschiedener Funktionen

Der CDi-Spieler (CompactDisc interactive) von Philips stellt ein Produkt dar, das vorhandene Funktionen, wie das Abspielen von Audio- und Photo-CDs, und zusätzliche, innovative Funktionen integriert. Interaktive CDs aus den Bereichen Unterhaltung (z. B. Videospiele), Ausbildung (z. B. Sprachkurse) und Informationen (z. B. Lexika) bieten dem Benutzer Eingriffsmöglichkeiten in das Geschehen. Das neue Fernsehformat 16:9 wird ebenso unterstützt wie die Aufrüstung auf die digitalen Videos im CD-Format (Full Motion Video) oder die Anbindung an externe Ressourcen als „Tele-CDi" [Phil94].

Verbesserung bestehender Produkte

Der *Fernseher* wird in Zukunft technischen Neuerungen unterzogen. Drei Entwicklungen lassen sich erkennen [Kist93]:

- Die neuen Normen PALplus und D2-MAC des analogen Fernsehens werden dem digitalen TV Platz machen.

- Die Hochauflösung ist als Ziel klar; technische Realisierungen werden noch diskutiert.
- Statt des 4:3 Formats wird das 16:9 Bild Einzug halten als Kompromiss zwischen Breitwand und Cinemascope. Die neuen 16:9 Fernseher bieten Funktionen wie Bild im Bild, Zoomfunktion, z.T. SAT-Tuner und Surroundklangsysteme.

Auch die Rolle der Fernsehgeräte wird neu definiert: Diese werden sich – in Konkurrenz zu den Home-Computern – zu einem zentralen Ein- und Ausgabemedium entwickeln, um über das Glasfasernetz Dienste, wie Videos, Einkaufen, Spiele oder Zahlungsverkehr, in Anspruch zu nehmen oder um Waschmaschinen, Heizungen oder Sicherheitsanlagen über das Netzwerk zu kontrollieren.

Produktinnovationen

Der Voice Commander von Philips ist eine sprachgesteuerte Fernbedienung für bis zu vier Benutzer, die einen Fernseher, Videorekorder und SAT-Receiver ansprechen kann. Die Fernbedienung nutzt das VPS-Signal und kann auch Philips-Videorekorder mit Showview programmieren [o.V.93a]. Bang & Olufsen bietet eine Kombination aus Armbanduhr und Fernsteuerung an, mit der neben der Funktion als Chronometer auch die Steuerung einer B&O-HiFi-Anlage ermöglicht wird.

2.2.3 Software

Mit Ausnahme der Computerspiele beruht die Software, die heute den privaten Haushalten zur Verfügung steht, auf einer kommerziellen Basis. Private Benutzer verwenden nur Teile der Software und sind häufig mit dem Verhältnis von Lernaufwand und daraus resultierendem Nutzen unzufrieden.

Die Entwicklung in diesem Bereich wird zu einer Reihe von „Standardsoftware für den privaten Haushalt" führen, die den Anforderungen der privaten Haushalte besser gerecht wird.

Verbesserung der Benutzeroberfläche

Die Fokussierung auf die privaten Haushalte erfordert, dass die angebotene Software benutzerfreundlich gestaltet sein muss. Gerade die Mehrdienste-Endgeräte der privaten Telekommunikation stellen den Anwender vor das Problem, eine Vielzahl von Funktionen gleich-zeitig koordinieren zu müssen. Untersuchungen bestätigen, dass im Privatbereich für ungeübte und gelegentliche Benutzer andere Kriterien angesetzt werden müssen als für Anwendungen in den Unternehmen. So sind graphische Benutzeroberflächen mit hoher Übersichtlichkeit der wichtigste Faktor für den Umgang mit multifunktionalen Endgeräten [Prus92].

Integration diverser Medien

Neben dem Geschäftsfeld der Unternehmens- und Bürokommunikation konzentriert sich beispielsweise
    Microsoft zunehmend auf den Markt für Heimanwendungen (Produktlinie „MS-Home"). Diese Applikationen lassen sich in Produktivitätsprogramme, Unterhaltung und Information unterteilen. Wesentliches Kennzeichen ist die Verwendung von Elementen aus allen Medien. Eine eindeutige Zuordnung ist oft nicht mehr möglich, da Lern- und Unterhaltungsaspekte ineinander übergehen *(edutainment).* Die Enzyklopädie „Encarta" bietet nicht nur die reine Information in Text, Bild und Ton an, sondern enthält auch eine Spielkomponente, mit der das eigene Wissen getestet werden kann. Desweiteren sind Recherchemöglichkeiten mit direkter Suche nach Themen möglich. Als Zielgruppe werden Kinder und Jugendliche anvisiert [Micr92].

2.3 Out-of-home-Infrastruktur

Die Out-of-home-Infrastruktur umfasst sämtliche Netzwerke, Hardware und Software, die ausserhalb des privaten Haushaltes installiert sind und auf die der private Haushalt zugreifen kann, um Komponenten der In-home-Infrastruktur sinnvoll einzusetzen und neuartige Dienste zu erschliessen. Beispiele für Bestandteile der Out-of-home-Infrastruktur sind Telefonleitungen, Zentralrechner bei Dienstleistungsanbietern oder Mobilkommunikationssysteme.

2.3.1 Netzwerke

Netzwerke im Bereich der Out-of-home-Infrastruktur umfassen sämtliche Verbindungen des privaten Haushaltes mit der Umwelt, mit denen Daten von und zum Haushalt transportiert werden.

Evolution des Trägermediums

Das Projekt „OPAL" (Optische Anschluss-Leitung) der Telekom verfolgt das Ziel, Glasfasertechnologie bis zum privaten Haushalt zu verlegen. Bis Mitte 1995 sollen 1,2 Millionen Haushalte mit Glasfaseranschlüssen versorgt sein.

Bei Fibre-to-the-home (N"1'1H) wird jeder Teilnehmer mit mehreren Glasfasern von der Ortsvermittlungsstelle aus versorgt, während bei FI'1'C (Fibre-to-the-curb) die Glasfaser in einem Kabelverzweiger mit aktivem Verteilerpunkt in der Nähe eines Hauses endet. Bestehende Kupfer- oder Koaxialkabel übernehmen den Anschluss der Teilnehmer an das Glasfasernetz. Der Ausbau optischer Netze bis zu den Haushalten ist die Voraussetzung für hohe Übertragungsgeschwindigkeiten mit Rückkanal, die auch hochauflösende Bewegtbildinformationen übertragen können [Rose92].

ISDN/Euro-ISDN

Seit 1989 wird ISDN in Deutschland auf der Basis eines nationalen Standards mit 2 B-Kanälen à 64 kbit/s (Daten) und einem D-Kanal mit 16 kbit/s (Steuerung) angeboten. Nach einem „Memorandum of Understanding" von 26 Netzbetreibern startet ab 1994 das internationale Euro-ISDN mit dem E-DSS1-Protokoll. Zum Mindestangebot gehören 64 kbit/s Übermittlung, 3,1 kHz Audiotransfer und Sprachübermittlung. Die Telekom bietet darüberhinaus weitere Dienste wie Bildtelefon, Telefax Gruppe 4 und Bildschirmtext mit 64 kbit/s an [Satt93].

Breitbandkommunikation in Hochgeschwindigkeitsnetzen

Die DBP Telekom führt z.Zt. an den Standorten Berlin, Hamburg und Köln einen Pilotversuch zu ATM (Asynchroner Transfer Modus) durch, der die breitbandige Übertragung multimedialer Informationen in hoher Geschwindigkeit erlaubt (B-ISDN). Die ATM-Technik vereint digitale Vermittlung und leitungsorientierte Übertragung mit dem Konzept der Paketvermittlung. Zunächst werden Übertragungsraten bis zu 155 Mbit/s eingerichtet [Armb93]. Spezielle Komprimierungs- und Modulationsverfahren wie ADSL (Asymmetric Digital Subscriber Line) erlauben eine interaktive Videoübertragung sogar über das normale Telefonnetz mit 1,2 MBit/s, wie Testinstallationen der British Telecom und Oracle in London zeigen.

Mobilkommunikation

Der Aufbau eines globalen Funknetzes aus 66 Satelliten unter dem Namen „Iridium" hat zum Ziel, die weltweite Nutzung von Funktelefonen und von multimedialen Datenterminals zu ermöglichen. Nachdem die Mobiltelefonnetze D1 und D2 seit Sommer 1992 auf der Basis des Standards GSM (Global System for Mobile Communication) arbeiten, soll das neue E-Plus Netz das Pendant zum britischen Personal Communication Network (PCN) werden. Zielgruppe ist der Massenmarkt der privaten Haushalte: Jeder Fussgänger soll in diesem engmaschigen Funknetz über ein E-Netz-Gerät verfügen. Daher wird auch eine dem Privatbereich angepasste, moderate Gebührenpolitik angestrebt.

Bei den Personenrufdiensten (Pagern), die von der Firma Swatch sogar in eine Armbanduhr integriert angeboten werden, geht die Entwicklung über Cityruf und Eurosignal zum Zukunftsstandard Ermes (European Radio Messaging System).

Das Ziel ist, die bisherigen Systeme zu einer einheitlichen Norm zusammenzufassen, die mit dem Akronym UMTS (Universal Mobile Telecommunication System) bezeichnet wird [Graf93].

2.3.2 Hardware

Die Hardware der Out-of-home-Infrastruktur bildet die Plattform für das Angebot von Dienstleistungen, auf welche die privaten Haushalte zugreifen können. Dazu gehört die Hardware für zentrale Rechnerarchitekturen ebenso wie die Geräte der mobilen Kommunikation.

Multimedia-Videoserver

Der kalifornische Hersteller Instant Video Technologies hat ein Patent für einen Zentralrechner zur schnellen Übertragung von Video- und Audiodaten über Kabelnetzwerke erhalten. Neuartig ist, dass die Wiedergabehardware nicht wie üblich in Form eines Zusatzgerätes zum Fernseher (Set-top Box) zur Dekomprimierung nötig ist, sondern zentral im regionalen Netz bereitsteht. Zielgruppe sind grosse Wohneinheiten, die jeweils ihr lokales Programm geliefert bekommen *(narrowcasting, neighborhood TV)*. Technologischer Kern ist die Realisierung des „Burst Video", mit dem ein Fernsehprogramm schneller übertragen wird, als es gesehen werden kann.

Silicon Graphics konstruiert seine Video-Server für interaktive Fernsehnetzwerke mit bis zu 150 digitalen Kanälen aus der Integration mehrerer Silicon Graphics Challenge-Digital-Videoserver, die jeweils 36 RISC-Prozessoren gleichzeitig unterstützen und mit 96 GByte Speicherraum und über 3000 GByte Plattenspeicher die enorme Durchsatzfähigkeit einer grossen Anzahl kontinuierlicher Videoströme ermöglichen [Time93].

Mobilkomntunikationshardware

Der von Motorola entwickelte PIC (Personal Intelligent Communicator) namens „Envoy" ist ein mobiler Kleincomputer in Palmtop-Grösse, der alle Möglichkeiten der Kommunikation mit der Aussenwelt bietet. Dabei enthält er kaum Information per se, sondern dient der Übermittlung und Beschaffung von Daten. Von dem Personal Digital Assistant (PDA), wie dem Newton von Apple, unterscheidet er sich durch die Möglichkeit, über das Telefonnetz oder per Funk Informationen zu beschaffen [o.V.94a].

2.3.3 Software

Die Software im Out-of-home-Bereich lässt sich in zwei wesentliche Bereiche unterteilen: Kommunikationskomponenten als Trägermedium für die Dienstleistungen im Netz und Datenbanksysteme als Ort der Speicherung grosser, multimedialer Datenmengen.

Kommunikations- und Infonnationsskripte

Die General Magic Inc. in Kalifornien, ein globales Joint-Venture zwischen Matsushita, Philips, Apple, AT&T, Sony, Motorola und nationalen Telekommunikationsgesellschaften, entwickelt Software für digitale, kabellose und multimediale Informationstechnik, wie den „Envoy" (vgl. 2.3.2). Das Produkt „Telescript" ist als Kommunikationsprotokoll ausgelegt, das Kommunikationsdienste, z.B. E-Mail, anbietet oder die Verbindung zu Dienstleistungsanbietern („content providers") herstellt. Den Kern bildet die selbständige Wegfindung zwischen den Benutzern. „Telescript" ist Teil der „MagicCap"-Software, die als eine objektorientierte Entwicklungsplattform für Multimedia-Applikationen dient. Apple will zukünftige Produkte mit dieser Software ausstatten, während AT&T im Begriff ist, neue Kommunikationsnetze auf Telescriptgrundlage unter dem Namen „PersonaLink Services" aufzubauen [Graf93; o.V.94a].

Multimediadatenbanken/Entwicklungsumgebungen

Für die Multimedia-Anforderungen des interaktiven Fernsehens bietet Oracle den „MediaServer", eine Erweiterung des relationalen Datenbanksystems 7.1, an. Dieser bearbeitet Anfragen oder Bestellungen und leitet komprimierte Daten im MPEG-Format (Motion Picture Experts Group) über das Kabel dem Haushalt zu, die das Set-top Gerät des Fernsehers anschliessend dekodiert [o.V.94b].

Die United Video Satellite Group, ein Zusammenschluss von amerikanischen TV-Satellitenbetreibern, hat ein Entwicklungssystem und einen Standard für interaktive Audio-, Video- und Datendienste entwickelt. Ziel ist es, schlüsselfertige Lösungen für Anbieter interaktiver Dienste zu realisieren, wobei auch die Multimedia-Autorensoftware „ScriptX" von Kaleida, einem Gemeinschaftsunternehmen von Apple und IBM, integriert werden soll.

3 Computerunterstützte Anwendungen der privaten Haushalte

3.1 Übersicht

Nachdem die informationstechnische Infrastruktur als Grundlage beschrieben worden ist, zeigen die Anwendungstypen der computerunterstützten Informationsverarbeitung (vgl. Bild 2) – unter bewusster Ausklammerung der Telearbeit *(telecommuting)* als Sonderbereich –, wie sich im konkreten Fall In-home- und Out-ofhome-Technologien zur Realisierung einer bestimmten Anwendung für die privaten Haushalte einsetzen lassen [Bier91].

Anwendungstypen	
-Gesundheit und Sport	-Aus- und Weiterbildung
-Wohnen und Versorgung	-Kommunikation
-Reisen und Mobilität	-Information
-Beschaffen	-Haushaltsmanagement
-Unterhaltung	

Abb. 2. Anwendungstypen im Bereich „computerunterstützte Informationsverarbeitung der privaten Haushalte"

3.2 Gesundheit und Sport

Der Bereich „Gesundheit und Sport" umfasst alle Anwendungen, die sich mit Vorsorge, Erhaltung und Kontrolle der menschlichen Gesundheit beschäftigen.

Analysesysteme

InterPractice Systems, ein Joint-Venture von Harvard Community Health Plan in Boston und EDS (Electronic Data Systems), hat Personen, die Gesundheitseinrichtungen frequentieren, wie Alte und schwangere Frauen, mit Heimterminals ausgestattet. Auf der Grundlage der Symptome der Patienten und ihrer medizinischen Vorgeschichte macht das System

Empfehlungen in bezug auf Selbsthilfe, die Vereinbarung eines Termins oder die Notwendigkeit, einen Arzt aufzusuchen [NII93].

Möglichkeiten der Telemedizin, insbesondere Ferndiagnose und Experten-Videokonferenzen, unter Einsatz der Breitbandkommunikation wurden auch im Rahmen des Forschungsprojektes BERKOM (Berliner Kommunikationssystem) und innerhalb des EU-Projektes „Telemed" untersucht [Stei93].

Persönliche Kontrollmöglichkeiten

Seit einigen Jahren ist in Japan eine elektronische Toilette im Handel (Fa. TOTO Ltd.). Sie weist eine Funktion auf, die eine Analyse des Urins erlaubt. Viele Krankheiten können so systematisch in einem frühen Stadium erkannt werden [Mile88].

Ähnliche Funktionen des Gesundheitsmonitorings bietet die von Casio entwickelte Armbanduhr mit integriertem Blutdruckmessgerät.

3.3 Wohnen und Versorgung

Der Bereich „Wohnen und Versorgung" umfasst alle Anwendungen, die die Sicherheit, das Kochen, das Heizen und Kühlen, die Beleuchtung sowie das Waschen unterstützen.

Lastmanagement

Ein Lastmanagementsystem verbindet Geräte der Haustechnik, wie Wasch- und Geschirrspülmaschinen, mit dem örtlichen Energieversorgungsunternehmen (EVU). Die Kommunikation über das normale Stromnetz zwischen Hausgeräten und Versorgungsunternehmen ermöglicht eine Verlagerung des Energieverbrauchs von Lastspitzen zu Lasttälern *(Nachtkontakt)*. Der Verbraucher kann durch die Programmierung der Geräte von dem EVU angebotene günstige Stromtarife ausnutzen. Für Anwendungen des Lastmanagements bieten sich elektrische Speicherheizungen und Warmwasserspeicher sowie Haushaltsgrossgeräte an [Jeck93].

Heizung/Klima

AEG hat im Jahre 1993 unter dem Namen „GEADOMICS" ein System auf den Markt gebracht, das es erlaubt, die Wärmeversorgung einer privaten Wohnung zu optimieren. Über ein Netzwerk sind der Heizkessel, die Regler in den Räumen und ein zentrales Sicht- und Steuergerät, das an den Fernseher angeschlossen ist, miteinander verbunden. Dieses neuartige System erlaubt die zentrale Steuerung des Heizungssystems bei individuell zeitabhängigen, programmierbaren Raumtemperaturen für das gesamte Haus. Durch die Optimierung der Vorlauftemperatur im Kessel und die Programmierung der Einzelraumtemperaturen werden Energieeinsparungen von ca. 20% erreicht [KöSe93].

Überwachung/Sicherheit

Neue Möglichkeiten der Gebäudesicherung über Mobilfunk oder ISDN werden untersucht, da im Sicherheitsbereich der Fernwirkdienst Temex (Telemetry Exchange) 1995 auslaufen soll.

SEL Alcatel bietet das Konzept „TeleNachbar" an: ISDN-Hausbesitzer bilden untereinander eine Gemeinschaft. Wird der Bewegungsmelder in einem Raum ausgelöst, wählt der ISDN-Apparat die vereinbarte Nummer des Nachbarn und aktiviert das Mikrofon. Der anwesende Nachbar kann sich der Situation vergewissern und entsprechende Massnahmen einleiten. Es lassen sich auch Überwachungsbilder auf diese Weise übertragen. Hierdurch wird dem Nachbarn eine bessere Einschätzung der Lage geliefert.

3.4 Reisen und Mobilität

Reisen und Mobilität umfassen sämtliche Anwendungen, die das Auswählen, Vorbereiten und Durchführen von Reisen unterstützen.

Pre-Trip

Die französische Bahn evaluiert ein multimediales Auskunftssystem für Reisende, das die mehrsprachige Buchung und Reservierung von Plätzen per Touchscreen ermöglicht und auch kompliziertere Rabattberechnungen einbezieht [Löde92]. Elektronische Produktkataloge mit Medienunterstützung gewinnen im Prozess der Reiseauswahl eine zunehmende Bedeutung.

Reisedurchführung

Hotcom hat in Cuxhaven ein Touristeninformationssystem „Cuxinfo" aufgebaut, das durch öffentliche Terminals zugänglich ist und in Stand-/Bewegtbild, Ton, Sprache und Text interessierten Gästen aktuelle Daten zur Zimmervermittlung, Veranstaltungen und Notdiensten bietet. Die Bedienung erfolgt über eine Telefontastatur. Die Verbindung zu einem Reservierungs- und Buchungssystem ist gegeben [High93b]. Ähnliche Point of Information (POI)-Säulen hat die Firma Compumedia Entwicklungs-GmbH in Bremen und Hamburg als „Elektronische Litfasssäule" (ELIT) installiert.

Verkehrsleitsysteme

Bei den Verkehrsleitsystemen für den Individualverkehr lassen sich zwei Typen unterscheiden: Autarke Lösungen, wie das Produkt Pan-Drive von der gleichnamigen Firma, das mittels eigener Sensoren, gespeicherter Karten und Kompass den Fahrer zum Ziel lenkt. Eine Stimme gibt Zusatzinformationen zum Fahrweg; Schnittstellen zu Verkehrsfunknachrichten sind vorhanden.

„Euroscout" von Siemens ist ein dynamisches Verkehrsleit- und Informationssystem (VLIS), das den ständigen Datenaustausch zwischen Bordgeräten und zentralen Verkehrsleitrechnern voraussetzt. Angebote öffentlicher Verkehrsmittel, P&R-Dienste, Warnungen und Touristeninformationen ergänzen die Leitempfehlungen. Das einzige in Europa bisher kommerziell vermarktete dynamische VLIS ist der Traffic Master in London, der über das Funkrufnetz mit Daten versorgt wird [Pors93].

3.5 Beschaffen

Beschaffen umfasst alle Tätigkeiten, die mit Auswahl, Beratung, Bezahlung und Abwicklung von Beschaffungsvorgängen für die privaten Haushalte zusammenhängen.

Home-/Teleshopping

Die kalifornische Firma eShop entwickelt ein völlig neues Konzept des Teleshoppings. Aufbauend auf der Telescript-Software von General Magic (vgl. 2.3.3) wird dem Kunden vom heimischen Fernseher aus Zugang zu einem virtuellen Kaufhaus vermittelt. Produkte werden von einem persönlichen „Berater" erklärt und in multimedialer Umgebung angeboten. Man bewegt sich in virtueller Umgebung, wobei der Einkaufsführer über frühere Käufe und Interessen informiert ist und entsprechend aktiv wird. Die neue Telekommunikationssoftware soll es möglich machen, dass nur noch Produktspezifikationen und Preis vorgegeben werden. Das Ergebnis ist eine Liste möglicher Anbieter. Den Zugang (eShop Browser) erhält der Verbraucher über das Fernsehgerät, den PC oder einen Personal Digital Assistant. Über das Kabelnetzwerk sind sie mit dem zentralen Server (eShop Warehouse), der die verschiedenen Kaufhäuser enthält, verbunden. Aufgebaut werden die virtuellen Realitäten mit dem Werkzeug „eShop Builder". Eine Verbindung zur Kreditkarten-Authentisierung und anderen Kundendienstleistungen ist gegeben [eSho94].

3.6 Unterhaltung

Alle Anwendungen, die zur Freizeitgestaltung oder zum Zwecke der Unterhaltung von Haushaltsmitgliedern verwendet werden können, fallen in diese Kategorie. Dieser Anwendungstyp wird in der Medienwelt als „killer application" favorisiert, der als erster auf breiter Front von den privaten Haushalten genutzt wird.

Interaktives Fernsehen

Eine Tochter der kanadischen Telekom-Holding BCE, Videotron Corp., hat in London ein Zweiwegefernsehen „Videoway" eingerichtet, das Teleshopping, interaktive Spiele und sogar ein Eingreifen in die Berichterstattung von Sportveranstaltungen erlaubt. Die Grund-gebühr von umgerechnet ca. achtzig Mark beinhaltet auch das Telefonieren über diese Leitung [Froi94].

Video-on-demand ermöglicht es, aus einer virtuellen Videothek Filme über ein Out-of-home-Netzwerk entweder auf einen lokalen Server im privaten Haushalt zu kopieren oder über das Netzwerk direkt anzuschauen. Ein erster Pilotversuch „Full Service Network" wird von Time Warner Cable und Silicon Graphics in Orlando, Florida, für die Anwendungen Video, Teleshopping, interaktive Videospiele und Ausbildung durchgeführt. Dienste wie eine an persönlichen Präferenzen orientierte Informationsdarbietung, eigenständige Programmwahl mit voller Videorekorderkontrolle (Pause, Vor- und Zurückspulen) und Spiele mit beliebigen Netzteilnehmern werden möglich [High93a; Time93].

In Deutschland werden im Rahmen des Projektversuchs VIDINET (Video in digitalen Netzen) der Telekom die Möglichkeiten des digitalen, terrestrischen Fernsehempfangs untersucht. Besonderer Wert wird auf die Nutzung interaktiver Techniken und neuer Verschlüsselungssysteme für Pay-per-view-Sender gelegt.

Interaktive, digitale Videospiele

Nintendo kooperiert unter dem Projektnamen „Project Reality" mit dem Workstationhersteller Silicon Graphics beim Bau eines 64-Bit-Videospielgerätes, das in der Lage sein soll, Virtual-Reality in Echtzeit darzustellen. Es wird 24-Bit-Farbtiefe, CD-Audioqualität, HDTV-Auflösung und eine CPU besitzen, die mit 100 MHz getaktet ist [o.V.93c]. Als erstes einsatztaugliches Produkt mit 64-Bit-Architektur ist der „Jaguar" von Atari erhältlich. Die auf CD angebotenen Spiele sind bereits heute den in Spielhallen vorkommenden überlegen [Graf93]. In den USA ist über den „Sega Channel" gegen eine monatliche Gebühr das Testen noch nicht auf dem freien Markt erhältlicher Spiele möglich.

Gestalten

Auch die „Produktion" erfährt durch verstärkten Einsatz der Informationstechnik Änderungen. So ist es durch Software möglich, Videos einfacher als bisher zu bearbeiten. Ähnlich wie Desktop-Publishing aus der Übertragung professioneller Software auf PCs entstanden ist, werden Produkte wie „Video Machine" von FAST den privaten Haushalten auf fast professionellem Niveau das Schneiden von Videos zur Erstellung von Multimediadokumenten, z.b. einem elektronischen Reisebericht, ermöglichen.

3.7 Aus- und Weiterbildung

Im Zuge der Dynamisierung der privaten und beruflichen Umwelt werden Anwendungen, die der persönlichen Bildung dienen, zunehmend an Bedeutung gewinnen.

Verfügbarkeit des Wissens

Die multimediale Gestaltung und das Computer Based Training (CBT) sind aus pädagogischer Sicht ein wertvoller Beitrag zur Verbesserung der Lern- und Lehrmethodik durch die Informationstechnik. Insbesondere im Data-Highway-Konzept in den USA spielt die Reformierung des Bildungssystems eine wesentliche Rolle. Ein Ziel ist es, die ubiquitäre Verfügbarkeit von Wissen, z.B. in öffentlichen elektronischen Bibliotheken, zu erlauben, auf die von zuhause aus zu jeder Tageszeit zugegriffen werden kann [Stei93].

Ortsunabhängigkeit

Im Rahmen des DELTA-Projektes (Developing European Training through Technology Advance) der Europäischen Union hat das Berliner Unternehmen Condat eine multifunktionale Chipkarte „Learner-Card" vorgestellt. Dabei wird das Lernumfeld unabhängig vom Rechner gehalten: Unterschiedliche Daten- und Sprachverbindungen können zwischen Lehrer und Schüler je nach Inhalt der Chipkarte aufgebaut werden; flexibel können die angebotenen Unterrichtsstoffe gesteuert werden. Die Konfiguration des Lernarbeitsplatzes wird gespeichert, so dass Protokollierung und Abrechnung von Leistungen leicht abrufbar sind. Der Schüler kann somit an unterschiedlichen Orten arbeiten und findet doch immer die ihm zugehörige Lernumgebung vor [o.V.94c].

3.8 Kommunikation

Computerunterstützte Anwendungen der Kommunikation ermöglichen den privaten Haushalten bi- oder multilateral mit der näheren oder weiteren Umgebung in Kontakt zu treten.

Elektronische Foren

Das Heartland FreeNet in Peoria, Illinois, bietet den Einwohnern von Zentralillinois nonstop ein weites Spektrum öffentlicher Informationen an. Angeboten werden 113 Bereiche öffentlicher und sozialer Dienstleistungen, ein Veranstaltungskalender, offene Stellen vom Arbeitsamt und Informationen der lokalen Behörden. Ausserdem stehen Experten aus unterschiedlichsten Gebieten, beispielsweise Justiz, Rotes Kreuz oder Chemie, zur Verfügung, die anonym gestellte Fragen beantworten [NII93]. Das neue Kommunikationsforum „eworld" von Apple zielt ebenfalls auf den Aufbau eines weltweiten Kommunikations- und Dienstleistungsforums.

Mehrwertdienste

Audiotexdienste mit der Vorwahl „0190" oder „0130", die dem Anrufer computerunterstützte Dienste anbieten, haben sich innerhalb kurzer Zeit etabliert: Information zu allen – auch zwischenmenschlichen – Lebensbereichen, Unterhaltung oder Fax-Dienste (Fax-on-demand) werden angeboten. Im Zusammenspiel mit SAT1-Teletext war es möglich, dass Zuschauer über eine Audiotexnummer bei einem Glücksspiel während einer Quizsendung mitspielten und ihren Namen auf dem Fernseher zur Anzeige bringen konnten.

3.9 Information

In diesen Anwendungsbereich fallen alle Dienste, bei denen die Weitergabe von Informationen an die privaten Haushalte im Vordergrund steht.

Nutzung neuer Medien

Standardwerke und Lexika werden für die „Data Discmen" der Firmen Panasonic, Sony und Sanyo angeboten, z.B. ein Lexikon des Controlling von der MI-Intermedia oder ein Wirtschaftslexikon in Zusammenarbeit zwischen Bertelsmann und dem Gabler Verlag. Die Bertelsmann Electronic Publishing hat verschiedene Informationstitel auf CD-ROM im Angebot, wie eine bebilderte Bibel oder die „Chronik des 20. Jahrhunderts" als interaktives Lexikon, das Text, Bilder, Hypertextlinks und auch Tonsequenzen, z.b. historische Reden, enthält [o.V.93b].

Spezialisierung des Angebotes

Neben der Individualisierung der Information, beispielsweise durch Zusammenstellung einer nach persönlichen Präferenzen gestalteten Zeitung, weist der Markt eine starke Spezialisierung auf, so dass Fernsehkanäle nur noch bestimmte Bereiche *(Sparten-TV)* abdecken, z.b. Nachrichten oder Sport. Für 1994 plant die Meteo Consult ein reines Wetter-TV und die Wetter- und Panorama TV-GmbH ein gemischtes Wetter- und Tourismusfernsehen für Deutschland. Neben allgemeinen Wetternachrichten sollen Hintergrundberichte und zielgruppenspezifische Sendungen, z.B. eine eigene Wettervorhersage für Kinder, Zuschauer anziehen [o.V.94d].

3.10 Haushaltsmanagement

Alle administrativen Funktionen des privaten Haushaltes, wie das Verwalten und Führen der privaten Buchhaltung oder das Bezahlen von Rechnungen, können wie in den Unternehmen durch Computerunterstützung effizienter gestaltet werden.

Electronic Banking

Die Schweizerische Bankgesellschaft, Zürich, bietet die Möglichkeit, Börsenorders per Videotex zu plazieren. Auch die Verwaltung ausgeführter und noch auszuführender Aufträge wird unterstützt. Eine Bewertung des Depotbestandes wird tagesaktuell angezeigt. Die Kurse der Züricher und New Yorker Börse werden in Echtzeit aufgeführt. Ein komfortables Suchsystem erleichtert das Auffinden bestimmter Titel. Über Neuemissionen informiert ein Kalendarium mit allen notwendigen Informationen, beispielsweise Zeichnungsfrist, Ausgabepreis oder Beschreibung des Emittenten. Zusätzlich stehen aktuelle Börsenberichte von Analysten dem interessierten Kunden zur Verfügung [Medi94].

Verwaltung

Die Firma EON of Reston in Virginia bietet die Steuererklärungssoftware „Quicken" des Softwareproduzenten Intuit, der im Bereich Finanzsoftware Marktführer in den USA ist, über ihr Kabelnetzwerk an. Die Kunden von EON können so ihre Erklärung direkt am Fernsehschirm machen, nachdem der Dienst als Interactive Video and Data Service (IVDS) durch die Aufsichtsbehörde lizensiert wurde [High93a].

4 Handlungsoptionen und Ausblick

Es wurde deutlich, dass nahezu unbemerkt fast jeder private Lebensbereich von der computerunterstützten Informationsverarbeitung erfasst wird. Aktuelle Pilotanwendungen und Produktinnovationen lassen die Privathaushalte weiter in das Zentrum des Interesses von Technologie- und Dienstleistungsanbietern rücken. Aus diesem Grund erlangt eine Beschäftigung mit dieser Materie für Wirtschaft und Wissenschaft grosse Bedeutung.

4.1 Wirtschaft

Die Beteiligungswelle der Jahre 1993/94 bei Kabelfernsehgesellschaften und Medienkonzernen (z.B. Viacom und Paramount) sowie die Bildung globaler Allianzen (z.B. Telekom-Sprint) vermitteln einen Eindruck von der zu erwartenden zukünftigen wirtschaftlichen Entwicklung [Froi94].

In einer vom Marktforschungsunternehmen Winter-Green Research im Februar 1994 vorgestellten Studie zu interaktiven Videodiensten werden Potentiale von 6,4 Milliarden Dollar für 1996 bzw. 24,8 Milliarden Dollar im Jahr 2000 prognostiziert [Wint94].

Zwei Entwicklungsbereiche für die Wirtschaft stehen dabei zur Auswahl:

- *Entwicklung der Infrastruktur:* Hardware, Software und Netzwerke müssen entwickelt, erprobt und für den Massenmarkt preisgünstig hergestellt werden.
- *Entwicklung der Anwendungen:* Unternehmerische Lösungen als Anwendungskonzepte müssen entwikkelt werden, die individuell auf die privaten Lebensbereiche zugeschnitten sind.

Das Umdenken von der betriebswirtschaftlich-rationalen Betrachtungsweise auf die oft durch andere Variablen gekennzeichnete Perspektive der privaten Haushalte stellt für Unternehmen, die Lösungen für diesen zukünftigen Massenmarkt entwickeln wollen, eine Hürde dar.

4.2 Wissenschaft

Computerunterstützte Informationsverarbeitung der privaten Haushalte ist heute ein Wissensgebiet, das im Bereich der Wirtschaftsinformatik nicht behandelt wird.

Lediglich in der Elektrotechnik [IEEE92] und den Sozialwissenschaften [RiWi88] findet die Beschäftigung mit diesem Thema Raum. Da es insbesondere interdisziplinäres Vorgehen verlangt, besteht die Gefahr, dass die computerunterstützte Informationsverarbeitung der privaten Haushalte weder in der Betriebswirtschaftslehre noch in der Informatik die erforderliche Berücksichtigung erfährt. Für die wissenschaftliche Beschäftigung im Rahmen der Wirtschaftsinformatik gelten die folgenden Ziele:

- Etablierung der computerunterstützten Informationsverarbeitung der privaten Haushalte als Forschungsgebiet.
- Erarbeitung von Modellen für die CIPHa (Daten-, Funktions- und Infrastrukturmodelle).
- Entwicklung von Prototypen für die IT- Infrastruktur und An-wendungen.
- Abschätzung der Potentiale und Entwicklung von Handlungskonzepten für Unternehmen.

Literatur

[Armb93] Armbrüder, H.: Die Flexibilität von ATM: Unterstützung künftiger Netzdienste, Multimedia- und Mobilkommunikation. In: Nachrichtentechnik u. Elektronik, (1993) 4, S. 172 ff. u. (1993) 5, S. 223 ff.

[B&O92] Bang & Olufsen (Hrsg.): Beolink System - Der Unterschied. Ausgabe 09/92, S. 2.

[Bier91] Bierhals, R.: Glasfaser ins Büro oder ins Haus?. In: net, (1991) 12, S. 537 ff.

[Dern93] Dernbach, C.: Report Datenautobahnen - Politikum Kommunikation. In: MACup, (1993) 12, S. 130 ff.

[EHSA92] EHSA (European Home Systems Association) (Hrsg.): Home Systems Specification. ESPRIT Projekt 5448, 15.03.1992. [eSho94] eShop Inc. (Hrsg.): eShop offers first electronic shopping technology. Press Release, San Mateo, Januar 1994. [Froi94] Froitzheim, U.: Pralle Daten. In: Wirtschaftswoche, (1994) 3, S. 76.

[Graf93] Graf J.: Welten aus Sand, Luft und Licht. In: CHIP Multimedia Sonderheft 1993, S. 122 ff.

[High93a] HighText Verlag (Hrsg.): TV interaktiv - Hintergrunddienst für interaktives Fernsehen, (1993) 9, München.

[High93b] HighText Verlag (Hrsg.): multiMedia - Informationsdienst für Medienintegration, (1993) 12, München.

[IEEE92] IEEE Consumer Electronics Society (Hrsg.): IEEE Transactions on Consumer Electronics, 37 (1992) 2, „Special Issue on Home Systems".

[Jeck93] Jeck, S.: Technologie im Haushalt 2010, Praxisarbeit an der Wissenschaftlichen Hochschule für Unternehmensführung, Otto-Beisheim-Hochschule, Vallendar 1993.

[Kist93] Kistner, H.P.: Vom Guckloch zum Heimkino. In: Funkschau, (1993) 19, S. 8 ff.

[KöSe93] Köller, H.; Seyer, R.: Heizungsregelung via Fernsehgerät. In: Sanitär- und Heizungstechnik, (1993) 4, S. 116 ff. [Löde92] Lödel, D. et al.: Elektronische Produktkataloge - Entwicklungsstand und Einsatz-möglichkeiten. In: Wirtschaftsinformatik, 34 (1992) 5, S. 509 ff.

[Medi94] Neue Mediengesellschaft GmbH Ulm (Hrsg.): BTX Magazin, (1994) 2, S. 24 ff.

[Micr92] Microsoft Corporation (Hrsg.): Encarta. Multimedia Encyclopedia. Redmond 1992.

[Mile88] Miles, 1.: Home Informatics, Information Technology and the Transformation of Everyday Life. London 1988.

[NII93]Press Secretary of the White House (Hrsg.): National Information Infrastructure - The Agenda for Action. Tab. A - G.

[o.V.93a] Die Stimme seiner Herren. In: Funkschau, (1993) 24, S. 28 ff.

[o.V.93b] Sprechende Disc-Männer. In: Funkschau, (1993) 3, S. 34 ff.

[o.V.93c] Nintendo & Silicon Graphics schliessen Pakt. In: Funkschau, (1993) 21, S. 6.

[o.V.94a] General Magie - Apples Antwort auf den Newton. In: MACup, (1994) 2, S. 18 ff.
[o.V.94b] Die Daten-Schnellstrasse lebt. In: Computerworld Schweiz, (1994) 4, 24.01.94, S. 1 ff.
[o.V.94c] Wird das virtuelle Klassenzimmer bald Realität?. In: ISDN Report, (1994) 1, S. 19.
[o.V.94d] Zwei Wetter- und Reisekanäle wollen auf Sendung. In: Kabel&Satellit, (1994) 4, 24.01.94, S. 4 f.
[Phil94] Philips Consumer Electronics (Hrsg.): Videoline CDi 220/40. Produktinformation I/94.
[Pors93] Porst, U.; Steiner, K.: Verkehrsmanagement: Ein neuer Schlüsselmarkt. In: Funkschau, (1993) 23, S. 46 ff.
[Prus92] Prussog, A.: Benutzerfreundlichkeit von Mehrdienste-Endgeräten. Europäische Hochschulschriften, Reihe VI, Bd. 376, Frankfurt a.M. et. al., 1992.
[RiWi88] Van Rijn, F.; Willianzs, R. (Hrsg.): Concerning Home Telematics, Procecdings of the IFIP TC 9 Conference on Social Implications of Home Interactive Telematics, Amsterdam. 24. - 27.06.1987, Amsterdam et al.: North-Holland 1988.
[Rose92] Rosenau, W.: Neue Möglichkeiten auf allen Ebenen. In: net special, (1992) 9, S. 42 ff.
[Satt93] Sattler, C.: Telekommunikationsdienstleistungen in Deutschland. In: DATACOM, (1993) 9, S: 38 ff.
[Stei93] Steinbock, H.-J.: Unternehmerische Potentiale der Informationstechnik in den neunziger Jahren. Dissertation an der Hochschule St. Gallen, 1993.
[Tiet87] Tietz, B.: Wege in die Informationsgesellschaft: Szenarien und Optionen für Wirtschaft und Gesellschaft, Stuttgart. Polier, 1987.
[Time93] Time Warner Cable (Hrsg.): The Full Service Network. Time Warner Cable's Vision of our Telecommunications Future. News Release 5/93.
[Wint94] WinterGreen Research (Hrsg.): Interactive Video Services Markets To Reach $25 Billion By 2000. Press Release 17.02.94, Lexington, Massachusetts.

Home Banking: Künftige Relevanz aus der Sicht der Kreditinstitute[*]

Dieter Bartmann

---

[*] Wiederabdruck von Bartmann, D., Home Banking: Künftige Relevanz aus der Sicht der Kreditinstitute, in: Ploenzke AG (Hrsg.): Electronic Banking im Vertrieb – Perspektiven und Trends im Privatkundengeschäft, 1995, S. 66-77 mit freundlicher Genehmigung des Gabler Verlags.

1 Einführung

Die Kreditinstitute haben viel in das Home Banking investiert, obwohl es sich bisher kaum rentierte. Zur Rechtfertigung werden meist zwei Gründe genannt:

- in erster Linie eine Image Pflege: „Telefon-Banking ist ein öffentlichkeitswirksamer Knüller, um sich als moderne und innovative Bank zu geben";
- in zweiter Linie die Hoffnung auf später einzufahrende Rationalisierungsgewinne (Kostenvergleich einer Überweisung: 5-50 Pf elektronisch versus 1,80-2,80 DM beleggebunden).

Es entsteht im Augenblick der Eindruck, dass sich die Kreditinstitute von Vorreitern in neue Vertriebskanäle hinein zwingen lassen und der Banknutzen dabei zu kurz kommt.

Die Zukunft sieht anders aus. Wie eine Umfrage des Instituts für Bankinformatik an der Universität Regensburg gezeigt hat, sehen die Banken den Markt für die elektronische Abwicklung von Bankgeschäften bei weitem noch nicht als ausgereizt an. Noch vor Ablauf von zehn Jahren wird der überwiegende Teil des heutigen Routinegeschäftes elektronisch abgewickelt werden. Das Home Banking wird dabei die dominierende Bank-Kunden-Schnittstelle im Privatkundengeschäft der Zukunft sein. Zum einen wird die technologische Entwicklung Komfortsprünge ermöglichen, die das Nutzungsvolumen gewaltig ausdehnen. Zum andern wird das Home Banking die wichtigste Vertriebsplattform für ertragsstarke Standardprodukte und Produktbündel bilden.

Gemessen an allen Tele Service-Aktivitäten, die der Elektronische Markt hervorbringt, wird das Home Banking jedoch nur ein kleiner Ausschnitt sein. Die aktuellsten Entwicklungen zeichnen diesen Trend. Es entsteht dabei die Gefahr, dass den Banken das elektronische Fenster zum Kunden von anderen Anbietern (Service Provider, Whole Saler, Verlage und andere) aus der Hand gewunden wird. Andererseits: Wenn die Banken die Situation rechtzeitig erkennen, ihre Stärken ausspielen und die Entwicklung massgeblich mit gestalten, haben sie die grosse Chance, über das Home Banking ihre eigenen Märkte zu sichern und ihr Geschäft auch auf andere Bereiche auszudehnen.

Home Banking: Künftige Relevanz aus der Sicht der Kreditinstitute   227

2 Situation

Btx Banking als TV-Lösung: war ein Flop

In jedem Haushalt steht ein Fernsehgerät. Die Idee, dieses Medium für das Home Banking zu nutzen, erwies sich als Fehlschlag. Der Nutzer wollte das Fernsehgerät vornehmlich zur abendlichen Entspannung und nur ungern zur Kommunikation einsetzen. Ausserdem war der Endgerätepreis für den Verbraucher lange Zeit zu hoch. Ein wesentlicher Grund war auch der zu geringe Benutzerkomfort.

Btx Banking unter Datex-J: besser, aber noch kein Durchbruch

Seit der Einführung von Datex-J steigen die Teilnehmerzahlen stärker als zuvor. Die Ursachen sind eine bessere Vermarktung, eine höhere Übertragungsrate (2 400 bit/sec in beiden Richtungen) und die Alternative, über ISDN mit 64 Kbit/sec kommunizieren zu können. Im September 1994 war die Zahl von 640 000 Anschlüssen erreicht. Davon nutzen ca. 85% Home Banking. Bis Anfang 1996 werden eine Million Teilnehmer erwartet.

Interaktives Fernsehen

Die Idee, das Fernsehgerät als Plattform für Home Banking zu verwenden, erfährt eine Renaissance im Interactive TV. In den USA sind Home-Banking-Lösungen bereits im Einsatz.

Neue Home Banking Variante: Telefon-Banking

Die alte Idee, ein weit verbreitetes und allseits akzeptiertes elektronisches Medium für das Home Banking zu nutzen, haben Banken ohne grosses Filialnetz aufgegriffen, um damit eine virtuelle Repräsentanz in der Fläche aufzubauen. Die Technologie hierzu ist schon seit geraumer Zeit vorhanden. Sie wurde von den Kreditinstituten nur nicht genutzt, weil kein Rationalisierungspotential erkennbar war.

Erst seit die Citibank vorpreschte, ziehen andere Banken mit. Innerhalb kurzer Zeit gewann die Citibank 460 000 Telefon Banking Kunden.

Diese schnellen Erfolge sollen nicht zu dem Schluss verleiten, dass das Telefon-Banking die Home-Banking-Form der Zukunft ist. Es kann das PC Banking nicht verdrängen, denn

- sobald der Kunde Fliesstext spricht, d.h. bei jeder komfortablen Nutzungsart, aber auch schon bei einfachen Aufträgen (Dauerauftrag, Überweisung etc.) ist eine menschliche Nachbearbeitung notwendig. Die Kosten hierfür veranschlagen manche Kreditinstitute sogar höher als diejenigen bei der Abwicklung beleggebundener Überweisungsaufträge.

Insgesamt ist die Kosteneinsparung bei weitem nicht so hoch wie beim PC-Banking;

- die Funktionalität ist nicht breit genug,
- die Anfälligkeit vor kriminellen Attacken stellt ein Problem dar;
- PC-Banking ist im stummen Dialog möglich. Das ist für alle jene wichtig, die es vom Arbeitsplatz aus betreiben. Dies ist der Grossteil der Kunden.

Der Weg führt hin zum PC-Banking

Deshalb ist das Telefon-Banking in seiner jetzigen Form nur ein Zwischenschritt. Die Banken sehen es auch eher als interessantes Vertriebsmedium denn als Rationalisierungsinstrument. Langfristig führt der Weg hin zum PC-Banking:

- Über 80 % der neu an Datex-J angeschlossenen Teilnehmer nutzen einen PC als Btx-Terminal. Die Dresdner Bank bietet in seinem Produkt „Tele-Banking" wahlweise Telefon Banking und PC Banking an (derzeit als einziges Kreditinstitut ohne Datex-J; der Kunde benötigt zwar ein Modem, spart aber die monatliche Anschlussgebühr für Btx). Dies ist auch ein Schritt zur Abkehr vom CEPT Standard.
- Die hauptsächliche Nutzung geschieht am Arbeitsplatz in der Firma zu Beginn der Arbeit (nur ca. 25 % nach Dienstschluss).
- In Zukunft wird der PC in den Industrienationen ähnlich weit verbreitet sein wie heute der Telefonapparat und das Fernsehgerät. Augenblicklich besitzen in Deutschland ca. 23 % aller Haushalte einen PC (keine Home Computer), in den USA noch mehr.

3 Konsequente Öffnung des elektronischen Marktfensters

Auf lange Sicht wird Telefon-Banking als eine unter mehreren multimedialen Nutzungsarten in einem Home Oriented Integrated Telematic System aufgehen.

Die Softwareplattform für Connectivity und Interaktion sind *elektronische Marktfenster*, die eine bidirektionale und multidirektionale Online Kommunikation ermöglichen. Über sie erhält der Konsument Zugang zu Tele Services wie Tele Banking, Tele Shopping, Tele Entertainment, Tele Correspondence/Communication, Tele Education, Tele Medicine, Tele Consulting u.a.m. Es existieren bereits elektronische Marktfenster.

Im InterNet werden bereits heute Electronic Shopping Dienste angeboten. Ein aktuelles Beispiel ist die von CompuServe seit 1993 betriebene „Electronic Mall" (einschliesslich Produktinformation im CompuServe Magazine „lila Seiten"). Der CompuServe Online Dienst wird derzeit weltweit von ca. 4 Millionen Teilnehmern genutzt. Daneben gibt es händlereigene Informations- und Shopping Dienste über den Word-Wide-Web Server. Der Zugang geschieht interaktiv unter einer grafischen Benutzeroberfläche. Die Produktinformation kann als Grafik oder auch als Video, hinterlegt mit Sprache und Musik, abgerufen werden. Das Inkasso geschieht

- entweder über CompuServe im Rahmen der monatlichen Abrechnung,
- oder über Kreditkarte (in der Bildschirmmaske werden Kartenorganisation, Kartennummer und Ablaufdatum erfasst),
- oder bei guten Kunden per Rechnung.

In Zukunft wird mit der Chipkarte nicht nur die Autorisierung der Bestellung erfolgen, sondern auch die Bezahlung. Über den Draht fliesst von Karte zu Karte elektronisches Geld ohne Einschaltung der Bank. Die Transaktion kann dadurch anonym bleiben. Die Technik ist in der Lage, die notwendigen Sicherheitsanforderungen zu erfüllen. Derartige Systeme werden bereits eingesetzt, so z.B. Mondex in Grossbritannien.

Auch unter Datex-J wird es demnächst ein Marktfenster mit objektorientierter grafischer Oberfläche geben. Die Firma 1&1 Online bietet ein Informationssystem an, das Datex-J als Netzdienst benutzt. Es läuft unter einer Windows Oberfläche (KIT: Window-Based Kernel for Intelligent Communication Terminals). Über Buttons werden verschiedene Services gewählt (News Service, Diskussionsforum, Home Banking, Online Simulationen und Spiele, Online Konferenzen, Anbieter-Briefkästen). Die transparente Durchschaltung auf die Informationsobjekte der Anbieter wird durch die Trennung des Transportmediums von der Anwendung erreicht. Diese Abwendung vom CEPT-Standard öffnet einen Engpass und ermöglicht komfortable Systeme.

Es besteht die Gefahr, dass die Elektronischen Marktfenster von den Banken nicht hinreichend besetzt werden.

Kurzfristig wird ein Wildwuchs von elektronischen Fenstern mit der Konsequenz entstehen, dass ein Kampf um die ganz wenigen entbrennt, die der Massenkunde zu benutzen pflegt. Langfristig ist zu erwarten, dass ein mächtiger Anbieter einen Quasistandard setzt. Es kann nicht erwartet werden, dass die Kreditinstitute ohne besondere Anstrengung einen prominenten Platz auf der knappen Bildschirmfläche ergattern. Wahrscheinlicher ist, dass sie vom Betreiber, z.B. einem Whole Saler, in eine niedrigere Menüebene gedrängt werden. Es zeichnet sich sogar die Gefahr ab, dass

Händler, Verlage und Pay TV Anbieter nicht nur die elektronischen Vertriebskanäle dominieren, sondern dass sie über diesen Weg auch selbst Bankgeschäfte abwickeln oder vermitteln. Z. B. beabsichtigt das Versandhaus Otto, ein Online Tele Shopping einzuführen. Dazu hat es einen elektronischen Katalog auf CD-ROM auf den Markt gebracht. Auf der angebotenen Benutzeroberfläche erscheint die Frage, ob ein Konsumentenkredit gewünscht wird. Wählt der Kunde die Antwort „ja", so schliesst er mit der Hanseatic Bank einen Konsumentenkreditvertrag ab. Die schriftliche Ausfertigung wird ihm zugesandt.

Dies ist ein Beispiel dafür, wie sich im elektronischen Marktfenster ein Dritter zwischen Bank und Kunde schiebt. Die Branchenlösung TeleCounter: das „Elektronische Bankenfenster Schweiz". In der Schweiz wollen die Banken die Kontrolle über diesen Prozess behalten. An der Hochschule St. Gallen wurde unter Leitung des Verfassers und in Zusammenarbeit mit vier Schweizer Banken, der Telekurs und der PTT das Konzept und der Prototyp für das Elektronische Bankenfenster Schweiz (*TeleCounter*) entwickelt. Er besitzt eine brancheneinheitliche Dialogoberfläche, die für die Bedürfnisse des privaten, Klein- und mittelständischen Unternehmers zugeschnitten ist. Dabei wurde bereits von Anfang an auf Offenheit bezüglich weiterer Transaktionssysteme für den Heimbereich geachtet (Shopping, Mailing, individuelle Weiterverarbeitung der Daten). Man beherzigte dabei die in den USA in den letzten zwei Jahrzehnten gemachten Erfahrungen *„The bank should never sell home banking as a standalone system"*. Die technologische Plattform ist der PC.

4 Langfristig wird das Home Banking das SB-Banking dominieren

Es gibt Institute, die das SB-Banking als tragende Säule im Electronic Banking sehen. So glaubt z.B. die Deutsche Bank, dass um das Jahr 2000 ca. 80 % der Standardbankgeschäfte über SB Automaten abgewickelt werden.

Die obigen Überlegungen stützen jedoch eher die These, dass das SB Banking heutiger Form vom PC-Banking langfristig in eine Nische gedrängt wird. Sicher wird der Geldausgabeautomat (künftig kombiniert mit einer Aufladeeinheit für die Chipkarte) auch weiterhin intensiv genutzt werden und eine noch grössere Verbreitung überall dort finden, wo unmittelbar der Bedarf nach Bargeld entsteht.

Alle übrigen Bankgeschäfte und Informationsdienste werden aber unter einer Oberfläche betrieben, die sich von derjenigen des PC Banking nicht unterscheidet.

Der SB Automat wird zu einer multimedialen Kommunikationsbox (Office Box) migrieren, die der Kunde durch das Einführen der Chipkarte so personalisiert, als wenn er seinen gewohnten PC mit der ihm vertrauten Oberflächeneinstellung benutzen würde. *Er betreibt nicht SB Banking, sondern sein gewohntes Home Banking, nur dieses Mal unterwegs auf einem öffentlich zugänglichen Gerät (in der Nähe seines Parkplatzes)*, das ähnlich verbreitet ist wie der öffentliche Fernsprecher und u.a. auch in der SB Zone des Kreditinstituts steht. Es ist deshalb richtiger, künftig anstatt von SB Banking von Automaten Banking zu sprechen.

Der Automat wird die Verschmelzung von PC, Drucker, Fax, Kopierer, Video, Audio, Photo und TV zu einer Standard Business Machine für das Small Office und das Home Office, die sogenannte Office Box sein. Eine bereits existierende Vorstufe dieser Entwicklung ist der elektronische Kiosk. Es ist deshalb keine Frage, ob das Home Banking das SB-Banking verdrängt oder nicht. Die SB Geräte werden zu in der Fläche verstreuten Service Access Points für PC-Banking und viele andere Telematikdienste.

Diese Migration des SB-Banking zum Automaten Banking/Home Banking wird von den Banken intensiv gefördert werden. Zum einen wird dadurch eine einheitliche Electronic Banking Schnittstelle des Informationsverarbeitungssystems im Back Office möglich. Zum zweiten gruppieren sich alle Electronic Banking Lösungen in homogener Weise um die Chipkarte. Diese wiederum erfährt unabhängig von der einzelnen Bankapplikationen gewissermassen aus sich selbst heraus einen Technologie- und Anwendungsschub, der ihr eine zentrale Stellung innerhalb der Tele Services im Heim- und Small Office Bereich verschafft. Hinzu tritt ihre Rolle bei künftigen kartengestützten Zahlungssystemen. Da die Chipkarte im Technologieverbund mit der Office Box steht, wird sie ein Hauptwegbereiter für das Home Banking/Automaten Banking sein.

Das Electronic Banking der Zukunft für den Privatkunden wird im wesentlichen Home Banking sein.

5 Auswirkung auf die Filialstruktur

Dadurch, dass PC und SB Terminal, personalisiert durch die Chipkarte, weitgehend funktionsidentisch sein werden, entfällt für den Kunden bei den meisten Bankgeschäften die Notwendigkeit, die Bank aufzusuchen. Das Massengeschäft wird deshalb per Home Banking vom Arbeitsplatz oder von Zuhause aus getätigt werden. Die Bedeutung der SB Zonen und die Zahl der SB Geräte in der Bank wird deshalb langfristig zurückgehen. Es droht ein Szenario leerer Schalterhallen mit ungenutzt herumstehenden SB Geräten.

Wie SB-Banking und Home Banking bereits heute die Filialstruktur beeinflussen, ist am besten in den neuen Bundesländern zu studieren. Dort konnte man innovative Konzepte relativ frei verwirklichen. Diese Chance wurde in zweifacher Hinsicht genutzt. Zum einen wurden völlig neue Betriebstypen geschaffen, so z.b. von der Hypobank die *Hypodirektbank* für den interessierten Aktienanleger und die *Hyposervicebank* für die effiziente Abwicklung des Mengengeschäftes. In letzterer ist die Produktpalette standardisiert, wobei 90 % über die SB Technik abgewickelt werden. Zum andern sind zahlreiche SB Zweigstellen und Automatenbanken unterschiedlicher Grösse installiert. Die kleinste Bank der Welt, der sogenannte *CityCashPoint* (ein Geldautomat in einer Telefonzelle), steht seit November 1994 am Hauptbahnhof in Leipzig.

Die Sparkasse Leipzig zeichnet mit ihrem dreistufigen Filialkonzept das Bild der Zukunft:

- Erste Stufe: SB-Pavillons und CityCashPoints an verkehrs- und geschäftsreichen Plätzen.
- Zweite Stufe: SB-Geschäftsstellen mit ein bis zwei Privatkundenberatern (Juniorberater) für Standardprodukte.
- Dritte Stufe: Beratungscenter als „Bank-Markthalle" für den Massen- und den Individualkunden.

Das Home Banking wird sich in diese Struktur gut einfinden und sie stützen. Es wird den Trend dorthin sogar fördern, weil es Nutzungsvolumen an sich zieht und dadurch den Personalabbau beschleunigt. Die Rolle des Home Banking wird aber nicht auf die Filialstruktur und das Front Office beschränkt bleiben. Das beim Ausbau des Electronic Banking gewonnene Know-How wird sich auch bei der Gestaltung der Organisationsformen, der Informationssystemarchitektur und der Informationslogistik am Bankarbeitsplatz gewinnbringend einsetzen lassen.

6 Die Rolle des Home Banking als Vertriebsweg

Das Home Banking öffnet einen audiovisuellen Vertriebskanal. Es kann Information über Auge und Ohr in einer Form präsentieren, die der Kunde vom Fernsehen her und schon als Kind von Computerspielen her gewöhnt ist. Neben Information on Demand (Verteildienste) ist ein gezieltes Ein-

schalten in Interaktionsprozesse möglich, sofern es der Kunde wünscht. Hier können Werbebotschaften situativ gestaltet werden.
Dem Kunden kann ausserdem höchste Bequemlichkeit geboten werden. Er will weder Formulare ausfüllen noch lange Wege zurücklegen. Z.B. öffnet er morgens seinen InfoCounter und liest die in seine Mailbox eingegangene Post. Ist darunter eine Rechnung, prüft er sie und löst mit einem einzigen Knopfdruck den Zahlungsvorgang aus. Genauso bequem wird er wenig erklärungsbedürftige Aktiv- und Passivprodukte mit geringem oder keinem Verhandlungsspielraum kaufen können, z.b. Sparbriefe und Festgeldanlagen mit geringen Beträgen, Kleinkredite, Fondsanteile.

Neben dem Vertrieb ertragsstarker Standardprodukte ist das Home Banking die ideale Plattform für das Direktmarketing. So können kundenbezogene oder allgemeine Informationen eingestellt, Beratungstermine vereinbart und Nachrichten hinterlegt werden.

Eine wichtige Rolle wird das in den PC integrierte Bildtelefon spielen. Es ermöglicht eine intensive Pflege des persönlichen Kundenkontaktes. Damit können die für den Aussendienst typischen Vertriebsformen mit ihren spezifischen Vorteilen angewendet werden. Die Entfremdung, die man anfänglich beim SB Banking befürchtet hat, muss nicht eintreten.

Studien haben gezeigt, dass die Home Banking Kunden eine interessante Kundengruppe für Vertriebsaktivitäten bilden. Sie stehen neuen Techniken offen gegenüber, sind risikobereiter, guten Argumenten gegenüber aufgeschlossen und verfügen über ein gehobenes Einkommen. Gezielte Vertriebsaktivitäten in diesem Kundensegment haben überraschend hohe Erfolgsquoten.

Insgesamt ermöglicht die elektronische Bank-Kunden-Schnittstelle speziell im Privatkundenbereich ein zielgruppenorientiertes multimediales Marketing.

7 Wettbewerb mit Non- und Nearbanks

Die elektronische Vertriebsplattform verschafft nicht nur den Banken ohne Filialnetz, sondern auch den Non und Nearbanks wichtige Vorteile. Sie können damit ihre Wettbewerbsposition auf bestimmten Feldern entscheidend stärken.
Zwei Beispiele sollen dies verdeutlichen. Das erste Beispiel betrifft die Quelle Bank: Sie besitzt kein Zweigstellennetz. Der Hauptvertriebsweg ist das Telefon, Von Anfang an wurde qualifiziertes Personal eingestellt, um auch ertragsstarke Aktiv- und Passivprodukte vertreiben zu können. Die

Bank ist dadurch sehr erfolgreich. Die Bilanzsumme wuchs von 156 Millionen im Jahr 1991 auf 2,2 Milliarden im Jahr 1993.

Als zweites Beispiel dient das bereits oben erwähnte Beispiel Otto Versand. Der elektronische Kanal rechnet sich bereits beim Versandhaus. Für den Ratenkreditvertrag entstehen der Hanseatic Bank deshalb nur geringe Vertriebskosten. Ausserdem kann sie Kundeninformation aus der Datenbank des Versandhauses zur Bonitätsprüfung nutzen.

Insgesamt halten die Handelsunternehmen gemeinsam mit ihren Tochterbanken folgende entscheidenden Vorteile in ihren Händen:

- *Kundeninformation*: Der Händler besitzt ein aussagekräftiges Kundeninformationssystem, das er zur Bonitätsprüfung, für den Vertrieb standardisierter Finanzprodukte ohne Beratungsbedarf und zu Kundengruppenanalysen nutzen kann.
- *Geringe Kosten*: Die Transaktionskosten für das Bank-Zusatzgeschäft des Händlers sind geringer, als wenn der Kunde in einem separaten Vorgang via Home Banking eine Finanzabwicklung extra tätigt.
- *Mischkalkulation*: Der Händler kann bewusst eine Mischkalkulation aus Handelsgeschäft und Bankgeschäft betreiben. Dadurch kann er z. B. bei Konsumentenkrediten günstigere Konditionen als die Kreditinstitute anbieten.
- *Erster Zugriff zum Kunden*: auch wenn die Banken mit gleichen Konditionen kontern würden, so haben sie erst den zweiten Zugriff zum Kunden. Den ersten besitzt der Händler, weil die Finanzierungsfunktion über die Dialogoberfläche des elektronischen Vertriebsmediums quasi im Kaufprozess „fest verdrahtet" ist.

8 Chancen der Kreditinstitute

Eine erfolgreiche Konkurrenz zu Non und Nearbanks ist nur möglich, wenn die Banken die gleichen elektronischen Vertriebskanäle besetzen wie jene und im elektronischen Marktfenster einen prominenten Platz behaupten. Hier ist gemeinsames und rasches Handeln gefordert. Mit dem Tele Counter gehen die Schweizer Banken voran. Durch eine konzertierte Aktion ist auch die Gefahr gemindert, dass sich die Kreditinstitute in ein Kostenabenteuer stürzen.

Alleine dadurch können sie ihre Kostennachteile, die ihnen aus der Filialstruktur und dem davon geprägten Kalkulationssystem erwachsen, nicht wettmachen. Die Kreditinstitute besitzen aber auch Vorteile, die sie in die Waagschale werfen können.

Aus dem Stand heraus ein hohes Nutzungsvolumen.

Derzeit liefert am ehesten das Home Banking die kritische Masse des Nutzungsvolumens. Die Banken können dieses Potential als Türöffner für lukrative Tele Sevices relativ rasch bereitstellen. Das verleiht ihnen Gestaltungskompetenz.

Die starke Frequentierung des TeleCounters senkt auch die Fixkosten des Tele Services.

Die überregionale LT Infrastruktur
Zur Betreibung des eigenen Geschäftes besitzen die Banken eine hochentwickelte Netzstruktur zur Datenkommunikation. Sie können den Kunden eine billige Zusatznutzung anbieten: Der Kunde zahlt als DFÜ-Gebühr im wesentlichen nur die Gebühr bis zur nächstgelegenen Geschäftsstelle (meist Ortstarif). Von dort aus werden die Daten bankseitig weitergeleitet.

Das IT Know-How
Langfristig werden sich die Informationssysteme im Back Office von denen des Front Office einschliesslich Home Banking wesentlich weniger unterscheiden als heute.

Die im Home Banking realisierten Möglichkeiten der instanzübergreifenden Kornmunikations- und Kooperationsformen werden auch die Informatik- und Organisationskonzepte für den Back Office Bereich erheblich beeinflussen. Die elektronische Bank-Kunden-Schnittstelle wird als Referenzmodell für die Telematisierung des gesamten Kreditinstituts dienen. Dasselbe gilt auch umgekehrt. Die bei der Realisierung des Bankarbeitsplatzes der Zukunft erarbeiteten Konzepte und Lösungen können auf die Bank-Kunden-Schnittstelle übertragen werden. Insgesamt erwächst dadurch den Banken ein IT Know-How, das sich zu einer strategischen Stärke entwickelt. Dieses hohe Know-How müssen sie sowieso halten. Deshalb entstehen Kostenvorteile bei der Bereitstellung des Home Banking Services.

Die Optimierung des ganzheitlichen Leistungsbündels
Neben der elektronischen Präsenz auch personelle Präsenz in der Fläche zu halten, bietet gerade bei manchen Tele Services spezielle Vorteile. Die Terminals in den Geschäftsstellen können für beratungsgestützte oder sogar beratungsintensive Tele Services genutzt werden, z. B. für Information Retrieval über Konjunkturdaten, staatliche Förderprogramme, Produkte, ausländische Märkte etc.. Die Bank erfüllt hier Aufgaben eines Information Brokers. Insgesamt können ganzheitliche Lösungen elektronisch — halb- elektronisch — personell optimiert und mit dem gesamten Leistungsspektrum an spezialisiertem Know-How und qualifizierter Hilfestellung angereichert werden. Dadurch ist auch eine Plattform für Kooperationen und bankübergreifende Produktbündel geschaffen.

Abschliessend betrachtet bietet sich folgendes Szenario: Das Home Banking zieht einen sehr grossen Teil des Massengeschäftes vom Bankschalter ab. In der nach wie vor existierenden aber konsequent neugestalteten Filiale werden u.a. auch Bankgeschäfte abgewickelt. Aber auch andere Geschäfte werden auf dem Bankarbeitsplatz betrieben. Das geschieht über elektronische Fenster, die sich sowohl zum elektronischen Markt hin als auch zum Back Office hin öffnen.

Interessante Entwicklungen stehen uns bevor.

Groupware Enabled Data Warehousing in Dienstleistungsunternehmen[*]

Andrea Back, Andreas Seufert

---

[*] Wiederabdruck von Back, A.; Seufert, A., Groupware enabled Data Warehousing in Dienstleistungsunternehmen, in: Scheer, A.-W. (Hrsg.): Rechnungswesen und EDV-17. Saarbrücker Arbeitstagung, 1996, S.295-320 mit freundlicher Genehmigung des Physica-Verlags.

1 Einleitung

1.1 Know-how Unternehmen als spezielle Form der Dienstleistungsunternehmung

Als Dienstleistungsunternehmen werden traditionellerweise Unternehmen bezeichnet, die immaterielle Güter produzieren oder verkaufen. Fokussiert man statt der Branchenorientierung (Handelsunternehmen, Banken, Versicherungen etc.) die Art der Leistungserstellung, so lässt sich das Spektrum des Dienstleistungssektors folgendermassen beschreiben.

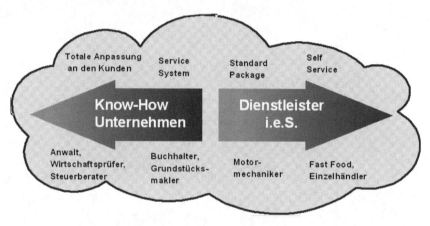

Abb. 1. Spektrum des Dienstleistungssektors[1]

Als Know-how Unternehmen gelten dabei Unternehmen, die mit komplexen Problemlösungen beschäftigt sind. Die einzelnen Operationen lassen sich nur schwer standardisieren. Da Know-how Unternehmen Wissen verkaufen, das andere Unternehmen oder Institutionen wiederum als Input für ihre eigene Leistungserstellung verwenden, müssen sie sich mit ihren Leistungen ganz dem Bedarf des Kunden anpassen. Know-how Unternehmen weisen eine Reihe charakteristischer Eigenschaften auf, die nachfolgend kurz skizziert werden sollen, indem sie Schlüsselbegriffen aus dem Bereich der Industrie gegenübergestellt werden.[2]

---

[1] Vgl. Pfiffner, M./ Stadelmann, P. D. (1995), S. 95.
[2] Vgl. Pfiffner, M./ Stadelmann, P. D. (1995), S. 95-97.

- **Güterfluss ⇔ Information:** Der Output von Know-how Unternehmen ist wissensangereicherte Information, die die Leistungsfähigkeit des Kunden/Mandanten verbessert.
- **Maschine ⇔ Mensch:** Know-how Profis arbeiten, indem sie ihr Know-how verwerten. Ihre Arbeit ist kaum automatisierbar. Die Menschen sind die „Maschinen" der Know-how Unternehmen und auch deren Manager. Je mehr Menschen in einer Unternehmung dieser Art arbeiten, desto höher ist die Kapazität.
- **Kapital, Anlagevermögen ⇔ Know-how:** Das Wissen der Menschen entscheidet über die Rentabilität des Kapitals. Know-how Kapital wächst mit Erfahrung und Ausbildung; es schrumpft beim Weggang eines Mitarbeiters. Da das Know-how grösstenteils personengebunden ist und damit die Leistungsfähigkeit im wesentlichen den verfügbaren Personenstunden entspricht, sind diese Unternehmen in besonderer Weise auf ein funktionierendes Zeit- und Kapazitätsmanagement angewiesen.
- **Investition ⇔ Rekrutierung, Ausbildung:** Know-how Unternehmen müssen ausbilden, um ihre Kapazität auszubauen und zu unterhalten. Ausbildung ist ein zentraler Managementaspekt. Personalentscheide zählen mit zu den wichtigsten Entscheiden.

Die Beratungsbranche gilt als klassischer Vertreter von Kow-How Unternehmen.[3] Aufgrund unserer konkreten Projekterfahrungen in der Wirtschaftsprüfungs- und Steuerberatungsbranche, soll die nachfolgende Konzeption eines Groupware enabled Data Warehouses anhand des Know-How Unternehmens Wirtschaftsprüfungs-/Steuerberatungskanzlei veranschaulicht werden. Das Projekt befindet sich zum gegenwärtigen Zeitpunkt in der ersten Implementierungsphase. In dieser Phase werden zunächst die strukturierten Informationen (SQL-Server) sowie Teilbereiche der Dienstleistungsproduktionssysteme in eine lauffähige Umgebung implementiert. Die Integration semistrukturierter Informationen mittels der Groupware-Plattform Lotus-Notes wird derzeit im Rahmen von Prototypen vorbereitet.

---

[3] Vgl. Pfiffner, M./ Stadelmann, P. D. (1995), S. 95-97.

1.2 Know-How Unternehmen Wirtschaftsprüfungs-/ Steuerberatungskanzlei

Der Wirtschaftsprüfungs- und Steuerberatungsmarkt befindet sich seit einigen Jahren in einem Umbruch.[4] Als Ursachen lassen sich hierbei im wesentlichen ein erhöhter Konkurrenzdruck und ein veränderter Beratungsbedarf der Mandanten identifizieren. Der erhöhte Konkurrenzdruck kann v.a. auf folgende Gründe zurückgeführt werden:

- Kontinuierlicher Anstieg der Berufsträger.
- Zusätzliche Konkurrenz ausserhalb des Berufsstandes.
  - Lohnsteuerhilfevereine und Bilanzbuchhalter übernehmen klassische Aufgaben der Steuerdeklarationsberatung.
  - Rechtsanwälte drängen aufgrund zunehmender Beschäftigungsprobleme massiv in die Bereiche Steuer- und Gesellschaftsrecht.
  - Unternehmensberater und Kreditinstitute versuchen sich immer stärker durch die Beratung des Mittelstandes, traditionell Klientel der Steuerberater, zu profilieren.

Der veränderte Beratungsbedarf seitens der Mandanten äussert sich im wesentlichen durch:

- Verluste bei traditionellen Umsatzträgern (Steuerdeklarations- und -durchsetzungsberatung).
- Forderung nach Full-Service-Beratung, d. h. Wirtschaftsprüfung, Steuer-, Rechts- und betriebswirtschaftliche Beratung aus einer Hand.
- Insbesondere verstärkte Nachfrage nach betriebswirtschaftlicher Beratung.
- Zunehmende Internationalisierung des Beratungsgeschäftes.

Die Veränderungen am Beratungsmarkt äussern sich für die Wirtschaftsprüfungs- und Steuerberatungskanzleien zum einen in stagnierenden Erträgen aus traditionellen Dienstleistungsgebieten, zum anderen in steigenden Kosten aufgrund der zunehmenden Komplexität der Beratung und damit erhöhten Anforderungen an die Mitarbeiter. Vor diesem Hintergrund gewinnen eine betriebswirtschaftliche Kanzleiführung sowie das Ausnützen von Rationalisierungspotentialen an Bedeutung.

---

[4] Vgl. stellvertretend *Jacobs, M.* (1990) sowie *Bundessteuerberaterkammer* (1991).

2 Konzeptionelle Grundlagen

2.1 Data Warehouse

Der Begriff Data Warehouse[5] umschreibt ein Konzept zur Informationsversorgung, bei dem dem Anwender entscheidungsrelevante Daten aus unterschiedlichen Quellen in einer einheitlichen Systemumgebung zur Auswertung zur Verfügung gestellt werden. Im Gegensatz zu früheren benutzerzentrierten Ansätzen, bei denen die spezifischen Anforderungen einiger weniger Adressaten im Mittelpunkt standen (z. B. klassische EIS-Ansätze[6]), stehen heute der Zugriff breiter Anwenderschichten und eine hohe Flexibilität bei der Auswertung der Daten im Mittelpunkt.

Da die Anforderungen der Anwender häufig nicht antizipiert werden können und sich der Informationsbedarf des Anwenders daher nur selten durch vorgedachte Abfragen befriedigen lässt, soll der Anwender in die Lage versetzt werden, selbständig die gewünschten Informationen aus dem System zu extrahieren und mehrdimensional zu analysieren. Im Zentrum des Data Warehousing steht dabei meist die Verdichtung und Katalogisierung von Unternehmensdaten, die aus operativen und externen Systemen zur Verfügung gestellt werden. Auf diese Meta-Daten kann der Anwender mit einer einfachen und verständlichen Benutzungsoberfläche zugreifen, die die Benutzeranfragen in SQL-Statements übersetzt, und ad-hoc komplexe multidimensionale Auswertungen durchführen. Abb. 2 beschreibt die Data Warehouse-Konzeption.

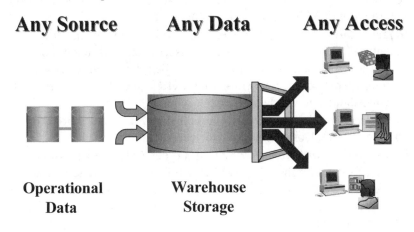

Abb. 2. Data Warehouse

---

[5] Vgl. *Lochte-Holtgreven, M.* (1996), S. 24-28.
[6] Vgl. *Back-Hock, A.* (1991), S. 36-59.

2.2 Groupware Enabled Data Warehouse

Die Bearbeitung von Büro-Prozessen findet zunehmend computerunterstützt kooperativ durch Mitglieder eines oder mehrerer Teams statt, die sich gegenseitig in ihren Aufgabenfeldern ergänzen und unterstützen. Da komplexe Beratungsvorgänge – wie z.B. die Erstellung eines Bewertungsgutachtens – häufig nicht im „Ein-Mann-Verfahren" bearbeitet werden, sondern eine intensive Zusammenarbeit benötigen, muss dieses Teamwork durch innovative Konzepte und korrespondierende Informationstechnolgien unterstützt werden. Die Skala der möglichen Zusammenarbeit kann dabei von vollständig strukturierter Gruppenarbeit bis hin zu offener und unstrukurierter Tätigkeit reichen, die gemeinsamer Abstimmungsprozesse bedarf.

Aus diesem Grund wird das oben beschriebene Data Warehouse-Konzept durch den Einbau von Groupware-Konzepten erweitert. Als Eckpfeiler dieser Konzepte werden dabei v. a. verstanden:

- *Verteilte Datenbanken:* Das Management der Daten erfolgt auf der Basis replizierbarer Datenbanken, die die Handhabung konsistenter Datenbestände auf Servern und mobilen wie stationären Arbeitsplätzen der Endbenutzer ermöglicht.
- *Prozess- und Teamunterstützung:* Neben gut strukturierten Abläufen werden insbesondere auch unstrukturierte und semi-strukturierte Vorgänge unterstützt, wobei eine Ad-Hoc-Modifikation und flexible Reaktionen auf gegebene reale Umstände dezentral von den bearbeitenden Mitarbeitern durchgeführt werden können.
- *Object Store:* Da ein Grossteil der Informationen in Nicht-SQL-Datenbeständen vorhanden ist, müssen eine Integration semi-strukturierter Datenbestände (Texte, Tabellen, Grafiken, etc.) sowie das Zusammenspiel zwischen semi-strukturierten und strukturierten (SQL-) Datenbeständen gewährleistet sein.
- *Dokumentenmanagement:* Erforderlich sind v. a. Transaktionskonzepte für eine gezielte Dokumenten(weiter)verarbeitung.
- *Verfügbarkeit und Sicherheit:* Aufgrund der Abhängigkeit von elektronischen Systemen müssen sowohl eine hohe Betriebssicherheit als auch die aktuelle Verfügbarkeit der Daten/ Informationen gewährleistet sein. Zur Sicherung der Vertraulichkeit sind differenzierte Zugriffsschutzmechanismen nötig.

Durch die Ergänzung dieser Groupware-Konzepte sollen zusätzlich zu den Zielsetzungen des Data Warehouse-Konzeptes insbesondere folgende Anforderungen erfüllt werden:

- Ganzheitlicher Informationszugriff auf strukturierte und semi-strukturierte Daten.
- Rationellere Dienstleistungsproduktion aufgrund der durchgängigen Unterstützung semi-strukturierter Geschäftsprozesse.
- Unterstützung der Arbeitsteilung im Teamarbeit.
- Monitoring von Geschäftsabläufen zur Gewinnung von Führungsinformationen.

Die Erweiterung um Groupware-Konzepte bezieht sich dabei auf alle Ebenen des Data Warehouses. Für die Beschreibung der einzelnen Bestandteile werden – wie Abb. 3 veranschaulicht – nachfolgend die Begriffe Basissysteme, Repository und Controllingsysteme verwendet.

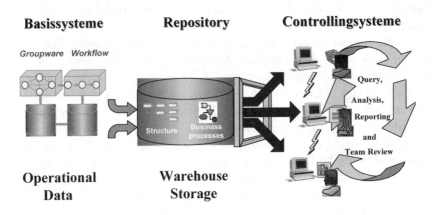

Abb. 3. Groupware enabled Data Warehouse

3 Bestandteile eines Groupware Enabled Data Warehouses für Wirtschaftsprüfungs-/ Steuerberatungskanzleien

3.1 Basissysteme

Die Aufgabe der Basissysteme liegt zum einen in der Abwicklung von Aufträgen (Funktionale Sicht), zum anderen dienen sie als Informations- und Datenlieferant für die Controllingsysteme.

Um den Anforderungen einer umfassenden Informationsverfügbarkeit zu entsprechen, werden sowohl strukturierte Informationen als auch semi-strukturierte (Dokument-) Informationen für die Controllingsysteme bereitgestellt. Für eine möglichst hohe Auswertungsflexibilität ist dabei insbesondere darauf zu achten, dass die Informationen nicht durch eine an einzelnen Informationszwecken ausgerichtete Verdichtung verlorengehen, sondern möglichst zweckneutral abgelegt werden (Grundrechungsprinzip).[7]

In Wirtschaftsprüfungs- und Steuerberatungskanzleien können traditionell zwei Arten von DV-Systemen unterschieden werden. Einerseits unterstützt spezielle Software die Mitarbeiter bei der Ausübung ihrer fachlichen Tätigkeiten, d. h. der Dienstleistungsproduktion (z. B. Steuererklärungen, Finanz-, Lohnbuchhaltung, Jahresabschluss, Steuergestaltung, Gutachten, Unternehmensbewertung). Andererseits werden über DV-Systeme die betriebswirtschaftlichen Auswirkungen der fachlichen Tätigkeiten auf die Kanzlei erfasst (Zeit-/Leistungserfassung, Kostenrechnung, Erlösrechnung).

Da der Austausch gemeinsamen Wissens einen wesentlichen Erfolgsfaktor für Know-how Unternehmen darstellt, müssen diese beiden Bereiche mit Systemen zur Unterstützung der Kooperation und Koordination gekoppelt werden. Damit soll insbesondere sichergestellt werden, dass Informationen, die an verschiedenen Stellen des Unternehmens von verschiedenen Beteiligten erzeugt und aktualisiert werden, allen Prozessbeteiligten zur Verfügung stehen. Zu diesem Zweck ist eine integrierte elektronische Dokumenten- und Vorgangsbearbeitung zu verwirklichen, bei der die elektronisch abgebildeten Umlaufmappen von einer bearbeitenden Stelle zur nächsten weitergeleitet werden und während dieser Bearbeitung sukzessive um Informationen angereichert werden. Die hierfür erforderlichen Prozessregeln werden im Repository abgebildet (vgl. hierzu Abschnitt 3.2). Abb. 4 skizziert die Konzeption der Basissysteme.

---

[7] Einen Überblick zu den verschiedenen Ausprägungsfomen gibt Riebel. Vgl. Riebel, P. (1994), S. 764.

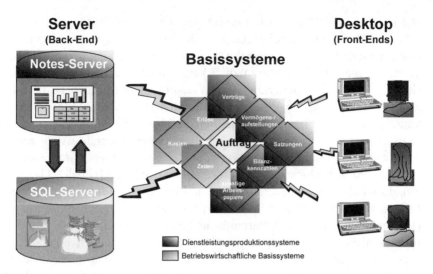

Abb. 4. Überblick Basissysteme

3.1.1 Dienstleistungsproduktionssysteme

Die Systeme zur Unterstützung der Dienstleistungsproduktion beinhalten Hilfsmittel, die für die Mandantenberatung eingesetzt werden. Die Tätigkeitsbereiche können je nach Kanzleityp sehr stark variieren. Grundsätzlich umfasst das Tätigkeitsfeld von Wirtschaftsprüfern und Steuerberatern folgende Segmente[8]:

- Prüfungstätigkeit
- Gutachter-/ Treuhandtätigkeit
- Steuerberatung
- Unternehmensberatung

---

[8] Auf eine Unterscheidung in gesetzliche Vorbehaltsaufgaben und vereinbare Tätigkeiten soll an dieser Stelle verzichtet werden, da hier lediglich das Tätigkeitsspektrum von Wirtschaftsprüfungs- bzw. Steuerberatungsgesellschaften aufgezeigt werden soll. Vgl. hierzu jeweils die entsprechenden Gesetze § 2 WPO bzw. §§ 2,3,4 StBerG.

Die Planung und Dokumentation der Beratungs- und Prüfungsaufträge erfolgt i. d. R. in sog. Arbeitspapieren. Sie fungieren gegenüber Dritten der Dokumentation und dem Nachweis einer ordnungsgemässen Auftragsdurchführung und dienen zusätzlich kanzleiintern der laufenden Überwachung und Qualitätssicherung. Bei Wiederholungsaufträgen (z. B. Jahresabschlusserstellung bzw. Handelsrechtlicher Jahresabschlussprüfung) können sie darüber hinaus als Planungsgrundlage für Folgeaufträge herangezogen werden. Hinsichtlich des Inhaltes können laufende Arbeitspapiere und Dauerakten unterschieden werden. Dabei beinhalten laufende Arbeitspapiere auftragsbezogene Informationen, während in der Dauerakte grundsätzliche auftragsübergreifende und langfristig gültige Mandanteninformationen abgelegt sind. Sie soll die Einarbeitung noch nicht mit dem Unternehmen vertrauter Mitarbeiter unterstützen und als gemeinsamer Informationspool für verschiedene Mitarbeiter, die u. U. an unterschiedlichen Aufträgen desselben Mandates arbeiten, dienen. Beispielsweise werden hier Vertragsänderungen im Zuge der Unternehmensnachfolge eingestellt, die Auswirkungen auf die Prüfung des Jahresabschlusses haben. Abb. 5 veranschaulicht beispielhaft Arbeitspapiere einer Jahresabschlussprüfung.

Arbeitspapiere

Laufende Arbeitspapiere   **Dauerakte**

Laufende Arbeitspapiere	Dauerakte
Auftrag	Allgemeines (Firma, Rechtsform, Sitz, etc.)
Prüfungsplan	Personelle Verhältnisse (AR, Vorstand/ Geschäftsführung, Prokuristen, Organisationsplan...)
Unterlagen zum Jahresabschluß	
Unterlagen zur Prüfung des IKS	Rechtliche Verhältnisse (Satzung, Ges.-Vertrag, Beteiligungen, Organverträge...)
Arbeitspapiere zur Prüfung der rechtl. u. wirtschaftl. Verhältnisse	
Arbeitspapiere zu einzelnen Posten des JA	Wirtschaftliche Verhältnisse (Jahresabschlüsse, Liefer-/Abnahmeverpflichtungen., Vers.-Schutz...)
Arbeitspapiere zur Prüfung des Geschäftsberichtes	Rechnungslegung und Prüfung (Konten-; Kostenstellenplan, Fibu-System, Besprechungsprotokolle...)
Abschließende Fragestellungen	

Legende: IKS = Internes Kontrollsystem
JA = Jahresabschluß
AR = Aufsichtsrat

Abb. 5. Arbeitspapiere in WPG/StBG

Bei dem Inhalt der Arbeitspapiere handelt es sich weniger um strukturierte Daten im klassischen DV-Sinne, sondern sehr stark um semi-strukturierte Informationen (z. B. Satzungen, Verträge, Protokolle, Memos, Berechnungen/Aufstellungen), die als Compound Documents beliebig Text, Business Grafik, Tabellen und andere multimediale Datentypen enthalten können. Als Realisierungsplattform bietet sich daher eine Kombination aus Desktop/ Lotus Notes Applikation an.

Desktop Applikationen (Textverarbeitung, Spreadsheet, Grafik) dienen dabei als den Mitarbeitern vertrautes und einfach zu bedienendes Front-

End. Sie werden als Editoren für die Bearbeitung und Aktualisierung der Arbeitspapiere in der üblichen Arbeitsumgebung verwendet.

Lotus Notes fungiert als Object Store, das den Mehrbenutzerzugriff, den Zugriffsschutz, die Aktualisierung und Versionskontrolle sowie das Prozessmanagement übernimmt. Auf diese Weise sind für unterschiedliche Benutzer der Zugriff und die Änderungsmöglichkeit auf verteilte Dokumente möglich. Durch spezielle Sichten auf die in Notes gespeicherten Daten lassen sich die relevanten Informationen leicht wieder auffinden (ergänzend können auch Volltext-Recherchen durchgeführt werden). Zusätzlich kann durch die datenbankgestützte Dokumentenablage eine sehr hohe Unabhängigkeit bezüglich der Speicherung und Auswertung der Daten erreicht werden. Abb. 6 beschreibt das Zusammenspiel zwischen Desktop-Clients und dem Server Back-End.

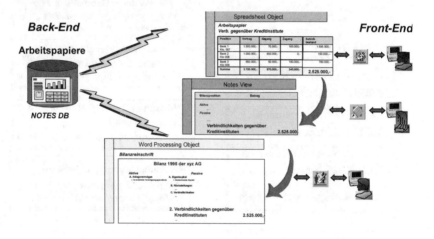

Abb. 6. Client-/Server Architektur der Dienstleistungsproduktionssysteme

3.1.2 Betriebswirtschaftliche Systeme

Um möglichst vielseitige Auswertungsrechnungen zu ermöglichen, werden begleitend zur laufenden Auftragsbearbeitung die betriebswirtschaftlichen Auswirkungen der Beratungstätigkeiten auf dem jeweils untersten Aggregationsniveau erfasst. Die betriebswirtschaftlichen Basissysteme umfassen die Bereiche Zeit-/Kapazitätsrechnung, Kosten- und Erlösrechnung. Da hierbei im wesentlichen strukturierte Massendaten verarbeitet werden, erfolgt die Realisierung auf einem SQL-Server.

3.1.2.1 Zeit-/Kapazitätsrechnung

Die Zeit-/Kapazitätsrechnung spielt bei Wirtschaftsprüfungs-/Steuerberatungsgesellschaften eine zentrale Rolle. Sie beinhaltet die in Zeiteinheiten abgebildeten geplanten und tatsächlichen Ressourcenverbräuche des wichtigsten Einsatzfaktors „Mitarbeiter". In Verbindung mit den Mitarbeiterkostensätzen ist sie darüber hinaus Voraussetzung für die monetäre Bewertung des Ressourceneinsatzes.

Im Rahmen der Planungsrechnung werden die gesamten Netto-Personalkapazitäten, d. h. die effektiv für Beratungsleistungen zur Verfügung stehenden Kapazitäten (Sollarbeitszeit abzüglich geplante Fehlzeiten, beispielsweise aufgrund von Feiertagen, Urlaub, Fortbildung), und ihre Aufteilung auf die geplanten Aufträge ermittelt. Zu diesem Zweck sind die Netto-Mitarbeiterkapazitäten unter Berücksichtigung der für einen Auftrag erforderlichen Qualifikation mit dem geplanten Auftragsvolumen abzugleichen. Um die Planung zu vereinfachen, ist hierzu ein Rückgriff auf die entsprechenden Ist-Datenbestände des Vorjahres bzw. bei Erst-Aufträgen auf vergleichbare Auftragstypen[9] möglich.

Die Erfassung der Ist-Zeitverbräuche erfolgt durch detaillierte Zeitaufschriebe. Hierbei verbucht jeder Mitarbeiter – wie Abb. 7 verdeutlicht – täglich seine gesamten erbrachten Leistungen unter Angabe des zugrundeliegenden Auftrages und des jeweiligen Zeitverbrauches.

---

[9] Zur Strukturierung des Dienstleistungsangebotes vgl. Abschnitt 3.2.1.

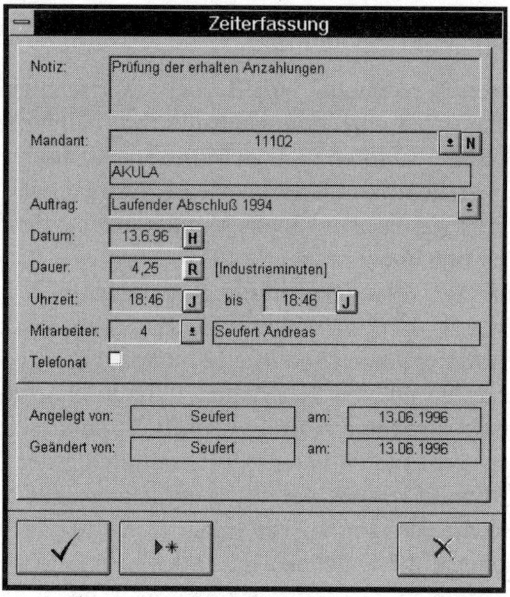

Abb. 7. Leistungserfassung

3.1.2.2 Kostenrechnung

Typisch für die Kostenrechnung in Wirtschaftsprüfungs- und Steuerberatungskanzleien sind:

- *Geringes Ausmass an variablen Kosten:* Die Hauptkostenblöcke[10], wie beispielsweise Personal, DV, Gebäude, Kfz, Versicherungen und Beiträge, schwanken nicht unmittelbar mit der Veränderung der Leistungserbringung, sondern müssen vorgehalten werden.
- *Dominanz des Faktors Personal:* Die Mitarbeiter stellen den grössten Kostenblock dar, repräsentieren aber auch die Leistungspotentiale und das Know-how, das Beratungsleistungen erst ermöglicht.
- *Orientierung an Allowable Costs:* Die Kostenrechnung dient in den meisten Fällen nicht der Ermittlung des Verkaufspreises. Die Honorare für Beratungsleistungen sind meist anhand von Gebührentabellen – die Umsatzgrössen oder Bilanzsummen als Berechnungsgrundlage vorschreiben – oder aufgrund von vor Auftragserteilung getroffenen Honorarvereinbarungen (z. B. bei Jahresabschlussprüfungen üblich) fixiert. Das bedeutet, es existieren bereits vor Auftragsbeginn für jeden Auftrag Zielkosten. Aus diesem Grund ist die jederzeitige Abrufbarkeit von In-

---

[10] Vgl. Dechant, J./ Lorch B. (1995), S. 1-16.

formationen über den Bearbeitungsstand und von bislang aufgelaufenen Kosten eines Auftrages von besonderem Interesse. Um nicht nur die Höhe einzelner Kostenpositionen, sondern auch deren zeitliche Disponierbarkeit planen und steuern zu können, erfolgt daher aufgrund der Dominanz fixer Kosten für Zwecke der Kostenplanung der Rückgriff auf eine Vertragsdatenbank. Sie enthält sowohl die einzelnen Verträge (Grundlage der Verpflichtung zur Leistung) als auch kostenrechnerisch interessante Zusatzinformationen, wie z. B. Vertragsart, betroffene Kostenart/Kostenstelle, Vertragslaufzeit/Kündigungsfristen und Zahlungsmodi. Auf diese Weise lassen sich mittels der zugrundeliegenden Arbeits-, Miet-, Leasing, Wartungsverträge, etc. wesentliche Kostenpositionen effizient steuern und die Auswirkungen bestimmter Entscheidungen auf die Kostenvolumina simulieren. Abb. 8 veranschaulicht die der Kostenplanung zugrundeliegende Vertragsdatenbank.

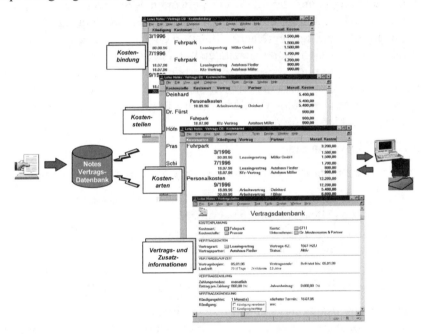

Abb. 8. Vertragsbasierte Kostenplanung

In Wirtschaftsprüfungs- und Steuerberatungskanzleien als typischem Know-how Unternehmen wird der Ressourceneinsatz und -verbrauch wesentlich durch die Inanspruchnahme der Know-how-Träger beeinflusst. Neben dem direkten Personalaufwand, der je nach Grösse und Kanzleityp zwischen 40 - 70 % der Gesamtkosten ausmacht, werden weitere wesentliche Kostenpositionen, wie beispielsweise Kosten der Aus-/Weiterbildung, Informationsbeschaffung (Literatur, Datenbanken) oder die für die Beratungstätigkeit erforderliche Arbeitsplatzausstattung, durch den Haupteinsatzfaktor Personal determiniert.

Aus diesem Grund erfolgt die Messung des Ressourcenverbrauchs durch Mitarbeiterstundensätze i. V. m. mit dem tatsächlichen Zeitaufwand. Um differenzierte Auswertungsrechnungen vornehmen zu können, werden je Mitarbeiter folgende Kostensätze abgespeichert:

- Personalkostensatz (direkte Kosten des Mitarbeiters).
- Arbeitsplatzkostensatz (direkt durch Auftragsbearbeitungen verursachte Kosten).
- Vollkostensatz (Gesamtkosten).

Die Ermittlung dieser Kostensätze erfolgt zunächst im Rahmen der Planungsrechnung – auf der Basis der geplanten Kapazitäten je Mitarbeiter laut Kapazitätsrechnung und der geplanten Kosten laut Vertragsdatenbank – und erfährt im Zuge der Nachkalkulation eine Anpassung an die tatsächlichen Gegebenheiten (Ist-Kapazitäten und Ist-Kosten).

Durch Verknüpfung dieser Elementarbausteine (Kostensatz je Mitarbeiter x Zeiterfassungssatz) lassen sich damit Kosteninformationen über entsprechende Aggregationen entlang der im Repository abgelegten Bezugsobjekthierarchien abrufen.

3.1.2.3 Erlösrechnung

Die Erlösrechnung in WPG/StBG adressiert v. a. folgende Bereiche:

- *Erlösquellenrechnung:* Erfassung der Erlöse nach absatzwirtschaftlichen Potentialen (Mandaten/Mandatsgruppen).
- *Erlösträgerrechnung:* Erfassung der Erlöse nach Kalkulationsobjekten (Produkte/Produktgruppen).
- *Erlösstellenrechnung:* Zuordnung der Erlöse zu den erlöswirksamen-, leistungenerstellenden Kanzleibereichen (Profit-Center).

Entsprechend der anfangs eingeführten Anforderung nach einer möglichst unverdichteten Erfassung relevanter Informationen (Grundrechnungsprinzip) beziehen sowohl die Erlösquellen- als auch die Erlösträgerrechnung ihre Ausgangsdaten aus den zugrundeliegenden Aufträgen.

Im Rahmen der Erlösstellenrechnung werden die auftragsbezogen erfassten Erlöse auf die leistungserstellenden Einheiten, d. h. die an einem Auftrag beteiligten Mitarbeiter aufgeteilt. Grundlage der Verteilung ist hierbei der Anteil der erbrachten Leistung an der für den Auftrag erbrachten Gesamtleistung. Als Mengenindikator dient der erbrachte Zeitaufwand.

Um die unterschiedliche Wertigkeit der Tätigkeiten zu berücksichtigen, werden die einzelnen Zeitverbräuche der Mitarbeiter mit ihrem jeweiligen Personalkostensatz multipliziert. Dadurch wird implizit unterstellt, dass höherqualifizierte und damit teurere Mitarbeiter einen qualitativ höheren Beitrag zur Leistungserstellung beigesteuert haben. Die einzelnen Beträge werden – wie Abb. 9 zeigt – vom System automatisch als Verhältnis der mit den Personalkostensätzen bewerteten Zeitverbräuche des jeweiligen Auftrages generiert und zur Verteilung vorgeschlagen.

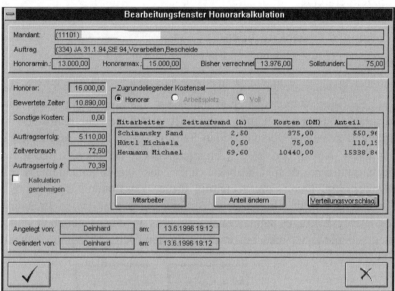

Abb. 9. Erlösaufteilung auf die Erlösstellen

Diese Erlösanteile je Mitarbeiter werden bei Annahme des Vorschlages in einer eigenen SQL-Tabelle abgelegt, um dem Grundrechnungsprinzip zu genügen.

3.2 Repository

Die Aufgabe des Repositorys besteht in der betriebswirtschaftlichen Verknüpfung aller für das Kanzleiinformationssystem benötigten strukturierten und unstrukturierten Daten. Es beinhaltet daher einerseits Strukturinformationen, die sich auf die grundsätzliche Kanzleiorganisation beziehen, andererseits umfasst es Strukturinformationen, die die für die Business Processes relevanten Informationen beinhalten. Sie werden nachfolgend als Struktur- und Steuerungsinformationen bezeichnet.

3.2.1 Structure Repository

In den *Strukturinformationen* des Repositorys werden die Bezugsobjekthierarchien und deren Verknüpfungen für die späteren Abrufe strukturierter und unstrukturierter Informationen angelegt. Dabei können folgende Hierarchien unterschieden werden:

- Mandatshierarchie
- Kanzleihierarchie
- Dienstleistungscluster
- Konten- und Kostenkategorien

Mandatshierarchie

In der Mandatshierarchie sind die Zusammenhänge zwischen Mandaten und zugehörigen Mandatsgruppen hinterlegt. Da insbesondere bei mittelständischen Mandanten häufig enge wirtschaftliche und rechtliche Verflechtungen zwischen verschiedenen Familienangehörigen und deren Unternehmen bzw. privater Engagements bestehen, dient die Mandatshierarchie dem Überblick über das Gesamtengagement einer Mandatsgruppe. Durch die Kenntnis dieser Zusammenhänge kann beispielsweise die Beurteilung des Auftrages eines Mandanten hinsichtlich seines Erfolgsbeitrages zum Kanzleiergebnis in einem gänzlich anderen Licht erscheinen, als dies bei einer isolierten Betrachtung des einzelnes Auftrages der Fall wäre.

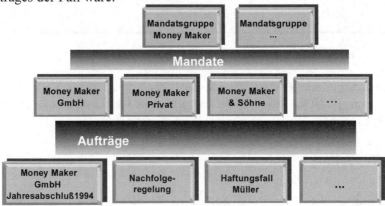

Abb. 10. Beispiel Mandatshierarchie

Kanzleihierarchie

Die Kanzleihierarchie beschreibt die Zugehörigkeit einzelner Mitarbeiter zu einer Gruppe bzw. Abteilung und deren Zuordnung zu einer Niederlassung und einem Unternehmen. Letztere Unterscheidung wurde deshalb getroffen, da bei grösseren Beratungsgesellschaften die Bereiche Wirtschaftsprüfung, Steuerberatung und Betriebswirtschaftliche Beratung i. d. R. in rechtlich selbständige Unternehmen ausgeliedert werden, um einzelne standesrechtliche Beschränkungen, wie z. B. das Werbeverbot für Steuerberater, zu vermeiden.

Dienstleistungscluster

Dienstleistungscluster umfassen das gesamte Spektrum der von der Kanzlei angebotenen Dienstleistungen und deren hierarchische Verkettung in Produktbereiche, Produkte und Auftragstypen. Diese Dienstleistungscluster umfassen neben den externen, mandatsgerichteten Dienstleistungen, auch interne Dienstleistungen, wie z. B. Gruppenleitung oder DV-Support. Abb. 11 skizziert beispielhaft die Struktur eines Dienstleistungsclusters.

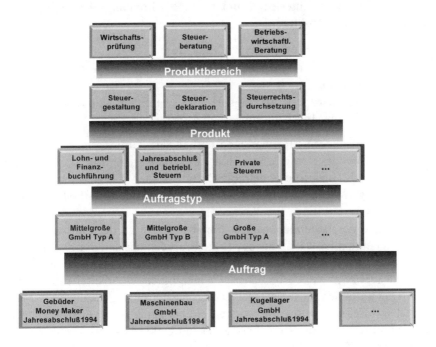

Abb. 11. Beispiel der Struktur eines Dienstleistungsclusters

Die Definition der Dienstleistungscluster geht jedoch über die Beschreibung der hierarchischen Abhängigkeiten hinaus. Sie umfasst darüber hinaus die inhaltliche Fixierung des Produktangebotes (Inhalt des Auftragstyps „Jahresabschluss Mittelgrosse GmbH Typ" im Unterschied zu „Typ B") sowie eine Beschreibung des Prozessablaufes und des Ressourceneinsatzes.[11]

Konten- und Kostenkategorien

Die Konten- und Kostenkategorien beinhalten zum einen die Verdichtungsstufen der Konten (Kontengruppe, Erlöse ⇔ Kosten/ Bilanz ⇔ Guv), um im Rahmen der aus der Finanzbuchführung bestückten Ist-Kostenrechnung Auswertungsrechnungen[12] durchführen zu können, wie beispielsweise eine kurzfristige Erfolgsrechnung oder den Verbindlichkeitenstand Mandatsgruppe x (i.V. mit der Mandatshierarchie). Zum anderen erfolgt für die Kostenkonten eine Zuordnung nach ihrer zeitlichen Disponierbarkeit. Unterschieden werden hierbei Monats-, Quartals-, Jahres- und überjährige Einzelkosten.

Die Verkettung der einzelnen Bezugsobjekthierarchien erfolgt über die im Auftragsstamm hinterlegten untersten Beschreibungselemente der einzelnen Hierarchiestrukturen:

- Der Auftrag ist Bestandteil eines Mandates.
- Der Auftrag wird inhaltlich durch seine Zuordnung zu einem Auftragstyp beschrieben.
- Der Auftrag wird laut Auftragsplanung von einem Mitarbeiter oder einem Team von Mitarbeitern bearbeitet.

Zusätzlich zu diesen Informationen enthält der Auftragsstamm Plandaten über die Höhe des vereinbarten Honorares, den Endtermin, den geplanten Zeitverbrauch sowie die geplanten Auftragskosten. Letztere ergeben sich als Rechengrösse aus dem geplanten Zeitverbrauch je Mitarbeiter multipliziert mit dem jeweiligen Plankostensatz.

Im Zuge der laufenden Auftragsbearbeitung wird der Auftrag mit den entsprechenden Ist-Daten aus der Honorarabrechnung und der Zeiterfassung bebucht. Die Ist-Kosten des Auftrages ergeben sich durch Multiplikation des tatsächlichen Zeitverbrauches der beteiligten Mitarbeiter mit ihren jeweiligen aktuellen Kostensätzen. Da die Kostensätze der einzelnen Mitarbeiter mit Zeitstempeln versehen werden, können etwaige Gehaltsänderungen unmittelbar in die Berechnung der laufenden Ist-Auftragskosten (vgl. Mitaufende Kalkulation/ Allowable Costs) einfliessen. Abb. 12 veranschaulicht zusammenfassend die Zusammenhänge.

---

[11] Vgl. hierzu Abschnitt 3.2.2 Steuerungsinformationen.
[12] Dabei ist ein Durchgriff bis auf Einzelbuchungssatzebene möglich.

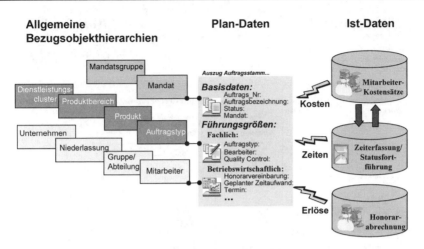

Abb. 12. Zusammenhang der Bezugsobjekthierarchien

3.2.2 Business Process Repository

Die komplexen Abläufe in Wirtschaftsprüfungs- und Steuerberatungskanzleien stellen aufgrund der für Know-how Unternehmen typischen intensiven Kommunikations- und Kooperationsbeziehungen bei der Leistungserstellung (hohe Flexibilität/kaum starre Standardworkflows, Unterstützung des räumlich verteilten Arbeitens aufgrund häufiger Aussendiensttätigkeit beim Mandanten) besondere Anforderungen an die Gestaltung eines Workflow-Managementsystems.

Aus diesem Grund basiert das Workflow-Management auf der Basis der Groupware-Plattform Lotus Notes. Dies ermöglicht einerseits – wie in Abbildung 13 dargelegt – die Implementierung eines skalierbaren Workflow-Managements, andererseits können auf diese Weise die in Lotus Notes gegebenen Möglichkeiten der Unterstützung des Informationsmanagements von verteilt tätigen Arbeitsgruppen genutzt werden.

Abb. 13. Workflow Kontinuum (Hilpert 1994, S3)

Das Business Process Repository enthält, ergänzend zu den Strukturinformationen des Structure Repository, die für die Ablauforganisation erforderlichen Steuerungsinformationen. Auf diese Weise erfahren o. g. Dienstleistungscluster auf Auftragstyp-Ebene ihre Konkretisierung hinsichtlich Produkt-/ und Prozessinformationen. In Übereinstimmung zur hierarchischen Einordnung einzelner Auftragstypen in das Dienstleistungscluster der Kanzlei sind hier abgelegt:

- die Struktur von Workflows,
- die zu bearbeitenden Aufgaben,
- die beteiligten Personen,
- die benötigten Ressourcen und Formulare.

Die Abbildung dieser Prozessinformationen erfolgt in einer speziellen Notes Datenbank. Während der Modellierung kann dabei auf eine zusätzliche Datenbank zurückgegriffen werden, in der die für die Bearbeitung eines speziellen Auftragstyps benötigten Formulare abgelegt sind. Dies geschieht wie – Abb. 14 veranschaulicht – über die in der Produktdatenbank hinterlegten zu einem Auftragstyp gehörenden Arbeitspapiere.

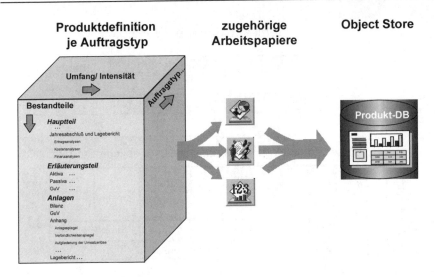

Abb. 14. Abbildung der Produktinformationen

Umfasst beispielsweise die Erstellung eines „Jahresabschlusses Typ A für eine mittlere GmbH"[13] laut Produktdefinition die Erstellung von Ertrags-, Kosten- und Finanzanalysen, so sind die entsprechenden Spreadsheet-Templates automatisch diesem Auftragstyp zugeordnet.
Durch den modularen Aufbau aus den entsprechenden Desktop-Templates (Word Processor, Spreadsheet) mit Notes als Object Store Back-End, das das Routing und die Synchronisierung bei verteilter Teamarbeit steuert, lassen sich die in Wirtschaftsprüfungs- und Steuerberatungskanzleien dominierenden semi-strukturierten Workflows abbilden.
Neben der Flexibilität während der Abarbeitung des Business Processes ist durch den modularen Aufbau des Systems insbesondere auch die schnelle und leichte Änderbarkeit sowie Wartbarkeit derartiger Workflow-Applikationen gewährleistet. Beispielsweise können die immer häufiger stattfindenden Steuergesetzänderungen aufgrund der einfachen Anpassbarkeit der betroffenen Arbeitspapiere i. d. R. durch die Enduser selbst erfolgen. Abb. 15 zeigt abschliessend das Beispiel eines typischen semistrukturierten Workflows „Erstellung eines Jahresabschlusses". Hierbei müssen innerhalb einer fixierten Makro-Struktur auf der Mikro-Ebene flexible Ablaufstrukturen abgebildet werden.

---

[13] Dabei ist zwischen gesetzlichen Mindestanforderungen und Zusatzleistungen aufgrund spezieller Auftragsvereinbarung mit dem Mandanten zu unterscheiden.

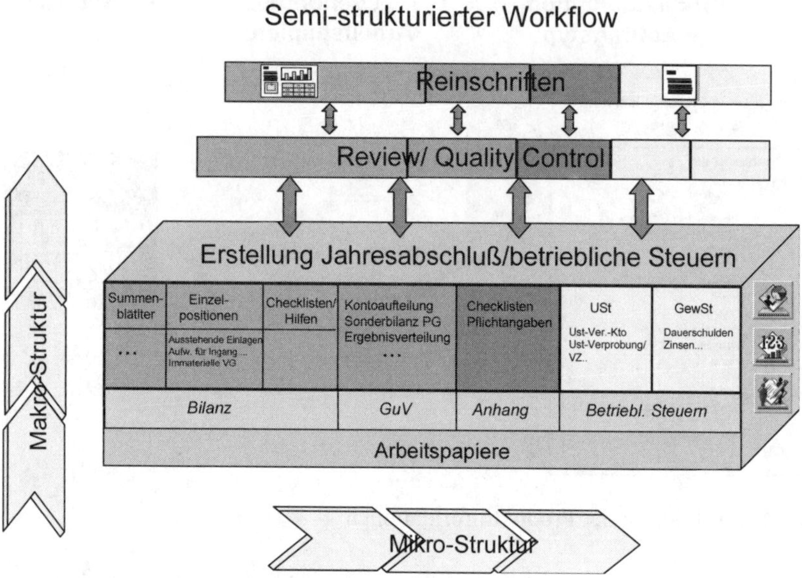

Abb. 15. Beispiel eines semi-strukturierten Workflows

3.3 Controllingsysteme

Controllingsysteme fokussieren primär nicht die fachliche Beratungstätigkeit, sondern sie dienen v. a. der Vorbereitung von Entscheidungen. Ihre Aufgabe besteht darin, Informationen der Basissysteme und des Repositorys für Führungszwecke zur Verfügung zu stellen. Aufgrund der für Know-how Unternehmen charakteristischen hohen Eigenverantwortlichkeit des einzelnen Mitarbeiters, findet der Controllingprozeß jedoch nicht nur auf oberster Führungsebene statt, sondern bezieht alle Mitarbeiter ein.

Der Controllingprozeß kann hierbei als Zyklus aus Query, Analyse, Reporting und Team Review beschrieben werden. Er zeichnet sich – wie Abb. 16 verdeutlicht – durch folgende Charakteristika aus:

- **Answer the „What" Question:** Der Benutzer hat einen Informationsbedarf.
- **Answer the „Why" Question (Step 1):** Zur Ursachenforschung kann das vorhandene Zahlenmaterial mehrdimensional analysiert werden (Drill Down/ Slice and Dice on structured Data).
- **Answer the „Why" Question (Step 2):** Da eine tiefergehende Ursachenforschung häufig eine genaue Sachverhaltskenntnis erfordert, die

sich u. U. nicht ausschliesslich aus der Analyse von „Hard Facts" wie Erlös-, Kosten-, Ergebnis- oder Zeitinformationen ergeben, können im Sinne eines umfassenden Informationsmanagements bei Bedarf neben strukturierten Daten auch semi-strukturierte Daten in den Controllingprozess einbezogen werden.

- **Information Sharing & Team-Review:** Die Erkenntnisse können neben Ad-Hoc Informationsabrufen in Reportingprozesse eingebunden werden, bei denen die einzelnen Mitglieder des Teams verteilt Ergänzungen (Szenarios, Kommentare, etc.) beitragen. Individuelle Ergänzungen können anschliessend begutachtet und bei Bedarf konsolidiert werden.

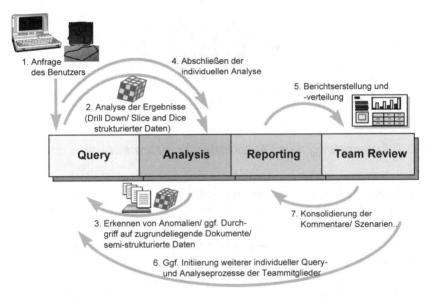

Abb. 16. Controllingzyklus

3.3.1 Auswertung strukturierter Informationen

Die Auswertung strukturierter Informationen basiert auf den in den Basissystemen gesammelten Daten, die durch das Structure Repository miteinander verknüpft wurden. Da die Benutzer i. d. R. nicht über tiefgreifende SQL-Kenntnisse verfügen, erfolgt die Informationsbereitstellung über ein Front-End, das die zugrundeliegende Datenbankstruktur vor dem Benutzer verbirgt und für die Informationsrepräsentation Geschäftsbegriffe aus dessen täglichem Arbeitsumfeld verwendet. Auf diese Weise kann – wie Abb. 17 veranschaulicht – der Benutzer neben dem Abruf vordefinierter

Standardauswertungen beliebig Geschäftsobjekte miteinander verknüpfen und mehrdimensional analysieren.[14]

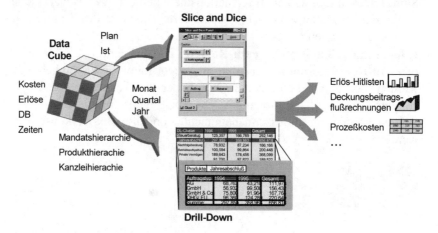

Abb. 17. Slice and Dice/ Drill-Down Analyse

3.3.2 Auswertung semi-strukturierter Informationen

Zusätzlich zur Analyse strukturierter Daten kann im Bedarfsfall auf die den Sachverhalten zugrundeliegenden Dokumente durchgegriffen werden. Auf diese Weise lassen sich einzelne Symptome genauer hinsichtlich ihrer Ursachen – kanzleiinterne oder mandatsbedingte Gründe bzw. Änderungen in der Gesetzgebung – hin analysieren und entsprechende Gegenmassnahmen einleiten.

Dabei können beispielsweise durch die Analyse von Mandats-/ Auftragshistorien folgende Informationen gewonnen werden und ergänzend zur Analyse strukturierter Informationen zur Ursachenklärung beitragen:

- Die Terminüberschreitung bei der Auftragsbearbeitung ist darauf zurückzuführen, dass der Mandant seine Unterlagen trotz wiederholter Aufforderung nicht fristgerecht abgeliefert hat.
- Die Kanzlei kann nachweisen, dass sie den Mandanten auf eine rechtlich bedenkliche Gestaltung hingewiesen hat und sich damit gegen evtl. rechtliche Konsequenzen absichern.
- Aus der Mandatshistorie wird ersichtlich, dass die erbrachten Leistungen nicht mehr durch die ursprünglich vereinbarte Auftragsspezifikation

---

[14] Vgl. *Hayem, M.* (1996).

gedeckt sind. Aufgrund der bisher aufgelaufenen Kosten wird deutlich, dass neue Honorarvereinbarungen nötig werden.

Ergänzend zu diesen Informationsinhalten des Dokumentes selbst, wie z. B. Vertragstexte, Besprechungsprotokolle, Kostenaufstellungen, können auch Verwaltungsinformationen über Dokumente (Erstellungs-, Änderungsdatum, Versionsstand) zur Ursachenanalyse herangezogen werden.

Durch entsprechende Views auf die in Notes-Datenbanken gespeicherten Dokumente lassen sich darüber hinaus neben der geschilderten mandatsorientierten Betrachtungsweise ebenso wertvolle Informationen über andere Bezugsobjekte, wie z. B. Mitarbeiter (Gründe für häufige Terminüberschreitungen, Sorgfalt bei der Bearbeitung von Aufträgen) oder Produkte (Ursachen für häufige rechtliche Auseinandersetzungen bei bestimmten Produkten, Gründe für das Ansteigen von Bearbeitungszeiten bei bestimmten Leistungserstellungsprozessen) gewinnen.

Eine weitere Anwendungsmöglichkeit dieser mehrdimensionalen Auswertbarkeit der Dokumenten-Datenbank ist der Aufbau einer dynamischen, d. h. durch die laufende Bearbeitung neuer Aufträge automatisch bestückten Knowledge-Base, die die Ergebnisse bzw. Arbeitspapiere erfolgreich abgeschlossener Beratungsaufträge gegliedert nach Dienstleistungsclustern enthält. Sie kann sowohl als Know-how Pool für kommende Beratungsaufträge dienen als auch mittels des Zugriffs auf die Verwaltungsinformation „Autor" Auskunft über die Know-how Träger (Spezialgebiete, praktische Beratungserfahrung oder dergleichen) zur Verfügung stellen. Der Informationsabruf dieser Dokumentinformationen kann dabei über Drill-Downs in mehreren Verdichtungsstufen erfolgen, so dass über entsprechende Überblicksinformationen einerseits bereits Informationen gewonnen werden, andererseits die gewünschte Detailinformation sehr schnell lokalisiert werden kann.

3.3.3 Team Review

Die während der individuellen Analyse gewonnenen Informationen werden anschliessend im Rahmen des Reporting verteilt. Dieses Reporting ist jedoch nicht als One-Way Kommunikation zu verstehen, sondern die Ergebnisse können einem Team-Review unterzogen werden. Hierbei lassen sich verteilt Ergänzungen und Kommentare beisteuern. Grundlage hierfür ist, wie bei der Dienstleistungsproduktion, die Arbeitsteilung zwischen Object Store als Back-End und Desktop-Applikation als Front-End. Auf diese Weise kann eine verteilte Bearbeitung der Report-Informationen mittels Word Processing- oder Spreadsheet-Applikation stattfinden, während die Routing-, Versions- und Autoreninformationen im Object Store gespeichert werden. Im Ergebnis lassen sich dadurch die verschiedenen Versionen der einzelnen Autoren komfortabel in ein endgültiges Compound Document konsolidieren.

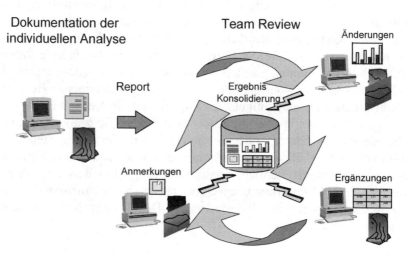

Abb. 18. Team Review

Literatur

Back-Hock, A. (1991): Unterstützung von Controlling-Aufgaben mit Executive Information System-Generatoren und -Anwendungen, in: Scheer, A.-W. (Hrsg.): Rechnungswesen und EDV, 12.Saarbrücker Arbeitstagung. Heidelberg: Physica Verlag 1991, S. 36 - 59.

Bundessteuerberaterkammer (1991): Der Steuerberater auf dem Weg in das 21. Jahrhundert - Herausforderungen und Empfehlungen, Bonn 1991.

Dechant, J./ Lorch B. (1995): Kostenstruktur der steuerberatenden und wirtschaftsprüfenden Berufe, in DSWR 7/95, S. 1-16.

Eyrich, H.-J. (1996): Einfluss und Auswirkungen der Informationstechnologie auf die Organisation kleiner und mittelgrosser Wirtschaftsprüfungsgesellschaften, Dissertation Universität St. Gallen, St. Gallen 1996.

Hayem, M. (1996): OLAP The Next Generation, Tagungsbeitrag, Teamorientierung im Management - Management Support goes Groupware, 4. MSS-Workshop 29.02-01.03.1996, St. Gallen 1996.

Hilpert, W. (1994): Workflow Management im WAN und LAN: Architekturen und Lösungen für flexible Prozessketten, Arbeitsbericht Universität-GH Paderborn, Paderborn 1994.

Institut der Wirtschaftsprüfer (1996): Wirtschaftsprüfer-Handbuch 1996, 11. Aufl., Düsseldorf 1996.

Jacobs, M. (1990): Die Steuerberatung in der EG, Freiburg 1990.

Lochte-Holtgreven, M. (1996): Data Warehouse - Planungshilfe für das Management, in: Business Computing, Heft 4/96, S. 24-28.

Pfiffner, M./ Stadelmann, P. D. (1995): Arbeit und Management in der Wissensgesellschaft, Dissertation St. Gallen, St. Gallen 1995.

Riebel, P. (1994): Einzelkosten- und Deckungsbeitragsrechnung, 7. Aufl., Wiesbaden 1994.

Der Information Highway als Infrastruktur der Informationsgesellschaft*

Beat F. Schmid

---

* Wiederabdruck von Schmid, B. F., Der Information Highway als Infrastruktur der Informationsgesellschaft, in: Hilty, R.: Information Highway, 1999, S.65-86 mit freundlicher Genehmigung des Stämpfli Verlags.

Charakterisierung des Information Highway

Ortslose Information durch Telekommunikation

Die Nutzung elektromagnetischer Signale zur Übertragung von Information erfolgt seit über hundert Jahren. Im Punkt-zu-Punkt-Bereich werden Texte mittels Telegrafie, Gespräche mittels Telefon, komplexe Dokumente mittels Fax übertragen. Im Broadcastbereich übermittelt das Radio Ton und das Fernsehen zusätzlich Bilder. Die Aufhebung des Raumes durch die Telekommunikation ist uns daher aus dem Alltag vertraut. Das quantitative Ausmass der Nutzung dieser Technologien ist stetig gewachsen. Zwischenzeitlich wenden wir vergleichbare Anteile unserer Lebenszeit für die Arbeit wie für den Konsum dieser elektronischen Medien auf. Die Kennzeichnung unserer Gesellschaft als Medien- oder Kommunikationsgesellschaft ist daher nicht neu.

Die Ubiquität der elektronischen Information wird bei Live-Übertragungen von Ereignissen, z.B. im Sport, besonders deutlich erlebbar: Unabhängig vom Ort des Betrachters sind simultan dieselben Bilder verfügbar. Um sie aus dem Äther herunterzuholen, bedarf es relativ billig erhältlicher Empfangsgeräte. Diese sind heute rund um den Globus in grosser anzahl vorhanden. Selbst in ärmsten Haushalten der dritten Welt ist der Fernseher heute anzutreffen.

Der Computer als interaktiver Informationsträger

Mit der Erfindung des Computers ist es der Menschheit erstmals möglich, einen *interaktiven Informationsträger technisch herzustellen*. Bislang war der Mensch der einzige interaktive Informationsträger: Er allein war imstande, gespeicherte Information anzuwenden, d.h. Fragen zu beantworten und Probleme mit dieser Information zu lösen[1]. Auf der Basis der Computertechnologie können nun Maschinen geschaffen werden, die auch über diese Fähigkeit verfügen, wie bereits der Taschenrechner zu demonstrieren imstande ist: Eine Zahl auf dem Display des Taschenrechners verhält sich anders als eine Zahl auf dem toten Informationsträger Papier; sie befolgt Befehle, die (über die Tastatur) an sie gerichtet werden.

---

[1] STEFIK, 415 ff.

In der Zwischenzeit wird in komplexeren Softwarepaketen immer mehr problembezogene Information codiert und dem Nutzer zur Verfügung gestellt. Eine CAD-Workstation im Architekturbüro gestattet neben dem Erstellen der Bau- und Konstruktionspläne nicht nur eine Fülle von Operationen, die mit der Herstellung der Pläne verbunden sind, sondern z.b. auch die perspektivische Visualisierung des durch sie dargestellten Gebäudes. Dies kann inzwischen in fotorealistischer Weise erfolgen, wobei Beleuchtung, Tageszeit, Standpunkt des Betrachters, Oberfläche des Gebäudes usw. interaktiv frei wählbar sind. Zusätzlich ist bauphysikalisches Wissen, z.b. zum Temperaturverhalten des Gebäudes, Information zur Baustatik oder Verfahren zur Kostenberechnung in der Software gespeichert. All diese Information kann der Anwender immer leichter auf Fragestellungen, die mit seinem Bauvorhaben zusammenhängen, auf der Basis der Konstruktionspläne anwenden. Im Bereich komplexer Industrieprodukte, z.b. im Automobil- und Flugzeugbau, wird diese Technik in noch wesentliche umfangreicherem Masse eingesetzt.

Softwarepakete sind virtuelle Maschinen, die auf unterschiedlicher Hardware z.B. zu Text-, Zeichen-, Konstruktionsmaschinen spezifiziert werden können. Durch Standardisierung (Normierung) und konsequente *Umsetzung objektorientierter Konzepte werden die Informationsobjekte selber zu virtuellen Maschinen*, die auf unterschiedlichen Soft- und Hardwareplattformen zu Dienstebringern erweckt werden können (vgl. Abb. 1).

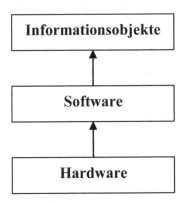

Abb. 1. Informationsobjekte als virtuelle Maschinen

Verschmelzung von Informatik und Telekommunikation

Seit ca. 15 Jahren beginnen Informatik und Telekommunikation zur Telematik zu verschmelzen. Dadurch wurde zunächst die auf einer Maschine verfügbare Information über die Telekommunikationskanäle abrufbar. Die Interaktion mit der auf der maschine repräsentierten Information ist, unabhängig vom Ort des Aufrufs bzw. der Speicherung der Daten, dieselbe: Die Informationsobjekte sind *ortslos* geworden, ubiquitär wie ein Fernseh- oder Radioprogramm. Parallel dazu sind Kommunikationsmodelle entwickelt wurde, die als Schichtenmodelle ausgebildet sind. Prototypisch ist das OSI-Modell der ISO (International Standards Organisation). Die untersten Schichten beschreiben die physikalischen Aspekte und die Transportfunktionalitäten (Schichten 1-4 im OSI-Modell), während die oberen Schichten (Anwendungsschichten, Schichten 5-7) dem Benutzer die Informationsobjekte so präsentieren, dass er von den Aspekten der Transportinfrastruktur abstrahieren kann.

Damit werden die interaktiven, bei Bedarf multimedialen Informationsobjekte zu ortslosen virtuellen Maschinen, wie beispielsweise ein elektronischer Produktekatalog im World Wide Web augenfällig demonstriert. Nachdem wir gelernt haben, Softwaresysteme als virtuelle Maschinen zu begreifen und zu fertigen, sind wir nun gefordert, die Informationsobjekte selbst, möglichst losgelöst von der Software, als virtuelle Maschinen zu konzeptualisieren, ganz im Sinne der objektorientierten Modelle für offene Systeme, etwa der OMG (Object Management Group) oder des ODP-Modells (Open Distributed Processing) der ISO[2].

Virtuelle Räume sind ein Spezialfall solcher ortsloser Informationsobjekte. Sie können von mehreren Nutzern gleichzeitig „betreten" und interaktiv genutzt werden, auch wenn sich diese an sehr unterschiedlichen Orten aufhalten. Videokonferenzen sind eine Frühform dieser Technologie im synchronen Bereich, Newsgroups im asynchronen Bereich. Virtuelle Welten, wie Chatrooms im Internet oder Applikationen, wie sie z.B. der Regisseur Spielberg für amerikanische Kinderspitäler entwickelt hat (die es Kindern erlauben, in Gestalt von durch sie wählbaren Figuren in einem gemeinsamen virtuellen Raum zu interagieren), oder Worlds Away von Fujitsu (eine von CompuServe angebotene VR-Umgebung für Chatting-Anwendungen, wo Personen sich mit dauerhaften, selbst gewählten Identitäten aufhalten und interagieren können) sind fortgeschrittenere Formen solcher virtuellen Räume.

---

[2] S. z.B. DE MEER

Multimedia

Die Digitalisierung der Informationsträger für Text, Sprache, Bild, etc. hat ein *einheitliches, auf dem Computer repräsentierbares Medium für alle Informationsformen* geschaffen. Damit sind völlig neue Möglichkeiten der Darstellung und Bearbeitbarkeit der Information entstanden. Ihre Nutzung erfolgt in rasantem Tempo. Multimediale *Hypertexte* sind heute im World Wide Web weit verbreitet. Die *CD-ROM*-Technologie ermöglicht zudem die Einbindung von umfangreichen Bewegtbildsequenzen. Das Gebiet der *Computer Graphics* hat enorme Fortschritte errungen und zeigt auf eindrückliche Weise, was in diesem neuen Medium *visualisierbar* wird. Es wird einerseits für unsere Sinne immer schwieriger, Realität von Fiktion zu unterscheiden, andererseits entstehen völlig neuartige Repräsentationsformate, namentlich mit dem Hypertextkonzept.

Ein Abschluss dieser Entwicklungen ist noch nicht in Sicht. *Virtuelle Realität* ist in diesem Zusammenhang ein häufig verwendetes Schlagwort für die neue Gestalt der Information. Um sie in optimal wirksamer Weise erleben zu können, sind *neuartige Schnittstellen* entwickelt worden, die heute vor einer breiten Kommerzialisierung stehen, wie z.B. das HMD (Head Mounted Display). Die kurze Geschichte der Schnittstellen, von Lochkarte, alphanumerischem Terminal und grafischen Bildschirmen zu künftigen Formen, die ein sinnlicheres Erleben und ein leichteres Navigieren in den Datenräumen gestatten, ist bei weitem noch nicht abgeschlossen.

Der Information Highway als Infrastruktur für die neuen Informationsobjekte

Der Begriff Information Highway ist in Analogie zum Autobahnnetz gewählt. Diese Wahl ist insofern treffend, als der *Infrastrukturaspekt* des Information Highway angesprochen ist. Infrastrukturen wie Schienennetze oder Autobahnnetze sind Auslöser und Voraussetzung für wirtschaftliche und gesellschaftliche Entwicklungen. Dies trifft für den Information Highway in besonderem Masse zu. Auf der anderen Seite ist das Bild des Autobahnnetzes insofern treffen, als der *Infrastrukturaspekt* des Information Highway angesprochen ist. Infrastrukturen wie Schienennetze oder Autobahnnetze sind Auslöser und Voraussetzung für wirtschaftliche und gesellschaftliche Entwicklungen. Dies trifft für den Information Highway in besonderem Masse zu. Auf der anderen Seite ist das Bild des Autobahnnetzes insofern unpassend, als dieses gewisse Punkte des Raumes verbindet, und andere abseits liegen lässt. Letzteres ist beim Information Highway geraden nicht der Fall: Die Information ist *überall* verfügbar, wo ein Zugriff auf die Telekommunikationsnetze gewährleistet ist. Dieser ist im Zeitalter des Mobiltelefons an immer mehr Gebieten der Erde und in wenigen Jahren durch die Einführung der weltumspannenden satellitengestützten Kommunikationsinfrastrukturen global vorhanden. Der Information Highway ist daher eher als (globales) *Medium* zu charakterisieren.

Das Internet stellt eine erste Version des Information Highway dar. Es dürfte in den nächsten Jahren mit Breitbandtechnologie ausgerüstet werden. Dies entspricht – um in dem gewählten Bild zu bleiben – etwa einer Verbreiterung der Autobahn von 2 auf 2000 Spuren...

Der Information Highway entspricht den tieferen Schichten des OSI-Modells. Er stellt nur das *Transportsystem* oder treffender: Das *Medium* für die genannten Informationsobjekte zur Verfügung. Wir wollen uns im Folgenden nicht diesem Aspekt zuwenden, sondern der Anwendungsschicht. Für den Anwender ist nur das *Ergebnis* der Transportleistung des Information Highway *in Gestalt der überall gleichzeitig verfügbaren interaktiven Informationsobjekte* von Interesse. Diese ermöglichen ihm die Neugestaltung zahlreicher bisheriger Abläufe und das Erschaffen völlig neuer Anwendungen.

Zusammenfassend verfügen wir somit über Informationsträger mit einer radikal neuen Gestalt und über ein Medium für ihre Verbreitung. Sie verbinden die Eigenschaften von live-Fernsehprogrammen mit der Interaktivität von Computerapplikationen (vgl. Abb. 2). Ihre künftige Gestalt ist noch nicht absehbar. Die heutigen Formen lehnen sich stark an vorhandene Vorbilder an. Sie sollen im Folgenden kurz gestreift werden.

Abb. 2. Die neue Infosphäre

Aspekte der neuen Informationsobjekte

Aspekt Datenbanken und Applikationen

Historisch ist der Information Highway aus dem Fernzugriff auf Computerapplikationen im Terminalmodus entstanden (– im Internet die Dienste FTP und Telnet). Deshalb sind viele Informationsobjekte, die über den Information Highway verfügbar gemacht werden, nach der Gestalt von Computerapplikationen und den hinter ihnen stehenden Datenbanken geformt. Sie zeigen sich in der dem Computerbenützer vertrauten Gestalt, mit Schnittstellen wie elektronische Masken, (pull down-) Menues und Suchfunktionalitäten, wie sie für Datenbanken typisch sind. Diese im Verlaufe der letzten Jahrzehnte gewachsene Schnittstelle wird hinsichtlich ihrer Funktionalität die Informationsobjekte des Information Highway wohl auch künftig mitcharakterisieren.

Aspekt Elektronische Märkte

Elektronische Märkte sind meist auf der Basis von Interorganisationssystemen[3] entstandene ortslose Marktplätze, die das Platzieren von Angeboten und Nachfragen gestatten. Sie sind ein Spezialfall der oben genannten virtuellen Räume, ortslose Informationsobjekte von oft grosser Mächtigkeit. Sie haben bereits in weiten Bereichen der Wirtschaft eine Umgestaltung des Geschäftes zur Folge gehabt und schicken sich an, immer weitere Bereiche zu erfassen. Zu nennen sind beispielsweise Finanzmärkte oder Flugreservationssysteme, die in beiden Fällen zu einer Globalisierung des Handels mit den betreffenden Produkten geführt haben[4]. Elektronische Märkte sind der eigentliche Kern der Globalisierung der Weltwirtschaft.

Mit dem Internet sind nun auch im *Retailbereich* globale Märkte entstanden bzw. im Entstehen begriffen[5]. Produkte des Einzelhandels wie CDs, Softwarepakete, Bücher, aber auch ofenfrische Pizza, Reisen und komplexe Produkte können über elektronische Produktkataloge für die Privatperson elektronisch im Cybermarkt eingekauft werden. Die Gestalt der elektronischen Produktkataloge reicht von datenbankähnlichen Erscheinungsformen bis zur Darstellung virtueller Geschäfte, die versuchen, sich wie reale Geschäftsräume zu präsentieren.

---

[3] ALT, CATHOMEN.
[4] SCHMID, 465 ff.
[5] vgl. SCHMID et al.

Aspekt Printmedien

Die heute wichtigste Internetapplikation World Wide Web (WWW) verwendet das Konzept des *Hypertextes*. Die dargestellte Information wird häufig in Analogie zu Texten im Printmedium gestaltet. Es ist deshalb nicht zufällig, dass zwischenzeitlich sehr viele Zeitschriften auch im WWW verfügbar sind. Ähnlichkeit und Differenz der Hypertexte zum konventionellen Text werden so besonders deutlich. Einerseits dient der herkömmliche Text als vertrauter Einstieg in den Hypertext. Andererseits bietet dieser mit den Hyperlinks wesentlich weitergehende Funktionalitäten. Durch Anklicken z.B. des Namens des Verfassers eines Artikels lässt sich Information über diesen einholen und ev. einen elektronischen Brief an ihn verschicken; durch anklicken eines Inserates lässt sich das virtuelle Geschäft des Inserenten betreten und dessen Waren einkaufen; in Ergänzung zum Kinoprogramm lassen sich Informationen zu den angekündigten Filmen von Servern holen, die von entsprechenden Instituten oder von der Filmgesellschaft selbst zur Verfügung gestellt und ständig aktualisiert werden. Bereits wird es möglich, den Platz eigener Wahl für den Kino- oder Theaterbesuch über Internet zu bestellen.

Diese Beispiele mögen genügen, um deutlich zu machen, um wie viel mächtiger die interaktiven Informationsobjekte gegenüber dem heutigen Printmedium sind, wenn man sie durch die Brille des Printmediums als Hypertexte betrachtet.

Aspekt TV

Das Medium Fernsehen plant ebenfalls die Nutzung der Möglichkeiten des Information Highway und wird, wie oben erwähnt, einen Teil dieser Infrastruktur, basierend auf seinen Verteilnetzen, bestreiten. Ein naheliegender Dienst ist Video-on-Demand. Einige Betreiber von Kabelfernsehnetzen sind dabei, eine Form von Video-on-Demand auf der Basis der bestehenden Netze einzurichten. Dabei werden Filme mehrfach zeitversetzt (z.B. in Viertelstunden-Abständen) ausgestrahlt, so dass sich der Kunde praktisch jederzeit einschalten kann. Die echte Form des Video-on-Demand, wo der Kunde „seinen" Film individuell geliefert erhält, wird wesentlich grössere Bandbreiten verlangen.

Weitere Angebote, die dem Kunden über die TV-Netze verfügbar gemacht werden, haben dasselbe Profil wie die Angebote unter WWW: Informationsdienste, Teleshopping, u.ä. sie sollen mittels einfacher Fernbedienung und einer Settop-Box über den gewohnten Fernsehempfänger bezogen werden können; die ersten Versuche laufen.

Schliesslich wird echtes interaktives Fernsehen angestrebt, bei dem der Zuschauer nicht mehr länger in der rein passiven Rolle verharren muss, sondern wo er in die Sendungen eingreifen kann. Dieser Eingriff kann die Darstellung der Sendung (z.B. die Veränderung der Perspektive beim Fussballspiel), oder den Ablauf des Geschehens selbst (Abstimmungen zum weiteren Fortgang der Sendung) betreffen. Es dürfte jedoch noch einige Jahre dauern, bis eine reife Form des interaktiven Fernsehens in nennenswertem Umfang verfügbar ist.

Aspekt Virtuelle Räume

Der Information Highway ermöglicht die simultane Interaktion zahlreicher Teilnehmer. Dies ist im Internet im quasi-synchronen Bereich mit Newsgroups, und vollsynchron mit MUDs (Multi User Devices oder -dungeons), sog. Elektronischen Salons oder Chatrooms, heute Realität. Der bereich der Computerspiele drängt in die Netzwerke, um eine global verteilte Spielerschaf auf einem gemeinsamen Spielfeld interagieren zu lassen. Zielpunkt dieser Entwicklung ist die Virtuelle Realität.

Aspekt Telefonie

Auch Telefonieren ist im Internet bereits in ersten Applikationen möglich. Die Computer-Telefon-Integration (CTI) und PC- und LAN-gestützte Videoconferencing-Applikationen bereiten einen Weg, auch die Telefonie als heute dominantes Mittel für die synchrone Punkt-zu-Punkt-Kommunikation in den Information Highway zu integrieren.

Konvergenz der Medien

Die bisher erwähnten Aspekte beziehen sich alle mehr oder weniger deutlich auf existierende medien. Sie konvergieren nun zu einem neuen *Supermedium*, das all diese Aspekte in sich vereinigt. Es ist in der Gestalt des neuen Hypertextes eine Fortführung des Printmediums, hinsichtlich der Aspekte von Ton und Bild eine Weiterführung des Fernsehens, bezüglich der Interaktivität und der Möglichkeiten der synchronen Kommunikation eine Ergänzung von Telefon- und Videokonferenz, und im Blick auf die ökonomische Anwendbarkeit ein elektronischer Marktplatz. Neben der Marktplatzfunktionalität bietet es eine unbeschränkte An zahl weiterer virtueller Räume, die es Gruppen nicht nur erlauben, sich auszutauschen, sondern selbst gruppenbildenden Charakter besitzen (vgl. Abb. 3).

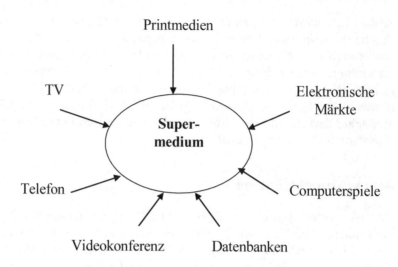

Abb. 3. Konvergenz der Medien

Die neuen Informationsobjekte als Inhalte

Die neuen ortslosen Informationsobjekte bilden die Inhalte (Contents) des neuen Supermediums. Ihre künftige Gestalt ist heute schwer abschätzbar. Was heute schon feststeht, sind folgende Eigenschaften:

- Die Informationsobjekte können als virtuelle Maschinen eine ungeheure *Mächtigkeit* erlangen. Elektronische Handelssysteme wie Börsen oder Transaktionssysteme im Flugbereich liefern dafür heute schon einschlägige Beispiele.
- Die *Fertigung* dieser virtuellen Maschinen wir ein bedeutender Wertschöpfungszweig der künftigen Wirtschaft darstellen.
- Die *Produktivität* und ihr *Wachstum* erreichen dank Standardisierung und der rekursiven Einbettbarkeit der Objekte ineinander eine neue Grössenordnung. World Wide Web zeigt dies bereits heute auf einer relativ primitiven Stufe (Ebene Hypertext).
- Die Informationsobjekte werden sich *benutzerabhängig* in sehr *unterschiedlicher Gestalt* präsentieren können. Anders als bei den herkömmlichen, nicht-interaktiven Medien werden sie an keine fixe Gestalt gebunden sein.

Der Aufbau des Transportmediums Information Highway stelle eine grosse Herausforderung dar, besonders hinsichtlich der Einführung der Breitbandtechnologie und vielleicht noch mehr mit blick auf die notwendigen Normierungsarbeiten. Unvergleichlich viel grösser sind jedoch die Möglichkeiten, welche die *Gestaltung der Inhalte* bieten, die über den Information Highway gesendet werden können. Hier dürften im Bereich de Informations- und Kommunikationstechnologie nach der Softwareindustrie neue Wirtschaftszweige entstehen, welche diese leicht um ein Vielfaches übertreffen können (vgl. Abb. 4).

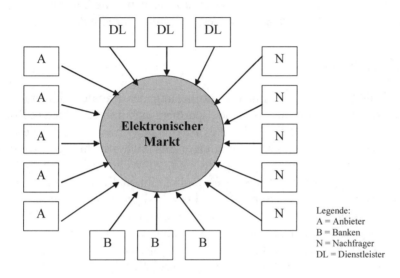

Abb. 4. Elektronische Märkte

Die wirtschaftliche Nutzung des Information Highways

Neue globale Marktplätze

Elektronische Märkte sind, wie oben dargelegt, virtuelle ortslose Marktplätze, die, ausgehend von Firmennetzwerken, bereits recht zahlreich entstanden sind. Sie haben das Wirtschaftsgefüge im globalen Massstab zu verändern begonnen. Die wesentlichen Veränderungen können wie folgt charakterisiert werden:

- Auf dem elektronischen Marktplatz sind die einzelnen Anbieter unmittelbar vergleichbar und im direkten globalen Wettbewerb. Das führt zur Aufhebung des Standortschutzes und zu global einheitlichen Preisen.

- Der globale Marktplatz erzwingt eine *Standardisierung* und damit Substituierbarkeit von Produkten mit Commodity-Charakter.
- Die elektronischen Märkte ermöglichen auf einfache Weise die *Bündelung von Produkten* und insbesondere die *einfache Anbindung von Dienstleistungen*. Damit verändert sich der Charakter der Produkte in Richtung von Gesamtlösungen.
- Auf elektronischen Märkten ist das Angebot *derivativer Produkte* (Futures, Optionen), wie in Finanzmärkten inzwischen üblich, technisch relativ einfach möglich. Damit wird die Disposition der Kunden erleichtert.

Die neue Firma

Diese Effekte, kombiniert mit der Aufhebung des Raumes, d.h. mit der Tatsache, dass die Distanz des Handelspartners eine immer geringere Rolle spielt, bleibt nicht ohne Folge für die *Struktur der Firmen* selber. Die globale Konkurrenz zwingt die Firmen einerseits, sich auf ihre Kernkompetenzen zu konzentrieren, wo sie fähig sind, zu Weltmarktkonditionen zu produzieren. Auf der anderen Seite ermöglicht ihnen die neue Infrastruktur den Fremdbezug von Leistungen, die bisher wegen hohen Transaktionskosten im eigenen Unternehmen erstellt werden mussten. Outsourcing und die Bildung von Firmennetzwerken sind organisatorische Konzepte in diesem Kontext. Fluchtpunkt dieser Entwicklung ist die *virtuelle Organisation*, bei der die Wahl der Lieferanten dynamisch erfolgt. Solche Organisationsformen sind in der computer-, Textil- und anderen Industrien in Einführung.

Dieser Dekompositionsprozess stellt eine *Chance für kleine und mittlere Unternehmen* dar. Die Voraussetzung zu ihrer Nutzung besteht allerdings in einer rechtzeitigen Vertrautheit mit dem Information Highway und seinen Möglichkeiten.

Das neue Umfeld und die erwähnte hohe Wachstumsgeschwindigkeit verlangen Organisationsformen, die in hohes Mass an *Kreativität begünstigen* und die Fähigkeit zu raschem Wachstum haben, das heisst auch zu rascher Anpassung, besitzen. Auch dieser Aspekt begünstigt kleine und mittlere Firmen. Er wird gegenwärtig noch zu wenig systematisch beachtet.

Die Perspektive des Konsumenten

Der Konsument im Cybermarkt hat Zugriff auf eine riesige Fülle von Angeboten und kann im Prinzip das für ihn Günstigste auswählen. Diese

Möglichkeit eröffnet sich mit Internet in immer rascherem tempo auch dem Retailkunden. Eine *Explosion des Handels im Internet* wird erwartet, sobald rechtliche Aspekte und der Zahlungsverkehr in befriedigender Weise gelöst sind. Auch hier reicht die Existenz von technisch befriedigenden Insellösungen nicht aus. Vielmehr sind *weltweit anerkannte Standards* vonnöten.

Der Information Highway wird heute von Konsumenten in erster Linie als Informations- und Kommunikationsmedium verwendet. Die Anzahl der Nutzer dieses Mediums wächst mit ca. 50-100% pro Jahr. Dazu sollen Ende 1995 ca. 10% der US-Bevölkerung gehört haben; man rechnet mit einer Verdoppelung im Jahre 1996. Auch wenn diese Zahlen zu hoch gegriffen sein sollten, so darf doch festgehalten werden, dass der Durchbruch in den Massenmarkt erfolgt ist, und dass mit einem für die Konsumelektronik charakteristischen Wachstum zu rechnen ist. *Der Cybermarkt ist Realität* und dürfte in wenigen Jahren Grössenordnungen erreichen, wie sie Wirtschaftsräume wie EU oder NAFTA besitzen.

Neben der Einrichtung von sicheren Marktdiensten wie Zahlungsverkehr und einer befriedigenden Sicherheitsarchitektur ist jedoch auch das Orientierungsproblem zu lösen: Der Information Highway bietet dem Konsumenten auf Knopfdruck einen Ozean von Angeboten ins Haus (dazu mehr unten).

Die Rolle der Intermediäre

Die Stellung des *Zwischenhandels* in seiner bisherigen Form wird durch elektronische Märkte erheblich tangiert und verändert. Ein grosser Teil seiner Funktionen werden überflüssig oder im Netz wesentlich billiger angeboten. Auf der anderen Seite benötigt der Information Highway *neue Intermediäre*, die dem Kunden vermitteln, was er benötigt. Eine grosse Anzahl von Mittlerdiensten (Suchdienste wie Netscape Search, Alta Vista, Yahoo, Lycos, Webcrawler, usf.) sind entstanden. Profil und Struktur dieser Dienste sind jedoch noch nicht stabil. Auch hier eröffnet sich ein breites Feld für geschäftliche Innovationen und Wertschöpfungen.

Die Gestaltung des neuen Mediums

Die Bildung von Submedien

Vergleicht man das auf der Basis des Information Highway sich herausbildende neue Supermedium mit dem Printmedium, so zeigt sich sofort, dass eine sektorielle Gestaltung unabdingbar ist. Analog wie das Printmedium spezifische *Submedien* – d.h. spez8ialisierte Medien für Wirtschaft, Sport, Unterhaltung, etc. – herausgebildet hat, wird auch das elektronische Supermedium nach Submedien verlangen. Dabei reicht es nicht, die Inhalte nach Zielgruppen zu ordnen. Vielmehr braucht es Zonen, in denen gewisse *Spielregeln* eingehalten werden, z.b. bezüglich Qualität der Information, ethischen Normen, Vertraulichkeit, usw.

Angebote wie CompuServe, Prodigy, America Online, CommerceNet haben den Charakter von Submedien, die, mehr oder weniger ausgeprägt, für eine bestimmte Philosophie stehen. Damit sind jedoch viele Kundenbedürfnisse noch nicht hinreichend präzise erfasst. Vergleicht man die Situation mit den Printmedien, so ist künftig eine wesentlich zielgenauere Kundengruppenadressierung zu erwarten. Beispielsweise sind im Reisemarkt Reiseangebote für Golfer, Sportfischer, Bildungsreisende etc. denkbar und sinnvoll, die einerseits *selektiv* genau diese Gruppen ansprechen und andererseits das Angebot *umfassend* selektieren und bewerten.

Regionale Electronic Malls

Neben thematisch orientierten Submedien sind – ebenfalls wieder in Analogie zum Printmedium – *regional* adressierte Submedien sinnvoll. Die meisten Menschen haben immer noch den Hauptanteil ihrer Beziehung innerhalb ihrer Wohn- und Arbeitsregion. Sie interessieren sich für das Wetter, das Kinoprogramm, Veranstaltungen etc. *ihrer* Region, und weniger für das globale Angebot. Eine Plattform, die einerseits die regionalen Angebote bündelt und verfügbar macht, und andererseits das Überregionale in für die Regionen einschlägiger Weise strukturiert und selektiert, dürfte ein Erfolgsrezept der Zukunft darstellen.

Dies soll am Beispiel der Electronic Mall Bodensee (EMB)[6] verdeutlicht werden. – Das Projekt EMB hat als wesentliche Zielsetzung die Konzepti-

---

[6] www.emb.net. Das Projekt der Electronic Mall Bodensee wurde von Beat F. Schmid am Institut für Wirtschaftsinformatik, Universität St. Gallen, entwickelt und 1995 online geschaltet.

on und Realisierung eines offenen und grenzüberschreitenden elektronischen Marktplatzes für die Region Bodensee. Damit sollen die neuen Potentiale telematischer Infrastrukturen für die Region nutzbar gemacht werden. Dadurch wird eine nachhaltige Stärkung der Wirtschaftskraft angestrebt. Die EMB hat die Funktion einer Infrastruktur als Basis für neue Formen des Wirtschaftens, des Informationsaustausches und der Kommunikation im Informationszeitalter. Sie steht als Plattform allen Unternehmen, Haushalten und anderen Organisationen (öffentliche Verwaltung, soziale und kulturelle Einrichtungen, etc.) zur Inspruchnahme zur Verfügung.

Neben zahlreichen Produkte- und Dienstleistungsangeboten regionaler Firmen sind auch direkt auf die Region bezogene Publikumsdienste in den Bereichen Touristik, Kultur, Wirtschaftsinformationen, Wetter, Sport, Bildung, Administration, Medien, Technologietransfer, Politik, Verkehr, Gesundheit und Soziales, etc. enthalten bzw. in Vorbereitung. Die EMB betreibt inzwischen vier eigene WWW-Server in St. Gallen, Konstanz und Dornbirn. Ende Februar 1996 waren bereits 150 Anbieter über die EMB erreichbar, davon ca. zwei Drittel mit kommerziellen Interessen. Insgesamt wurden im Februar 1996 ca. 250'000 Dokumente abgerufen.

Die EMB wird in einem *Schichtenmodell* realisiert (Abb. 5), das aus vier Schichten (oder Layer) besteht.

- Die *oberste* Schicht, der Shopping Layer, entspricht der eigentlichen Verkaufsebene. Sie enthält die elektronischen Geschäfte, in denen der Kunde die angebotenen Waren und Dienstleistungen sichten und bei Bedarf bestellen kann. Das hier Anzutreffende soll einen möglichst umfassenden Querschnitt durch die Region darstellen. Die *Firmen* präsentieren sich auf der obersten Schicht mit elektronischem Werbematerial und elektronischen Produktkatalogen mit interaktiven Bestellmöglichkeiten.

Diese Möglichkeit offeriert die EMB nicht nur gegenüber Retailkunden, sondern auch im *innerbetrieblichen* oder *business-to-business* Bereich. So kann eine Firma ihre Artikel ihren Filialen oder Firmenkunden mittels elektronischem Prduktekatalog nicht nur auf dem neuesten Stand, mit interaktiven Bestellmöglichkeiten, präsentieren, sondern diese Produkte auch mit nützlicher Information, z.B. Montageanleitungen, anreichern. Derartige Information, die *vertrauliche Elemente* enthalten kann, muss im Rahmen von „geschlossenen Abteilungen" der EMB realisiert werden können.

Der Shopping Layer soll auch möglichst breit *über die Region informieren*. Der Kunde soll zu den Bereichen Unterhaltung (Theater, Kino, Konzerte, etc.), Bildung (Vorträge, Kurse, etc.), Wetter, Politik, usw. ein attraktives Informationsangebot vorfinden. Von zunehmender Bedeutung dürfte in Zukunft in elektronischen Retailmärkten der Bereich *Unterhaltung* sein. Deshalb soll auch in diesem Bereich für ein spezifisches Angebot gesorgt werden.

- Der *zweite Layer* der EMB wird Dienste enthalten, die in Elektronischen Märkten von allen oder vielen Anbietern oder Nachfragern benötigt werden, das sind die sog. *generischen EM-Dienste*. Dazu gehören der (internationale) Zahlungsverkehr, Transportdienstleistungen, Behördenverkehr, Sicherheitsdienste, etc. Diese Dienste sollen so ausgestattet werden, dass sie als eine Art „Steckdosenlösungen" auf einfache Weise in die Dienste des Shopping Layers einbindbar sind.
- Im nächsttieferen, *dritten Layer* befinden sich die *Standard-Dienste* in offenen Netzwerken wie Internet, auf denen die EMB aufbaut. Der wichtigste Dienst in diesem Layer wird das World Wide Web sein. Es ist aber mit der Architektur der EMB durchaus vereinbar, hier auch andere Dienste zuzulassen, z.B. Datex-J oder künftige Breitband-Dienste im Rahmen von Interactive TV.
- Die *unterste Schicht* enthält die eigentlichen *Transportmedien*. Für die Realisation der EMB ist das heutige Telefonnetz hinreichend. Sehr gute Dienstqualitäten sind mit ISDN erreichbar, welches den Kunden der Region von den Telecomgesellschaften weitgehend flächendeckend angeboten wird.

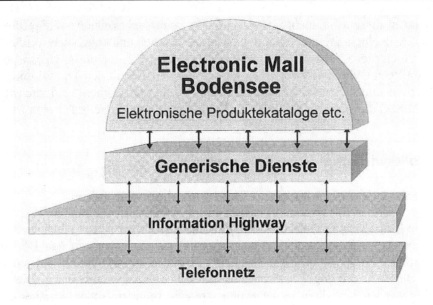

Abb. 5. Architektur der Electronic Mall Bodensee

Architektur

Die angebotenen Informationsobjekte für eine bestimmte Zielgruppe bedürfen einer *ordnenden Architektur*. Diese umfasst neben einer Strukturierung der an den Endverbraucher adressierten Angebote auch die Einbettung generischer Marktdienste wie Zahlungsverkehr, Sicherheitsdienste, etc. Im Folgenden soll am Beispiel der Electronic Mall Bodensee eine solche Architektur kurz beschrieben werden.

Werkzeuge

In der Zwischenzeit sind Werkzeuge in Form von *Softwareplattformen* in Entwicklung, welche die Eröffnung eines virtuellen Geschäftes im Cybermarkt maximal erleichtern sollen. Sowohl Netscape wie Microsoft haben entsprechende Produkte angekündigt. Sie sollen nicht nur das Strukturieren und Beschreiben eines Angebotes softwaremässig unterstützen, sondern auch eine gewissen Palette von generischen Marktdiensten bereits integriert zur Verfügung stellen. (Zu diesem Zweck werden Allianzen geschlossen wie etwa diejenige zwischen Microsoft und VISA). Es ist zu erwarten, dass in diesem Segment in den nächsten Jahren sehr leistungsfähige Produkte in einem recht kompetitiven Markt entstehen und angeboten werden.

Auch diese Entwicklung macht deutlich, dass die *wichtigste Grösse* im künftigen Cybermarkt vor allem die *Inhalte* und die mit den Transaktionen verbundenen Dienste sein werden, speziell die generischen Marktdienste, während die sie unterstützende Software von untergeordneter Priorität ist.

Volkswirtschaftliche Perspektive

Globale Neuverteilung der ökonomischen Aktivitäten

Die Entstehung globaler Faktormärkte und die immer weitergehende Aufhebung des Raumes sowie der zwang auf die Anbieter, mit den Besten mitzuhalten, verlangt von diesen die Allokation der Produktion an jenen *Standorten*, die *insgesamt die günstigsten Bedingungen* aufweisen. Dieser Prozess hat vor allem in der produzierenden Industrie schon zu einer erheblichen Umlagerung der Produktion geführt. Der Dienstleistungsbereich kommt zunehmend unter dem Schlagwort *Business Reengineering* zu einer ähnlichen Neuorganisation der Leistungserstellung.

Mit dem Information Highway hat die *weltweite Neuverteilung der ökonomischen Aktivitäten* begonnen. Dies gilt insbesondere für den Faktor *Arbeit*, der gegenwärtig aus allen alten Industrieländern, teilweise in Billiglohnländer, abfliesst. Dieser Prozess transportiert Wertströme, die alles übertreffen, was frühere Entwicklungshilfepolitiken von den reichen Ländern gefordert haben. Er stellt die Industrieländer allerdings auch vor erhebliche Probleme.

Folgen für die Standortpolitik

Bisher waren die Standorte durch einen unbegrenzten Raum definiert und mehr oder weniger geschützt. Mit dieser Limitierung verfügten sie über ein wirksames Fundament ihrer Souveränität. Im Information Highway sind solche Begrenzungen unwirksam, und so geraten die Standorte in einen neuen Wettbewerb untereinander. Die notwendigen Anpassungen, v.a. seitens der Industrieländer, verlangen hier einen Mentalitätswandel, der zeitaufwendig sein dürfte – nicht nur, weil die Zusammenhänge, die es zu verstehen und zu kommunizieren gilt, recht komplex sind, sondern weil das Umdenken Ansprüche betrifft, die eng mit Besitzstand verknüpft sind. So ist es beispielsweise unter Wettbewerbsaspekten ökonomisch sinnvoll und z.T. Angezeigt, Massnahmen zur Senkung der Arbeitskosten in den Industrieländern zu ergreifen, hingegen zweifellos nicht leicht, sie durchzusetzen. Angesichts des Tempos, mit dem die Veränderungen stattfinden, darf in allen Industrieländern von einer kritischen Situation gesprochen werden. Es ist nicht selbstverständlich, dass die erforderlichen Massnahmen rechtzeitig erkannt und ergriffen werden. Je mehr sich die Situation verschlechtert, desto schwieriger dürfte es sein, entsprechende Lösungen durchzusetzen.

Die globale Gruppe als Souverän der Informationsgesellschaft

Der Information Highway ermöglicht es, dass ich rund um die Erde verteilte Einzelpersonen und Gruppen zusammenfinden und Interessengemeinschaften bilden. Zu diesen globalen Gruppen gehören naturgemäss und von Anbeginn die *Scientific Communities*. Wissen ist ortslos, Wissenschaft ist ihrer natur nach unabhängig von einem bestimmten Standort. Erkenntnisgewinn und wissenschaftliches Renommé werden heute aus Wissensmärkten rund um den Globus gespiesen. Die in der Wissenschaft Tätigen sind daher in der Regel auch Personen von hoher Mobilität. Ihre Biografie weist nicht selten Stationen ihrer Arbeit in verschiedenen Kontinenten auf.

Globale Gemeinschaften werden heute besonders augenfällig für den Bereich der Produktion bei *internationalen Grosskonzernen*. Diese sind weitgehend mobil geworden und fühlen sich oft keiner bestimmten Nation zugehörig und verpflichtet, sondern lernen immer besser, die globalen Märkte als ihre wahren Absatzgebiete zu verstehen und die Produktion in sehr mobiler Art und Weise, unter Einbezug aller möglichen Standorte, optimal abzuwickeln.

Weitere *Interessengruppen aller Art* entstehen derzeit zu Hunderten im Internet. Der gemeinsame Nenner kann ein spielerisches Interesse, etwa an der Filmindustrie, an elektronischen Spielen u. dergl. sein, ist aber oft auch politischer oder ideologischer Natur. Die bisher relativ limitierten Aktivitäten politischer, auch radikaler oder Anstoss erregender Gemeinschaften können mit der Nutzung der neuen Infrastrukturen eine unerwartete Wirksamkeit erhalten. Prophylaktisch werden heute die Möglichkeiten einer Internet-Zensur erprobt – so erliess der US-Kongress am 1. Februar 1996 eine Zensurklausel (Communications Decency Act) gegen anstössige oder politisch radikale Inhalte auf Internet. Der Protest von Gegnern jeglicher Zensur auf Internet erfolgte (unter dem Signet „Blue Ribbon") sofort und weltweit. Es wird sich weisen, ob und in welcher Form Prohibitionsbemühungen auf diesem neuen Medium von Wirkung sein können.

Schlussfolgerungen

Der Information Highway stellt eine Infrastruktur dar, in der einerseits die bekannten Kommunikationsmedien mindestens teilweise zu einem neuen Supermedium integriert werden. In dieser globalen Infosphäre werden Abermillionen von interaktiven Informationsobjekten ihre TV-programmähnliche, globale simultane Präsenz haben.

Die wirtschaftlichen Prozesse werden auf dieser Infrastruktur neu gestaltet werden. Ein neuer, sehr rasch wachsender Wirtschaftssektor ist im Entstehen, mit neuen Informationsobjekten und den mit ihnen zusammenhängenden Dienstleistungen.

Das neue Medium wird neue Gemeinschaften hervorbringen, die, global verteilt, ihre Identität über Gruppen-Submedien definieren. Dieser Effekt wird die Rolle der Nationalstaaten in tiefgreifender Weise verändern, aber auch die Selbstdefinition der Erdbewohner. Das Rechtssystem wird sich, wie in der Vergangenheit, den neuen Gegebenheiten nach und nach anpassen müssen.

Literaturverzeichnis

Alt, R.; Cathomen, I. Handbuch Interorganisationssysteme – Anwendungen in der Waren- und Finanzlogistik. Wiesbaden 1995.

De Meer, J.; Heymer, V.; Roth, R. Open Distributed Processing. Elsevier Science Publishers B.V., Amsterdam 1992

Schmid, B. Elektronische Märkte. In: Wirtschaftsinformatik. Marburg 1993. S. 465-480

Sschmid, B.; Dratva, R.; Kuhn, C.; Mausberg, P.; Meli, H.; Zimmermann, H-D. Electronic Mall: Banking und Shopping in globalen Netzen. B.G. Teubner, Stuttgart 1995

Stefik, M.J. The Next Knowledge Medium. In: Hubermann, B.A. (ed.): The Ecology of Computation. Elsevier Science Publishers B.V., Amsterdam 1988, S. 315-342

Towards Knowledge Networking[*/**]

Andreas Seufert, Georg von Krogh, Andrea Back

"Most important, in an age of rapidly proliferating knowledge, the central domain is a social network that absorbs, creates, transforms, buys, sells, and communicates knowledge. Its stronghold is the knowledge embedded in a dense web of social, economic, contractual, and administrative relationships" (Badaracco 1991, pp. 13-14).

Keywords: Networks, Knowledge Management, Framework Knowledge Networks, Facilitating Conditions, Knowledge Work Processes, Knowledge Network Architecture

Abstract: In this article we describe an integrated view on knowledge management and networking being a very powerful combination for the future of knowledge management. We start by giving an overview of the increasing importance of networks in the modern economy. Subsequently, we conceptualize a Network perspective on knowledge management. Therefore we firstly give a theoretical foundation on networks, and secondly explain the interdependences between networks and knowledge management. These reflection lead to the development of a framework for knowledge networking, where we distinguish between a micro-perspective and a macro-perspective. Finally, we develop a framework for knowledge networking which can be used as a basis in order to structure and reveal interdependences. We conclude by giving some implications for management and future research.

---

[*] We are very grateful for comments and support from C. Miskin and our colleagues in the "KnowledgeSource" at the University of St. Gallen, especially the core team of the Competence Center Knowledge Networks, K. Gysin, M. Köhne, J. Raimann and S. Vassiliadis.

[**] Wiederabdruck von Seufert, A.; Krogh, G.; Back, A., Towards Knowledge Networking, in: Knowledge Management, 3, 3, 1999, pp.180-190 mit freundlicher Genehmigung des Emerald Group Verlags.

1 Introduction

Organizations are changing more and more from well-structured and manageable systems into interwoven network systems with blurred boundaries. "Genuine sharing of authorities takes place. Firms are neither fully independent nor is one wholly dependent upon the other. They do not lose their legal identities; they retain their own culture and management structure and can pursue their own strategies. But they do reduce their autonomy, share decision making, interconnect their organization structure, manage jointly some activities or operations, and open their company culture to outside influences" (Badacarro 1988, p. 73). Assuming this evolution to be the trend for future organizations, we must presumably – from a knowledge management perspective – perceive managing knowledge creation and transfer as taking place in the context of a network rather than view it from a traditional organizational perspective. Therefore "the focus shifts from products and firms as units of analysis to people, organizations, and the social processes that bind together in ongoing relationships" (Webster 1992, p. 10). Since we believe this network perspective to be crucial for the future of knowledge management, we conceptualize an integrated view of what we call knowledge networking, develop a framework, and conclude by giving the implications for management.

In the following, we start by showing that the trend towards networked organizations is not restricted to some few companies or industries, in order to emphasize the need for a network perspective on managing knowledge.

2 Increasing Importance of Networks

Taking a very wide perspective, one could assume the work of *Fayol* in 1916 to be the origin of research on network structures. In recent years the discussion of team-based network structures in management literature has been influenced above all by the research of *Drucker* (1989), *Savage* (1990), *Keen* (1991) and *Nolan/Pollock/Ware* (1988). Today, hardly any industry remains unaffected by the evolution of network-like relationships within and between firms. Without making any claim to comprehensiveness, we believe the following examples will serve to show the increasing importance of networks in the modern economy.

In Manufacturing Industries, the automotive industry is a representative example of the evolution towards the networked organization not only in a temporal respect, but also with regard to its macroeconomic and overall social importance. In the course of the reduction of manufacturing depth, more and more parts and components from standalone suppliers are linked into a system of industrial partnerships (Lodge/Walton 1989, Morris/Imrie 1991, Barreyre 1988). One might think of the networking that takes place between manufacturers and subcontractors, manufacturers and trader organizations, and even between manufacturers themselves (Sabel/ Kern/ Herrigel 1991).

Even if the biotechnological industry is still in its infancy, there are a great number of networked organizations to be found there. "The locus of innovation should be thought of as a network of inter-organizational relations. Biotechnology is probably an extreme case of this tendency" (Arora/Gambarella 1990, p. 374). *Weisenfeld/Chakrabari* (1990) found this general assumption confirmed in an investigation of the technology and marketing strategies of 96 US- American and 17 German Biotechnology companies. Of especially great importance are bilateral cooperation and license agreements used for the acquisition of external technology. However, such cooperation with other firms does not as yet obviate the need for internal R & D activities in this line (Arora/Gambarella 1990).

Over the last 30 years, publishers have started to outsource first the printing, then the graphical and artistic organization, and finally the text and/or data acquisition and parts of their positions as instructors. Marketing is mostly carried out via a network of standalone traders. Today, the usual core functions of a book publisher comprise mainly procurement and distribution. Large publishers have established sections as special publishers with less bureaucratic structures and may carry out their functions in a loosely connected network as legally and economically standalone units (Powell 1990).

In Service Industries, e.g. insurance firms work more and more with standalone agencies and brokers instead of having their own employees to do the field-work. The proportion of employees to standalone agencies decreased from 60:40 in 1980 to 45:55 in 1985 (Mayer/Paasch 1987). As regards the European market in general, one may expect a further stabilization of the market position of company representatives and brokers. The trend to be observed towards the externalization of work in the insurance industry will assuredly be increased by the progress of interorganizational information systems as well as by intensive efforts to strengthen the organizational and personal ties between standalone agencies and insurance companies (Sydow/Windeler/Krebs/Loose/van Well 1995).

Taking the systemic character of most hardware and software products and the market structure into account, there is hardly any industry in which there are more strategic alliances and networks already established than in the Electronics branch. The Telecommunications industry, for example, is, in its interlinkage, very similar to the international cooperation relationships to be found in the automotive industry (Pisano/Russo/Teece 1988; Lamb 1990).

The retail trade began many years ago to externalize even its most basic original functions (e.g., transportation, rack-care, shop-in the-shop principle) and to cooperate instead with firms which supply it with these services (Müller-Hagedorn 1990, p. 454). Owing to current outsourcing, more and more employees are being dismissed into a new "dependent independence" (Mayer/Paasch 1990), to work as propagandists or temporary workers. The entire variety of vertical distribution systems, from agency contracts via appointed retailer systems up to franchises can be seen as a form of close coordination between cooperating business networks.

Since even large transportation firms are linked into strategic networks, forwarding agents do indeed play a dependent role on the one hand, but on the other, they are of significant importance to the business. These forwarding combines are made up of small and very small forwarding firms and other service providers (Mayer/Paasch 1990; Paasch 1990) and thus form a network within the network. Additionally, small and medium-size forwarding agents cross-link their activities to mobilize an effective market-presence capable of meeting demand arising anywhere in Europe.

3 Networks and Knowledge Management

In order to be able to conceptualize a framework for knowledge networking, we will firstly give a theoretical foundation on networks, and secondly explain the interdependences between networks and knowledge management.

3.1 Theoretical Foundation on Networks

The term "networks" can be interpreted as those between individuals, groups, or organizations, as well as between collectives of organizations. In all these cases, the "network" construct demands that description and analysis does not concentrate only on a section of the relationships existing between the network participants and network relationships, but also comprehends the network in its entirety. According to a frequently quoted definition, a social network can be seen as: "a specific set of linkages among a defined set of actors, with the additional property that the characteristics of these linkages as a whole may be used to interpret the social behavior of the actors involved" (Mitchel 1969, p. 2; Tichy/ Tushman/Fombrun 1979, p. 507; Alba 1982, p. 40; Lincoln 1982). Consequently, the term "network" designates a social relationship between actors. Actors in a social network can be persons, groups, but also collectives of organizations, communities or even societies[2].

The relationships evolving between actors can be categorized according to contents (e.g., products or services, information, emotions), form (e.g., duration and closeness of the relationship) and intensity (e.g., communication-frequency). Typically, network relationships are characterized by a multiple mixture concerning form and contents, i.e., the relationships between actors are of various forms, which may consist of diverse contents to be exchanged.

The form and intensity of the relationships establishes the network structure (Burt 1979; Alba 1982, pp. 42-43). Besides formalized networks, the literature stresses the importance of informal networks as the results of and prerequisites for decision-making processes in organizations (Morgan 1986, pp. 173-174; Sandner 1990, pp. 147-151), the importance of the interconnection of organization-wide actions (Probst 1987; Luhmann 1988), and the influence of managers' positions in the internal network on their cognition and information-processing (Walker 1985).

Networks are structural as well as cultural (Krebs/Rock 1994, p. 329). The relationships between the actors are founded upon personnel-organizational or technical-organizational interconnections on a long-term basis. The relationships between network members can be understood as deriving from their autonomy and interdependence, the coexistence of co-operation and competition as well as reciprocity and stability. Since the boundaries of networks are difficult to determine, we may speak of blurred boundaries which are constructed socially by the network members. By taking this perspective, we shift the focus from the consideration and protection of the boundaries of a firm to the management of and care for relationships. *Reich* (1991a, p. 81), depicts a firm as "...a facade, behind which teems an array of decentralized groups and subgroups continuously contracting with similar diffuse working units all over the world".

---

[2] Cognitive psychology, it should be noted here, examines a human being as a cognitive network. It regards an individual as a network of constructs (Kelly 1955). Since the studies of Bavelas (1950) on communication in groups, the latter have become conceptualized as social networks.

Some authors look upon networks as a third form of organization to be distinguished (Powell 1990). However, in most cases they are conceptualized as a hybrid form of organization between market and hierarchy (Thorelli 1986; Siebert 1991; Sydow 1992), because they contain elements of both forms. Following the neoclassical market theory, markets coordinate discrete transactions exclusively on the basis of prices, which contain all relevant information. Typically, market relationships are short-term and competitive. On the other hand, hierarchy coordinates activities on the basis of instructions given to a limited number of organization members. Ideally, these instructions replace for every market-based coordination. Coordination occurs by contract and comprises discrete transactions as well as blurred interactions (like for example helping people to speed up their career). In contrast to market-relationships, hierarchical ones are ideally long-term and cooperative.

Networks may result on the one hand through internalization, that is to say, an intensification of cooperation, or externalization in the form of a limited functional outsourcing achieved by loosening hierarchical coordination mechanisms. With regard to different functional areas, both types, which entail more than just a modification of divisions of labor, can be pursued in parallel within an enterprise. Moreover, internalization and externalization can occur not only horizontally, i.e., on the same level, but also vertically with regard to actors on different levels of the value chain, e.g. suppliers or customers.

3.2 Integrating Network and Knowledge Management Perspectives

Knowledge is increasingly recognized by modern organizations as their most important source of lasting competitive advantage. However, the key to obtaining long-term competitive advantage is not to be found in the administration of existing knowledge, but in the ability constantly to generate new knowledge, and to move on to new products and services (von Krogh/ Venzin 1996). Rather than viewing firms as devices for processing information, making decisions, and solving problems, one should realize that they are based increasingly on knowledge-seeking and knowledge-creation.

In order to conceptualize the integration of networks and knowledge management, we will outline on the one hand our knowledge-networking approach, which differs from traditional knowledge management concepts, and on the other illustrate certain selected benefits of knowledge-networking.

Concerning the integration of networking and knowledge management, we believe at least two main aspects to be crucial. First, knowledge management should comprise an holistic view of knowledge, that is to say, the integration of explicit and tacit knowledge. Furthermore, knowledge management should take an holistic view on where or rather how knowledge is being created and transferred.

Knowledge is often thought of as an objective commodity which is transferable independently of person and context. On the basis of this mental model, people often try to solve problems by improving the information flow with the intensive use of modern technologies such as Intranet-based yellow pages, knowledge maps, or information Warehouses. The potential of innovative technologies for the mastery and distribution of explicit knowledge, i.e., knowledge which is pinned down verbally in writing or electronically and can therefore be communicated and distributed, is undisputed. However, what is required is an integrated approach which includes both explicit and tacit knowledge. Since tacit knowledge is deeply rooted in personal experiences, subjective insights, values and feelings, it can hardly be completely communicated and shared. Tacit knowledge can be conceptualized as possessing a technical and a cognitive dimension. Whereas the technical dimension contains informal, personal abilities and skills, often designated as "know-how", the cognitive dimension includes our mental model influenced by our beliefs, values and convictions (Nonaka/ Takeuchi 1995). For this reason, we are convinced that in order to make effective use of knowledge, a network must be built up in which the knowledge and experience of employees are available. What is of prime importance is that creation- and sharing-processes are encouraged, not just the accumulation of data as in a data-warehouse (see also Seufert 1997).

Although working, learning and innovation complement each other, they are nowadays still strictly separated in many firms as a result of their disparate mental models (Brown/Duguid 1991). Working is traditionally seen as the production and delivery of products or services. Formal operating instructions and workflows are designed to execute this as efficiently as possible (Hammer/Champy 1993; Davenport 1993). As attention is focused upon the efficiency with which the task is carried out, this field is frequently resistant to modifications. Learning is regarded explicitly as the absorption of new knowledge, whereas this potential is in fact used most inadequately to increase the firm's ability to innovate. The underlying pattern of the learning processes is often responsible for this. On the one hand, these processes simply focus on individual employees' acquisition of knowledge instead of inducing them to learn how to learn, and how to inter-link areas of knowledge (Seufert/ Seufert 1998b; Seufert/ Seufert

1999); on the other hand, they obstruct the transfer of new knowledge into working-skills by using training-methods confined too narrowly to the acquisition of pre-defined theoretical concepts. Finally, innovation is often associated with revolutionary proposals developed, for example, in the Research Laboratory or other specialized departments. This form of innovation admittedly constitutes an important part of change in general, but is just one extreme within a continuum of innovations. They can also take the form of mere renewals and improvements in daily business, e.g., process improvements.

Focusing on explicit knowledge only, as well as taking a too narrow view of work, learning and innovation areas, involve the danger of erecting barriers of various kinds: functional and hierarchical, for instance; barriers to customers, suppliers and cooperation partners; or mental barriers which impede the generation, transfer and application of new knowledge. These not only hinder the short-term flow of knowledge but in the long term prove detrimental to a company's innovation- and learning-ability. Based on integrated knowledge management, networking knowledge may deliver a conceptual framework for rethinking a knowledge-management model. In this case, knowledge barriers should be overcome by "networking", and knowledge islands should be cross-linked in order to stimulate the evolution, dissemination and application of knowledge.

The integration of networking into knowledge management yields great benefits. The openness and richness of networks are believed to foster a fertile environment for the creation of entirely new knowledge, while also accelerating the innovation rate. *Powell/Koput/Smith-Doerr* (1996) demonstrated a ladder effect, in which firms with experienced partners competed more effectively in high-speed learning races. Rather than trying to monopolize the returns from innovative activity and forming exclusive partnerships with only a narrow selection of organizations, successful firms positioned themselves as the hubs at the center of overlapping networks, stimulating rewarding research collaborations among the various partner-organizations. Reliance on networks has potentially transformative effects on all participants. Those positioned in a network of external relations adopt more administrative innovations, and do so earlier. The presence of a dense network of collaborative ties may even alter participants' views on competition. Inside a densely connected field, organizations must adjust to a novel perspective in which it is no longer necessary to have exclusive ownership of an asset in order to profit from it. Moreover, since a competitor on one project may become a partner on another, the playing field resembles less a horse-race and more a rugby match, in which players frequently change the color of their jerseys.

In sum, regardless of whether networking is driven by gaining access to new knowledge, or by creating and transferring knowledge, connectivity to a network and competence at managing networks have become key drivers of a new business logic. A framework for knowledge networking could be helpful in order to give it structure and reveal interdependences.

4 A Framework for Knowledge Networking

In the following we will firstly give a definition of what we call knowledge networking and will secondly describe a framework of knowledge networking.

4.1 Definition

We use the term "Knowledge Networking" to signify a number of people, resources and relationships among them, who are assembled in order to accumulate and use knowledge primarily by means of knowledge creation and transfer processes, for the purpose of creating value. Concerning the development of knowledge networks, we distinguish between emergent and intentional ones. Intentional knowledge networks are seen as networks that are built up from scratch, whereas emergent knowledge networks already exist but have to be cultivated in order to become high-performing. In this way, a network may evolve whose participants share a common language, and a common set of values and objectives. This (social) network is backed up and transformed by information- and communication technology. As this network of knowledge-resources is continuously being augmented by knowledge gained from learning situations, a Knowledge Network should be regarded as a dynamic structure rather than as a static institution.

4.2 Description

The Framework of Knowledge Networks comprises the following components: Actors – individuals, groups, organizations; relationships between actors, which can be categorized by form, content and intensity; resources which may be used by actors within their relationships, and institutional properties, including structural and cultural dimensions such as control mechanisms, standard operating-procedures, norms and rules, communication patterns, etc.

These components can be perceived from either a static or a dynamic point of view. From a micro perspective, we conceptualize knowledge networks on the following three building-blocks (see figure 1).

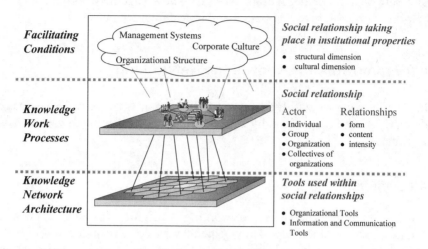

Fig. 1. Framework Knowledge Networks - a micro perspective

- *Facilitating Conditions* comprise the network's internal structural and cultural dimensions in which knowledge work processes take place. Therefore, they define the enabling or inhibiting environment for knowledge creation and transfer. The organizational structure, management systems or network culture may be termed "categories to be taken into account". Care, for instance, as conceptualized by *von Krogh* (1998) is, as a part of the network structure, crucial for knowledge creation. According to whether there is a high- or low-care environment, knowledge creation and transfer processes will differ considerably. Care involves helping behavior among people, lenience in judgement of new ideas, and an active attitude to understand others.
- *Knowledge Work Processes* comprise social interaction and communication processes on an individual and group level, which can advance for knowledge evolution to an organizational and interorganizational level. Following *Nonaka* (Nonaka 1991; Nonaka/ Konno 1998) these processes can be conceptualized as a knowledge spiral i.e., as a dynamic transformation-process between explicit and tacit knowledge on the different layers (see figure 2).

Fig. 2. Knowledge Work Processes as Knowledge Spiral

Sozialization comprises the exchange of tacit knowledge between individuals in order to convey personal knowledge and experience. Joint experience result in new shared implicit knowledge, such as common values or technical skills. In practice, this could mean, for instance, gaining intuitive and personal knowledge through physical proximity and attaining direct communication with customers or a supplier. *Externalization* describes transformation processes. On the one hand, this means the conversion of implicit into explicit knowledge, and on the other, the exchange of knowledge between individuals and a group. Since implicit knowledge is difficult to express, the conversion process is often supported by the use of metaphors, analogies, language rich in imagery, or stories, as well as visualization aids, like models, diagrams or prototypes. In order to stage a constructive discussion and reach creative conclusions, a deductive or inductive mode of argumentation is also very important. The transformation of explicit knowledge into more complex and more systematized explicit knowledge represents the stage *combination* (recently *Nonaka* renamed this stage *Systematization*, Nonaka 1999). It is necessary to combine different fields of explicit knowledge with each other and make new knowledge available on an organization-wide basis. The systematization and refinement increases the practical value of existing knowledge and increases its transferability to all organizational units. *Internalization* comprises the conversion of organization-wide, explicit knowledge into the implicit knowledge of the individual. This requires from the individual that she/he should be able to recognize personally relevant knowledge within the organization. Continuous learning and the gathering of one's own experience through "learning-by-doing" may support employees in these internalization processes. In this way both capabilities and skills ("know-how") as well as firm visions and guidelines may be internalized and therefore shared throughout the whole company. This tacit knowledge and the experience gained on an individual level can be shared again through socialization-processes between individuals, so that the knowledge spiral may be set in motion once more.

When cultivating the relationships that are the basis for these knowledge work processes we will take into account the transformational effects that information and communication technology can have for the form and intensity of communication, cooperation and coordination within Nonaka's four knowledge spiral process categories. His concept of "Ba" (Nonaka/Konno 1998) is a step into that direction that is not yet a comprehensive view of how new media effect these knowledge work processes.

- *Knowledge Network Architecture*, finally, comprises the tool-set used within social relationships. These tools include organizational tools, e.g., roles like the knowledge activists (von Krogh/Nonaka/Ichijo 1997) as well as information and communication tools, e.g., the groupware-enabled data warehouse concept (Seufert 1997) used to enable and improve knowledge work processes (Nonaka/Reinmoeller/Senoo 1998).
- This architecture is not only a collection of modular tools. In the form of "solution frameworks" we want to link architectural designs that are a combination of ICT and organizational tools and methods with the knowledge work processes level. Especially development in groupware-infrastructure technology and research have a close affinity to communication and cooperation processes in knowledge creation (Back 1995) that we study here.

Following the network definition earlier in this article knowledge networks may be understood as social networks between knowledge actors, in order to allow the creation and transfer of knowledge on an individual-, group, organization and inter hierarchical level. From the point of view of a dynamic knowledge management model we consider the following aspects to be of great importance (Seufert/Seufert 1998a):

- Interconnect the different levels and areas of knowledge:
  Knowledge results from networking previous knowledge with new knowledge. Therefore it is essential to enable the networking between individual knowledge types (explicit and implicit), the networking between different levels (e.g. individual, group, organization) and areas of knowledge (e.g., customer knowledge, R&D knowledge).

- Interconnect knowledge work processes and knowledge network architecture:
    Knowledge creation and transfer (von Krogh/Köhne 1998) can occur at different real (e.g. in the office, with the customer), virtual (e.g. distributed team rooms) or mental (e.g. common values, ideas, ideals) "places". They can establish themselves in the form of formal or informal networks. Since knowledge occurs more and more in different timezones and different physical places, the knowledge of the potential and capability to use modern informations and communications technologies seems to be a critical success factor. In addition to these formal networks informal networks or relationships are a crucial component for the knowledge ecology (Krackhardt/ Hanson 1997).
- Interconnect knowledge work processes and facilitating conditions:
    In order to be able to develop their optimal knowledge creation/ transfer processes and facilitating conditions must be cross-linked with each other. On the one hand these processes are to be synchronized with the environment and the corporate culture within those occur. On the other hand, the companies should actively develop and maintain facilitating conditions in order to allow and support an efficient and effective knowledge creation and transfer.

Although we look upon knowledge networks as a separate layer rather than a new kind of organizational unit, we do finally have to take into account from a macro-perspective interdependences between the knowledge network itself and the surrounding organizational unit. In order to develop a high-performance knowledge network they have to be synchronized by facilitating conditions, which we divided into structural (e.g. organizational structure, management systems) and cultural (e.g. corporate culture, organizational behavior) dimensions. One might think of the organizational unit as an organ receiver, the knowledge network as a life-saving organ which is to be transplanted, and the facilitating conditions as actions taken to prevent the organ's rejection by the body.

Contemplating Knowledge Networks in a long-term rather than a short-term perspective, one might hypothesize a positive relation between knowledge networks and organizational development. Adapting *Orlikowski* (1992) and *Giddens* (1991) we conceptualize the interplay between structure and action for knowledge networks and the organizational unit from a dynamic point of view (see figure 3). As a consequence of knowledge networking firms will have the opportunity to develop themselves into truly networked organizations.

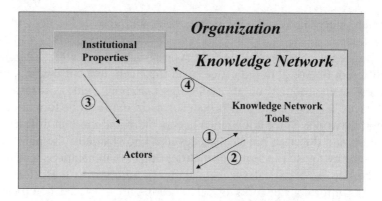

Arrow	Type of influence	Nature of influence
1	Knowledge Networks tools as a product of human action.	Knowledge Networks tools are an outcome of human interaction and communications processes.
2	Knowledge Networks tools as a medium of human action.	Knowledge Networks tools facilitate and constrain human action.
3	Facilitating Conditions of Interaction with Knowledge Networks tools.	Institutional Properties influence humans in their interaction with knowledge network tools; e.g. management systems, culture.
4	Institutional Consequences of Interaction with Knowledge Network tools.	Interaction with Knowledge Network tools influences the institutional properties of the knowledge network through re-inforcing or transforming structures of domination and legitimation. Since the institutional properties of the knowledge network and the surrounding organization are interconnected and have to synchronized, changes inside the knowledge networks may affect the organization in it totality.

Fig. 3. Framework Knowledge Networks – a macro perspective

5 Implications for Management

On being appointed "Knowledge (Network) Manager", your responsibility will rely on putting theoretical frameworks into practice. It is our research team's ambition to transform the work of the Competence Center Knowledge Networks into pragmatic, action-oriented research results. We want to provide the Knowledge Network manager with a handbook that comprises methods and guidelines on how to "manage" knowledge-creation and -transfer in the context of networking. This handbook is now about to take shape. The following statements are therefore not yet an outline of this manual. On the one hand, they briefly summarize our understanding of knowledge networks and the respective framework. On the other hand, they are propositions for essential methods and guidelines to yet be proven in our future work.

Knowledge Network Management denotes a proactive, systematic approach to the planning and design of intentional, formalized networks for knowledge creation and transfer, and the establishment of conditions to cultivate emergent, informal networks. This includes the identification of existing knowledge networks, widening their scope, guiding them towards high performance, and transferring best practices to other application contexts. This is in contrast to some narrow, purely ICT-oriented views of Knowledge Management, which solely focus on the administration of explicit knowledge. In discussions on specifying knowledge networks in more detail, it became obvious that a Knowledge (Network) Manager needs a list of criteria to analyze and position such high performing networks within a conceptual framework of the:

- types of knowledge networks (characteristics),
- stages within the life-cycle of knowledge networks

in order to benchmark existing or projected networks against best practices.

Managers need guidelines to specify the potentially reciprocal links between strategic business goals and those of their knowledge network agenda. The advancement of knowledge creation and transfer in a specific organization will generate a number of suggested knowledge network projects. How to select and prioritize these projects to match them to planned resources, such as in portfolio techniques, is an important requirement for the handbook.

Establishing and cultivating knowledge networks entails the definition of essential new roles to be adopted by the knowledge network manager and others. Especially the case study research in the competence center will be the source of understanding which role layouts work and can be suggested in the knowledge network context.

Being able to meet interdisciplinary and cross-functional challenges must be a matter-of-course for knowledge network management. It is indispensable, for instance, to establish bridges to human resources/ personnel development and corporate education/ training, as the design of learning programs and processes needs to be oriented towards knowledge creation and transfer. Knowledge activists or knowledge workshop facilitators are examples for such rather new functions. Furthermore the linkage between knowledge network management and ICT strategy needs to be improved. You can still find the misconception of the role of ICT in knowledge management as merely a set of tools to support traditional processes and as just a means of storing data and documents in "data/information/knowledge-bases". Technical over-enthusiasm or overkill is detrimental when it becomes an impediment to social processes. On the other hand, underestimating the value of or ignoring ICT can lead to non-exploitation of opportunities for "rethinking" processes and structures in knowledge networks for the competitive advantage of the organization. ICT related tools and solution frameworks need the reliable infrastructure.

Our research will progress along the lines of network thinking. The research agenda covers some of the mentioned management challenges, as well as other studies which will be outlined in future articles and books. Our belief is that knowledge management an networking will mutually benefit from a stronger integration.

6 References

Alba, R. D. (1982): Taking stock of network analysis: A decade's results. In: Bacharach, S. B. (Ed.): Research in the sociology of organizations. JAI. Greenwich. Conneticut, pp. 39-74.
Arora, A./Gambarella, A. (1990): Complementary and external linkages: The strategies of the firms in biotechnology. In: Journal of Industrial Economics, 38, pp. 361-379.
Back, A. (1995): Entwicklungen im Markt und in Anwendungsfeldern von Groupware. In: Informatik/ Informatique, 6, pp. 4-7.
Badaracco, J. L. (1988): Changing forms of the corporation. In: Meyer, J. R./ Gustafson, J. M. (Ed.) The U. S. business corporation – An institution in transition. Ballinger. Cambridge, pp. 67-91.
Badaracco, J. L. (1991): The Knowledge Link – How Firms Compete Through Strategic Alliances. Harvard Business School Press. Boston.
Barreyre. P. Y. (1988): The concept of "impartition" policies: A different approach to vertical integration strategies. In: Strategic Management Journal, 9, pp. 507-520.
Bavelas, A. (1950): Communication patterns in task oriented groups. In: Journal of the Acoustical Society, 22, S. 271-282.
Brown, J. S./Duguid, P. (1991): Organizational Learning and Communities-of-Practice: Toward a unified View of Working, Learning and Innovation. Organizational Science, 2 (1991) 1, pp. 40-57.
Burt, R. (1979): A structural theory of interlocking corporate directorates. In: Social Networks, 2, pp. 415-435.
Davenport, T. (1993): Process-Innovation – Reengineering Work through Information Technology. Harvard Business School Press. Boston.
Drucker, P. F. (1989): The new realities. Harper Business. New York.
Giddens, A. (1991): Structuration theory: past, present and future. In: Bryant, C.G.A./Jary, D. (Eds.): Giddens'theory of structuration. A critical appreciation. London, New York, pp. 201-221.
Hammer, M./Champy, J. (1993): Reengineering the Corporation. Harper Business. New York.
Keen, P. (1991): Shaping the future: business design through information technology. Harvard Business School Press. Boston.
Kelly, G. A. (1955): The psychology of personal constructs. Norton. New York.
Krackhardt, D./Hanson, J. R. (1997): Informal Networks: The Company. In: Prusak, L. (Ed.): Knowledge in Organizations. Butterworth-Heinemann. Boston, pp. 37-49.
Krebs, M./Rock, R. (1994): Unternehmensnetzwerke ein intermediäre oder eigenständige Organisationsform. In: Sydow, J./ Windeler, A. (Eds.): Management interorganisationaler Beziehungen. Vertrauen, Kontrolle und Informationstechnik. Westdeutscher Verlag. Opladen.
Lamb, J. (1990): Europe's grand alliances. In: Datamation, 36, pp. 81-83.

Lincoln, J. R. (1982): Intra- (and inter-) organizational networks. In: Bacharach, S. B. (Ed.): Research in the sociology of organizations. JAI. Greenwich. Conneticut, pp. 255-294.
Lodge, G. C./Walton, R. E. (1989): The American corporation and ist new relationships. In: California Management Review, 31, pp. 9-24.
Luhmann, N. (1988): Die Wirtschaft der Gesellschaft. Suhrkamp. Frankfurt.
Mayer, U./Paasch, U. (1987): Deregulierung von Arbeitsbedingungen durch selbständige Beschäftigung. In: WSI-Mitteilungen, 40, pp. 581-589.
Mayer, U./Paasch, U. (1990): Ein Schein von Selbständigkeit. Bund, Köln.
Mitchell, J. C. (1969): The concept and use of social networks: In: Michtell, J. C. (Ed.): Social networks in urban situations. Manchester University Press. Manchester, pp. 1-12.
Morgan, G. (1986): Images of organizations. Sage. Beverly Hills.
Morris, J./Imrie, R. (1991): Transformation in the buyer-supplier relationship. Macmilian. London.
Müller-Hagedorn, L. (1990): Zur Erklärung der Vielfalt und Dynamik der Vertriebsformen. In: Zeitschrift für betriebswirtschaftliche Forschung, 6, pp. 451-466.
Nolan, R./Pollock, A. J./ Ware, J. P. (1988): Creating the 21st Century Organization. In: Stage by Stage, 4, pp. 4-11.
Nonaka I. (1991): The Knowledge Creating Company. In: Harvard Business Review, 6, pp. 96-104.
Nonaka, I. (1999): Leading Knowledge Creation. Plenary Speech at 32nd Hawaii International Conference on System Sciences, 05.-08.01.1999, Maui, Hawaii.
Nonaka, I./Konno, N. (1998): The Concept of "Ba": Building a Foundation for Knowledge Creation. In: California Management Review, 40, pp. 40-55.
Nonaka, I./Reinmoeller, P./ Senoo, D. (1998): The Art of Knowledge: Systems to Capitalize on Market Knowledge. In: European Management Journal, 16, pp. 673-684.
Nonaka, I./Takeuchi I. (1995): The Knowledge Creating Company. How Japanese Companies cretae the dynamics of innovation. Oxford University Press. New York/Oxford.
Orlikowski, W. (1992): The Duality of Technology: Rethinking the Concept of Technology in Organizations. In: Organization Science, 3, pp. 398-427.
Paasch, U. (1990): "Selbstfahrende Unternehmer" – oder: Wie der Traum von der Selbständigkeit unter die Räder kommt. In: WSI-Mitteilungen, 43, pp. 220-227.
Pisano, G. P./Russo, M. V./Teece, D. J. (1988): Joint ventures and collaborative arrangements in the telecommunications equipment industry. In: Mowrey, D. C. (Ed.) International collaborative ventures in U.S. manufacturing. Ballinger. Cambridge, Mass., pp. 23-70.
Powell, W. (1990): Neither market nor hierarchy: Networks forms of organization: In: Staw, B. M./Cummings, L. L. (Ed.) Research in organizational behavior. Vol 12. JAI. Greenwich, Conneticut, pp. 295-336.

Powell, W./Koput, K./Smith-Doerr, L. (1996): Interorganizational Collaboration and the Locus of Innovation: Networks of Learning in Biotechnology. In: Administrative Science Quarterly, 41 (1996), pp. 116-145.
Probst, G. J. B. (1987): Selbstorganisation. Parey. Hamburg.
Reich, R. B. (1991): The work of Nations: Preparing ourselves for the 21st-Century Capitalism. Knopf. New York.
Sabel, C. F./Kern, H./Herrigel, G. (1991): Kooperative Produktion. In: Mendius, H. G./Wendling-Schröder, U. (Eds.): Zulieferer im Netz – Zwischen Abhängigkeit und Partnerschaft. Bund. Köln, pp. 203-227.
Sandner, K. (1990): Prozesse der Macht. Springer. Berlin/ New York.
Savage Ch. (1990): Fifth Generation Management. Integrating enterprises through human networking. Digital Press. Bedford.
Seufert A. (1997): Groupware-enabled Data Warehouse. Management Support für die professionelle Know-how Organisation Prüfungs- und Beratungsgesellschaft. Dissertation thesis. University of St. Gallen.
Seufert, A./Seufert S. (1998a): Knowledge Creation and Transfer in Knowledge Networks. In: IO Management, 67, pp. 77-84.
Seufert, S./Seufert A. (1998b): Collaborative Learning in an Inter-University Learning Network. In: Informatik/Informatique, 5, pp. 14-20.
Seufert, S./Seufert, A. (1999): The Genius Approach: Building Learning Networks for Advanced Management Education (mit Andreas Seufert). In: Proceedings 32nd Hawaii International Conference on System Sciences, 05.-08.01.1999, Maui, Hawaii.
Siebert, H. (1991): Ökonomische Analyse von Unternehmungsnetzwerken. In: Staehle, W. H./Sydow, J. (Eds.): Managementforschung 1. DeGruyter. Berlin/ New York, pp. 291-311.
Sydow, J. (1992): Strategische Netzwerke. Evolution und Organisation. Gabler. Wiesbaden.
Sydow, J./Windeler, A./Krebs, M./Loose, A./van Well, B. (1995): Organisation von Netzwerken. Strukturationstheoretische Analysen der Vermittlungspraxis in Versicherungsnetzwerken. Westdeutscher Verlag. Opladen.
Thorelli, H. B. (1986): Networks: Between markets and hierarchies. In: Sloan Management Review, 7, pp. 37-51.
Tichy, N./Tushman, M./Fombrun, C. (1979): Social networks analysis for organizations. In: Academy of Management Review, 4, pp. 507-519.
Von Krogh, G. (1998): Care in Knowledge Creation. In: California Management Review, 40, pp. 133-153.
Von Krogh, G./Köhne, M. (1998): Der Wissenstransfer in Unternehmen: Phasen des Wissenstransfers und wichtige Einflussfaktoren. In: Die Unternehmung, 6, pp. 235-252.
Von Krogh, G./Nonaka, I./Ichijo K. (1997): Develop Knowledge Activists !. In: European Management Journal, 15, pp. 475-483.
Von Krogh, G./Venzin, M. (1996): Anhaltende Wettbewerbsvorteile durch Wissensmanagement. In: Die Unternehmung, 49, pp. 417-436.
Walker, G. (1985): Network position and cognition in a computer software firm. In: Administrative Science Quarterly, 30, pp. 103-130.

Webster, F. E. (1992): The Changing Role of Marketing in the Corporation. In: Journal of Marketing, 56, pp. 1-17.
Weisenfeld, U./Chakrabari, A. K. (1990): Technologie und Marketingstrategien in der Biotechnologie: Ergebnisse einer deutschen und amerikanischen Studie. In: Die Betriebswirtschaft, 50, pp. 747-758.

HSG Master of Business Engineering Program - Qualifying High Potentials for IS-Enabled Change*

Robert Winter

Abstract: For a successful management of transformation and change projects, it is necessary to integrate skills from different areas: While general management skills are needed for strategic vision, organizational development, and process analysis, information systems skills are needed to assess IT innovation potentials and create adequate information systems support for processes. In addition, change management and human factor skills are a prerequisite for leadership in transforming organizations. Most MBA programs focus on traditional management functions like marketing, production management, finance, or controlling, and IS programs often restrict themselves to a technical perspective. Therefore, an integrated postgraduate program "Master of Business Engineering" has been created at the University of St. Gallen. This paper outlines theoretical foundations and describes current curriculum as well as first experience and future plans.

---

* Wiederabdruck von Winter, R., HSG Master of Business Engineering program - Qualifying High Potentials for IS-Enabled Change, in: Pries-Heje, J. et al. (Eds.): Proc. 7th European Conference on Information Systems, Volume 3, 1999, pp. 819-826.

1 Introduction

Deregulation, enlargement of free trade zones, invention of new products (e.g. information industry), creation of new distribution channels (e.g. electronic commerce), or changes in the division of labor within markets and within the global economy (e.g. payment services, global sourcing) would alone require significant transformations. Because of the coincidence of all these changes, the transformation speed of companies, industries, and often even entire economies is accelerating.

We are convinced that many of these transformations are triggered by innovations in the field of IS and communications and by radical changes in the way information is structured (e.g. by Data Warehousing), accessed (e.g. via Intranets), and processed (e.g. by Online Analytical Processing). The effects of the transformation, however, are not limited to information management. General management faces massive entrepreneurial challenges: Integration and automation do not only require a radical re-invention internal of internal processes (Davenport 1995). As a consequence, isolated companies often need to be transformed into smaller units focussing on some core competencies and networking for joint inter-company supply chain optimization (Bach et al. 1996). Managing alliances, distributed planning and control, and integration of heterogeneous applications are recent entries on nearly every top management agenda.

Transformation requirements, therefore, are not restricted to technical systems. Instead, a holistic approach is necessary that includes business models, business strategy, business processes, and information systems (Österle 1995), thereby integrating applications, management, and people.

To qualify management candidates for being successful facing these challenges, traditional university education is not well prepared. Undergraduate as well as MBA programs often focus on traditional, functional knowledge, e.g. marketing, accounting / finance, human resources, operations management, and IS. Even at business schools, integrated, cross-functional programs that focus on change are hard to find. If existing, many "change" programs exclude IS issues and restrict themselves to a traditional business view.

On the other hand, IS programs focus on implementation and systems related issues, e.g. communication systems and networks, management information systems, enterprise resource planning, systems development (or even programming), process reengineering, or strategic information management. Programs that cover the complete range from business model analysis to systems implementation are hard to find. If existing, they mostly focus on a technically oriented systems engineering "from scratch" rather than to take into account that most systems and all people usually have been operational / working for some while before changes take place.

Both general management education and IS education at universities generally suffer, at least in the German-speaking countries, from missing practical experience of the students. Moreover, a large portion of faculty has a pure academic background.

At the University of St. Gallen (HSG), experience in post-graduate education results from more than a dozen completed programs since the early 90ies, the most prominent example being the "Executive MBA in General Management" (NDU HSG). Important principles of all post-graduate programs at HSG are

- University learning (& teaching) should simultaneously accompany practical work instead of interrupting it.
- If different knowledge areas are to be integrated (e.g. different perspectives of "change"), teachers should be taken from a small faculty with a shared vision and a common theoretical background, while students should reflect a broad range of different industries and majors.
- Students have to be selected very carefully based on experience and project involvement rather than on grades and majors to guarantee the class to be an appropriate learning support.
- Faculty should be involved in action research rather than completely focus on teaching. First-hand experience in corporate projects outweighs didactic perfection as long as university standards are met.

Especially when IS-enabled transformation for large companies is in focus, practical experience and tight connection to corporate change projects are important. In 1996, therefore, the institute of information management (IWI-HSG) decided to create a post-graduate university program in Business Engineering. In the following, the program and experience from its first run is described. As a foundation of a business engineering program, the Business Engineering approach is described in section 2. Section 3 outlines the information systems, general management, organizational psychology, and infrastructure portions of the program. A summary of experience from the first program 1998/99 and future plans conclude the paper in section 4.

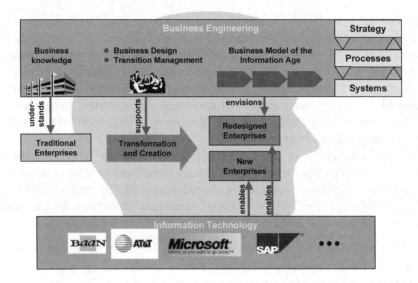

Fig. 1. Business Engineering vs. Information Technology (Österle 1998)

2 Business Engineering

Business Engineering provides the methodology to transform corporations of the industrial age into the information age. Integrating methods from strategic planning, systems engineering, total quality management, organizational design, innovation management, and controlling, business engineering links strategy design and information systems development by process design (Österle 1995). Due to their focus on business or systems only, respectively, general managers or systems engineers are not able to set up and control large transformation projects. Business engineers should have skills "from both worlds" enabling them to create strategic visions, analyze and redesign business processes, assess value-adding potentials (both by business opportunities or by technical innovations), plan and control transformation projects, and get people actively involved into change processes (Martin 1995).

In figure 1, the relationship between information technology and Business Engineering is illustrated. Traditional general management knowledge is needed to run traditional enterprises. IT innovations enable new enterprises and redesign of existing enterprises. To envision the utilization of IT innovations and new management models to reinvent value streams, business models of the information age are needed. Business Engineering comprises methods for structuring business knowledge, business design and transition management, assessment of IT potentials, and structuring of business models. Due to its holistic character, Business Engineering integrates methods for strategy development, process development, and systems development based on a common repository.

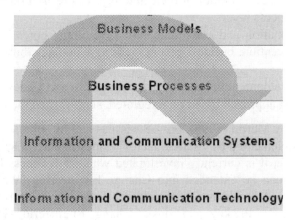

Fig. 2. Business Engineering Methodology

The Business Engineering process is illustrated in figure 2. The redesign starts on the information and communication technology layer where IT innovations are identified and assessed with regard to new business opportunities. Then, adequate business models are derived, and business strategy is matched with process visions. On this layer, analyzed objects are industry sectors, business networks, input-output relationships, strategic business units, and goals. By refining goals into critical success factors and finally into performance indicators, a base for the identification of business processes is created. Using state-of-the-art workflow models plus process guidance and process optimization methods, the pivotal layer of business process design is reached. When complemented by data modeling, state transition analyses, and transactional analyses, appropriate applications and databases are derived from process models at the systems layer. Since standardized business software packages are much more often used for systems implementation than creating individual software systems, process implementation methods must be able to adapt reference processes.

Following the Method Engineering approach (Brinkkemper, Lyytinen, Welke 1996), some methods had to be invented from scratch, while others had to be adapted to fit into the Business Engineering methodology. The Business Engineering methodology is an approach to organize and optimize men-machine systems using semi-formal methods, and an integrated information / organizational model. Thereby, it is extending approaches with an explicit technical focus like software engineering or systems engineering.

The principles of Business Engineering are:

- Innovations only take effect if they are implemented on all layers.
- Information and communication technology sets restrictions for the strategy and process layers.
- From information and communication technology, potentials for value stream reinvention, business process redesign, and new business models emerge.
- Process development links strategy development and IS development
- Engineering approach based on integrated, semi-formal methods.

As proposed by Martin (1995), business issues and information systems issues are complemented by "human factor" issues in enterprise transformation. Therefore, it is currently investigated whether Business Engineering methodology can be extended into Change Engineering (Weber, Winter 1998) by explicit consideration of political decisions, cultural factors, etc. Figure 3 illustrates the key questions of Change Engineering. Based on the technical layer which was dominant in Business Engineering, additional "puzzle pieces" are collected in a new political and a new emotional / cultural layer.

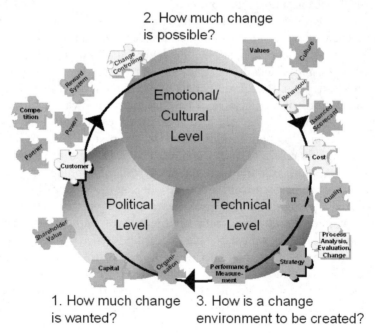

Fig. 3. Change Engineering Layers and Issues

3 MBE HSG Curriculum

The MBE HSG role model for Business Engineers is Martins „Enterprise Engineer". His core qualifications (Martin 1995)

- Technical / management training
- Business experience
- Systems development experience
- Understanding of human factors

imply the focal issues of the program: Besides mastering the methodology of Business Engineering, Business Engineers need to have a broad technical background (current IT potentials and trends) and a business background (strategic management, reference processes). They should be able to (re-)model the business on the business model level, on the process model level, and on the information systems level. With regard to transformation processes, they should know the political background as well as organizational development. With regard to the human factor, they should be capable of change management and leadership in transforming organizations.

Based on experience with other Master programs at HSG and the necessity of combining practical experience with university learning, focussed program modules and working on the job alternates throughout the program. It is recommended that MBE students are assigned to a change project in their company and analyze / describe their project with their Master thesis. Besides that thesis, other continuous activities like the Business Engineering Center project (creating a vast collection of Business Engineering related documents on the WWW), communication via the MBE HSG Intranet, and "fireplace talks" with consultants and managers build a common frame for focussed modules.

In the following, four core aspects of the MBE HSG curriculum are outlined.

3.1 Information Systems and Change

Being potential triggers for new business models and reinvented processes, innovative IT / IS applications are covered in three (out of 18) weeks. Formal sessions and a lot of case studies are used to acquire hands-on experience with state-of-the-art applications like

- Enterprise Resource Planning (ERP) software like Baan IV
- Business Intelligence software like Hyperion OLAP
- Groupware like Lotus Notes and GroupSystems
- Computer-Aided Software Engineering (CASE) tools like Oracle Designer/2000
- Business Engineering tools like SAPs ASAP toolset

In addition, more technical topics like computer telephone integration, platforms for electronic commerce, infrastructures for mobile work, etc. are covered.

The technical infrastructure of the MBE HSG comprises 23 high-end PCs, a Lotus Notes server, and an application / database server. The infrastructure of the program is supported by a generous grant from Hewlett-Packard Corp. and grants from Baan Company, Lotus Corp., and Microsoft Corp.

In addition to the three IS weeks, two weeks are used to teach Business Engineering methodology and Information Management concepts, basically using real-life cases.

3.2 General Management and Change

To give students an overview of business processes, one week is dedicated to present reference processes in product development, supply chain management, and (starting with the 2nd program) in financial service companies. Special emphasis is given to process guidance and process optimization.

Another two weeks are focussing on the managerial perspective of transformation. Being presented by renown management faculty, state-of-the-art concepts for

- shareholder value creation, holistic / network management, strategy development, transformation management, organizational development (Gomez et al. 1991, Gomez and Rüegg-Stürm 1997, Müller-Stewens 1997), and

- complexity management, acquisition strategy, and the human resource perspective of change (Schuh et al. 1997, Hilb 1995)

are complemented by computer-based simulations and support tool demos (e.g. balanced scorecard).

A highlight of the program is the final week "Business Model of the Information Age". In this week, students work together with CEOs of medium enterprises to assess technology innovations and to derive new business models for the participating companies.

3.3 Organizational Psychology and Change

Another three weeks focus on individual and methodological aspects of Change Management. Coordinated by an experienced executive responsible for one of the largest mergers in Switzerland, students get into touch with various tools and concepts (e.g. business case planning, project management, time management).

Less theoretical, but valuable personal experience can be gained in an one-week outdoor module that takes place in the Swiss mountains. The goal of this week is to have personal encounters with unsafeness, conflict, group dynamics, and other challenges for leadership in transforming companies. Group projects are complemented by extensive analysis and feedback workshops.

3.4 Infrastructure, Culture, and Change

Central Europe may not be the best place for rapid and radical business transformations. Although considerable attention is paid to organizational and personal agility recently, a comprehensive "ecosystem for IT-enabled change" can only be found in Silicon Valley. Therefore, HSG cooperates with the Berkeley Center for Executive Education (BCED), Haas School of Business, University of California at Berkeley, to offer a four-week-in depth experience of the "American way of change". While formal sessions at BCED provide theoretical concepts for Silicon Valley entrepreneurship / venture capitalism, innovation management, creativity support, and cultural alignment, company visits at Intel, Oracle, Hewlett-Packard, Cisco, Charles Schwab, Inktomi, Intershop, Wilson, Sonsini, Goodrich and Rosati, Commercenet and others allow to get in touch with real Silicon Valley practice.

Another two weeks are dedicated to the political dimension of change and emerging industries and markets.

4 Experience from the 1st Program and Future Plans

Although being an entirely new and quite expensive (about 32000 US$) program in the hotly contested segment of post-graduate management programs, MBE HSG was able to attract some 90 applications for a class of 45 students. From the students of the 1st class, 89% came from Switzerland. Some 30% of the students have a business administration background, another 30% have a major in computer science or information systems. The remainder splits into 20% electrical or mechanical engineers, some psychologists, and a few lawyers. There are equal portions of employees of large company and medium size companies, respectively, while only few participants are self-employed. As we would have expected it in Switzerland, more than 50% of the class is working with banking and insurance companies, followed by consulting and chemical industry. During the program, a large number of students changed to another employer, most of them in order to exploit new career opportunities as Business Engineers.

Recently, the admission for the 2nd program 1999/2000 has been completed. Again, 45 students could be selected from about twice that number of applicants. Besides of a smaller portion of Swiss participants (77%), educational background and industry structure of the students do not differ significantly from the 1st class. The combination of

- information management issues with a focus on business transformation,
- general management issues with a focus on business transformation, and
- human factors in business transformation

is an innovative discipline still lacking a tight integration and a sound theoretical foundation. IWI-HSG works on both goals in two different ways. On the one hand, the Business Engineering Center, a WWW based platform that allows a structured access to a huge amount of Business Engineering related documents, is intended to support a growing Business Engineering community. On the other hand, a competency center for Change Engineering has been created to serve as a foundation for the continued development of Business Engineering. In a competency center, HSG facilitates a research cooperation between 4-8 companies with a fixed financial and time budget. Both activities are expected to contribute to the integration of the various core concepts of Business Engineering into a sound and comprehensive discipline.

Like the 1st program, the Swiss portions of the 2nd and the 3rd program will be held in German language. However, international companies ask for an English version, and business consultants ask for a continuous program. A MBE*Core* program in English language, therefore, would be a logical evolution.

References

Bach, V. et al. (1996). Enabling Systematic Business Change - Integrated Methods and Software Tools for Business Process Redesign, Vieweg, Wiesbaden

Brinkkemper, S. and Lyytinen, K. and Welke, R. (1996). *Method Engineering*, Chapman & Hall, London

Davenport, P. H. (1993). Process Innovation: Reengineering Work through Information Technology

Gomez, P. and Lauper, P. and Probst, F. (1991). *Networking Thinking in Strategic Management*, Ciba Geigy, Basel

Gomez, P. and J. Rüegg-Stürm (1997). On the Essence, Emergence and Effects of Visions: Some Cautions. In *Corporate Transformation* (Sinatra, A. Ed.), 69-93, Kluwer, Dordrecht

Hilb, M. (1995). Core Business Process Re-Engineering: A Human Resource Management Perspective. In *Business Process Re-Engineering: A Multi Discipline Perspective* (Armitead C.G. et al. Eds.), 10.1-10.15, John Wiley & Sons, London

Martin, J. (1995). The Enterprise Engineer, *Computerworld*, 18.9.1995

Müller-Stewens, G. (1997). Fundamental change in highly complex organizations: The connectivity of leadership interventions as illustrated by the example of Daimler-Benz AG. In *Corporate Transformation* (Sinatra, S. Ed.), 132-152, Norwell

Österle, H. (1995). Business in the Information Age - Heading for New Processes, New York: Springer

Österle, H. (1998). Business Model of the Information Age. Personal communication.

Schuh G. et al. (1997). Enterprise engineering and integration - Future Challenges. In *Enterprise Engineering and Integration* (KOSANKE K. and J.G. Nell Eds.), 318-326, Springer, Berlin etc.

Weber, H. and Winter, R. (1998). Change Engineering, *Thexis*, 15 (2), 158-159

Diensteebenen und Kommunikationsstrukturen agentenbasierter elektronischer Märkte[*]

Rüdiger Zarnekow, Walter Brenner

Der Beitrag untersucht die Möglichkeiten der Integration von Softwareagenten in elektronische Märkte. Er stellt das Konzept der agentenbasierten elektronischen Märkte vor, innerhalb derer alle Marktteilnehmer durch Softwareagenten vertreten werden. Die Softwareagenten führen im Auftrag der Marktteilnehmer Aufgaben aus, steuern und überwachen Markttransaktionen und repräsentieren die Teilnehmer gegenüber Dritten. Anhand zweier Modelle werden die Dienstebenen und Kommunikationsstrukturen agentenbasierter elektronischer Märkte beschrieben. Es wird auf die Funktionsweise agentenbasierter elektronischer Märkte, das Zusammenspiel der Marktteilnehmer und die zur Realisierung notwendigen Technologien und Dienste eingegangen.

---

[*] Wiederabdruck von Zarnekow, R.; Brenner, W., Diensteebenen und Kommunikationsstrukturen agentenbasierter elektronischer Märkte, in: Informatik-Spektrum, 22, 5, 1999, S. 344-350 mit freundlicher Genehmigung des Springer-Verlags.

1 Einführung

Das exponentielle Wachstum und die steigende Bedeutung elektronischer Kommunikationsnetzwerke, allen voran des Internet, fördert die Entstehung neuer elektronischer Märkte. Kommerzielle und private Nutzer erhalten in immer grösserem Umfang Zugang zu elektronischen Märkten und sind zunehmend bereit, Geschäftstransaktionen über elektronische Märkte abzuwickeln. Entsprechend sind die den elektronischen Märkten vorhergesagten wirtschaftlichen Potentiale, die von elektronisch getätigten Einzelhandelsumsätzen im Jahre 2001 in Höhe von 17 Milliarden US-Dollar [7] bis hin zu Umsätzen im Bereich des Electronic Commerce in Höhe von 400 Milliarden US-Dollar im Jahre 2002 [9] reichen.

Trotz, oder aber gerade wegen dieser enormen Wachstumspotentiale sind bereits heute eine Reihe von Entwicklungstendenzen erkennbar, die auf lange Sicht den Erfolg derzeitiger elektronischer Marktstrukturen gefährden. Zu nennen sind in diesem Zusammenhang vor allem das kontinuierlich steigende Informationsangebot, die damit einhergehende sinkende Transparenz des Angebots, der steigende Informationsbedarf der einzelnen Marktteilnehmer, die abnehmende Bereitschaft der Marktteilnehmer, Zeit in die Suche und Verarbeitung von Informationen zu investieren und das Bedürfnis nach personalisierten, auf individuelle Anforderungen zugeschnittenen Informationsangeboten [20].

Die Integration neuer Technologien in elektronische Märkte ist notwendig, um den beschriebenen Trends entgegenzuwirken und den zukünftigen Anforderungen der Nutzer gerecht zu werden. Softwareagenten stellen aufgrund ihrer besonderen Eigenschaften eine derartige Technologie dar. Der folgende Beitrag untersucht die Möglichkeiten der Integration von Softwareagenten in elektronische Märkte. Nach einer übersichtsartigen Darstellung der Grundlagen der Softwareagenten und elektronischen Märkte in Abschn. 2, wird in Abschn.3 das Konzept der agentenbasierten elektronischen Märkte eingeführt. Anhand zweier Modelle werden die Kommunikationsstrukturen und die Diensteebenen agentenbasierter elektronischer Märkte beschrieben. Die Modelle zeigen die Funktionsweise agentenbasierter elektronischer Märkte auf, verdeutlichen das Zusammenspiel aller am Prozess beteiligten Marktteilnehmer und fassen die zur Realisierung der Prozesse notwendigen Technologien und Dienste zusammen.

2 Grundlagen

2.1 Softwareagenten

Der Begriff des Softwareagenten ist in der wissenschaftlichen Literatur weit gefasst. So werden unter Softwareagenten beispielsweise einerseits automatisierte persönliche Assistenten; andererseits aber auch kooperierende Problemlösungseinheiten und miteinander kommunizierende Softwareentitäten verstanden [11]. Andere Ansätze wiederum unterscheiden zwischen Softwareagenten als autonome Softwareprogramme und Softwareagenten als virtuelle Personen mit menschlichem Erscheinungsbild und natürlichen Charakterzügen [5]. Auch die Softwareindustrie setzt den Begriff des Softwareagenten in jüngster Zeit verstärkt zu Marketingzwecken ein, weshalb viele kommerzielle Softwareanwendungen und Dienstleistungen als Softwareagent bezeichnet werden, obwohl sie mit den wissenschaftlichen Ansätzen nur wenig gemeinsam haben [8]. Wir legen für den weiteren Verlauf dieses Beitrags folgende Definition eines Softwareagenten zugrunde:

Ein Softwareagent ist ein langlebiges Softwareprogramm, das für seinen Nutzer bestimmte Aufgaben erledigt und dabei ein ausreichendes Mass an Intelligenz besitzt, um seine Aufgaben in Teilen autonom durchzuführen, seine Nutzer gegenüber Dritten zur repräsentieren und mit seiner Umwelt auf sinnvolle Art und Weise zu interagieren [3].

Aus der gewählten Definition gehen die 3 grundlegenden Charakteristika eines Softwareagenten hervor, die sich auch in der wissenschaftlichen Literatur wiederfinden: Die Repräsentationsfunktion, das autonome Verhalten und die Kommunikationsfähigkeit [6,13,18]. Ein Softwareagent repräsentiert seinen Nutzer, indem er anstelle des Nutzers bestimmte Aufgaben und Aktionen ausführt. Er muss des weiteren autonom handeln können, d. h. seine Aufgaben selbständig, unter eigener Kontrolle und so weit wie möglich ohne Interaktion mit dem Nutzer durchführen. Die Kommunikationsfähigkeit, als dritte grundlegende Eigenschaft, sagt aus, dass ein Softwareagent in der Lage sein muss, mit seiner Umwelt zu kommunizieren und zu interagieren. Durch die Interaktion sammelt der Agent Informationen über seine Umwelt und versucht Schlussfolgerungen zu ziehen, die ihn der Erfüllung seiner Ziele näher bringen. Insbesondere in Multiagentensystemen ist die Kommunikationsfähigkeit von zentraler Bedeutung. Als Multiagentensystem bezeichnet man die Zusammenarbeit lose gekoppelter Problemlösungseinheiten mit dem Ziel, Probleme, welche die Fähigkeiten einer einzelnen Problemlösungseinheit übersteigen, zu lösen [14]. Ein Multiagentensystem besteht aus einer Vielzahl unabhängiger Softwareagenten, die gemeinsam an der Lösung von Problemen arbeiten. Auch bei den im weiteren Verlauf dieses Beitrags vorgestellten agentenbasierten elektronischen Märkten handelt es sich in der Mehrzahl um Multiagentensysteme.

Obwohl man sich in Wissenschaft und Forschung bereits seit vielen Jahren mit dem Gebiet der Softwareagenten auseinandersetzt, sind in der Praxis bis heute lediglich prototypische Implementierungen einfacher Agentensysteme zu finden. Hierfür sind zum einen technische Faktoren andererseits aber auch noch ungelöste ökonomische und gesellschaftliche Fragestellungen verantwortlich. Aus technischer Sicht handelt es sich bei Softwareagenten und insbesondere bei Multiagentensystemen um hochkomplexe Softwaresysteme. Entsprechend vielfältig sind die bei ihrer Konzeption, Entwicklung, Installation und Unterhaltung auftretenden Problemstellungen. Besonders hinzuweisen ist an dieser Stelle auf die oft noch mangelhafte Intelligenz von Softwareagenten und auf die Bedeutung von Standards, die in vielen Bereichen erst ansatzweise vorhanden sind (siehe beispielsweise die Aktivitäten der FIPA, des W3C und der OMG), die für die Arbeit eines Softwareagenten aber von zentraler Bedeutung sind. Die ökonomische Vorteilhaftigkeit des Einsatzes von Softwareagenten lässt sich derzeit nicht abschliessend beurteilen. Dies gilt insbesondere für den in diesem Beitrag betrachteten Bereich der agentenbasierten elektronischen Märkte. So bleiben beispielsweise Fragen nach den Auswirkungen der durch Softwareagenten erzielten höheren Markttransparenz und der verringerten Kundenbindungen bisher grösstenteils unbeantwortet. Erst der Praxiseinsatz wird zeigen, inwieweit derartige Effekte von den
Marktteilnehmern gewünscht oder sogar gefordert werden. Aus gesellschaftlicher Sicht muss vor einem breiten Einsatz von Softwareagenten ein ausreichendes Mass an Akzeptanz und Vertrauen hinsichtlich der Agententechnologie vorhanden sein. In den hier betrachteten elektronischen Märkten spielt insbesondere der Vertrauensfaktor eine zentrale Rolle. Denn oft werden von einem Softwareagenten Aufgaben übernommen, die rechtliche und finanzielle Konsequenzen für seinen Nutzer haben, wie etwa die Übernahme einer Preisverhandlung, der Abschluss von Kaufverträgen oder die Abwicklung des Zahlungsvorgangs. Die für derartige Aufgaben erforderliche Vertrauensbasis lässt sich auf Dauer nur durch eine für den Nutzer transparente Arbeitsweise der Agenten und eine Reduzierung ihrer nach aussen sichtbaren Komplexität erreichen.

2.2 Elektronische Märkte

Aufbauend auf der Funktion des Marktes im ökonomischen Sinne als Platz des Austausches, an dem sich Angebot und Nachfrage treffen, bilden elektronische Märkte „eine ausgewählte institutionelle und technische Plattform für den Electronic Commerce, bei der der marktliche Koordinationsmechanismus das gemeinsame Merkmal darstellt" [15]. Aus dieser Einordnung elektronischer Märkte in den Bereich des Electronic Commerce gehen die beiden allgemeinen Schwerpunkte elektronischer Märkte hervor. Denn der Electronic Commerce umfasst zum einen aus geschäftlicher Sicht Anwendungen zur Automatisierung von Geschäftsprozessen und Arbeitsabläufen, zur Kostenreduzierung, zur Qualitätssteigerung und zur Erhöhung der Geschwindigkeit [io]. Zum anderen konzentriert er sich im Rahmen einer kommunikationsorientierten Betrachtung auf die Lieferung von Informationen, Produkten, Dienstleistungen und Zahlungen über Computernetzwerke, Telefonnetze oder andere elektronische Kommunikationsmedien. Den inhaltlichen Schwerpunkt der kommunikationsorientierten Sichtweise bildet derzeit der Kauf und Verkauf von Produkten und Dienstleistungen über das Internet und andere Online-Dienste ([2], Abb. i).

Aus architektonischer Sicht besteht ein elektronischer Markt aus mehreren aufeinander aufbauenden Diensteebenen. Abbildung i zeigt in Anlehnung an das von Tenenbaum et al. [16] entwickelte Modell

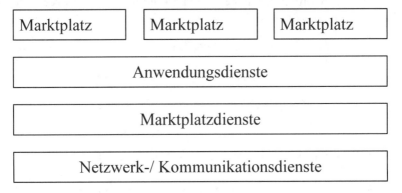

Abb. 1. Diensteebenen elektronischer Märkte

die 4 Diensteebenen elektronischer Märkte. Die unterste Ebene umfasst Netzwerk- und Kommunikationsdienste. Mit ihrer Hilfe wird eine robuste, sichere Kommunikationsverbindung, inklusive Transaktions- und Protokollierungsfunktionalitäten, bereitgestellt. Die Marktplatzdienste umfassen alle unterstützenden Dienstleistungen des Marktes, beispielsweise elektronische Geldbörsen, elektronische Zahlungsverfahren, zentrale Kunden- und Anbieterverzeichnisse, Abrechnungsmechanismen und Schnittstellen zu elektronischen Handelssystemen. Zukünftig werden Marktplatzdienste auch neue Technologien, wie z. B. kartenbasierte Sicherheits- und Zahlungsverfahren, die digitale Lieferung von Inhalten oder die elektronische Rechnungsstellung beinhalten [17]. Innerhalb der Anwendungsdienste sind diejenigen Dienste zusammengefasst, die direkt den Kunden zur Verfügung stehen. Hierzu zählen beispielsweise elektronische Produktkataloge zur Information der Kunden, elektronische Kontraktwerkzeuge zum Abschluss von Vereinbarungen oder die computergestützte Logistik zur Abwicklung von Transaktionen [12]. Die eigentlichen Marktplätze bilden die oberste Ebene und werden durch die Marktplatzteilnehmer gebildet. Es kann sich in ihrem Fall sowohl um breitgefächerte Universalmärkte als auch um branchenspezifische oder regionale Teilmärkte handeln.

3 Agentenbasierte elektronische Märkte

3.1 Grundlagen

Softwareagenten nehmen innerhalb elektronischer Märkte meist die Rolle eines Vermittlers zwischen Käufer und Verkäufer ein. Vermittler fügen eine zusätzliche Abstraktionsebene in den Kommunikationsprozess ein. Abbildung 2 zeigt, dass die direkte

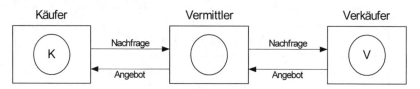

Abb. 2. Arbeitsprinzip eines Vermittlers in elektronischen Märkten

Kommunikationsbeziehung zwischen Käufer und Verkäufer durch den Vermittler aufgehoben wird. Sowohl Käufer als auch Verkäufer kommunizieren mit dem Vermittler und tauschen über ihn Informationen aus.

Der Einsatz eines Vermittlers ermöglicht es jeder der 3 am Kommunikationsprozess beteiligten Parteien, sich auf ihre Kernkompetenzen zu konzentrieren. Der Käufer beschränkt seine Arbeit auf die Analyse der vom Vermittler bereitgestellten Informationen und muss sich nicht mehr mit der Suche nach Informationen und der Nutzung der elektronischen Angebote der Verkäufer auseinandersetzen. Der Verkäufer kann sich auf die effiziente und zweckmässige Gestaltung seiner Angebote konzentrieren. Da er ausschliesslich mit dem Vermittler kommuniziert, muss er keine komfortablen Benutzerschnittstellen entwickeln, wie sie für reguläre Käufer notwendig wären. Aus informationstechnischer Sicht führt die Fokussierung der Kommunikationsbeziehungen der Käufer und Verkäufer auf einen einzigen Kommunikationspartner zu deutlichen Vereinfachungen. Anstelle einer Vielzahl individueller Kommunikationsbeziehungen ist lediglich die Schnittstelle zum Vermittler zu definieren und auszugestalten. Der Vermittler selbst konzentriert sich auf eine möglichst optimale Zusammenführung von Angebot und Nachfrage. Insbesondere in hoch-dynamischen Marktsituationen, in denen laufend neue Käufer und Verkäufer hinzukommen oder wegfallen, ist diese Aufgabe von besonderem Wert.

3.2 Kommunikationsstruktur

Je nach Art des Einsatzes der Softwareagenten innerhalb eines elektronischen Marktes ergeben sich unterschiedliche Kommunikationsbeziehungen zwischen Käufer, Verkäufer und Agent. Abbildung 3 zeigt in Form eines Kommunikationsmodells die vier grundlegenden Kommunikationsvarianten beim Einsatz von Softwareagenten in elektronischen Märkten.

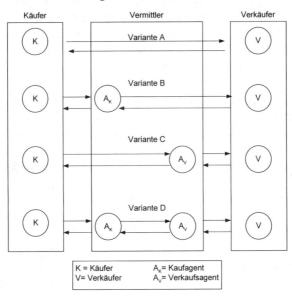

Abb. 3. Kommunikationsmodell

Kommunikationsvariante A beschreibt die direkte Kommunikation zwischen Käufer und Verkäufer ohne Einsatz eines Vermittlers. In bestimmten Situation kann der Verzicht auf einen Vermittler durchaus sinnvoll sein. So ist es beispielsweise mit den heute zur Verfügung stehenden Technologien schwierig, Softwareagenten mit ausreichender Funktionalität zur Durchführung komplexer Recherchen oder hochspezialisierter, professioneller Kaufprozesse auszustatten. Es besteht in diesem Fall die Gefahr, dass die durch den Vermittler gelieferte Qualität der Ergebnisse für Käufer oder Verkäufer nicht zufriedenstellend ausfällt. Mit einer direkten Kommunikation zwischen Käufer und Verkäufer kann eine derartige Situation effizienter und qualitativ hochwertiger abgewickelt werden.

Im Rahmen der Kommunikationsvariante B kommt ein Softwareagent als Vermittler auf der Seite des Käufers zum Einsatz. Die Agenten des Käufers werden im folgenden als Kaufagenten (AK) bezeichnet. Der Kaufagent übernimmt Aufgaben des Käufers und repräsentiert den Käufer gegenüber dem Verkäufer. Der Käufer übergibt dem Kaufagenten z. B. die Aufgabe, Informationen zu einem bestimmten Produkt oder einer bestimmten Dienstleistung einzuholen, eine Produktrecherche durchzuführen oder den eigentlichen Kaufvorgang abzuwickeln. Der Kaufagent kommuniziert bei seiner Arbeit direkt mit den Verkäufern. Die Mehrzahl der heute im Internet verfügbaren Kaufagenten basieren auf der Kommunikationsvariante B, so z. B. der *BargainFinder* (bf.cstar.ac.com), *Jango* (jango.excite. com) oder *Fido* (www.shopfido.com). Bei allen drei genannten Systemen hat der Käufer die Möglichkeit, seinem Kaufagenten einen individuellen Suchbegriff zu übergeben. Nach Erhalt der Käuferanfrage führt der Agent eine Produkt- und Preisrecherche durch. Er identifiziert potentielle Verkäufer, durchsucht deren Angebote nach relevanten Informationen, sammelt die Informationen ein, integriert die Informationen zu einer einheitlichen Gesamtmenge (z. B. in Form eines Preisvergleichs) und präsentiert sie dem Käufer. Trifft der Käufer auf Basis der erhaltenen Informationen die Entscheidung, ein bestimmtes Produkt zu kaufen, können die existierenden Kaufagenten z. T. auch die Abwicklung des Kaufvorgangs unterstützen. Sie füllen zu diesem Zweck beispielsweise die erforderlichen elektronischen Bestellformulare für den Käufer aus oder übergeben die zur Zahlung notwendigen Daten an den Verkäufer.

Kommunikationsvariante C setzt einen Softwareagenten auf der Seite des Verkäufers ein. Derartige Agenten werden als Verkaufsagenten (A~) bezeichnet. Die Verkaufsagenten kommunizieren im Rahmen der Kommunikationsvariante C direkt mit dem Käufer. Variante C ist in der Praxis bisher nur selten anzutreffen, eignet sich aber dessen ungeachtet für eine Reihe von Einsatzszenarien. So kann ein Verkaufsagent die Aufgabe übernehmen, potentielle Käufer über Änderungen innerhalb des Angebots oder über neue

Angebote eines Verkäufers zu. Eine einfache Implementierung eines derartigen Ansatzes stellt z. B. der automatische Benachrichtigungsdienst des virtuellen Buchhändlers *Amazon.com* (www. amazon.com) dar, bei dem der Kunde regelmässig über diejenigen Neuerscheinungen auf dem Buchmarkt informiert wird, die seinen Interessen entsprechen. Aus den in der Vergangenheit gemachten Erfahrungen mit einem Käufer oder durch explizite Käuferangaben kann der Verkaufsagent die Interessen eines Käufers ermitteln und ihn gezielt mit neuen Informationen versorgen.

Kommunikationsvariante D beschreibt die Situation, bei der sowohl der Käufer als auch der Verkäufer durch Softwareagenten vertreten werden. Nur wenn wie im Rahmen der Kommunikationsvariante D alle Teilnehmer eines elektronischen Marktes durch Softwareagenten vertreten sind, kann von einem echten agentenbasierten elektronischen

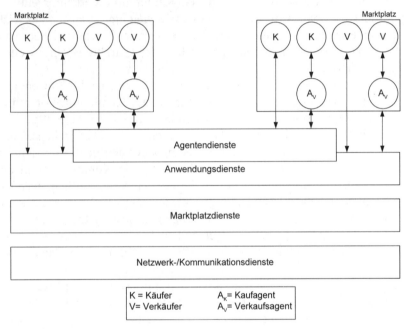

Abb. 4. Diensteebenen agentenbasierter elektronischer Märkte

Markt gesprochen werden [20]. Die Kaufagenten kommunizieren mit den Verkaufsagenten, um die notwendigen Informationen zwischen Käufer und Verkäufer auszutauschen. In der Praxis existieren bis heute nur wenige agentenbasierte Märkte im Sinne der Kommunikationsvariante D. Im Bereich der Forschung ist v. a. der am MIT Media Lab entwickelte Kasbah-Prototyp *zu* nennen, der den Handel von Büchern und Musik-CDs mittels

Agenten erlaubt [4]. Erste kommerzielle Implementierungen agentenbasierter Märkte sind v .a. im Bereich der internetbasierten elektronischen Auktionen zu erwarten.

3.3 Diensteebenen

Auch in agentenbasierten elektronischen Märkten finden sich die in Abschnitt. 2.2 beschriebenen allgemeinen Diensteebenen elektronischer Märkte wieder. Abbildung 4 macht dies deutlich. Agentenbasierte elektronische Märkte bestehen aus Käufern, Verkäufern und ihren jeweiliger Softwareagenten. Je nach Wahl einer der im vorigen Kapitel eingeführten Kommunikationsvarianten entstehen innerhalb der Markplätze unterschiedliche Kommmunikationsstrukturen, bei denen Käufer und Verkäufer entweder direkt oder über Softwareagenten mit den Anwendungsdiensten des Marktes kommunizieren. Die eigentliche Erweiterung der herkömmlichen Architektur elektronischer Märkte spiegelt sich in der Einführung einer weiteren Dienstekomponente,

der Agentendienste, wider. Die Agentendienste sind in die Anwendungsdienste eingebettet und erweitern diese um die zur Kommunikation mit und zum Betrieb von Softwareagenten notwendige Funktionalität [3,19].

Abbildung 4 zeigt, dass die Softwareagenten die Wahl zwischen einer direkten Kommunikation mit den Anwendungsdiensten oder einer Nutzung der Agentendienste haben. Die erste Variante, die Kommunikation ohne Verwendung der Agentendienste, ist immer dann erforderlich, wenn ein Agent mit bestehenden Anwendungssystemen interagieren muss, die nicht speziell auf den Zugriff eines Softwareagenten ausgerichtet sind und aus diesem Grund keine speziellen Agentendienste anbieten. Hierunter fällt z. B. das Lesen von Dokumenten im WWW, die Abfrage von Datenbanken, die Recherche in elektronischen Produktkatalogen oder das Ausfüllen elektronischer Formulare. Bei diesen Tätigkeiten imitiert der Agent lediglich die Arbeit seines Nutzers und verwendet dieselben Informationsquellen. Spezielle Agentendienste oder Änderungen an existierenden Anwendungssystemen sind nicht notwendig.

Am Beispiel eines elektronischen Produktkatalogs werden die Nachteile eines direkten Zugriffs auf die Anwendungsdienste deutlich. Der Agent ist bei seiner Arbeit auf den Informationsgehalt der zur Verfügung stehenden Katalogseiten beschränkt. Ein elektronischer Produktkatalog im WWW nutzt beispielsweise meist einfache HTML-Dokumente zur Präsentation von Produktinformationen. Infolgedessen ist ein Agent bei einer Produktrecherche auf die Analyse von Texten und Bildern innerhalb von HTML-Dokumenten angewiesen. Er erhält keine weiterführenden Metainformationen, die er z. B. zur Klassifizierung von Produkten oder zum Aufbau einer verkäuferübergreifenden Produkthierarchie verwenden könnte. Die Möglichkeiten einer intelligenten Informationsrecherche sind entsprechend gering, was sich beispielsweise in der niedrigen Qualität der durch Internet-Suchmaschinen gelieferten Ergebnisse widerspiegelt. Selbst weiterführende Ansätze, wie etwa die Verwendung der Extensible Markup Language (XML) zur Beschreibung von Informationen, stellen aus Sicht der Softwareagenten nur Teillösungen dar.

Erst durch den Einsatz spezieller Agentendienste lassen sich die Potentiale von Softwareagenten vollständig ausschöpfen. Die Agentendienste bilden die Schnittstelle zwischen den Softwareagenten und den übrigen Anwendungsdiensten. Sie sind auf die besonderen Anforderungen der Agenten abgestimmt, indem sie ihnen eine speziell auf ihre Fähigkeiten zugeschnittene Nutzung der Anwendungsdienste ermöglichen. Wird der oben beschriebene elektronische Produktkatalog um eine Agentenschnittstelle erweitert, so können beispielsweise Dienste angeboten werden, die die Agenten über die Produktstruktur des Anbieters oder unterschiedliche Produktkategorien informieren. Auch ein direkter Zugriff auf die einem Produktkatalog zugrundeliegende Datenbasis ist mittels Agentendiensten möglich.

Fortschrittliche Kommunikations- und Kooperationsbeziehungen zwischen mehreren Agenten sind ohne die Bereitstellung spezieller Agentendienste nicht denkbar. Im Rahmen eines elektronischen Produktkatalogs können Agentendienste einem Kaufagenten beispielsweise eine Liste momentan verfügbarer Verkaufsagenten liefern, ihn über die Funktionalität der Verkaufsagenten informieren und den Kontakt zu den Verkaufsagenten herstellen. Verhandlungen zwischen Agenten und der Abschluss von Kaufverträgen sind weitere Beispiele aus dem Bereich des Electronic Commerce, die sich ohne Agentendienste nicht realisieren lassen. Bestehende Anwendungssysteme müssen für den Einsatz von Agentendiensten erweitert werden. Dies ist als deren wesentlicher Nachteil anzuführen. Die Agentendienste müssen implementiert und in das bestehende System integriert werden. Hierbei ist auf die Einhaltung von Standards zu achten, damit eine Nutzung der Dienste durch eine möglichst breite Zahl unterschiedlicher Agenten gewährleistet wird [21]. Aufwand und Kosten der Implementierung von Agentendiensten trägt in der Regel der Betreiber des Anwendungssystems.

4 Zusammenfassung

Die vielfältigen Forschungsanstrengungen im Bereich der Softwareagenten und der elektronischen Märkte lassen darauf schliessen, dass bereits in naher Zukunft erste kommerzielle Implementierungen agentenbasierter elektronischer Märkte entstehen werden. Ihre Akzeptanz wird in grossem Masse von der Funktionalität und Stabilität der einzelnen Komponenten und Agenten abhängig sein [1]. Defizite sind, wie bereits in Abschn. 2 erwähnt, z. Z. vor allem in den nur ansatzweise vorhandenen Standardisierungsbemühungen und der noch zu geringen Intelligenz der Softwareagenten zu sehen. Nur durch eine weitreichende Standardisierung der Architektur und Schnittstellen agentenbasierter elektronischer Märkte lässt sich ein breiter Teilnehmerkreis und eine kritische Masse von Angebot und Nachfrage erreichen. Die Intelligenz der Softwareagenten spielt eine zentrale Rolle für ihre Akzeptanz bei den Nutzern. Vor allem in kommerziellen Anwendungsszenarien, wie sie agentenbasierte elektronische Märkte darstellen, werden die Nutzer Softwareagenten nur dann ein ausreichendes Mass an Vertrauen entgegenbringen, wenn sie von deren Integrität und Funktionalität überzeugt sind und von einer intelligenten Arbeitsweise der Agenten ausgehen. Erst mit der zu erwartenden technologischen Weiterentwicklung der Softwareagenten wird aus diesen Gründen das volle Potential agentenbasierter elektronischer Märkte deutlich werden.

Literatur

Brenner, W., Schubert, C., Zarnekow, R.: Agentenbasierte elektronische Märkte - Die Zukunft des Handels? Absatzwirtschaft 11, 112-120 (1997)

Brenner, W., Zarnekow, R.: Elektronische Marktplätze - ein Überblick. Office Management 4, (45), 15-18 (1997)

Brenner, W., Zarnekow, R., Wittig, H.: Intelligente Softwareagenten. Berlin Heidelberg New York Tokyo: Springer 1998

Chavez, A., Maes, P.: Kasbah - An Agent Marketplace for Buying and Selling Goods. In: Proc. of the 1^n International Conference on the Practical Application of Intelligent Agents and Multi-Agent Technology (PAAM x 96), London, April 1996

Erickson, T.: Designing Agents as if People Mattered. In: Bradshaw, 1.M. (Hrsg.): Software Agents. Menlo Park/CA: AAAVFhe MIT Press, 1997, S.79-96

Etzioni, 0., Weld, D.S.: Intelligent Agents an the Internet: Fact, Fiction, and Forecast. IEEE Expert 4. (10), 44-49 (1995)

Forrester Research: On-Line Internet Spending. Forrester Research Report 1997

Guilfoyle, C.: Vendors of Intelligent Agent Technologies - A Market Overview. In: Jennings, W. R., Wooldridge, M.1. (Hrsg.): Agent Technology - Foundations, Applications and Markets. Berlin Heidelberg New York Tokyo: Springer, 1998, S.91-104

IDC: The Global Market Forecast for Internet Usage and Commerce. International Data Corporation Research Report 1998

Kalakota, R., Whinston, B.: Electronic Commerce - A Manager's Guide. Reading (Massachusetts): Addison-Wesley 1998

Laufmann, S.C.: Agent Software for Near-Term Success in Distributed Applications. In: Jennings, N.R., Wooldridge, M.J. (Hrsg.): Agent Technology - Foundations, Applications and Markets. Berlin Heidelberg New York: Springer, 1998, 5.49-69

Lindemann, M.A. , Runge, A.: Electronic Contracting within the Reference Model for Electronic Markets. Proc. 6" European Conference on Information Systems (ECIS x 98), Aix-en-Provence, 4. -6.Juni 1998

Maes, P.: Modeling Adaptive Autonomous Agents. Artificial Life Journal 1 + 2, (1), 135-162 (1994)

O'Hare, G., Jennings, N.R. (Hrsg.): Foundations of Distributed Artificial Intelligente. New York: John Wiley & Sons 1996

Picot, A., Reichwald, R., Wigand, R.T.: Die grenzenlose Unternehmung - Information, Organisation und Management, 3. Aufl. Wiesbaden: Gabler 1998

Tenenbaum, J.M., Tripatinder, S.C., Hughes, K., Schiper, A.: Eco System - An Internet Commerce Architecture. IEEE Computer 5 (30), 48-55 (1997)

Tenenbaum, J.M., Tripatinder, S.C., Hughes, K.: eCo System - CommerceNet's Architectural Framework for Internet Commerce. CommerceNet Inc., White Paper, Version 1.0, 1997

Wooldridge, M., Jennings, N. R.: Intelligent Agents - Theory and Practice. Knowledge Engineering Review 2 (10), 115-152 (1995)

Zarnekow, R.: Aktuelle Anwendungsfelder und Entwicklungsrichtungen intelligenter Softwareagenten am Beispiel agentenbasierter elektronischer Marktplätze. In: Burkhardt, T., Lohmann, K. (Hrsg.): Banking und Electronic Commerce im Internet. Berlin: Berlin-Verlag Arno Spitz 1998

Zarnekow, R.: Softwareagenten und elektronische Kaufprozesse - Referenzmodelle zur Integration. Wiesbaden: Gabler 1999

Zarnekow, R., Meyer, A., Wittig, H.: Agent Standardization Issues in Electronic Commerce Systems. Proc. of the FIPA Opening Forum, Yorktown (New York), 24. -25.Juni, 1996

Zur Positionierung und Weiterentwicklung des Data Warehousing in der betrieblichen Applikationsarchitektur[*]

Robert Winter

---

[*] Wiederabdruck von Winter, R., Zur Positionierung und Weiterentwicklung des Data Warehousing in der betrieblichen Applikationsarchitektur, in: Jung, R.; Winter, R. (Hrsg.): Data Warehousing Strategie, 2000, S.127-139 mit freundlicher Genehmigung des Springer-Verlags.

1 Einleitung

Data Warehouse-Systeme[1] haben sich als *neue Schicht betrieblicher Applikationen* etabliert. Der Grund liegt darin, dass sich die direkte Basierung entscheidungsunterstützender, „dispositiver" Applikationen auf geschäftsvorfallabwickelnden, „operativen" Applikationen als technisch oder wirtschaftlich nicht machbar erwiesen hat: Häufig ist es aufgrund der Schnittstellenkomplexität und der mangelnden Datenqualität (Inkonsistenzen zwischen verschiedenen operativen Applikationen erfordern komplexe Integrationsmechanismen) technisch nicht möglich, dispositive Applikationen zeitnah mit konsistenten, integrierten Daten aus operativen Applikationen zu versorgen. Selbst technisch mögliche „Direktanschlüsse" scheitern in komplexen Applikationslandschaften fast immer an einer Wirtschaftlichkeitsanalyse: Es ist nicht wirtschaftlich möglich, eine Vielzahl dispositiver Applikationen direkt mit einer Vielzahl operativer Applikationen zu verknüpfen und diese Verknüpfungen über einen längeren Zeitraum an Veränderungen der Applikationslandschaft anzupassen. Das Data Warehouse-System entkoppelt als Zwischenschicht dispositive und operative Applikationen und ist damit in der Lage, Integrationsmechanismen sowie die daraus gewonnenen Daten für dispositive Applikationen wiederverwendbar zu realisieren und die Anpassung an Änderungen von Applikationen auf jeweils eine einzige Schnittstelle zu begrenzen. Die Wirkung des Data Warehouse-Systems als Zwischenschicht wird in Abbildung 1 illustriert.

---

[1] In Analogie zum Begriffspaar „Datenbank" – „Datenbanksystem" wird im folgenden als Data Warehouse-System die Gesamtheit der Applikationen und Datenbanken bezeichnet, die das Data Warehouse i.e.S. (d.h. die Datenbank, die entscheidungsrelevante, integrierte, historisierte, u.U. verdichtete Daten enthält) nutzbar macht [1, S.17]. Data Warehousing bezeichnet die Gesamtheit aller Aktivitäten, die mit der Entwicklung und dem Betrieb des Data Warehouse-Systems verbunden sind.

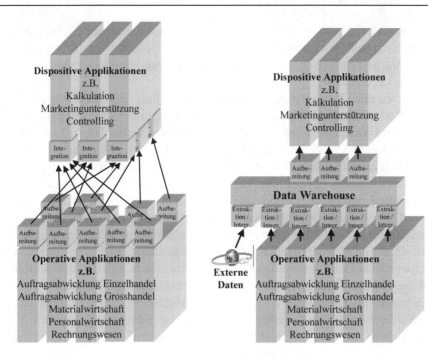

Abb. 1. Data Warehouse-System als Zwischenschicht

Die Basis eines Data Warehouse bilden die operativen Applikationen des Unternehmens bzw. die dazugehörigen Datenhaltungssysteme; hier reicht das Spektrum von Dateien über hierarchische Datenbanken bis hin zu relationalen und objektorientierten Datenbanken. Darüber hinaus werden vielfach auch externe Daten, z.B. demoskopische Daten und Marktdaten, in das Data Warehouse integriert [9]. Darauf bauen Schnittstellensysteme oder Extraktionsprozeduren auf, die die Daten der operativen Applikationen übernehmen, in das Format bzw. logische Datenmodell des Data Warehouse transformieren. Die Daten des Data Warehouse werden durch Aufbereitungssysteme oder Bereitstellungsprozeduren gefiltert und/oder aggregiert und stehen danach den betreffenden dispositiven Applikationen zur Auswertung zur Verfügung bzw. werden in die Datenhaltungssysteme der dispositiven Applikationen geladen. Die Architektur des Data Warehouse-Systems in Abbildung 1 ist stark idealisiert; eine ausführliche Beschreibung findet sich in Abschnitt 4).

Die *wissenschaftliche Auseinandersetzung* mit dem Phänomen Data Warehousing findet aus Nutzungssicht (hauptsächlich durch die Disziplinen Betriebswirtschaftslehre und Wirtschaftsinformatik), Modellierungs- und Organisationssicht (hauptsächlich durch die Disziplin Wirtschaftsinformatik) sowie Implementierungssicht (hauptsächlich durch die Disziplin Informatik) statt. Auch wenn die Unterschiedlichkeit dieser Sichten oft zu Parallelarbeit, Widersprüchen und/oder Begriffsverwirrung führt, ist doch die Notwendigkeit einer wissenschaftlichen Auseinandersetzung mittlerweile unbestritten[2].

In diesem Beitrag wird die Weiterentwicklung des Data Warehousing als Komponente der betrieblichen Applikationsarchitektur untersucht. Damit wird versucht, Entwicklungstendenzen der betrieblichen Data Warehouse-Nutzung und damit auch zukünftige Themen anwendungsorientierter Wirtschaftsinformatik-Forschung abzuleiten. Zu diesem Zweck wird in Abschnitt 2 ein Modell der betrieblichen Applikationslandschaft entwickelt und das Data Warehouse-System darin positioniert. In Abschnitt 3 wird die aktuelle Weiterentwicklung der betrieblichen Applikationslandschaft durch Einführung horizontaler Applikationen beschrieben. Ein anderes aktuelles Phänomen im Data Warehousing ist die Einführung von Operational Data Stores als neue Architekturschicht, mit der sich Abschnitt 4 beschäftigt. Eine sich aus den beiden letztgenannten Entwicklungen ergebende, veränderte Rolle von Data Warehouse-Systemen und die daraus resultierende Informationslogistik-Architektur werden in Abschnitt 5 beschrieben. Abschnitt 6 fasst die auf diese Architektur bezogenen neuen Forschungsfragen zusammen.

2 Modell der betrieblichen Applikationslandschaft

Obwohl in der Wirtschaftsinformatik-Literatur weitgehende Einigkeit über die wettbewerbsstrategische Bedeutung der *Informationssystemarchitektur* sowie über die Zweckmässigkeit der Verwendung des Architekturbegriffs besteht, [7, S.59], findet sich dafür keine eindeutige, generelle Definition [13, S.13]. Beispielsweise bezeichnet Scheer die Komponenten eines Informationssystems und ihre Beziehungen als Architektur [12, S.3]. Österle definiert die Informationssystem-Architektur als Grobstruktur der Organisation, der Geschäftsfunktionen, der Daten, der Applikationen und der Datenbanken [10, S.26], die den konzeptionellen Rahmen für die Entwicklung von Organisation, Applikationen und Datenbanken bildet [10, S.69].

---

[2] Noch im Jahre 1996 wurde Data Warehousing z.B. durch die Herausgeberschaft einer renommierten wissenschaftlichen Zeitschrift im Bereich der Wirtschaftsinformatik als Marketing-Buzzword von Softwareunternehmen - und die Notwendigkeit zur Behandlung in einem Sonderheft damit als unnötig - angesehen. Mittlerweile existieren z.B. in der deutschen Gesellschaft für Informatik (und auch innerhalb des Fachbereichs Wirtschaftsinformatik) mehrere Gliederungen, die sich ausschliesslich mit Data Warehousing auseinandersetzen.

In Analogie zur Architekturlehre im Bauwesen [7, S. 58][15, S. 2] sollte die Informationssystemarchitektur

- im Sinne eines Bauplans des Informationssystems die Spezifikation und Dokumentation der Applikationen und ihrer Beziehungen unter allen relevanten Blickwinkeln sowie
- die Konstruktionsregeln für die Erstellung des Bauplans umfassen.

Die *Applikationslandschaft* ist eine wichtige Komponente der Applikationsarchitektur. Sie dokumentiert auf aggregierter Ebene die wichtigsten Applikationen des Unternehmens und ihren Zusammenhang (d.h. die wichtigsten Informations- und Steuerflüsse zwischen Applikationen). In vielen Unternehmen ist die Applikationslandschaft historisch, d.h. über einen längeren Zeitraum gewachsen. Im schlimmsten Fall wurden Applikationen planlos neben- und hintereinander eingeführt. Erfolgte eine zumindest rudimentäre Architekturplanung, orientierte sich die Strukturierung von Applikationen an Funktionalbereichen (z.B. Auftragsabwicklung, Materialwirtschaft, Rechnungswesen) oder an produkt(gruppen)orientierten Sparten. In einem Versicherungsunternehmen finden sich beispielsweise in der Regel für jede Produktgruppe (Sparte, z.B. Einzellebens-, Einzelkranken-, Gruppen- oder Sachversicherung) eigene Applikationen mit eigener Datenhaltung. Im Extremfall werden von jeder Sparte separate Kundenstammdaten und ein separates Produktmodell verwaltet. Als Konsequenz wird ein Versicherungsnehmer, der mit einem Unternehmen mehrere Versicherungsverträge abgeschlossen hat, auch in mehreren Applikationen redundant als Kunde geführt. Eine für den Geschäftserfolg und die Kundenbeziehung negative Konsequenz ist, dass der Kunde von Unternehmensseite nicht als *ein* Kunde identifizierbar und ansprechbar ist. Der Kunde wird mehrere Rechnungen erhalten, Cross-Selling-Potenziale bleiben mangels umfassender Kundeninformationen ungenutzt und der Kunde muss sich u.U. über Marketingaktionen ärgern, durch die ihm Versicherungen angeboten werden, die er bereits mit der betreffenden Gesellschaft abgeschlossen hat.

Ein erstes, einfaches Modell der Applikationslandschaft stellt Applikationen in einem Raum dar, der durch die Dimensionen „Funktion", „Produkt(gruppe)" und „Prozess" aufgespannt wird. In der Dimension „Funktion" werden die verschiedenen Funktionalbereiche (z.B. Antragsbearbeitung, Schadenbearbeitung) abgetragen. In der Dimension „Produkt(gruppe)" werden die verschiedenen Produkte bzw. Produktgruppen abgetragen. In der Dimension „Prozess" wird der Ablauf der operativen Geschäftsprozesse abgetragen.

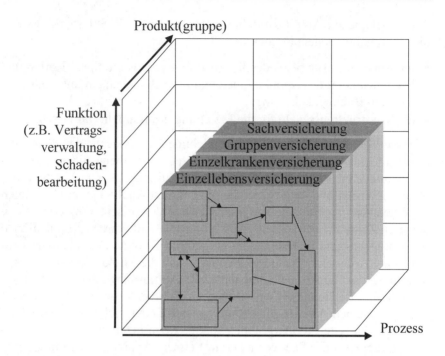

Abb. 2. Einfaches Modell mit vertikalen Applikationen

Abbildung 2 zeigt beispielhaft die Positionierung traditioneller operativer Applikationen (am Beispiel eines Versicherungsunternehmens) in einem entsprechenden dreidimensionalen Raum. Traditionelle Applikationen umfassen verschiedene Komponenten, die in ihrer Gesamtheit alle funktionalen Aspekte und die vollständigen Geschäftsprozesse für eine bestimmte Produktgruppe abdecken [3, S.2-3]. Die Applikationslandschaft setzt sich aus einer relativ kleinen Zahl solcher Applikationen(saggregate) zusammen, die aufgrund ihres optischen Erscheinungsbilds auch in diesem Modell als „vertikale" Applikationen bezeichnet werden können.

Eine erste grundlegende Erweiterung „vertikal" geprägter Applikationslandschaften besteht in der Zusammenführung bestimmter Querschnittsfunktionen in separate Applikationen. So lassen sich z.B. durch Auslagerung der Kundenverwaltung aus allen vertikalen Applikationen in eine einzige, produkt(gruppen)übergreifende Partner-Applikation die weiter oben beschriebenen Redundanzprobleme weitgehend vermeiden.[3] Ähnli-

---

[3] Dies gilt zumindest solange, bis sich die Applikationslandschaft – z.B. durch die Fusion zweier Unternehmen – stark verändert und der Integrationsprozess wiederholt werden muss.

che Vorteile werden durch die Auslagerung aller konfigurierungs-orientierten Funktionalitäten aus den vertikalen Applikationen in eine einzige, produkt(gruppen)übergreifende Produkt-Applikation oder die Auslagerung aller Abrechnungs- und Berichtsorientierten Funktionalitäten aus den vertikalen Applikationen in eine einzige, produkt(gruppen)übergreifende Abrechnungs- und Berichtsapplikation erzielt [6][8][14]. Obwohl die von derartigen Querschnittsapplikationen verwalteten Daten von allen anderen Applikationen gelesen werden und damit den Charakter von „reference data" haben, sind sie als operative Daten zu betrachten [2, S.141f]. Die sich ergebende, modifizierte Applikationslandschaft wird durch Abbildung 3 illustriert.

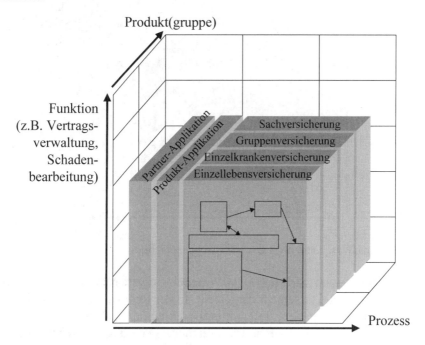

Abb. 3. Vertikale Applikationen und Querschnittsapplikationen

In einer durch Querschnitt-Applikationen erweiterten, vertikal geprägten Applikationslandschaft stellt das Data Warehouse-System eine Zwischenschicht dar, durch die geschäftsfallorientierte Daten aus operativen Applikationen und Daten aus Querschnitt-Applikationen zu entscheidungsorientierten Informationen aufbereitet werden. Um das Entstehen und die Wartung einer Vielzahl individueller Schnittstellen zwischen Quell-Applikationen und entscheidungsunterstützenden Applikationen zu vermeiden, werden die bereinigten Quelldaten in einer (logisch) zentralen, konsistenten Datenbank, dem Data Warehouse, zusammengeführt. Diese Datenbank wird ihrerseits von allen entscheidungsunterstützenden Applikationen als Datenbasis genutzt. Die sich ergebende Applikationslandschaft wird durch 4 illustriert.

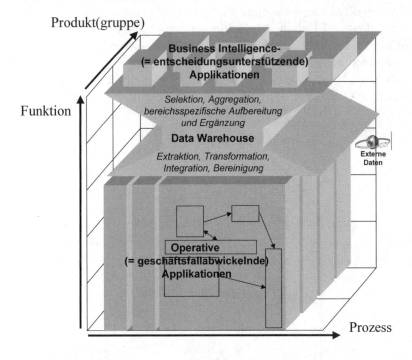

Abb. 4. Data Warehouse-System als Zwischenschicht

Zur Vereinfachung wird das Data Warehouse-System in Abbildung 4 als kompakte Architekturschicht dargestellt. In der Realität werden für die Extraktion, Transformation, Integration/Bereinigung/Qualitätssicherung, Übernahme in das Data Warehouse, Freigabe, Sicherung, Selektion, Aggregation und Aufbereitung/Ergänzung von Daten unterschiedliche Systemschichten gebildet. Das Data Warehouse-System kann ausserdem nicht nur als zentrales System, sondern auch dezentral oder gar virtuell realisiert werden (siehe z.B. [1, S. 24-25]).

3 Einführung horizontaler Applikationen

Während die Auslagerung von Applikationselementen, die z.B. die Verwaltung von Kunden- und Lieferanten-Stammdaten, die Produktkonfigurierung oder das Berichts- und Abrechnungswesen in dedizierte Querschnittapplikationen auslagern, bereits Anfang der 90er Jahre einsetzte, wurden aufgrund der stark zunehmenden Bedeutung elektronischer und telefoniebasierter Zugangskanäle erst in letzter Zeit auch zugangskanalspezifische Funktionalitäten in dedizierte Applikationen ausgelagert. Grundlage ist auch in diesem Fall die Erkenntnis, dass bestimmte Zugangsfunktionen nicht für jedes Produkt bzw. jede Produktgruppe in den jeweiligen Abwicklungsapplikationen repliziert werden sollten. Nur wenn produktspezifisches und zugangskanalspezifisches Applikationswissen unabhängig voneinander implementiert wird, ist ein effizientes Multikanalmanagement möglich, d.h. können Entscheidungen über den Vertrieb bestimmter Produkte an bestimmte Kundensegmente unter Nutzung bestimmter Vertriebsbzw. Zugangskanäle gezielt geplant und schnell umgesetzt werden.

Die Abgrenzung zugangskanalspezifischer Applikationen wird im wesentlichen durch das jeweils im Vordergrund stehende Zugangsmedium impliziert: Kunden fordern immer nachdrücklicher den Zugang zu Produkten bzw. Dienstleistungen nach ihrer Wahl sprachgesteuert über das Telefonnetz, PC-basiert über das Internet, Handy/WAP-basiert über das Mobiltelefonnetz, schriftstückbasiert über den Briefverkehr, über SB-Terminals oder über Aussendienst- bzw. Innendienstmitarbeiter. Zugangsfunktionen sollten deshalb produkt(gruppen)übergreifend in speziell auf einen bestimmten Zugangskanal zugeschnittenen Applikationen erfolgen, z.B. Call Center-Applikation, WWW-Portal, WAP-Portal, Letter Center/Document Management-Applikation, SB Terminal-Applikation oder Innendienst-Applikation. Neben der Unterstützung eines jeweils anderen Zugangskanals können sich diese Applikationen auch durch unterschiedlich ausgelegte Sicherheitsprüfungen und abweichende Funktionsumfänge (z.B. Innendienst-Applikation vs. WWW-Portal) unterscheiden.

Im weiter oben eingeführten Modell der Applikationslandschaft stellen sich zugangskanalspezifische Applikationen als „horizontale" Applikationen dar: Bestimmte Funktionalitäten werden über alle Produkte bzw. Produktgruppen hinweg für einen bestimmten Abschnitt des Prozesses in dedizierten Applikationen zusammengefasst. Die Positionierung horizontaler Applikationen wird in Abbildung 5 illustriert.

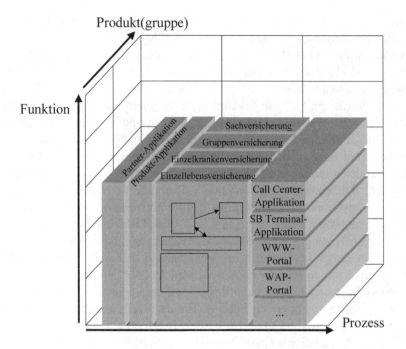

Abb. 5. Applikationslandschaft mit horizontalen Applikationen

Im Prinzip ändert die Einführung horizontaler Applikationen an der Positionierung von Data Warehousing-Systemen nichts: Auch horizontale Applikationen dienen als operative Applikationen der Abwicklung von Geschäftsfällen und erzeugen bzw. verwalten damit operative Daten. Die gleiche Zwischenschicht, die zur Transformation operativer Daten aus vertikalen Applikationen und Querschnittapplikationen in entscheidungsunterstützende Informationen dient, kann auch zur Transformation operativer Daten aus horizontalen Applikationen in entscheidungsunterstützende Informationen genutzt werden.

4 Einführung von Operational Data Stores

Die Transformation operativer Daten in entscheidungsunterstützende Informationen durch ein Data Warehouse-System nimmt einen gewissen Zeitraum in Anspruch und erzeugt Informationen, die im Normalfall nicht verändert werden dürfen und die im Normalfall aggregiert sind. Oft besteht jedoch ein dringender Bedarf, sehr schnell auf integrierte, detaillierte Daten aus verschiedenen operativen Applikationen zuzugreifen. Da ein realtime-Zugriff auf integrierte, detaillierte Daten aus operativen Applikationen durch das Data Warehouse-System nicht abgedeckt werden kann, wurde das Konzept des Operational Data Store eingeführt [2, S. 143f][5, S.20]. In einem Operational Data Store werden operative Daten sehr zeitnah zusammengeführt, so dass eine neue Architekturschicht entsteht, deren Daten an Informationsobjekten orientiert, aktuell, änderbar, detailliert, integriert und vor allem realtime zugänglich sind [3, S. 4][4, S. 1-2]. Die Positionierung von Operational Data Stores „zwischen" operativen Applikationen und dem Data Warehouse-System wird aus der Gegenüberstellung der Eigenschaften der jeweils verwalteten Daten in Tabelle 1 deutlich.

	Operative Applikation	Operational Data Store	Data Warehouse
Orientierung	Geschäftsvorfall	Informationsobjekt	Entscheidungsrelevanter Sachverhalt
Zeitbezug	aktuell	aktuell	Historisiert
Änderbarkeit	read-write	read-write	read-only
Aggregationsgrad	detailliert	detailliert	u.U. aggregiert
Integrationsgrad	isoliert	integriert	integriert
Zugänglichkeit	real-time	real-time	abgeleitet / verzögert

Tabelle 1. Operative Applikation, Operational Data Store und Data Warehouse

Ob die Einführung von Operational Data Stores als Zwischenschicht wirklich notwendig ist, sollte im Einzelfall entschieden werden: Solange es nur um die Bereitstellung von Daten für Auswertungen geht, können die durch Operational Data Stores abgedeckten Informationsbedarfe oft auch durch Auslagerung von Funktionalitäten in Querschnitt-Applikationen oder durch häufigere bzw. schnellere Aktualisierungen des Data Warehouse erfüllt werden. Derartige Data Stores sind Komponenten des Data Warehouse-Systems und bilden keine eigene Architekturschicht. Sobald jedoch operative Applikationen Daten mit Hilfe von Operational Data Stores in realtime austauschen, d.h. sobald auch ein schreibender Zugriff auf integrierte, aktuelle Daten erfolgt, ist die Einführung einer zusätzlichen Architekturschicht notwendig [5, S.20].

5 Die veränderte Rolle des Data Warehousing-Systems

Eine ähnliche Rolle, wie sie das Data Warehouse-System für die Entkopplung von operativen Applikationen und entscheidungsunterstützenden Applikationen spielt, kommt Operational Data Stores für die Entkopplung „vertikaler" und „horizontaler" operativer Applikationen zu [3, S.5]. Auch im Fall der Operational Data Stores ist es im Normalfall sinnvoller, wenige Data Stores zur Integration der verschiedenen vertikalen und horizontalen operativen Applikationen zu benutzen als zwischen Applikationen, die Daten austauschen, jeweils paarweise individuelle Schnittstellen zu implementieren.

Es mag an der Ähnlichkeit der Entkopplungsfunktion liegen, dass auch zur Applikationsintegration genutzte Operational Data Stores oft im Data Warehouse platziert werden oder dass vorgeschlagen wird, das Data Warehouse auch unmittelbar für operative, kundenorientierte Dienstleistungen wie z.B. das Kundenbeziehungsmanagement oder e-Commerce zu nutzen (z.B. [11]). Im vorhergehenden Abschnitt wurde jedoch bereits ausgeführt, dass Operational Data Stores dann, wenn sie definitionsgemäss (d.h. mit Schreibzugriff auf ihre Daten) eingesetzt werden, nicht Teil des Data Warehouse sein können. Die sich ergebende Applikationslandschaft wird durch Abbildung 6 illustriert. Zwischen vertikalen und horizontalen operativen Applikationen lässt sich durch sorgfältig modellierte Operational Data Stores ein effizientes „Closed Loop"-Modell realisieren. Zwischen operativen Applikationen und Business Intelligence-Applikationen kann zwar durch sorgfältige Modellierung des Data Warehouse-Systems eine effiziente Bereitstellung entscheidungsunterstützender Informationen realisiert werden; es muss jedoch bei einem „Open Loop"-Konzept bleiben, weil Informationsrückflüsse definitionsgemäss ihren Weg nicht durch das Data Warehouse nehmen, sondern über Aktionen der Entscheider mehr oder weniger mittelbar in operative Applikationen eingehen.

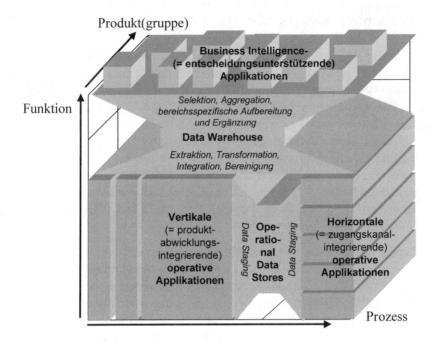

Abb. 6. Erweiterte Applikationslandschaft

Obwohl Operational Data Stores und das Data Warehouse-System offensichtlich unterschiedliche Rollen wahrnehmen, können bei der Entwicklung und beim Betrieb dieser Systeme zwei bedeutsame Synergien genutzt werden:

- Daten in Operational Data Stores sind bereits integriert und in realtime verfügbar. Sie stellen damit eine hervorragende Datenquelle für das Data Warehouse-System dar. Zwar wird es weder möglich noch sinnvoll sein, das Data Warehouse ausschliesslich aus Operational Data Stores zu speisen [4, S. 4]. Es sollte jedoch jede Möglichkeit genutzt werden, integrierte Daten aus Operational Data Stores zu beziehen und nicht für die Einspeisung ins Data Warehouse redundant integrieren zu müssen.
- Die Metadaten-Infrastruktur, die für den sinnvollen Betrieb eines Data Warehouse-Systems aufgebaut und aufrechterhalten werden muss, sollte prinzipiell auch für die Modellierung und den Betrieb von Operational Data Stores wiederverwendet werden können. Auf Metaebene unterscheiden sich nämlich realtime-Applikationsintegration und Datenaufbereitung für entscheidungsunterstützende Zwecke nicht signifikant.

6 Zusammenfassung und Ausblick

Mit diesem Beitrag wurde der Versuch unternommen, die verschiedenen Arten operativer Applikationen, dispositive Applikationen, das Data Warehouse-System und Operational Data Stores als sich sinnvoll ergänzende Komponenten einer generalisierten betrieblichen Applikationsarchitektur darzustellen. Es wurde gezeigt, dass Data Warehouse-Systeme und Operational Data Stores zwar aufgrund fundamentaler Unterschiede als unterschiedliche Architekturschichten realisiert werden sollten, aber dass sich gleichzeitig durch aufeinander abgestimmte Modellierung dieser Architekturschichten bedeutende Synergien realisieren lassen müssten.

In diesem Zusammenhang müssen jedoch noch viele Fragen konzeptionell oder empirisch geklärt werden:

- Wie gross sind die Gemeinsamkeiten des Metadatenmanagements zwischen Data Warehouse-System und Operational Data Stores genau? Ist es sinnvoller, auf Grundlage erprobter Konzepte aus dem Data Warehousing-Bereich durch Anpassungen Lösungen für die Integration operativer Applikationen abzuleiten, oder ist sogar die Erweiterung zu einem generellen Metadatenkonzept für die Applikationsintegration denkbar?
- Lassen sich Metamodelle, Methoden und Vorgehensmodelle für die Data Warehouse-Entwicklung auch auf die Entwicklung von Operational Data Stores übertragen? Ist auf dieser Grundlage gar die Ableitung genereller Metamodelle, Methoden und Vorgehensmodelle für die Applikationsintegration denkbar?
- Im Gegensatz zu den meisten vertikalen operativen Applikationen und den meisten dispositiven Applikationen kommen für horizontale operative Applikationen häufig Standardsoftwarelösungen zum Einsatz (z.B. CRM-Applikationen, E-commerce-Applikationen, Call Center-Applikationen). Daraus könnte sich die Chance ergeben, zumindest für wichtige Teilbereiche der Informationslogistik Referenzmodelle zu entwickeln.
- Sind Organisationskonzepte aus dem Data Warehousing-Bereich auf den Bereich der Integration operativer Applikationen übertragbar?

Literatur

[1] Böhnlein, M., Ulbrich-vom Ende, A.: Grundlagen des Data Warehousing – Modellierung und Architektur.
[2] Devlin, B.: Data Warehouse – from Architecture to Implementation. Addison-Wesley: Reading u.a. 1997.
[3] Imhoff, C.: The Corporate Information Factory, DM Review, December 1999, http://www.dmreview.com/editorial/dmreview, 29-03-2000.
[4] Imhoff, C.: The Operational Data Store: Hammering Away, DM Review, July 1998, http://www.dmreview.com/editorial/dmreview, 29-03-2000.
[5] Kimball, R., Reeves, L., Ross, M., Thornthwaite, W.: The Data Warehouse Lifecycle Toolkit: Expert Methods for Designing, Developing and Deploying Data Warehouses. John Wiley & Sons: New York u.a. 1998.
[6] Koch, G.: Ein Datenmodell als Schlüssel einer flexiblen Gestaltung von Versicherungsprodukten, in: Versicherungswirtschaft, 16/1993, 1052-1055, 1993.
[7] Lehner, F., Maier, R., Hildebrand, K.: Wirtschaftsinformatik: theoretische Grundlagen; Hanser: Wien 1995.
[8] Leist, S., Winter R.: Nutzung generischer Produktmodelle im Finanzdienstleistungsbereich am Beispiel des Ergebniscontrolling, Wirtschaftsinformatik, 40, 4, 281-289, 1998.
[9] Möller, F.: Data Warehouse als Warnsignal an die Datenschutzbeauftragten. In: Datenschutz und Datensicherheit (DuD), 22, 10, 555-560, 1998.
[10] Österle, H., Brenner, W., Hilbers, K.: Unternehmensführung und Informationssystem: der Ansatz des St.Galler Informationssystem-Managements, 2. Aufl.; Teubner: Stuttgart 1992.
[11] OVUM Evaluates: CRM Strategies: Technology Choices for the Customer-focussed Business; OVUM Ltd., London 1999.
[12] Scheer, A.W.: Wirtschaftsinformatik, 6. Aufl.; Springer-Verlag: Berlin u.a. 1995.
[13] Schmalzl, J.: Architekturmodelle zur Planung der Informationsverarbeitung von Kreditinstituten; Physica: Heidelberg 1995.
[14] Schönsleben, P., Leuzinger, R.: Innovative Gestaltung von Versicherungsprodukten: flexible Industriekonzepte in der Assekuranz, Gabler: Wiesbaden 1996.
[15] Sinz, E.J.: Architektur betrieblicher Informationssysteme, in: Rechenberg, P., Pomberger, G. (Hrsg.): Handbuch der Informatik; Hanser: München 1997.

Finanzdienstleistungen im Informationszeitalter – Vision, Referenzmodell und Transformation[*]

Susanne Leist, Robert Winter

---

[*] Wiederabdruck von Leist, S.; Winter, R., Finanzdienstleistung im Informationszeitalter - Vision, Referenzmodell und Transformation, in: Belz, C.; Bieger, T. (Hrsg.): Dienstleistungskompetenz und innovative Geschäftsmodelle, 2000, S. 150-166 mit freundlicher Genehmigung des Thexis Verlags.

1 Problemstellung

Das Bankgeschäft unterliegt in den letzten Jahren einem Strukturwandel, der sich insbesondere im Retailbereich mit enorm hoher Geschwindigkeit vollzieht. Ursachen auf nationaler Ebene sind dafür einerseits die zunehmende Wettbewerbsdynamik, die sich aufgrund der gesättigten Inlandsmärkte, neue Entwicklungen der Informations- und Kommunikationstechnologien und des branchenübergreifenden Wettbewerbs (Allfinanzkonzept) ergibt sowie andererseits die Verschiebung der Kundenbedürfnisse (Choi 1997, S. 1). Der sogenannte Wertewandel beim Kunden stellt dabei eine besondere Herausforderung für die Banken dar. Während die Ansprüche des Kunden bezüglich der (Beratungs-)Qualität sowie der Flexibilität und Verfügbarkeit des Dienstleistungsangebotes stetig steigen, sinkt gleichzeitig die Loyalität der Kunden gegenüber der eigenen Bank. Letzteres wird durch den Aspekt verstärkt, dass ein Wechsel der Banken durch die Inanspruchnahme beispielsweise von Direktbanken für den Kunden deutlich einfacher geworden und meist mit weniger Kosten verbunden ist.

Die Strukturänderungen ergeben sich darüber hinaus auch durch den Wandlungsprozess im internationalen Kontext (Choi 1997, S. 1). Zentral für diese Entwicklungen ist der Trend zur Globalisierung. Hierzu haben Liberalisierungsbemühungen der einzelnen Länder bezüglich eines freien Kapitalverkehrs und Marktzugangs, Entwicklungen der Informations- und Kommunikationstechnologien sowie die Diffusion innovativer Finanzprodukte wesentlich beigetragen (Choi 1997, S. 2).

Um diesen Entwicklungen zu begegnen, erarbeiten und realisieren Banken derzeit verschiedene Strategien. Massnahmen, die sich daraus ableiten und häufig diskutiert werden, sind die Fokussierung auf Kundenlösungen im Gegensatz zum Angebot von Produkten sowie die Restrukturierung der Organisation beispielsweise durch erfolgreiche Fusionierung oder durch Konzentration auf Kernkompetenzen. Mit Fusionierung oder der Spezialisierung in einem Unternehmensverbund wird das Ziel verfolgt, möglichst überschneidungsfrei ergänzende Marktauftritte (economies of scope) mit höheren Transaktionsvolumina (economies of scale) im Backoffice zu verknüpfen. Damit werden die Vorteile kleinerer Einheiten im Marktauftritt nicht verloren, während Vorteile grösserer Einheiten im Backoffice realisiert werden können. Allerdings ist das Risiko der Fusionierung sehr hoch. So werden die Erfolgsaussichten von Integrationsprojekten als sehr gering eingeschätzt. Hinzu kommt, dass in Abhängigkeit von der Grösse der fusionierenden Unternehmen der DV-seitige Aufwand zur Realisierung des Projekts mindestens 200 Personenjahre beträgt (Penzel 1998, S. 10).

Offen bleibt somit die Frage, wie diese Strategien in einem Unternehmensnetzwerk spezialisierter Banken durch adäquate Geschäfts-, Prozess- und Applikationsmodelle unterstützt werden können. Können beispielsweise traditionelle Referenzmodelle auf die sich ergebenden neuen Aufgaben für Back- und Frontoffice zugeschnitten werden? Welche Methoden unterstützen die Anpassung der Referenzmodelle bzw. der Ist-Modelle?

Dieser Problemstellung widmet sich das Forschungsprojekt „Bankenarchitekturen im Informationszeitalter", das in diesem Beitrag vorgestellt werden soll. Im nachfolgenden Abschnitt 2 wird ausgehend von den Potentialen der Unternehmensnetzwerke im Bankensektor zunächst die Vision des Bankgeschäfts im Informationszeitalter vorgestellt und am Beispiel deutscher Volksbanken und Raiffeisenbanken aufgezeigt, inwieweit die Vision in ersten Ansätzen bereits realisiert ist. In Abschnitt 3 werden Zielsetzung und Untersuchungsmethodik des Forschungsprojekts vorgestellt sowie ein Zusammenhang zwischen der Vision des Bankgeschäfts und dem Forschungsprojekt hergestellt. Den Abschluss bildet eine Zusammenfassung der wichtigsten Ergebnisse in Abschnitt 4.

2 Vision des Bankgeschäfts im Informationszeitalter

2.1 Potentiale der Unternehmensnetzwerke im Bankensektor

Ein Unternehmensnetzwerk stellt eine „auf die Realisierung von Wettbewerbsvorteilen zielende Organisationsform ökonomischer Aktivitäten dar, die sich durch komplex-reziproke, eher kooperative denn kompetitive und relativ stabile Beziehungen zwischen rechtlich selbständigen, wirtschaftlich jedoch zumeist abhängigen Unternehmungen [auszeichnet]" (Sydow 1992, S. 82). Charakteristisches Merkmal von Unternehmensnetzwerken ist somit, dass die beteiligten Partner innerhalb der Wertschöpfungskette jeweils spezielle Teilleistungen erbringen, deren Bündelung schliesslich zu einem Endprodukt bzw. einer Dienstleistung führt.

Vorteile eines solchen Unternehmensnetzwerkes werden in der Reduktion der unternehmensinternen Komplexität durch eine Fokussierung auf die Kernkompetenzen gesehen. Dabei wird angenommen, dass die Konzentration auf Kernkompetenzen nicht nur aus wirtschaftlichen (Reduktion der Fertigungstiefe) sondern auch aus organisatorischen Erwägungen vorteilhaft ist. So ermöglicht die organisatorische Trennung von Vertrieb, Produktentwicklung und Infrastruktur Management, dass die drei Bereiche gemäss ihren unterschiedlichen Zielsetzungen und Kulturen autonom agieren können (Hagel/Singer 1999, S. 134). Dabei besteht die wesentliche Aufgabe des Vertriebes in der Identifikation, Gewinnung und Betreuung der Kunden. Wesentliches Charakteristikum ist demnach die Ausrichtung am Kunden, die insbesondere durch dezentrale möglichst nahe am Kunden positionierte Vertriebseinheiten, hohe Flexibilität und kommunikationsstarke Verkäufer bzw. Kundenbetreuer gekennzeichnet ist. Demgegenüber werden im Bereich der Produktentwicklung innovative und attraktive Produkte und Leistungen erzeugt, deren Markterfolg sicherzustellen ist. Dieser Bereich zeichnet sich somit durch kreative Mitarbeiter aus (Mitarbeiter-/Innovationsorientierung), die über ein vertieftes Wissen bezüglich Produkte und Leistungen sowie über grosse Erfahrungen hinsichtlich des Produktentwicklungsprozesses verfügen. Die Aufgabe des dritten Bereichs, Infrastruktur Management, besteht schliesslich in der Sicherstellung einer effizienten, organisatorischen und technischen Geschäftsabwicklung. Charakteristische Merkmale für diesen Bereich sind demnach Ausrichtung an Kosten, weitgehende Standardisierung, Abwicklung hoher Transaktionsvolumina (und damit Realisierung von Skaleneffekten) (Hagel/Singer 1999, S. 135).

Weitere Vorteile von Unternehmensnetzwerken bestehen in einem erweiterten Marktzugang (Backhaus/Meyer 1993, S. 331), in einem schnellen Zugriff auf das Know-how eines Partners (Müller-Stewens 1997, S. 38) sowie in einer erhöhten Flexibilität, auf Marktänderungen zu reagieren.

Neben diesen eher branchenunabhängigen Potentialen der Netzwerkorganisation lassen sich auch bankenspezifische Vorteile identifizieren. Da das Bankprodukt immaterieller Natur ist, kann es durch den weitreichenden Einsatz von Informations- und Kommunikationstechnologien in Netzwerken optimal erstellt und weiter transportiert werden. Dies bedeutet, dass sich etwaige Logistikprobleme, die sich mit einer verteilten Produktion ergeben könnten, erheblich vermindern lassen (Fugmann et al. 1999, S. 9).

Durch die Möglichkeit Bankprodukte in stark standardisierte („commodities") sowie individuell erstellte Komponenten aufzuteilen, ergibt sich ein weiteres Argument für die Realisierung einer Netzwerkorganisation. Während die individuell erstellten Komponenten aus Produktsicht dasjenige Differenzierungspotential liefern, welches die Finanzdienstleister zur Kundenbindung und damit zur Gewinnerzielung benötigen, bieten die commodities aufgrund ihrer interorganisatorischen Standardisierung keinerlei Differenzierungschancen. Aus Sicht einer reinen Vertriebsbank ist es demnach naheliegend, die commodities günstig in einem Netzwerkverbund zu beziehen (Fugmann et al. 1999, S. 7-9).

2.2 Geschäftsnetzwerk der Banken im Informationszeitalter

Abbildung 1 zeigt die am Institut für Wirtschaftsinformatik der Universität St. Gallen entwickelte Vision des Bankgeschäfts im Informationszeitalter. Die Vision basiert auf der Vorstellung von einem Verbund unabhängiger Unternehmen, die sich auf ihre Kernkompetenzen spezialisieren und miteinander kooperieren. Wesentliche Elemente des Netzwerks sind die Servicetypen, die in Form einer Pfeilspitze dargestellt sind, und deren Beziehungstypen. Dabei werden folgende Klassen von Services unterschieden:

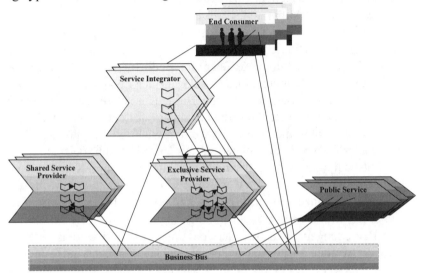

Abb. 1. Geschäftsnetzwerk der Banken im Informationszeitalter

Shared Service Provider stehen für Leistungsanbieter, deren Dienstleistungen mehreren Unternehmen angeboten werden. Aus diesem Grunde werden diese Dienstleistungen eher standardisiert sein. Beispiele für diese Dienstleistungen sind die Wertschriftenabrechnung, das Clearing oder der Betrieb des Rechenzentrums. Aufgrund der Standardisierung der Dienstleistungen stehen Shared Service Provider, die gleiche Leistungen anbieten, im Wettbewerb zueinander und können sich vornehmlich durch den Preis differenzieren. Für sie ist es somit naheliegend, solche Funktionen des Bankgeschäfts zu übernehmen, mit denen hohe Transaktionsvolumina und damit Skaleneffekte erreicht werden können.

- Im Gegensatz dazu bieten *Exclusive Service Provider* einzigartige Produkte und Leistungen an, die nur einem Unternehmen angeboten werden. Aufgrund der Einzigartigkeit ihrer Produkte und Leistungen sowie der exklusiven Unternehmensbeziehung besteht zwischen den Exclusive

Service Provider kein Wettbewerb. Der rekursive Pfeil an den Exclusive Services deutet an, dass bestimmte Services übergreifend andere Services koordinieren. Auf diese Weise können Funktionen wie z.B. ein unternehmensweites Controlling oder Rechtswesen dargestellt werden.

- *Public Services* stehen beispielsweise für Beglaubigungen und Dienste, für die besondere Anforderungen hinsichtlich ihrer Glaubwürdigkeit oder Zuverlässigkeit bestehen und die deshalb von öffentlichen Organisationseinheiten wie beispielsweise Aufsichtsbehörden oder Institutionen mit öffentlich-rechtlichem Charakter bereitgestellt werden.
- Eine wesentliche Aufgabe des *Service Integrators* besteht in der Bündelung der Produkte und Dienstleistungen zu Lösungen, die speziell auf die Kundenbedürfnisse ausgerichtet sind. Voraussetzungen dafür sind natürlich genaue Kenntnisse über die Bedürfnisse der Kunden sowie Fähigkeiten, den Kunden bei der Auswahl der Lösungen gut zu beraten oder zumindest zu betreuen. Darüber hinaus ist er für das Netzwerkmanagement verantwortlich, das die Grundlage für den Bezug der Leistungen bzw. Produkte darstellt. Eine weitere wichtige Aufgabe des Service Integrators besteht in der Steuerung des Vertriebs, d.h. beispielsweise in der Entscheidung, welche Produktbündel über welchen Kanal an welche Kundenzielgruppe angeboten werden. Ebenfalls dazu gehört die Überwachung der einzelnen Risikopositionen, die sich beispielsweise mit der Vergabe von Krediten ergeben.
- Die Beziehungen zwischen Service Integrator und Exclusive Service Provider werden aufgrund der Produkte und Leistungen individuell festgelegt, während bei einem Shared Service Provider konsequenterweise standardisierte Beziehungen genutzt werden. Die Menge aller technischen und organisatorischen Infrastrukturkomponenten, die notwendig sind, um standardisierte Beziehungen aufbauen zu können, wird als *Business Bus* (Österle 1999) bezeichnet. Der Business Bus stellt somit nicht nur eine einheitliche Infrastruktur zur Verfügung, sondern auch Regeln, die den Austausch von Informationen vereinfachen, wie das in ähnlicher Weise schon heute für eine begrenzte Anzahl von Informationen auch mit SWIFT möglich ist. Das bedeutet, dass jeder Service Provider bzw. Integrator, der den Business Bus nutzen möchte, natürlich auch über einen gleichen Port (Standard) verfügen muss, um den Informations-/Leistungsaustausch vereinfachen zu können.
- Der *End Consumer* kann in dieser Vision Produkte und Leistungen auf zwei Arten beziehen: Entweder bemüht er den Service Integrator, ihm Angebote zu machen, oder er stellt sich selbständig mit Hilfe des Business Bus (wie beispielsweise im Internet) Produkte und Leistungen zusammen, die der Service Integrator anbietet.

Das *Geschäftsnetzwerk* in dieser Form ist allgemeingültig, da nur die Rollen und nicht die Funktionen der Services dargestellt sind. Ebenso sind die Services unabhängig von ihrer rechtlichen und finanziellen Zugehörigkeit abgebildet.

2.3 Unternehmensnetzwerke am Beispiel der Volksbanken Raiffeisenbanken

Erste Ansätze zur Realisierung eines kooperierenden Verbundes unabhängiger Unternehmen sind heute schon am Beispiel der Volksbanken und Raiffeisenbanken sichtbar. Charakteristisch für diesen Verbund ist dabei die Aufteilung in Zentral- und Spezialinstitute, die hinsichtlich der Grösse sehr heterogen sind. So reicht die Bandbreite von sehr kleinen Spezialinstituten (z.b. Ökobank (Ökobank 1997)) mit einer Bilanzsumme von 326 Millionen DM per Ende 1997 über mittlere 1,8 Milliarden DM (z.B. Volksbank Dreieich (Volksbank Dreieich 1997)) bis hin zu den grossen Zentralbanken (GZB-Bank, SGZ-Bank und WGZ-Bank mit einer gemeinsame Bilanzsumme von 145 Milliarden DM) und der DG-Bank (194 Milliarden DM (Stappel 1998, 4-8)). Weitere Mitglieder des Verbandes sind rechtlich unabhängige Unternehmen wie beispielsweise die R+V Versicherung, Schwäbisch Hall, Union Investment, Münchner Hypothekenbank sowie Tochtergesellschaften einzelner Zentralbanken wie die SG-Capital. Hinzu kommen Gemeinschaftsunternehmen für spezielle Aufgaben wie z.B. die Fiducia, die das Rechenzentrum für mehrere kooperierende Volksbanken betreibt.

Der genossenschaftliche Verbund realisiert mit seiner Struktur wesentliche Vorteile von Unternehmensnetzwerken. Einerseits verfügt der Verbund über ein sehr breit abdeckendes Filialnetz, das von autonomen Volksbanken und Raiffeisenbanken geführt wird. Dies ermöglicht den einzelnen Banken, sehr schnell Veränderungen der Kundenbedürfnisse wahrzunehmen und aufgrund ihrer Unabhängigkeit auch flexibel Anpassungsmassnahmen durchführen zu können. Andererseits werden durch Kooperationen einzelner Banken gemeinschaftlich nutzbare Servicedienstleistungen aufgebaut, die Synergiepotentiale schaffen, die die teilweise sehr kleinen einzelnen Volksbanken und Raiffeisenbanken für sich nicht erreichen würden. So können beispielsweise Aufgaben des Marketings, des Rechenzentrums oder der Personalabteilung durch eine von mehreren Volksbanken und Raiffeisenbanken gegründete Gesellschaft wahrgenommen werden (Röhrig 1999). Darüber hinaus ermöglicht die Integration weiterer Dienstleistungen in ihre Wertschöpfungskette beispielsweise durch Schwäbisch Hall oder durch die R+V Versicherung eine Verbreiterung des Produktangebots und die Nutzung zusätzlichen Knowhows. Der betrachtete Verbund der Volksbanken und Raiffeisenbanken realisiert allerdings nur in einem ersten Ansatz die Vision eines Geschäftsnetzwerks im Informationszeitalter, da von einer Unabhängigkeit der einzelnen Unternehmen aufgrund vieler finanzieller Verflechtungen nicht ausgegangen werden kann. Darüber hinaus fehlt der in Abbildung 1 dargestellte Business Bus, der als Voraussetzung der Existenz von Shared Service Provider betrachtet werden kann. Da Shared Service Provider standardisierte Leistungen für viele Service Integrator anbietet, ist eine für alle einheitliche, gemeinsame Infrastruktur notwendig, über die beliebig Informationen und Leistungen ausgetauscht werden können.

2.4 Gestaltungsfragen und Entwicklungstendenzen

Ausgehend von der Feststellung, dass viele Funktionen auch von externen Unternehmen bezogen werden können, stellt sich die Frage, ob sich Banken nicht auf die Ausübung einer Rolle konzentrieren sollen. So könnten grosse Unternehmen, die in der Regel mehrere Kernkompetenzen vereinen, diese in unabhängige Unternehmenseinheiten aufspalten. Beispielsweise könnten Banken, die heute schon in der Lage sind, hohe Transaktionsvolumina zu verarbeiten, diese Kompetenz in Zukunft ausbauen und anderen Banken anbieten. Aufgrund des Grössenvorteils dieser Rolle würden sicherlich nur wenige, aber sehr grosse Shared Service Provider entstehen. Demgegenüber könnten sich aufgrund des hohen Bedarfs individueller Leistungen viele Institute auf deren Produktion spezialisieren und damit von seinen Wettbewerbern differenzieren. Der Integrator würde in Zukunft am Markt nicht ausschliesslich Produktkombinationen, sondern Lösungen anbieten, die sich an den spezifischen Bedürfnissen der Kunden orientieren (z.B. Orientierung an Life Events, wie beispielsweise das Angebot des Finanzdienstleister Quicken (Quicken 1999) oder von Swiss Life (Swiss Life 1999)). Aufgrund des Vorteils der Spezialisierung und der Nähe zum Kunden würden sich voraussichtlich sehr viele autonome Integratoren am Markt etablieren. In Abbildung 2 wird dieses Zukunftsszenario (Abbildung auf der rechten Seite) im Vergleich zur heutigen Situation (Abbildung auf der linken Seite) illustriert. Die Zugehörigkeit einer Rolle zu einem Unternehmen wird durch einen grauen Kreis im Hintergrund angedeutet.

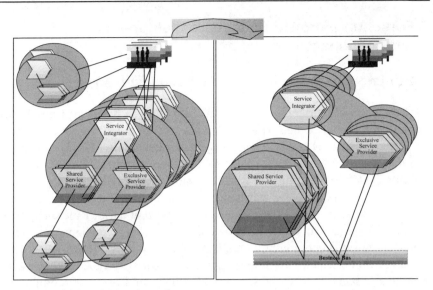

Abb. 2. Evolution des Bankensektors

Dabei werden in Zukunft noch insbesondere die folgenden Fragen zu klären sein:

- Welche Rollen gibt es im Netz (Taxonomie der Geschäftsmodelle) und welche Methoden unterstützen bei der Identifizierung der „richtigen" Rolle?
- Wie sollen Prozesse und Applikationen der Banken in Zukunft gestaltet werden, damit sie die verschiedenen Rollen ausfüllen können?
- Welche Managementkonzepte und -methoden sind erforderlich, um die Koordination solcher Netzwerke zu unterstützen?
- Wie sieht eine Infrastruktur eines Business Bus aus? Welche Organisationseinheiten werden über die zugrunde liegenden Vereinbarungen entscheiden?

3 Forschungsprojekt Bankenarchitekturen im Informationszeitalter

3.1 Untersuchungsbereich des Forschungsprojekts

Wie die oben beschriebene Verflechtung im Bereich der Genossenschaftsbanken zeigt, gibt es bereits erste Ansätze für eine Netzwerkorganisation im Bankensektor. Das Forschungsprojekt Bankenarchitektur im Informationszeitalter (BAI) ist Teil des Forschungsprogramms „Business Engineering HSG" am Institut für Wirtschaftsinformatik (IWI) der Universität St. Gallen und beschäftigt sich mit Architekturkonzepten vernetzter Banken. Die Zielsetzung des Forschungsprojekt besteht darin, Referenzmodelle und Methoden zu entwickeln, die die Gestaltung von Unternehmensnetzwerken im Bankbereich unterstützen (Leist/Winter 1999a). Grundlage des Forschungsprojekts ist eine Bankenarchitektur, die als Gestaltungsebenen Geschäftsmodelle, Prozesse, Applikationen und Softwaremodule umfasst (siehe Abbildung 3). Dabei werden auf der Grundlage von Good Practices eine Taxonomie der Geschäftsmodelle sowie Referenzmodelle für Prozesse und Applikationen erstellt. Zudem wird ein Vorgehensmodell erarbeitet, das Hinweise für die konsistente Gestaltung von Geschäftsmodellen, Prozessen und Applikationen gibt. (Leist/Winter 1999b, S. 4-5)

Ausgangspunkt der Untersuchungen bilden die Geschäftsmodelle der Banken. In einem sich stetig ändernden Geschäftsumfeld (Globalisierung und Deregulierung der Finanzmärkte, verändertes Kundenverhalten) erhalten Fragen nach zukünftigen Marktleistungen, Kundenbedürfnissen, eigenen Kompetenzen u.ä. zunehmende Bedeutung. Beispielsweise stellt sich für Kreditinstitute im Bereich Retail Banking oftmals die Problematik, entweder die Integration neuer Distributionskanäle (z.B. Telefon, Internet) in das bisherige Vertriebswegemix vorzunehmen oder diese „Geschäftsfelder" mittels eines eigenen Tochterinstituts zu separieren, welches im Wettbewerb mit dem Mutterunternehmen steht (Meierhofer 1999, S. 20-23). Die Entscheidung für eine Variante hat dabei nicht nur weitreichende Folgen für die Marketing- und Vertriebsaktivitäten, wie z.B. das Brand Management, sondern betrifft je nach Entschluss ebenfalls die Produktion von Bankdienstleistungen mittels gleicher Informationssysteme. Die Beantwortung derartiger Fragestellungen wird in einem Geschäftsmodell niedergelegt. (Fugmann et al. 14)

In Abbildung 3 werden Geschäftsmodelle durch Würfel dargestellt, die die Mehrdimensionalität der bestimmenden Faktoren und Parameter veranschaulichen. Typische Parameter eines Geschäftsmodells sind wie oben schon angedeutet Marktleistungen und Kundenzielgruppen. Innerhalb eines solchen Würfels kann jedes Geschäftsmodell durch einen eigenen Ausschnitt dargestellt werden, der die entsprechenden Produkte, Kundenzielgruppen, Vertriebswege usw. verkörpert. Der vollständig gefüllte Würfel veranschaulicht die traditionelle Universalbank, während die beiden nur teilweise ausgefüllten Würfel als Direktbank oder als Logistikbank betrachtet werden können. Da eine Direktbank (oder Logistikbank) beispielsweise nur ausgewählte Produkte anbietet, wird auch nur ein Teil der Prozesse benötigt. Die Prozesse werden dabei durch bestimmte Applikationen unterstützt, wobei jede Applikationen ihrerseits durch bestimmte Softwarebausteine realisiert wird. (Leist/Winter 1999b, S. 5-6) In Abbildung 3 werden die Softwarebausteine in Form von Rechtecken dargestellt, die für Standardsoftware- (SSW) oder Individualsoftwaremodulen (ISW) stehen.

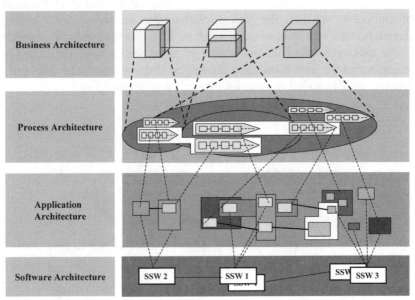

Abb. 3. Bankenarchitektur (Leist/Winter 1999b, S. 5)

Für die Ebene der Geschäftsmodelle gibt es bislang nur informale Beschreibungssprachen, die wenig ausgereift sind. Hierzu werden im Forschungsprojekt in Zusammenarbeit mit den Partnerunternehmen eigene Ansätze entwickelt. Als Beschreibungssprache für die Ebene der Prozesse bieten sich die ereignisgesteuerten Prozessketten (EPK) (Keller/Teufel 1997, S. 158-175) oder die Aufgabenkettendiagramme (Österle 1995, S. 95-96) aus der Business Engineering Vorgehensmethode Promet (Österle 1995, S. 31) an. Die Erhebung der Applikationsarchitektur kann methodisch mit dem Business System Planning (Zachmann 1982, S. 31-53) unterstützt werden, womit neben den Applikationen auch Datenflüsse zwischen den Applikationen identifiziert werden. Die endgültige Auswahl der Beschreibungssprachen für jede Ebene der Bankenarchitektur wird allerdings in dem Projekt in Absprache mit den beteiligten Partnerunternehmen getroffen. Ausschlaggebend für eine solche Entscheidung werden insbesondere die Erfahrungen der Partnerunternehmen mit den entsprechenden Methoden in ihren eigenen Projekten sein.

3.2 Zusammenhang zwischen Vision und Bankenarchitektur

Die in Abschnitt 2.2 erläuterte Vision vom Bankgeschäft im Informationszeitalter geht davon aus, dass sich im Bankensektor unterschiedliche Rollen etablieren werden, die von spezialisierten unabhängigen Unternehmenseinheiten wahrgenommen werden. Der Zusammenhang zwischen Vision einerseits und Bankenarchitektur andererseits lässt sich dann herstellen, wenn für jede dieser unabhängigen Unternehmenseinheiten ein eigenes Geschäftsmodell definiert wird (vgl. Abbildung 4).

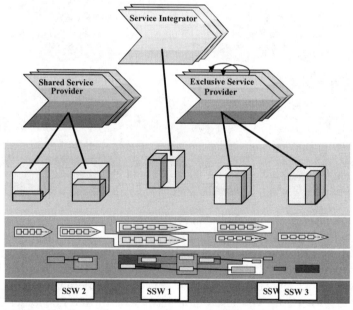

Abb. 4. Zusammenhang von Vision und Bankenarchitektur

3.3 Untersuchungsmethodik und Projektstatus

Im Forschungsprojekt wird zunächst die der Untersuchung zugrunde liegende Bankenarchitektur in Form eines Metamodells beschrieben, d.h. alle Elementtypen sowie deren Beziehungstypen werden für jede Ebene (Geschäftsmodelle, Prozesse und Applikationen) definiert. Anschliessend werden in Zusammenarbeit mit verschiedenen Banken die betreffenden unternehmensspezifischen Modelle mit Hilfe der Elementtypen und Beziehungstypen des Metamodells beschrieben (Leist/Winter 1999b, S. 6-7).

Die unternehmensspezifischen Modelle werden allerdings nicht für alle Prozesse, Applikationen und Softwaremodule einer Bank, sondern nur für einen ausgewählten Bankgeschäftsbereich erhoben. Auf diese Weise wird zunächst eine Validierung des Metamodells vorgenommen. Erste Erhebungen zeigen, dass das Wissen über Elemente und deren Beziehungen in den einzelnen Unternehmen für die unteren Ebenen der Architektur zunimmt. So ist das Wissen auf der Ebene der Geschäftsmodelle in der Regel sehr wenig strukturiert, während die meisten Unternehmen sehr genaue Kenntnisse über ihre Applikationen bzw. Softwaremodule besitzen. Darüber hinaus werden aus den unternehmensspezifischen Modellen aufgrund von Gemeinsamkeiten Typen von Geschäftsmodellen, Prozessen und Applikationen abgeleitet. Auf dieser Basis können dann Aussagen zu einer Good Practice für jede Ebene getroffen und Referenzmodelle abgeleitet werden (Leist/Winter 1999b, S. 6-7). In Abbildung 5 werden die drei verschiedenen Modell-Typen Meta-Modell, unternehmensspezifisches Modell und Referenzmodell grafisch abgebildet.

In einem zweiten Schritt wird darauf aufbauend, ebenfalls in Zusammenarbeit mit verschiedenen Banken, ein Vorgehensmodell auf der Grundlage von Good Practices entwickelt, das Hinweise für die konsistente Gestaltung von Geschäftsmodellen, Prozessen und Applikationen gibt und eine Ganzheitlichkeit des Ansatzes gewährleistet (Leist/Winter 1999b, S. 6-7). Der Schwerpunkt der aktuellen Projektarbeiten besteht in der Definition der Metastruktur eines Geschäftsmodells sowie in der Abbildung genereller Geschäftsmodelle beispielsweise für reine Vertriebs- bzw. Produktionsbanken.

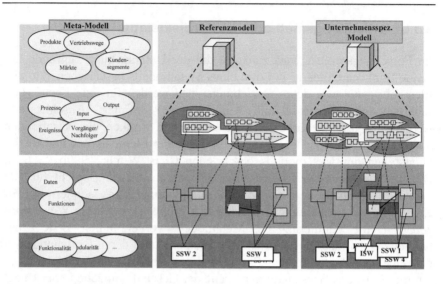

Abb. 5. Untersuchungsmethodik (Leist/Winter 1999b, S. 7)

Ein wichtiger Aspekt sowohl bei der Entwicklung der Referenzmodelle wie auch bei der Erarbeitung eines Vorgehensmodells besteht in dem Nachweis der Güte dieser Modelle. In der Literatur können verschiedene Ansätze zur Modellbewertung (vgl. (Batini et al. 1992, Moody/Shanks 1994, Krogstie 1995, Schütte 1998, Becker 1999) gefunden werden. In einem Vergleich der verschiedenen Bewertungsansätze konnte festgestellt werden, dass die zugrunde liegenden Gütekriterien weitgehend sechs Grundsätzen ordnungsmässiger Modellierung entsprechen (Schütte 1998, S. 174). Aus diesem Grunde werden diese Grundsätze (Grundsatz der Konstruktionsadäquanz, der Sprachadäquanz, der Wirtschaftlichkeit, der Klarheit, des systematischen Aufbaus sowie der Vergleichbarkeit) bei der Entwicklung der Modellen berücksichtigt. Darüber hinaus werden die auf diese Weise entstandenen Referenzmodelle in Interviews mit Experten validiert. Die im Rahmen des Vorgehensmodells zu erarbeitenden Methoden werden in Projekten in Zusammenarbeit mit den Partnerunternehmen im Hinblick auf Durchführbarkeit und Zielbeitrag überprüft.

4 Zusammenfassung der wichtigsten Ergebnisse

In dem vorliegenden Beitrag wurde zunächst eine Vision vorgestellt, die grundlegende Potentiale durch die Nutzung netzwerkartiger Organisationsstrukturen für Banken realisiert. Als Potentiale wurden beispielsweise die Trennung von Organisationseinheiten mit unterschiedlichen Kulturen und Leitbildern, die eine konsequente Ausrichtung auf die jeweils unterschiedlichen Zielsetzungen erlaubt, die hohe Flexibilität bei der Generierung von problemlösungsorientierten Dienstleistungen sowie die Realisierung von Kostenvorteile in der bankseitigen Produktion ausgemacht. Die wesentlichen Erkenntnisse der Vision bestehen in der Identifizierung elementarer Rollen der Bankdienstleister in Netzwerken (Dienstleistungsintegrator, Anbieter standardisierter bzw. exklusiver Dienstleistungen) und der Zuordnung dieser Rollen zu bankbetrieblichen Funktionen. Anschliessend wurde dargestellt, wie diese Vision teilweise schon heute von den Volksbanken und Raiffeisenbanken realisiert werden und Entwicklungstendenzen sowie Gestaltungsmöglichkeiten von Netzwerkorganisationen für Banken diskutiert. Der vierte Abschnitt widmete sich der Fragestellung, wie Methoden bzw. Vorgehensmodelle erarbeitet werden können, die die Transformation der Banken zu Netzwerkorganisationen unterstützen. Hierzu wurde das Forschungsprojekt „Bankenarchitekturen im Informationszeitalter" vorgestellt, in welchem auf der Grundlage von Good Practices Handlungsempfehlungen zur Gestaltung von Bankennetzwerken erarbeitet werden.

Literatur

Backhaus, K.; Meyer, M.: Strategische Allianzen und strategische Netzwerke; In: Wirtschaftswissenschaftliches Studium, Nr. 7, 1993, S. 330-334.

Batini, C./ Ceri, S./ Navathe, S.B.: Conceptual Database Design. An Entity-Relationship-Approach, Redwood Citi et al. 1992.

Becker, J.: Grundsätze ordnungsmässiger Modellierung, Universität Münster, http://www.wi.uni-muenster.de/is/projekte/gom/ (19.7.1999).

Choi, S.: Strategien von Banken in globalen Wettbewerb, Wiesbaden 1997.

Fugmann, T./ Heinrich, B./ Leist, S./Winter, R.: Banking im Informationszeitalter – Formen und Gestaltungsfragen von Wertschöpfungsnetzwerken im Bankbereich, in: Steiner, Manfred et al. (Hrsg): Elektronische Dienstleistungswirtschaft und Financial Engineering, Münster: Schüling Verlag, 1999, S. 237-261.

Geschäftsbericht der Ökobank, http://www.oekobank.de/, 1997.

Geschäftsbericht der Volksbank Dreieich, http://www.vobadreieich.de/, 1997.

Hagel, J./ Singer, M.: Unbundling the Corporation, in: Harvard Business Review, March-April 1999, S. 133-141.

Homepage des Finanzdienstleister Swiss Life, http://www.swisslifeservices.ch/de/home/in-dex.html Stand: Juni 1999.

Homepage des Finanzdienstleisters Quicken, http://www.quicken.com/life_events/ Stand: Juni 1999.

Keller, G./ Teufel, T.: SAP R/3 prozessorientiert anwenden: Iteratives Prozess-Prototyping zur Bildung von Wertschöpfungsketten, Bonn et al. 1997.

Krogstie, J.: Conceptual Modelling for Computerized Information Systems Support in Organizations, PhD Thesis, University of Trondheim, Trondheim 1995.

Leist, S./ Winter, R. (1999a): Component-Based Banking – Modularization of Information Processing in Banks as a Foundation for Virtual Business, in: Abramowicz, W. (ed.): BIS'99, 3rd International Conference on Business Information Systems, Poznan, Poland, 14-16 April 1999,Practical Sessions, pp.197-208.

Leist S./ Winter, R. (1999b): Banking of the Information Age - Vision, Transformation, and Design Principles Arbeitsbericht (BE HSG/FP BAI/01) des Instituts für Wirtschaftsinformatik der Universität St.Gallen, April 1999.

Meierhofer, R.: Retail Banking im vernetzten Wirtschaftssystem, Publikation der Swiss Banking School, Bern/Stuttgart/Wien 1999.

Moody, D./ Shanks, G.G.: What makes a Good Data Model. Evaluating the Qualtiy of Entity Relationship Models, in: Entity Relationship Approach – ER 94 Business Modelling and Re-Engineering 13th International Conference on the Entitiy-Relationship Approach. Proceedings: P.Loucopoulus (ed). Berlin et al.: Springer, 1994, pp. 94-111.

Müller-Stewens, G.: Grundzüge einer Virtualisierung, in: G. Müller-Stewens (Hrsg.): Virtualisierung von Organisationen, Stuttgart 1997.

Österle, H.: Business Engineering, Prozess- und Systementwicklung, Band 1: Entwurfstechniken, Berlin-Heidelberg, Springer 1995.

Österle, H.: Vision des Business Engineering, Referat im MBE-Block 1, in: MBE-Lehrgangsunterlagen, Universität St. Gallen, Institut für Wirtschaftsinformatik, 1999.

Penzel, H.-G.: Post Merger Management für Banken – und die Konsequenzen für das IT-Management, in: Weinhardt, C. / H. Meyer zu Selhausen / M. Morlock (Hrsg.): Informationssysteme in der Finanzwirtschaft, Berlin-Heidelberg: Springer 1998, S. 1-27.

Röhrig, W.: Aufzeichnungen aus einem Gespräch über Kooperationsmöglichkeiten und Entwicklungstendenzen der Volksbanken und Raiffeisenbanken mit Herrn Werner Röhrig, Vorstandsmitglied der Vereinigten Volksbank, März, 1999.

Schütte, R.: Grundsätze ordnungsmässiger Referenzmodellierung: Konstruktion konfigurations- und anpassungsorientierter Modelle, Wiesbaden: Gabler 1998.

Stappel, M.: Der Wandel der Vertriebsstrukturen verändert den Wettbewerb, Genossenschaftsblatt Nr. 4, S. 4-6, 1998.

Sydow, J.: Strategische Netzwerke-Evolution und Organisation, Wiesbaden 1992.

Zachman, J.A.: Business System Planning and Business Information Control Study: A Comparison, in: IBM Systems Journal 1/1982, S. 31-53.

Enterprise in the Information Age*

Hubert Österle

---

* Wiederabdruck von Österle, H., Enterprise in the Information Age, in: Österle, H.; Fleisch, E.; Alt, R. (Hrsg.): Business Networking: Shaping Collaboration Between Enterprises, 2nd, rev. and extended ed., 2001, pp.17-54 mit freundlicher Genehmigung des Springer-Verlags.

1 The Challenge of the Information Age

Business is undergoing a transformation from the industrial to the information age. Information technology (IT) opens up possibilities for new business solutions; it offers exceptional opportunities for fast innovators and harbors fundamental risks for laggards.

This transformation poses a gigantic challenge for both business and society. Success stories alternate with news of project failures. New companies such as Amazon, Siebel or Yahoo! have been growing at rates of 100 percent a year and more and achieve quite incredible levels of market capitalization within a few years of their existence while others such as banks or travel agencies introduce drastic cutbacks in staff every year or disappear from the market.

Enterprises and individuals are under great pressure to act. At the same time, the feeling of uncertainty has never been as great as it is now. The erratic performance of shares in innovative companies is indicative of this mood. Sensational success stories in management journals, recipes for success from IT prophets, buzz-words such as virtualization, and finally the abundant superlatives employed in announcing new IT products provide a confusing picture of the information age, while many companies already have their hands full dealing with restructuring, mergers and acquisitions, globalization, Y2K, the Euro, technically outdated applications and other operative problems.

Information technology makes new business solutions possible. This might mean new or improved products and services (e.g. automobile and navigation), additional sales channels (e.g. Internet banking), more efficient forms of procurement (e.g. global procurement by means of electronic markets), new ways in which supplier and customer can cooperate (e.g. collaborative planning), new services (e.g. virtual communities), more effective management (e.g. through the automatic measurement of key performance indicators) or new information services (e.g. product catalogs).

Transformation means innovation in existing enterprises (e.g. direct selling by an insurance company), but above all the establishment of new enterprises. Start-ups include software houses such as iXOS, consultancy firms such as Cambridge Technology Partners, industry analysts such as Ovum, network providers such as Tobit, providers of Internet services such as Yahoo!, outsourcers such as Debis, information services such as all-hotels.com and market services such as Harbinger.

Changes are becoming increasingly more radical. Corporations are being broken down into components and reassembled along different lines. New business ideas are being tried out in start-ups and where successful frequently rolled out globally by large corporations with a suitable customer base.

The ability to identify chances at an early stage and see them through to implementation is opening up a world of opportunities akin to an industrial revolution. Entrepreneurs are looking for a business model of the information age which will allow them to identify real options and to assess the consequences of their decisions. The Institute for Information Management at the University of St. Gallen is working on a business model of this kind within the framework of a research program entitled "Business Engineering HSG" (BE HSG) (www.iwi.unisg.ch) in collaboration with representatives from the business world with the objective of

- Identifying new IT-based business solutions at an early stage
- Understanding the rules of business in the information age and
- Formulating procedures to ensure a successful transformation.

Some of the results of this work are presented here in order to provide a holistic picture of Business Networking from the entrepreneur's point of view.

2 Imperatives of Business in the Internet Age

Imagine a scenario in which every employee, every customer, every business partner, every appliance and every computer has immediate access to each other's data at any time. That is exactly what the Internet is about to make possible within a few years. What will your business be like by then?

We summarize the most important rules within the framework of the business model of the information age and explain them with the aid of the example of the process car ownership in :

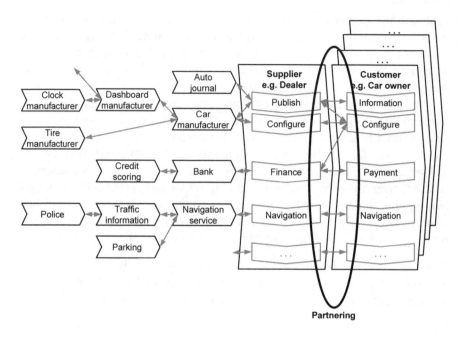

Fig. 1. Enterprise in Business Networks

2.1 Coverage

Networking makes it possible to offer all products and services for a customer process on a coordinated basis and from a single source. It is not the customer but the supplier who is the specialist in the process car ownership. The car dealer takes on the task of helping the customer with car selection, obtaining the test reports, financing, navigation, resale, etc. This applies equally to the stages upstream of the car dealer, e.g. completeness of a car journal's services, perhaps including online research in earlier issues or access to sources. The credit scoring institute provides not only the customer's credit rating but also concrete information on delays in payment or loan insurance, the tire dealer supplies not only the tires but also the CAD data (computer aided design) and test reports as well as batch quality data, etc.

2.2 Partnering

Cooperation is not limited to a shopping relationship but becomes true collaboration, i.e. the processes work together. Customers give the car dealer data on vehicle use (e.g. garage bills), data from the on-board computer and of course the ongoing communication data on their interests, their purchasing behavior and their preferences. The supplier develops detailed customer profiles which allow him to give customers targeted information in the sense of one-to-one marketing, to remind customers when a service is due, etc. The bank on the other hand can give the car owners credit software which enables them to consider the credit for the car as an integral part of their overall financial planning. The car dealer will try to tie in his financing service. Partnering can lead to customer lock-in and thus create a high entrance barrier for competitors. The result is a customer support process which is closely meshed with the customer process.

2.3 Critical Mass of Customers and Suppliers

In view of the fact that there will be competition by services, the costs of establishing and marketing integrated customer solutions will be enormous. As the solutions will require little manual intervention, the costs of the individual transactions will be virtually negligible. The object will therefore be to allocate the development costs to as many transactions and thus customers as possible.

In the example of the car dealer, he will try to gain a maximum market share. For this purpose he will form alliances with car magazines, insurance companies, etc. He will also endeavor to globalize his offering as the net will drastically reduce the marginal costs for entering new markets. Furthermore, he will try to have his services incorporated in those of other suppliers such as used car dealers or insurance companies.

Customers prefer car dealers who can offer on the one hand the most comprehensive range of products and services and on the other the biggest selection of suppliers for each category of product and service.

Suppliers, i.e. car journals, car manufacturers and navigation services, will concentrate on car dealers who can provide them access to the largest number of customers, particularly in the case of exclusive agreements or adherence to specific standards.

Every additional supplier, every additional service and every additional customer strengthens the position and the profitability of the car dealer. Therefore some speak of the law of increasing revenues. As a result of the economies of scale, the benefits for the customer and last but not least branding, the above mentioned developments are conducive to the establishment of entrance barriers and/or monopoly-like positions.

2.4 Position in the Business Network

Like the car dealer, all the suppliers in the network, from the bank to the tire manufacturer, must find their position in the business network (supply chain) and apply the rules indicated above to their customers, their products and their services as well as their skills. Standards and other entrance barriers lead to competition not only of individual suppliers but also of complete supply chains. Each company must analyze the possible business networks and try to establish a position of maximum influence in the networks offering the greatest potential. If a bank succeeds in securing its presence as a credit solution amongst as many car owners as possible by means of a credit software and special services, it will also find access to a large number of car dealers and thus expand its position. Current experience shows that early entrance into a business network improves the chances of assuming a dominant role.

2.5 Focusing

Networking promotes specialization. If cooperation with a South American tire manufacturer runs just as smoothly as with a European manufacturer, if the credit rating is performed better externally than inside the bank and if external payroll accounting costs less than doing it inside the company, then the appropriate supplier will be selected. A process of deassembly and reassembly is initiated in which companies consider each of their processes and decide whether it is better to operate them themselves or to buy them in. If the suppliers to the car dealer can sell their products and services directly to the car owners they will bypass the car dealer (disintermediation); if the car dealer creates additional benefits for the customer by integrating services, the car dealer can act between customer and supplier (intermediation).

However, each one will focus on the processes which it can do best (worldwide): the bank on credit handling, the car journal on information relating to the car, the car dealer on the car owner process and the integration of services. All other processes will be outsourced to specialists.

New kinds of services which are purely electronic and in some cases cover very small tasks will intensify the focusing. One example would be automated information on the traffic flow in a highway tunnel. A traffic information service could easily integrate this information into a route specific information for one driver.

2.6 Process Efficiency

If no monopoly situations arise which cut out the market, the Internet will always promote the selection and combination of the most efficient processes. That means processes with high reliability, low price, short cycle times and high flexibility.

A high level of process competence and properly planned and executed processes will become the foundation for business in the information age. This will be based as far as possible on integrated application systems for the planning, execution and control of intra-organizational and inter-organizational processes. Networking presupposes efficient processes, it does not replace them.

2.7 Networkability

Today, business relationships on the Internet are almost exclusively 1:n in the form of online shops or online purchasing. This means that a supplier has a relationship with several customers or a customer communicates with several suppliers. One (1) company sets the rules and the formats (standard), the customers oder suppliers (n) have to accept it (or leave it). Even the marketplaces on the net rarely go beyond this constellation. This can be compared to a rail network with different gauges and power supply systems. If you want to use it, you have to accept the standards.

The breakthrough for business-to-business networking will occur when the car owner works with bank A today and bank B tomorrow without any additional cost involved, e.g. for the installation of new software (multibank capability), and conversely when the bank can communicate with all car owners using the same standard. We call this the m:n capability.

On the one hand we still have a long way to go before we arrive at m:n capability, on the other it is not necessarily in the interests of dominant market participants. A company will try to see that its solution becomes embedded in the market as standard or latch onto the standard with the greatest chances of dominance.

Eventually, a set of standards will enable the m:n capability. Some standards will apply for specific business networks, others will be generally accepted.

Networkability is not merely a question of IT, but to a far greater extent one of business alliances. Networkability is of strategic importance for every business wishing to become part of a business network.

2.8 Change Management

The development towards the information society will take at least another 30 years. Until then, all building blocks of an enterprise will remain in a state of flux. Businesses must sharpen their skill in recognizing developments and above all in mastering change. An important consequence will be the need to install change management alongside operative management. Shareholder value is a catalyst of change. It not only forms the basis for evaluating the company and for acquiring capital but also helps in the systematic analysis of factors determining the success of change – with the aid of value drivers – and in controlling them by means of key performance indicators.

3 Seven Trends

Seen by a business point of view the numerous IT developments are responsible for seven fundamental trends in business transformation.

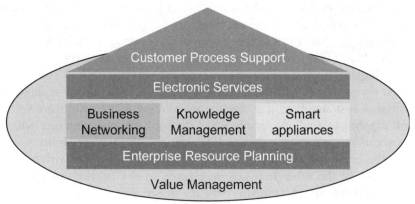

Fig. 2. Seven Trends on the Road to the Enterprise of the Information Age

- *Enterprise resource planning,* i.e. the operational execution of business, runs almost imperceptibly in the background. Integrated applications for administration as well as for product development and technology make it possible to concentrate on business rather than on administration.

- *Knowledge management* supplies each task within a process with the necessary knowledge about customers, competitors, products, etc. and above all about the process itself.
- *Smart appliances* take information processing to the point of action. Traffic information is supplied via the satellite navigation system (GPS) to the motorist, point-of-sale information from the cash register to the product manufacturer and machine faults via sensors to the service engineer.
- *Business Networking* makes collaboration between two companies so simple that they appear to be one and the same enterprise. Information on sales of the end product is immediately available to all the companies in the supply chain.
- Many subprocesses which companies still operate individually at the moment will be available from the net as *electronic services*. One example could be customer profiling. In addition to the supplier, a third party online-database provicer and the customer him- or herself can take over the responsibility of his or her profile and offer it via an electronic service.
- Companies will not simply be selling products or services but will be supporting entire *customer processes*. Transport businesses will take on the logistics process, doctors will support the whole therapy process and insurance companies will handle the claim processing instead of the customer.
- Corporate management will no longer merely focus on financial results but also on factors contributing to these results. Financial management will become *value management* which keeps an eye on key performance indicators for the success of the business.

3.1 Enterprise Resource Planning

Over the past thirty years, companies have used IT primarily for improving internal processes. Between 60% and 90% of IT investments were aimed at internal supply chain processes such as purchasing, production and distribution, at support processes such as finance, human resources and IT as well as at the management process. Computer aided design and manufacturing round off this picture for development and production. This assessment applies to service companies (banks, travel agencies, etc.) along similar lines to those seen in manufacturing.

Operative strength is decisive for the competitiveness of many companies. This explains why a mid-sized textile mill such as Getzner Textil AG in a country with high labor costs such as Austria has succeeded in attaining a leading position in the EU market for top-fashion fabrics. Consistent process development based on the standard software R/3 enabled this company to reduce time expenditure in administration from 233 person years p.a. to 177 and order cycle time from eight to six weeks, within the space of five years. This was achieved in spite of a tripling in the number of orders and articles during this period. The customer focus, which is so critical for the competitiveness of the company, calls for a wide spectrum of variants, small lot sizes and short time-to-market, from the customer-specific design through to delivery. Getzner Textil AG acquired these capabilities on the basis of a highly integrated software.

Transactional systems for materials management, sales, finance, etc. manage operating resources such as orders, articles, and customers (see). All activities belonging to business processes (e.g. procurement, production, distribution and management) plan, execute and monitor the use of resources. The transactional systems give staff the tools for performing activities, e.g. the transactions order entry and price change. A company can make transactions such as stocking or ordering directly available to the customer or supplier for the processes of sales or purchasing.

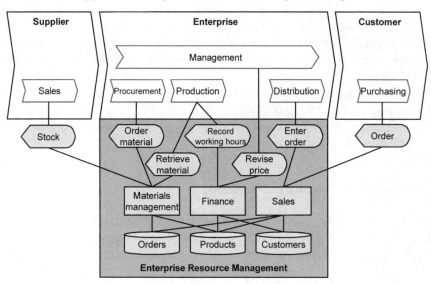

Fig. 3. Transaction Processing and Business Process

Transactional systems are usually referred to as Enterprise resource planning (ERP) systems. More precisely we would talk about enterprise relationship management, since these systems support all phases of the management cycle, namely planning, execution, and control. SAP's "Solution

Maps" provide a good overview of the modules which an ERP system typically comprises today.

In the context of banks and insurance companies, ERP systems are usually termed back office or processing systems and include transactional systems for e.g. funds transfer, securities settlement, the administration of insurance policies or customer profiling.

We say that an ERP system is integrated if all process activities have real-time access to the same state of the same data (see) and if the required relationships between data exist. So controlling must be in a position to determine the effective costs of a customer order, customers must have access to the manufacturing progress of their orders (order status tracking) and it must be possible for sales to assess the consequences of squeezing in a rush job.

Processes are determined by business strategy. Ideally, the ERP system will support every organizational solution. In other words, it is business strategy and not the software manufacturer which should decide questions such as whether a member of the sales staff registers customer orders or whether the customers place orders themselves by means of electronic commerce, whether the company manages its own raw materials store or the suppliers offer consignment stock (vendor-managed inventory) and whether staff pay is performance-related. The transactions stocking and ordering in point to the fact that these organizational variants merely require a little additional functionality but access the same databases.

Needless to say, the functionality of the modules, and in particular the database structure of the ERP systems limits the scope for organizational design. However, most companies utilize only a fraction of the possibilities available to them.

The business processes, the customizing of the ERP software and, last but not least, the packaged software represent corporate strategy as it is practiced. They determine how the business is actually run and how much strategic room to maneuver is possible. Many companies still have a long way to go before this fact is properly recognized (e.g. [Rodin 1999, 156]).

In future, ERP systems can be expected to take on a role similar to what we have seen up to now in the case of operating systems, database management systems, Internet browsers and office suites:

- Companies invest huge amounts in one particular product.
- One or few products survive in the market.
- Innovative add-on products are oriented towards the dominant product and its environment.
- Integration is more important than best-of-breed. Linking up two software products is expensive, involves a great deal of effort with each

new release and precludes many solutions due to the incompatibility of concepts.
- Only a basic innovation is able to replace a dominant product. In the past, for example, such innovations were the personal computer and the Internet. In the case of ERP systems, message-based modular packages could replace data-integrated monolithic packages (see item on Business Networking). Nothing more than first pilots can be expected over the next five years. In the area of Customer Relationship Management (e.g. Siebel) we are more likely to see such powerful systems arising outside the traditional field of ERP packages. CRM systems have the potential to take over parts of the dominant role from ERP systems.

Seamless processes based on integrated operative transactional systems form the foundation for the enterprise of the information age. They will continue to tie up a large proportion of resources as a result of:

- New software and hardware functionality (new releases).
- The improvement and adaptation of business processes (continuous process improvement).
- The opening up of the ERP system for business partners, customers and suppliers.
- The restructuring of businesses: globalization, acquisitions, mergers, deregulation, outsourcing.

Consequences

Networking presupposes operatively independent and efficient units. Intra-organizational integration is the prerequisite for inter-organizational networking. The following tasks remain to be solved, depending on the status of a company's operative processes:

- *Coordination of Strategy, Process and Transactional System.* The company must utilize the opportunities provided by integrated transactional systems in its strategy and set the objectives for the processes on the basis of that strategy.
- *Wall-to-Wall Support of Processes and Business Units.* Inter-Business networking and other innovative solutions are based on a productive, integrated ERP system. Missing pieces may limit these solutions drastically.
- *Process Optimization.* Many companies have been quick to replace their old transactional systems with standard software with the objective of achieving Y2K compatibility. In many cases this has not included process redesign. Competition will force them to build up process compe-

tence, to bring processes into line with customer needs and to increase their efficiency. Key performance indicators from the ERP systems make the level of maturity of processes transparent.
- *Process Standardization.* Globalization, supply chain management and restructuring demand proven processes with clear interfaces. Standardized subprocesses, which are critical to coordination, are the prerequisite.
- *Internal Software Standardization.* Each additional software platform (additional software supplier) generates additional complexity.
- *External Standardization.* Irrespective of whether this is emotionally desirable, the operative basis of an enterprise must be aligned with the standards which are going to be the most workable in the long run. And in the case of software, these are molded by the market leaders and by market expectations.

The dawning of the next millennium, coupled with the introduction of the Euro in Europe, caused many companies to speed up their investments in ERP systems. This has produced an unprecedented boom in the software product and software consultancy market. While it may come as no surprise that growth rates in this market segment are not continuing at the pace of the past few years, it is all the more amazing to note that sales revenues have persisted at the same high level and have not slumped. The many observers who conclude from the present stagnation in sales that the ERP philosophy is in crisis may have overlooked the context mentioned above. Forecasts for this software market are in fact assuming an annual growth rate of between 10% and 20% over the next five years [Cole et al. 1999, 7]. "Smart companies view enterprise application purchases as an essential investment. [...] a strong IT infrastructure aligned with core business processes is the key to competitive advantage" [AMR 1998].

3.2 Knowledge Management

Knowledge is increasingly determining the value of a company. The value of a company, particularly on the stock exchange, is no longer based on its physical and financial assets but on its ability to operate a particular business profitably in the future [cf. Stewart 1997]. This ability depends on knowledge about technologies, products, services, processes, customers and other market participants (cf. [Davenport/Prusak 1998], [Probst et al. 1999]). In a networked economy, every company will specialize in a limited number of products and processes but in view of globalization will have to attain world class in those products and processes.

Knowledge management is not fundamentally new. Organizational development, organizational learning, artificial intelligence and other approaches were all pointed in the same direction. So how can investments in knowledge management be justified? What barriers to classic knowledge management does IT remove? The answer is that multi-media technology eliminates integration breaks by substituting paper; every form of documented knowledge becomes available electronically. Networking removes transport times and thus makes knowledge globally and concurrently accessible.

ERP systems have taken on the job of structuring, processing and storing the formatted data (transaction processing); knowledge management systems perform structuring, processing, editing and storage of multi-media documents (referred to as weakly structured data). Multi-media documents include text files, spreadsheets, presentation graphics, images, video and audio files and links to other documents. Together with the formatted data of the transaction systems, the electronic documents represent what is termed explicit knowledge.

However, multi-media and networking do not just make existing knowledge available, they also allow new forms of presenting knowledge and above all new forms in respect of creating, searching for and utilizing knowledge. Examples are groupware systems, search engines, expert maps (for utilizing implicit knowledge) and discussion forums as well as multi-media and interactive explanations of products, to name but a few.

Companies are given the possibility of making any documented knowledge available to all employees for the tasks they perform in processes, a precondition for a world-class performance. Knowledge management, therefore, does not mean creating new, additional business processes but equipping existing business processes with knowledge. In addition to the transactions of the ERP system, employees also receive computer support for the utilization and processing of knowledge (functions like revise drawing, print brochure and view product in).

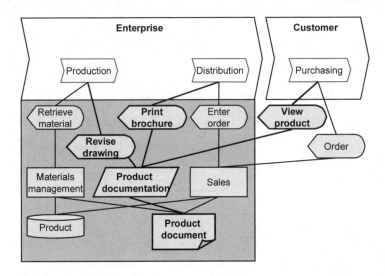

Fig. 4. Document Processing and Business Process

In the simplest case, this can mean that employees and, where necessary, customers have access to the latest product information. Examples are a travel service such as TIScover which provides detailed information on travel destinations from hotels and sports activities to the latest weather report, or aircraft documentation which Boeing makes available to its staff and to customers via an Intranet.

The LGT Bank in Liechtenstein has built up systematic knowledge management for its customer advisory service, based on the model of business knowledge management [cf. Bach/Österle 1999] (see). They first determined which external and internal knowledge (financial data, product information, etc.) was necessary and available for the advisory process, structured it (knowledge structure), then formulated and implemented the processes and responsibilities for setting up and maintaining this knowledge. Finally, they created the technical infrastructure in the form of an Intranet which integrates heterogeneous systems such as Reuters or an object management system and documents (systems and documents). The system paid for itself within a year through the cost reductions in paper-based documentation and external information services alone. The main goal, i.e. improvement in the quality of advisory services, is being consistently tracked on the basis of key performance indicators such as the hit rate for new accounts [cf. Kaiser et al. 1998].

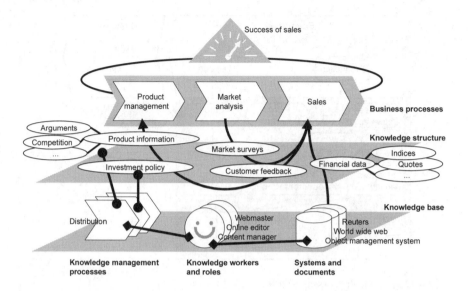

Fig. 5. Knowledge Management in the Sales Process of the LGT Bank in Liechtenstein

A major component of the business knowledge management model is the systematic maintenance of the knowledge through clear responsibilities and processes (knowledge workers and roles as well as knowledge management processes). Just as the tasks of master data maintenance have to be clearly assigned in the case of transaction processing, successful knowledge management is dependent on reliable maintenance of the electronic documents, from authorization for the release of a product description for customers to responsibility for removing texts which are no longer applicable.

A flood of information services from newspapers and magazines (e.g. Wallstreet Journal and AutoBild) through search engines and portals (e.g. Yahoo! and PointCast) to scientific information services such as Brint, credit inquiry agencies (e.g. Experian), patent databases and stock exchange information services such as Charles Schwab are shifting the focus of information management away from internal sources and very strongly in the direction of external sources.

Other important fields of application for knowledge management which go beyond the process of customer advisory services and care are the processes of product development, organizational development and training. In the case of organizational development it is a matter of knowledge about business strategies, processes and systems, as systematically built up and maintained by consultancies nowadays. The corporate universities of large organizations cover conventional training activities on the one hand, but on the other have a much wider remit to collect and impart corporate knowledge.

Consequences

- *Knowledge Utilization.* It is not the collection of knowledge but the utilization of knowledge which creates value for the enterprise. The business process determines what knowledge is required.
- *Knowledge Value Measurement.* Knowledge management must be based on the value for the process and must measure it by performance indicators.
- *Knowledge Structuring.* Knowledge management starts with the recording and structuring of internal and external knowledge, based on its use in the business process.
- *Utilization of Existing Knowledge.* The most important task is to utilize the (explicit) knowledge which is already documented electronically in business processes. Only then will previously implicit knowledge become explicitized. A consultancy firm, for example, will first make use of the documentation from completed projects in new projects before urging project managers to document the most important findings from a project in addition.
- *Documentation of Implicit Knowledge.* The explicitization of knowledge is particularly successful if it leads to instructions (methods) and reusable documents or templates. A service technician needs an assembly instruction and not a database containing general experience with the functioning of components.
- *Knowledge Management as Part of Business Processes.* Knowledge management is the task of business managers and not the task of a new staff position. However, the organization/IS department must take on the same tasks for document processing as it has already done for transaction processing.
- *Strategic Knowledge Management.* It is the task of management to recognize the opportunities provided by knowledge management and to drive implementation forward.

3.3 Smart Appliances

Today, smart appliances such as auto-focus cameras, machine-tool control systems, electronic organizers, game computers, pace-makers or car engine management are already taken for granted. The miniaturization and the fall in prices of processors and memories are contributing to the rapid growth of application areas such as clearance monitoring in cars. However, there is a new capability of these appliances that will visibly change life at home and at work: the networking capability (cf. [Norman 1999, 62], [Davis/Meyer 1998], [Strauss 1998]).

The car navigation system (GPS), the mobile telephone (GSM), the pager, the TV set top-box, road-pricing systems, Internet-enabled maintenance computers on machines, the electronic book and the electronic tagging of prisoners are examples of networked appliances which are already in use. Video cameras, photographic cameras, audio and video systems are becoming increasingly digitalized and have also found their way to the Internet – in some cases via the PC. Smart cards are a special form of smart appliance used for a wide spectrum of applications, from authorization to electronic cash. All these appliances offer a specially adapted form of access to the Internet and/or to the networks of individual companies from the home or while on the road (see).

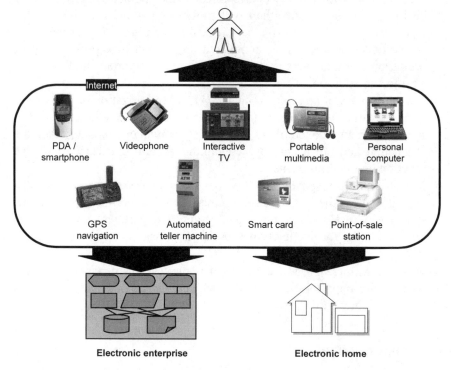

Fig. 6. Multi-Mode Access Through Smart Appliances

The business flight of the future might proceed as follows: the passenger books his flight via the Internet or through a call center. A few hours prior to departure, the electronic organizer of the passenger's mobile phone reminds him to confirm his flight and, once authorized, forwards confirmation to the airline. In the event of a delay, the airline sends the passenger an SMS message or a voicemail to his mobile phone. On approach to the airport, the GPS tells him where parking spaces are available in the airport's multi-story car park and guides him there. The road-pricing system automatically charges the parking fee. The automatic airport check-in registers the passenger's presence through the arrival of his mobile phone within the zone of the airport. An SMS message tells him at which gate he can board and the number of his seat. When boarding the aircraft the passenger identifies himself with his customer card (smart card). Once on board his mobile phone and PC have Internet access which allows him to work just like in the office.

Airlines already have many of the features described in this scenario in the pipeline. Similar scenarios are to be found for patient home care, service engineers performing machine maintenance, entertainment with audio, video and games as well as in other areas.

The parcel service FedEx supports its order tracking system with PDAs (previously Apple Newton, now PalmPilot) [cf. FedEx 1999]. This allows customers to call up the status of their parcel deliveries at any time via the FedEx web site. As well as improving customer service, FedEx is also reducing costs through savings in staff who provide information on the telephone.

The Palm VII Connected Organizer via the proprietary network Palm.net provides access to news channels like BBC News, financial information like Bloomberg, or a hotel guide like Fodor's, it locates the nearest three cash machines or gas stations, connects to a translation service, and allows access to existing travel itineraries.

The company Grenley-Stewart Resources (GSR) sells diesel fuel to over 1,200 gas stations in the USA. Customers are the owners of truck fleets who obtain fuel at a significantly reduced price than at normal gas stations through a contract with GSR. The high consumption and large distances covered by a truck mean that even relatively low differences in the fuel prices of various suppliers can add up to large sums.

Diesel prices fluctuate on a daily basis and vary from one place to another. In order to inform truck drivers on the current prices at GSR gas stations, GSR publishes its latest prices on its own web site which can be accessed by the fleet owners free of charge. As distributing the information by telephone is too involved, GSR offers its customers access via PalmPilot as an additional service. Drivers can put themselves in the picture re-

garding local diesel prices whenever they wish and can also request graphic route plans to take them to the required gas station [cf. Korzeniowski 1998].
A few technical developments have made all this possible (e.g. [Davis/Meyer 1998], [Bill 1998]):

- *Digitization.* Digitization makes it possible to communicate all information, be it music, measured values from sensors or images, by simple means.
- *Internet.* The Internet has provided an extremely low-priced method of globally available networking.
- *Low-priced Processors.* The drop in processor prices has made it possible to equip appliances with additional functionality, a simple user interface and access to the net.

Where appliances are concerned, a trend can be observed towards both the integration of functionality and specialization (cf. [Burrows/Reinhardt 1999], [Kuri 1999]). On the other hand, mobile phone manufacturers, for example, are packing more and more functions such as planners, e-mail, SMS messages, address database, Internet browser, remote control for any appliances and video communication into their products with the aim of creating a universal PDA (Personal Digital Assistant). On the other hand, there is a tendency for game computers, TVs, refrigerators, heating systems and machine controls to be equipped with their own specialized processors, network connections and control units.

At the same time there is a fully fledged battle going on between operating system manufacturers for a standard application platform: Windows CE versus Java versus PalmOS versus EPOC. More decisive for the networking of smart appliances is the competition between middleware such as UPnP, Jini or WAP and alternative networks. The most important versions here are peripheral access devices (cable connection, e.g. IEEE1394, USB), telephone line (Phone Line, e.g. HomePNA), power line (Power Line, e.g. CEBus, X-10), radio and/or infrared in the local area (e.g. HomeRF, Bluetooth, IrDA) and long-distance radio (e.g. GSM, CDMA). In the end, a combination of technologies, each with a dominant market standard will win through. In addition, we can expect to see whole series of new broadband standards gaining wide diffusion in the next few years, including UMTS (Universal Mobile Telecommunication Standard) for mobile communication or ADSL (Asymmetric Digital Subscriber Line) for linking households to the Internet. In view of its huge volumes, consumer electronics technology will also provide the standards for businesses, as was already the case for personal computers.

The following general scenario is possible within a few years:

- Every machine has access to all the information which any computer keeps on the net. In other words, the navigation system has access to road maps, traffic reports, weather reports, hotels, restaurants, car repair garages, etc.
- Consumers and employees have real-time (with no delays) and global access to all private and business information. They use the most suitable appliance in each case (multi-mode access, see).
- Data entry takes place at the point of action. The smart card and the point-of-sale cash register record the payment transaction, the purchased articles, the time and the location. The bank, department store and department store supplier have real-time access to these data.
- Use of these appliances ensures general computer literacy. Communication with computers and an understanding of computer functions become a matter of course.

According to IDC [cf. Hwang et al. 1998], 18 million consumer information appliances will be sold for home use in the year 2001, topping personal computers for the first time. Datamonitor [cf. Hofer 1998] states that in the year 2001 consumers will purchase 8 million games consoles alone (USA and Western Europe only). In addition, 34% of the population in the USA and 13% in Europe will then have a personal computer with access to the Internet according to a study by Forrester Research [cf. Sawyer 1998]. If we include additional categories of appliances (GPS etc.) we begin to get an idea of the potential which smart appliances represent.

Consequences

The consequences of smart appliances are still difficult to assess. Who would have thought three years ago that the MP3 format developed by the Fraunhofer Institute in Erlangen, which allows the compressed digital storage of music, in conjunction with the Internet would succeed in restructuring the complete music sector within the space of a few years [cf. Gomes 1999].

- *Appliance and Software Manufacturers.* The greatest challenge of all is that facing the manufacturers of appliances and software. This ranges from the electronically monitored label printer and the escalator to the office coffee machine which sends information on coffee consumption to the service company for replenishment purposes. MP3 (more precisely: MPEG Audio Layer-3) and other multi media standards (e.g. SDMI) are leading to the creation of a new generation of appliances for au-

dio/video storage and reproduction. They will revolutionize not just the appliances (players etc.), but the music industry and the music distribution channels as a whole.
- *Service Providers.* Networked smart appliances are usually only meaningful in conjunction with a special service. In the air travel example, this would be check-in and boarding, in the case of FedEx order tracking, with MP3 the music distribution service and with Grenley-Stewart the diesel price information system.
- *Suppliers of Conventional Products and Services.* Smart appliances are changing business in many areas. Entrepreneurs must ask themselves the following questions:

– Which information and electronic services generate added value at the point of action for consumers, employees or machines? (e.g. a personal telephone directory on the net, a regional weather forecast via the mobile phone)
– Which information can smart appliances provide at the point of action? (e.g. sales data from point-of-sale cash registers)
– Which market participants are in a position to offer our products and services by better or more economical means? (e.g. business news from the point of view of a daily newspaper)

Despite the fact that this technology – compared to ERP systems for instance – is still far from mature, it points the way to serious transformations in business processes and in the private sphere. In some countries at least this is giving rise to widespread fears of technology and big brother taking over.

3.4 Business Networking

Business in the information age is a network of processes. During the past ten to twenty years, business process redesign has created integrated processes within companies; database systems have made this integration possible. During the next ten to twenty years, Business Networking will link processes above and beyond company boundaries and serve consumers directly; networks such as the Internet will provide the means. Inter-organizational coordination will change business far more fundamentally than intra-organizational integration has done.

The result will be a worldwide network of specialists, each of which will play its part in value creation with its core competence. The path will lead via the deassembly of existing enterprises into independent processes and via reassembly of enterprises and supply chains [cf. Wigand et al. 1997, 2]. Business is at the start of a dramatic transformation; Business Networking is a main driver.

Experiments in the automotive industry with new forms of supply chain networks should be mentioned as a reference for the many reorganizations in the financial sector, in the pharmaceuticals industry, in tourism and in other areas. With Micro Compact Car (MCC) [cf. van Hoek/Weken 1997], DaimlerChrysler realized an enterprise which largely performs the coordination of processes which it has outsourced to specialists. Ford is currently in the process of handing over parts of its final assembly to specialists and transforming itself into an enterprise for consumer goods and services [cf. Burt 1999].

A few examples allow us to identify the types and principles of Business Networking (see):

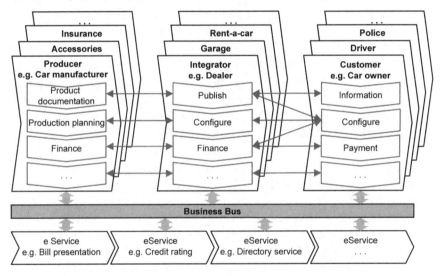

Fig. 7. Model of Business Networking

- *Electronic Commerce.* The most commonly known form of Business Networking is the Internet shop. Consumer and industrial goods manufacturers, banks and many others use the Internet as a new sales channel to corporate customers and consumers [cf. Barling/Stark 1998]. Customers, in the example shown in the car owner, perform their subprocesses information, configure, payment etc. jointly with the subprocesses publish, configure, finance etc. of the intermediary, in this case the car dealer. The car dealer retrieves the customer's address data from an electronic directory service, the credit information from an electronic service for credit rating and settles payment through a payment service. The role of the intermediary (integrator) in the supply chain is to group products, services and information together to form a package, to allow the customer to compare the offerings of many manufacturers side by side (eBay, Yahoo!, e-Steel, eTrade, Dell, etc.), and, if needs be, to match supply and demand (in an auction e.g. buy). The value added by the intermediary is the integration [cf. Klein 1999].

At the heart of the Internet shop is the electronic replacement of the conventional ordering process using paper-based catalogs and fax [cf. Kalakota/Whinston 1997, 3]. ETA, for example, a manufacturer of watch movements within the SMH group, has arranged for its customers (i.e. watchmakers) to order movements and spare parts through an Internet shop [cf. Alt et al. 1999, 7]. This rapidly gives rise to an intermediary which expands its range by including other non-related articles, additional services (e.g. maintenance) and information (e.g. sales forecasts), such as Dell or Cisco. Cisco makes 40% of its turnover, i.e. $3bn, via the Internet.

- *MRO Procurement.* While the examples mentioned up to now have related to the sell side, MRO procurement focuses on the process of procuring indirect goods (MRO: maintenance, repair, operations), i.e. it is built around the customer process. UBS, one of the world's leading banks with 30,000 staff, has set up an Intranet shop with 10,000 articles for the procurement of MRO products (office stationery, furniture, information technology, etc.) [cf. Dolmetsch 1999, 13]. External suppliers maintain a warehouse and supply to some 3,000 authorized purchasers in the organization. Now, six months after introducing the system, 2,500 different articles are processed on a daily basis. The benefit lies in a drastic simplification of the ordering process, plus volume discounts and reduced inventory. MRO procurement starts from the customer's procurement process, creates multi-vendor product catalogs with the intermediary, links the suppliers, utilizes electronic services for logistics, payment, product catalogs, etc. (cf. Chap. 10).
- *Supply Chain Management.* The goal of supply chain management is to optimize purchasing, production, inventory management, and transport across all the elements in the supply chain network [cf. Handfield/Nichols 1998, 2]. From the boutique (customer) via the garment manufacturer (integrator) and the textile manufacturer back through to fiber production (producer), supply chain management exchanges sales forecasts, effective sales, inventory levels, delivery dates, customs papers, payments, etc. For this purpose it uses electronic services for credit ratings, payment and transport organization (logistics). It creates an ad-

ditional service "Available to Promise" which takes on scheduling tasks for all the participants in the supply chain. Most members in the supply chain act as producer as well as integrator and customer (cf. Chap. 4, 6, and 9).

Riverwood, a packaging material manufacturer, has closely linked its production and distribution planning with that of its customers such as Miller Breweries. This has enabled Riverwood to drastically increase delivery speed and accuracy, and to achieve a quantum leap in customer relationships (cf. Chap. 5).

- *Shared Services.* Large corporations group together subprocesses, which occur in a similar form in several business units, to form shared services. BP Amoco, for example, has turned its processes tax, auditing, legal services, human resources as well as purchasing and materials management into shared services which all business units in the group can access. In this case the shared services are producers of services, the group is the integrator and the business units are the customers. This type of organization is dependent on electronic services for master data coordination, transporting messages, charging services, etc. However, shared services can also be bought in from independent companies. ADP handles the payrolls for 425,000 customers, which means over 30 million wages and salaries (www.adp.com).
- *Online Service.* Companies such as Intel and Cisco offer their customers the choice of a broad spectrum of information and services for the use and operation of their products online. Nowadays, the customers of technology companies have come to expect Internet services of this kind, the quality of which is considered to be a major differentiating factor [cf. Association 1999]. 80,000 registered users take advantage of Cisco's online service [cf. Rodin 1999, 213].

The speed at which Business Networking will change the face of business will largely depend on the following technical and business factors:

- *Intermediary.* Customers will only place a large proportion of their purchases via the net if an intermediary packages a large number of suppliers, products and services in such a way that they conveniently cover the customer's needs in a particular process. Any company can act as intermediary without having to invest much effort. However, the competition between intermediaries is going to be phenomenal. Only few intermediaries will survive worldwide in each business area (customer segment, customer process and range of articles). Standard software for intermediaries, which is currently developing under the heading of customer relationship management (e.g. Siebel), will further increase the dynamics in this area.

- *Electronic Services.* Payment transactions, credit ratings, multi-vendor product catalogs, trust, etc. are services which are needed time and again in many forms of Business Networking. The more of this type of service that is available and accepted by a large number of market participants, the easier it will be to set up an electronic business relationship.
- *Business Bus.* The Internet is a technical standard for data communication (TCP/IP) and presentation (HTML, SGML, XML) around which a rich infrastructure of products and services has formed. By analogy, the business bus is the term used to describe the totality of technical, applications and business standards on which software solutions, electronic services, etc. are based. These include EDIFACT, cXML (commercial XML) (www.oagi.org), RosettaNet, OAGIS (Open Application Group Integration Specification) and OAMAS (Open Applications Group Middleware API), de facto standards for business objects such as those in the SAP environment (incl. the BAPIs as methods) or those of Microsoft's BizTalk [cf. Microsoft 1999a], process standards like CPFR, and finally "laws" for Business Networking, e.g. generally valid rules for dealing with delays in delivery as now agreed in some cases between the participants in a supply chain. An example of the business bus in a banking sector is the order transport management system from Pricewaterhouse Coopers.

  The business bus produces the m:n capability of Business Networking. Today, virtually all business networks are either 1:n (e.g. Amazon) or 1:1:1 relationships (e.g. Riverwood). As a result, the effort involved in setting up and operating every additional business relationship is too high. The availability of standards which improve the m:n capability will more than anything else determine the speed with which business becomes networked. Ideally, the business bus will supply a standardized socket and the plug to go with it.
- *Networked Enterprise Resource Planning.* Today, ERP packages are structured liked classic enterprises. They only support new forms of networked businesses in part, if at all. The distribution of the human resource process between a shared service and the outsourcing company, the coordination of production planning in one company and the supply chain planning in another, the matching of an order with an MRO supplier with the purchaser's order, etc. must first be developed step by step. While it should be considerably easier to expand proven ERP solutions by network versions of the processes than developing complete ERP systems based on network solutions, there is still a great deal of development work to be done here.

On the basis of these considerations it is possible to sketch out the following scenario:

- *Technical infrastructure.* A broadband, low-cost communication infrastructure will shortly become available (UTMS, ADSL, etc.).
- *Business Bus.* "An infrastructure designed around information flow will be the 'killer application' for the twenty-first century." [Microsoft 1999b]. The large corporations in this market are fighting an intense battle for domination of the Business Bus. Major players are Microsoft with its development environment, in particular BizTalk, and with Microsoft Network, Oracle with Oracle Exchange, SAP with mySAP and above all with network-compatible ERP functions (BAPI, APO, etc.), Siebel with customer relationship management software, portal providers such as AOL, Yahoo! and PointCast. Outsiders such as Ariba with an electronic service for multi-vendor catalogs (MarketSite.net) should also be watched.
- *Killer Application.* MRO procurement could prove to be the killer application of Business Networking. A lot of large corporations take advantage of the possibilities for savings when purchasing secondary materials, at the moment frequently using solutions which they have developed themselves. If Ariba, for example, was able to dominate as a supplier of procurement solutions and catalog services, then its data structures and semantics would be able to establish themselves as a de facto standard. When a company masters the processes and applications for the procurement of part of its articles, the tendency is to extend this solution to cover other articles. As customers like Ariba introduce the corresponding sell side solution onto the market in addition to the buy side solution, the same applies for the sell side. Once a company has established a Business Networking software platform for the purchasing process, it will want to use it to network other processes.
- *ERP and CRM.* Enterprise resource planning and customer relationship management (CRM) are variously described as possible, separate directions for the development of Enterprise Software. In a Forrester Report, [Cole et al. 1999] come to the conclusion that the wide range of isolated solutions for CRM are growing together and will form their own platform with an interface to ERP systems. As the CRM applications access the same data as the ERP applications, however, the systems will have to be integrated. The question is whether the CRM package will be extended to include the ERP functionality or vice versa. If we look back at similar developments in the past, there is a lot to be said for concluding that the core of networked units (e.g. the operating system Windows and travel booking system SABRE) will dominate and not the net. However,

this only applies if the ERP systems acquire Business Networking capability fast enough. Inadequate cooperation between companies which function well on their own is more probable than perfect cooperation between units with inadequate internal processing.

Consequences

In many cases the question is not whether investments in Business Networking will pay in the short term but whether the customer will be prepared to accept a supplier who does not offer its product catalog and associated services electronically. In accordance with the model of Business Networking shown in, a company has a series of options:

- *Products and Services.* Which new products, but above all which services will be feasible via the net? A configurator for products, support for trouble-shooting or a chat room for customers are examples. Which internal services can the company also offer in the marketplace? Does the company perform internal services which it could offer as an electronic service without too much effort? One example would be the soil database of an agrochemical manufacturer which documents the quality of the soil according to region and which the manufacturer has used up to now to sell its fertilizer but could possibly be sold more profitably as a service via the net.
- *Customer Segment.* Business Networking creates an additional channel to existing customers but also access to other customer segments. In particular, it extends the geographical scope to the whole globe.
- *Supply Chain.* In which supply chain is the company involved? Which networks will establish themselves on the market? Which positions can the company hope to occupy in these networks? Which alliances should be forged? Can the company organize a supply chain or does it act as a supplier and customer?
- *Procurement.* Is the company familiar with the products and services which are offered via the net and does it use them as a customer? Does it make use of the global access to suppliers? Which processes need to be redesigned? E.g. market research?
- *Outsourcing of Processing.* When communication between companies no longer involves much more effort than communication between departments within a company, a company can gain striking power by concentrating on strategic processes and buying in all the others from outside. A financial institution such as the German MLP, for example, specializes in providing a comprehensive financial service for a narrow customer segment and purchases all handling processes such as credit

scoring, collection, securities settlement, payment, etc. from specialized financial service providers. A pharmaceutical corporation may understand the management of its complex research and development process plus marketing and distribution as core processes and outsource all the others, such as the performance of research, the testing of substances and production, to specialists.
- *Critical Mass.* Business Networking presupposes a critical mass. The customer will purchase from the online bookshop with the biggest selection of books. In the case of an exclusivity clause, the supplier will supply to the bookshop which has the largest number of customers. The investments for setting up (development and marketing) an electronic bookshop are very high, the marginal costs extremely low. Being able to allocate the investment costs to as many transactions as possible will decide profitability. What is true for the bookshop applies by analogy for the investment service of a bank, for training or for the marketing of construction materials.

 Many networking solutions, while useful in themselves, are not even begun if the path to reaching the critical mass is either too long or too uncertain. The best example is the introduction of new technologies such as DVD (digital versatile disk) which do not establish themselves until long after they become technically available when all the participants in the network believe in the success of the technology.
- *Networkability.* Networkability is a core competence for every enterprise of the information. In addition to concrete inter-organizational processes, an enterprise must build up the capability to offer new services quickly via the net and to integrate new customers and suppliers with minimum effort. This includes not only the standards of the business bus, but also the networkability of the enterprise's own applications and last but not least a functional, integrated enterprise resource planning.

Business Networking will change more in business than the ERP systems have done. The potential is so huge that many are talking of a new industrial revolution. Despite the initial euphoria, there are nevertheless many factors exerting a braking effect, first and foremost that of standardization. Inter-organizational solutions do not come about unless all the necessary participants stand to benefit and the solution will achieve the critical mass within a foreseeable time span.

3.5 Electronic Services

Road traffic has paved the way for complete business sectors: police, road construction, maintenance, repair workshops, snow clearance, traffic information, navigation, etc. Business Networking will give rise to a new business sector for electronic services: Net access, directories, payment, portals, etc. Electronic services either perform coordination tasks (e.g. payment transactions) or they are subprocesses which many companies require in a similar form and therefore purchase in electronic form. A huge business sector is growing up around Business Networking. classifies electronic services and names examples:

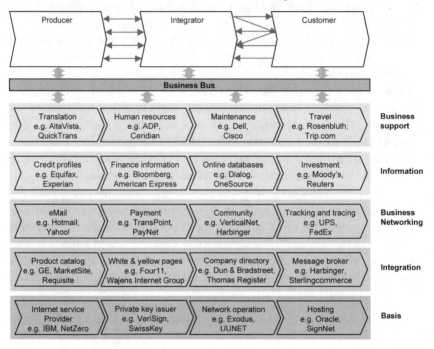

Fig. 8. Examples of Electronic Services

- *Basic services* provide the technical infrastructure on which all other services are based.
- *Integration services* are services which support the coordination of processes across enterprises. They ensure the safe transfer and logging of messages to and from selected network participants (messaging, routing), help in the search for and identification of market participants (directory services, e.g. customer Meier from Buttwil), products, etc. (mul-

ti-vendor product catalogs), assist in the reconstruction of a failed Web transaction involving several participants and link objects from different data pools (e.g. all producers of products containing genetically modified corn). In other words, integration services do the same as a database management system does within a company for the integration of applications and processes. At the moment, the form integration services will take is only identifiable in outline. While directory services, for example, have been introduced for telephone subscribers, multi-vendor product catalogs are still in their infancy (e.g. in the case of General Electric) and in terms of the infomediaries, as designed by [Hagel/Singer 1998, 21], only exist as a vision.

- *Business Networking services* are services which almost every company needs when working with other companies and which are therefore to be found on most of the more highly developed web sites [cf. Giaglis et al. 1999].
- The net offers a vast maze of *information services*. The content might be news or research reports, stock exchange prices or credit ratings for business partners. The information may enter the company's own portal as a channel, be pushed internally as a clipping service or – for example in the case of financial data – be directly included in calculations (e.g. current price in a foreign currency). Classical media companies will be transformed in broad variety of specialized and integrated media services [cf. Hess/Schumann 1999].
- *Business support services* include processes which companies outsource and can largely purchase in electronic form. This can be an automatic translation service or payroll accounting.
- Electronic services have the following in common:
- They permit collaboration between companies, and/or between companies and consumers.
- They are largely electronic, i.e. with no manual intervention.
- They are accessible via computers or smart appliances.
- They can be used individually or as a package.
- Their service components are highly standardized.
- In the majority of cases they are charged according to use.

Most of the services mentioned above do not exist in the pure form, i.e. service providers try to cover customer needs as comprehensively as possible by bundling services and thus keep the entry barrier for competitors as high as possible.

After a period in which many start-ups created innovative services such as HotMail, a free email service, which proved to be successful, only very large companies which can absorb high investments with long pay-back periods and have global access to a broad customer base can now keep pace with the packaging and establishment of services, despite the fact that large opportunities still remain in niche markets.

This can be explained by an example. Paper-based correspondence between consumers and insurance companies, banks, public administrations, schools, travel agencies, etc. involves a large time and effort on both sides. Files and records in private households are not only cumbersome but usually also inadequate. Strack-Zimmermann, the CEO of iXOS AG, has designed a document exchange and filing service, the value of which is immediately obvious to all concerned [cf. Strack-Zimmermann 1998]. Despite the fact that a service of this kind could operate highly profitably, the barriers confronting the establishment of the service are difficult to surmount: the companies will have to accept the standard stipulated by the service provider, a sufficiently large number of consumers must be online and able to operate the service and ultimately be prepared to dispense with the tangible medium of paper.

For every type of service only a limited number of suppliers can survive per customer segment as all participants have an interest in having only one supplier for each task or process, just as they only have one power or telephone connection. In addition, service customers want to have integrated services so that they will not have any interface problems. The reader should consider the question of how many private key issuers or payment services are possible worldwide. These considerations form the background to the exorbitant increases in "Internet shares".

Consequences

Companies can draw the following conclusions from these considerations:

- *Development of Own Services.* If a company has leading know-how for a specific service and has opportunities for establishing that service globally – e.g. through alliances and branding – then, this is a highly attractive economic proposition.
- *Utilization of Services.* Business Networking means taking advantage of a broad spectrum of electronic services. Each of these services represents part of the standard of the business bus. It is not the best service but the combination of services with the greatest market penetration which will establish itself. Investments based on the wrong standards are expensive and delay the development of the networked business.

3.6 Customer Process Support

Customer Process Support utilizes all the developments mentioned above to service the customer's problem-solving needs comprehensively and from a single source.

Customer centricity has long been a guiding principle for many businesses. However, this is usually limited to marketing existing products and services with as strong a customer focus as possible. Corporate strategy remains basically product-centered. The web sites of most companies provide the best evidence of this fact.

The enterprise of the information age focuses on the customer process. Networking, multimedia and high IT functionality at the customer's end make it possible to place the emphasis on the customer's problem rather than on the product [cf. Kühn/Grandke 1997]. Innovative companies have already gone over to supporting the complete customer process, i.e. the process which a customer goes through in order to satisfy a need. They offer customers every product, every service and every piece of information they need from a single source and guide them in this process. They become service integrator and specialist for this process.

With its help desk, the Zürich insurance company is pursuing its goal of supporting the customer throughout the complete process of handling a claim. Ideally, the insured party calls the help desk, e.g. following a car accident, which from that moment on assumes responsibility for the process. The help desk takes care of vehicle repair, the provision of a substitute vehicle and the settlement of claims, etc. Zürich is pursuing a dual aim here: firstly, its many years of experience in the field and its trained network of specialists enable it to handle the claim much more efficiently than the client can; this reduces the claim costs. Secondly, Zürich is relieving the client of tiresome tasks. This service becomes possible when Zürich can handle claims with a large number of partners so efficiently by means of information technology that it costs less than the conventional solution.

An example of a customer process which has already proved highly successful is logistics. Companies such as Kühne & Nagel, Danzas or FedEx offer their customers not just transport services but also a large number of additional services such as e.g. order tracking or inventory management. In extreme cases they even assume responsibility for the customer's complete logistics process. Automatic communication between the logistics service provider and customer management, order entry and production as well as with the financial accounting at the customer's end make this solution fast and economical.

Another example with considerable effects on the whole branch of industry is the process "car ownership". Car manufacturers, car dealers (AutoByTel), car magazines (AutoBild) and Internet shops (CarPoint) are starting to offer not just car sales, but all products, services and information from the selection and running of a car through to its disposal, from a single source (as already indicated in). In the past, customers had to take care of every partial task in the process "car ownership". They read the test reports in the car magazines, visited the dealer, studied brochures, obtained a loan, registered the car with the appropriate authority, kept an eye on service intervals, obtained road maps, planned travel itineraries, obtained traffic reports, navigated, placed an ad for their used cars, etc. In other words, the car owner had to act as an expert for the process without actually being able to become one, and was compelled to communicate with a large number of service providers, resulting in considerable time and effort both for customer and supplier.

The special feature of the development in the automobile trade is the fact that new providers are entering these markets by means of the Internet – portal providers and a car magazine. These are not tied to a particular brand of car, in fact their very strength lies in their independence. They begin with a topic portal which merely represents a loose collection of information and services, develop into a business community in which the participants of this network work closely together (e.g. exchange of quality problems) and finally try to offer not only all information, services and products for the process of car ownership but also to manage the process.

Marshall Industries (www.marshall.com) is a leading US distributor of electronic components and appliances (with 2,300 employees). Marshall supports – as embedded in its strategy [cf. Rodin 1999] – the customer process procurement of electronic components. In 1998 their web site was voted world best business-to-business site for a second time by the online magazine "Advertising Age" (ahead of Cisco Systems, Dell Computers and Compaq Computers). This corporation is a typical intermediary which sees its position in the supply chain network in the age of electronic commerce and supply chain management as being to enrich the pure trading in products and services to such an extent that the corporation becomes attractive to both suppliers and customers. With this in mind, Marshall set about shifting its activities to electronic platforms in a big way in 1993. Today, Marshall offers a product catalog covering a large number of suppliers, a news service, online seminars, a supply chain service and numerous other services around the product "electronic components" on the net (see) in addition to electronic commerce. Marshall's customers outsource part of their procurement process to Marshall.

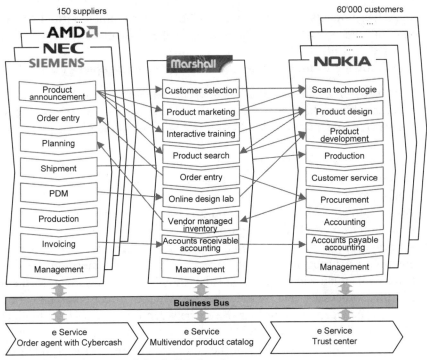

Fig. 9. Service Integrator Marshall Industries

An example of support for the complete customer process from the software sector is SAP. Over the past few years this software company has expanded its sale of software to include a large number of services and is pursuing the goal of supporting customers in all aspects relating to the optimization of their business processes. The focus, of course, is on introducing the software. SAP offers process management using the ASAP method, reference processes for reorganization (SAP Solution Map), templates for customizing, training for business engineers and users, remote consulting for specific questions, online information services regarding errors, plus newsgroups and list servers for communication between user companies. SAP provides remote maintenance (early watch) for system operation and even outsourcing of the operation [cf. Muther 1998]. Prior to and following introduction, SAP offers aids such as e.g. key performance indicators and benchmarks (www.mysap.com) to assess potential and monitor achievements.

Further interesting examples of service integrators on the net, which attempt to cover the customer process as widely as possible are Quicken, Charles Schwab, eTrade, Consors, Pointcast and SmartMoney for financial services or Travelocity and TIScover for tourism. [Mertens et al. 1998 18.]

analyze the products and services provided by 15 so-called Virtual Enterprises and end up with a similar picture of the networked enterprise [cf. Mertens et al. 1998, 64].

The following features can be identified from the examples given:

- *Specialist for Customer Process.* Service integrators master customer processes better than the customers themselves as, unlike the customers, the service integrators make these processes their strategic core processes.
- *Customer Resource Life Cycle.* Customer centricity is based on the customer process. It attempts to resolve the process and thus the customer's problem in the sense of the customer resource life cycle [cf. Ives/Learmonth 1984] and to combine as many products, services and information as possible for this purpose.
- *Virtual Community.* The extended form of the service integrator also comprises a virtual community which provides customers on the one hand with organized access to all the knowledge of relevance to them and their processes, and on the other hand makes direct communication possible between customers and also between customers and suppliers of the individual services [cf. Hagel/Amstrong 1997, 57].
- *Customer Data.* The support for the complete customer process makes it possible to collect detailed data on customers and on their utilization and purchasing behavior [cf. Hagel/Amstrong 1997, 128]. For data protection reasons, but equally for reasons of integration, a large part of these data could be located at the customer's in the form of a personal or business profile which they could make available to business partners on a selective basis, depending on the application.
- *Service Packages.* Service integrators typically offer multi-vendor product catalogs, product search, configurators, order registration and processing, payment, logistics, industry news, access to information services, seminars, discussion forums, help desks and product-related services such as support for the assembly of electronic components.
- *Globalization.* Service integrators rapidly break free of conventional regional boundaries and become global providers.
- *Outsourcing of Process Elements.* Customer process centricity begins with the support for a few services and can go as far as complete outsourcing.

A service integrator offers the customer considerable added value (Figure 10):

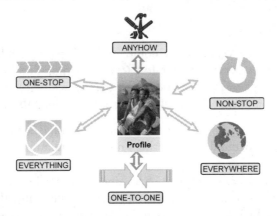

Fig. 10. Characteristics of Customer Process Support

- *Everything.* The customer obtains all products, services and information from a single source and only needs one business relationship.
- *One-stop.* The customer can complete his transaction in one stop. He never has to wait for the supplier – with the exception of the physical transportation of goods.
- *Anyhow.* The customer receives process support by the method she prefers.
- *One-to-one.* Communication with the supplier is tailored to the requirements of the customer (customer profile), from marketing to after-sales service.
- *Everywhere and non-stop.* The customer receives the services at any time and any place in the world.

A service integrator such as Marshall Industries uses the whole spectrum of IT applications outlined in connection with the five previous trends. The following should be emphasized however:

- The low-cost networking of all market participants via the Internet.
- The simple and cheap availability of multi-media solutions to communicate any form of knowledge.
- A broad spectrum of tools under the heading of "Customer Relationship Management" (e.g. Siebel). A collection of customer care tools is to be found in the tool database of the Institute for Information Management of the University of St. Gallen (www.ecc.ch).

Consequences

Over the next three years, many companies will try to establish a strong market position as service integrator. Classic corporations will try to extend their offerings in this direction, new companies will want to establish themselves in this form. The most important tasks along the way will be:

- *Customer Process.* The provider must not only understand the customer process but also build up superior know-how relating to the customer process.
- *Role in the Business Network.* A business has to decide the customer services for which it can itself act as service integrator, the service integrators to which it is going to deliver and/or the customers to which it is going to sell directly.
- *Critical Mass of Customers.* The service integrator needs a high market share, on the one hand in order to allocate the high investments involved in setting up the business to a sufficiently high number of transactions, and on the other in order to convince the suppliers that it is offering the right network. Service integrators may well compel suppliers to enter exclusive agreements [cf. Hagel/Singer 1998, 169].
- *Critical Mass of Suppliers.* Providers must convince the suppliers of the required services to offer these to the market through them. Customers will work with the service integrator in which they have the greatest confidence on the basis of the name and who offers them access to the greatest number of suppliers [cf. Hagel/Singer 1998, 169].
- *Business Community.* The greater the number of cooperating processes between the members of a business community, the greater the derivable benefit from the network and the greater the level of attractiveness for the participants.

Marshall Industries consider the following factors to be critical for success in their sector: customer service, product range (extent to which customer needs are covered), degree of product availability, price, technical information (knowledge) and value-added services.

3.7 Value Management

Shareholder value is the catalyst in the transformation from the industrial to the information age. It drives entrepreneurs to look for new business solutions on the basis of IT, serves as a standard of valuation for investments, ensures the supply of capital for risky innovations and controls implementation. Shareholder value will dominate in turbulent times of change, but in

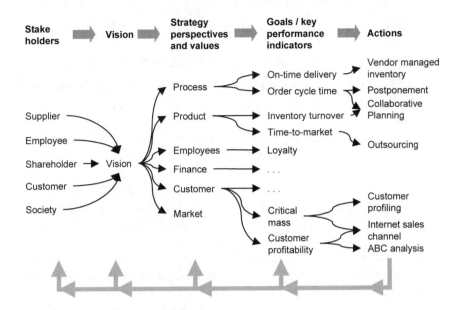

Fig. 11. Dimensions of Stakeholder Value

a networked world it is dependent on other dimensions of stakeholder value (see).

The vision of the enterprise is gaining in significance. The resulting corporate strategy determines the areas which will be critical for success. In the information age there will be a new emphasis: on the customer base, employee values, know-how, services, processes and networking.

Strategy defines goals and the key performance indicators. The information system supplies objectivized and updated actual values for all managers. It links the key performance indicators to the employee compensation scheme.

The classic enterprise is dominated by unidimensional, financial management. Sales revenues and, at most, contribution margins determine planning and controlling and performance-related remuneration. At Marshall Industries, Robert Rodin realized one of the most radical changes in the management of a trading company: he dispensed with every form of commission for the complete management and subsequently for the entire sales force, and introduced fixed salaries. He then went on to develop a "performance matrix" for assessing personnel according to their skills and performance in the areas which were critical for success (key performance indicators). In retrospect, Rodin describes this step as the most important prerequisite for mastering the transformation from a classic retailing business to an Internet intermediary of the information age [cf. Rodin 1999, 104, 238].

The characteristics of value management are (see Figure 11):

- Stakeholders have a common vision. This is the basis for the shareholders, for employee loyalty and for customer confidence. It determines values.
- Strategy concretizes the vision; it determines the areas critical for success (perspectives, critical success factors, value drivers) and formulates goals and measures.
- Management in the information age is therefore multidimensional. It sets objectives for financial performance, objectives for process quality [cf. Österle 1995, 105] and objectives for transformation of the enterprise.
- Management becomes future-oriented. Financial indicators document the past, while order cycle time considers customer satisfaction and thus the financial results in the future.
- Management becomes more direct. Sales revenues and costs represent aggregated information which tell the individual employee little about what she can do better. Customer returns, customer profitability, etc. are applicable to day-to-day business.
- Measures have to be adopted to implement strategy. The planning, execution and control of measures are at the heart of transformation.

What is new in all this? Strategic management, critical success factors, balanced score cards, key performance indicators and scoring systems have been around for some time and have triggered various management trends – and nevertheless only been partly successful. So what is different in the information age?

- *Process Measurement.* The ERP and CRM systems track all business transactions in detail. For the first time in the history of business management theory it is possible to record the key performance indicators for all areas which are critical for success automatically and objectively – and not just the financial performance indicators from accounting and costing – and to distribute them to employees on a daily basis (www.img.com, Process Measurement and Improvement). The Internet and smart appliances provide a flood of new data on customers, purchasing behavior, etc.
- *Knowledge Management.* Knowledge management now makes not only transaction data, but also less formalized knowledge from sources within and outside the business readily accessible.

- *Data Warehousing.* ERP, CRM, process measurement and external sources of information provide an unprecedented flood of data. Data warehousing provides the tools which make it easier to structure data, to store them separately from the operative systems and to generate evaluations to suit exact requirements.
- *Transformation Management.* During the transformation – and this will take at least 30 years – change management will take on special significance. Management en route to the information age therefore means operative management of the business on the one hand and transformation management on the other.

Consequences

The information age, but above all the road which leads to it, demands new management skills and tools. Important steps in this direction include:

- *Vision and Values.* The management team develops a common vision and common values which permit this vision to be realized.
- *Multidimensional Management.* Management must be easy to communicate. It must focus on a limited number (less than ten) key performance indicators [cf. Brecht et al. 1998] and concretize these down to the goals of the individual employees.
- *Compensation Scheme.* Performance indicators must be reflected in employee assessment and compensation.
- *Transformation Management.* Transformation management requires its own system of performance indicators, from project portfolio management, via migration planning and project management through to continuous improvement.
- *Management Process.* It is not the all-embracing data collection but the management process which determines what management will be based on and which data will be needed.

Autorenverzeichnis

Prof. Dr. Andrea Back
Institut für Wirtschaftsinformatik
Universität St. Gallen
Müller-Friedberg-Strasse 8
9000 St. Gallen
Schweiz

Prof. Dr. Dieter Bartmann
ibi Research
Universität Regensburg
Emmeramsplatz 5
93047 Regensburg
Deutschland

Prof. Dr. Walter Brenner
Institut für Wirtschaftsinformatik
Universität St. Gallen
Müller-Friedberg-Strasse 8
9000 St. Gallen
Schweiz

Prof. Dr. Thomas Hess
Institut für Wirtschaftsinformatik und Neue Medien
Ludwig-Maximilians-Universität München
Ludwigstrasse 28
80539 München
Deutschland

Dr. Michael Heym
NAVISCO AG
Wartenau 11
20089 Hamburg
Deutschland

Dr. oec. Konrad Hilbers
Home Shopping Europe AG
Münchenerstrasse 101 H
85737 Ismaning
Deutschland

Dr. Lutz Kolbe
Institut für Wirtschaftsinformatik
Universität St. Gallen
Müller-Friedberg-Strasse 8
9000 St. Gallen
Schweiz

Prof. Georg F. von Krogh Ph. D
Institut für Betriebswirtschaft
Universität St. Gallen
Dufourstrasse 48
9000 St. Gallen
Schweiz

Dr. Susanne Leist
Lehrstuhl für Allg. BWL insbesondere Wirtschaftsinformatik
Europa-Universität Viadrina
Postfach 1786
15207 Frankfurt
Deutschland

Dipl. Math. Klaus Lieser
Aktuelle Adresse unbekannt

Prof. Dr. Ludwig Nastansky
Fachbereich 5, WI 2
Universtität GH Paderborn
Warburger Str. 100
Postfach 1621
33098 Paderborn
Deutschland

Prof. Dr. Hubert Österle
Institut für Wirtschaftsinformatik
Universität St. Gallen
Müller-Friedberg-Strasse 8
9000 St. Gallen
Schweiz

Prof. Dr. Beat F. Schmid
MCM-HSG
Universität St.Gallen
Blumenbergplatz 9
9000 St. Gallen
Schweiz

Prof. Dr. Andreas Seufert
Prof. für Informationsmanagement
Fachhochschule Ludwigshafen
Fasanenweg 9
69190 Walldorf
Deutschland

Prof. Dr. Robert Winter
Institut für Wirtschaftsinformatik
Universität St. Gallen
Müller-Friedberg-Strasse 8
9000 St. Gallen
Schweiz

Dr. Rüdiger Zarnekow
Institut für Wirtschaftsinformatik
Universität St. Gallen
Müller-Friedberg-Strasse 8
9000 St. Gallen
Schweiz

Index

A

Ablauforganisation 123, 173, 258
Ablaufplanung 157
Ableitungskette 115
Applikation 42, 62, 72, 73, 167, 189, 247, 264, 340, 343, 345
Applikationsarchitektur 335, 338, 339, 348, 361
Applikationslandschaft 336, 338, 339, 341, 344, 347
Architektur 42, 69, 105, 107, 109, 111, 113, 114, 119, 121, 124, 126, 189, 190, 216, 248, 283, 330, 332, 337, 338, 349, 363
Architekturplanung 157, 339
Aufbauorganisation 119, 162
Aufgabenkette 153, 154, 162
Ausbildung 104, 167, 206, 216, 239
Automatisierung 176, 179, 325

B

Bankenarchitektur 360, 361, 362, 363
Basissysteme 243, 244, 245, 248, 260
Benchmarking 170
Beratungshäuser 114, 115
Betriebssysteme 36, 41, 193
Börse 179, 180, 187, 196, 219
Business Bus 356, 358, 359, 394, 395
Business concept 82
Business Engineer 169, 311, 312, 313, 314, 315, 316, 318, 360, 361, 367, 371
Business Engineering 169, 311, 312, 313, 314, 318, 360, 361, 367, 371
Business functions 85, 86
Business Innovation 152

Business Networking 369, 371, 377, 380, 390, 394, 397, 398, 399
Business Process Redesign 151, 169, 170, 320
Business Reengineering 152, 284
Business System Planning . 121, 122, 128, 362, 367

C

Change Management 317, 376
Community 212, 404, 406
Competition 381
Computer 2, 17, 35, 43, 79, 102, 133, 146, 150, 169, 200, 201, 205, 217, 228, 268, 271, 275, 316, 333, 377
Computer Aided Software Engineering 146
Computerisierung 179, 195
Controllingsysteme 243, 244, 260
Corporations 371
Customer 86, 158, 159, 160, 349, 380, 396, 401, 405, 408
Customer process 404
Customer Process Support 401, 405
Customer Relationship Management 380, 405

D

Data Warehouse 239, 241, 243, 265, 307, 336, 338, 341, 344, 345, 347, 348
Datenbank 20, 40, 45, 48, 234, 258, 263, 336, 342
Datenbanken 45, 46, 98, 121, 154, 162, 166, 182, 242, 252, 263, 273, 330, 337, 339
Datenintegration 19, 20, 21
Datenmodell 44, 112, 121, 337, 349

Datenqualität 336
Diensteebenen ... 321, 322, 325, 329, 330
Dienstleistung 178, 181, 183, 185, 203, 204, 208, 211, 218, 220, 255, 278, 281, 286, 323, 325, 328, 343, 346, 355, 357, 365
Dienstleistungsproduktion 243, 245, 264
Dienstleistungssektor 167
Dienstleistungsunternehmen 237, 238
Digitalisierung 271
Dokumentenmanagement 242
Dynamik 58, 306

E

e-Commerce 346
EDI 185, 186, 187, 188, 190, 192, 200
Electronic Commerce 322, 325, 331, 334, 391
Electronic Services 394, 398
Elektronische Märkte 98, 102, 170, 177, 178, 186, 188, 189, 194, 196, 198, 200, 273, 277, 287, 325
Enabler 153, 163, 165
Endbenutzercomputing 53, 54, 59
Endbenutzerwerkzeuge 42, 43, 78
Enduser Computing 98
Enterprise resource planning 376, 379, 395
Entwicklungsdatenbank .. 39, 42, 43, 45, 46, 48
Entwicklungskonzepte 36, 39
Entwicklungsumgebung 33, 36, 37, 39, 43, 46, 75, 78
Erfolgsfaktoren 78, 106, 155, 158
Ergebnismodell 153, 155, 160
Erlösrechnung 244, 248, 252
ERP ... 316, 379, 380, 381, 382, 390, 394, 395, 397, 408, 409
Exclusive Service Provider 355, 356
Executive MBA 311

F

Facilitating Conditions 289, 298, 302
Forschungsprogramm 97, 99, 101, 103, 104
Framework Knowledge Networks
.... 289, 298, 302
Führungskreislauf 116, 117, 126

G

Geschäftserfolg 339
Geschäftsmodell 360, 361, 362
Geschäftsnetzwerk 355, 357
Geschäftsprozesse 169, 174, 243, 340
Geschäftsprozessoptimierung 152
Geschäftsstrategie 111, 112, 114, 115, 153, 155, 157, 165
Global 200, 209, 333
Graphische Benutzerschnittstellen
.... 53
Groupware . 237, 239, 242, 243, 257, 265, 305, 307, 316

H

Handeln 234
Hardware 50, 73, 107, 193, 205, 206, 208, 210, 220, 269
Hierarchie 37, 123, 174, 175
Home Banking 225, 227, 229, 230, 231, 232, 233, 235
Hypertext 44, 78, 79, 274, 276

I

Identifikation 106, 114, 120, 160, 354
IM2000 .... 97, 98, 99, 100, 101, 103, 104, 111, 126, 138, 199, 201
IMG 153, 169
Informatik 17, 19, 59, 60, 78, 99, 100, 103, 111, 129, 149, 176, 188, 197, 221, 235, 270, 305, 307, 321, 338, 349
Informatikstrategie 98, 112

Information............4, 29, 33, 59, 79, 81, 92, 95, 98, 106, 113, 114, 122, 128, 129, 131, 134, 139, 146, 147, 153, 160, 169, 177, 187, 189, 195, 199, 204, 208, 210, 212, 214, 218, 232, 235, 239, 267, 268, 269, 271, 272, 278, 285, 286, 305, 309, 314, 320, 326, 349, 367, 369, 370, 371, 377, 405
Information Age........317, 320, 366, 369, 370, 376
Information Highway........267, 268, 271, 272, 273, 274, 275, 276, 277, 278, 279, 280, 284, 285, 286
Information systems development 132, 149
Information technology .82, 92, 148, 370
Informations- und Kommunikationstechnik..98, 195, 199
Informations- und Kommunikationstechnologie ...54, 59, 177, 195, 277, 352, 354
Informationsmanagement...........55, 58, 59, 70, 72, 75, 97, 98, 99, 100, 101, 103, 104, 113, 116, 126, 128, 152
Informationssystem............2, 5, 11, 19, 20, 46, 48, 71, 97, 98, 101, 107, 110, 112, 117, 121, 122, 123, 124, 125, 126, 128, 153, 154, 155, 162, 166, 183, 187, 215, 229, 338, 349
Informationssystem Architekturen 97, 101, 105, 106, 126
Informationssystem Management......105, 106, 107, 110, 115, 116, 125, 126, 128
Informationssystemarchitektur 232, 338, 339
Informationssysteme 1, 2, 5, 16, 17, 36, 46, 65, 98, 101, 105, 110, 118, 121, 123, 126, 148, 169, 174, 176, 177, 178, 185, 235, 349, 360, 367

Informationstechnologie....114, 128, 265
Informationsträger.....182, 268, 271, 272
Informationsverarbeitung........2, 16, 17, 21, 36, 98, 99, 105, 110, 114, 119, 120, 123, 128, 177, 199, 203, 204, 205, 212, 221, 349
Informationsversorgung 105, 241
Informationszeitalter..........281, 351, 353, 355, 358, 360, 362, 365, 366
Infrastruktur.......107, 114, 122, 194, 204, 208, 210, 220, 235, 267, 271, 274, 281, 286, 347, 353, 356, 358
Infrastrukturaspekt.....................271
In-home-Infrastruktur........203, 205, 208
Innovation.....………93, 94, 152, 161, 169, 305, 307, 320
Integration 2, 19, 20, 21, 31, 42, 47, 49, 112, 118, 137, 153, 169, 178, 186, 205, 206, 208, 210, 239, 242, 275, 310, 320, 334, 342, 346, 348, 357, 360, 380, 394, 398
Integrationsbereiche ...114, 119, 120
Interaktion 55, 60, 76, 228, 270, 275, 323
Intermediation 198
Internet 270, 273, 274, 279, 282, 285, 322, 325, 328, 331, 333, 334, 343, 356, 360, 370, 371, 375, 379, 380, 387, 388, 389, 390, 391, 393, 394, 400, 405, 408
Interorganisationssystemen 273
Intranet 295, 315, 383, 392
IS……... ...6, 11, 109, 110, 111, 112, 113, 115, 118, 120, 123, 126, 132, 133, 147, 190, 309, 310, 314, 316, 385
IS-Konzept.......110, 113, 117, 118, 119
IT............112, 114, 170, 205, 221, 235, 309, 312, 313, 315, 316, 317, 367, 370, 371, 376, 377, 381, 382, 401, 405, 406

K

Kanal 194, 209, 234, 356
Kernkompetenzen 278, 326, 352, 353, 355, 358
Kernprozesse 165
Know-how 42, 238, 239, 244, 250, 251, 257, 260, 263, 307, 354, 358
Knowledge 263, 287, 289, 292, 294, 297, 298, 299, 300,, 303, 304, 333, 377, 381, 382, 384, 385, 408
Knowledge Management..........289, 292, 294, 303, 381, 384, 385, 408
Knowledge Network Architecture 289, 300
Knowledge Work Processes 289, 298, 299
Kommunikation... 30, 31, 36, 41, 43, 48, 54, 113, 186, 191, 205, 206, 210, 212, 213, 218, 222, 227, 228, 264, 275, 281, 328, 330
Kommunikationsbeziehungen 55, 121, 327
Kommunikationsmodell 327
Kompetenz 98, 197, 358
Kompetenzzentren 101, 103, 104
Komplexität........2, 3, 20, 36, 45, 57, 182, 240, 324, 353
Komponentenliste 5, 6, 15
Konzept........10, 44, 46, 50, 56, 67, 69, 95, 103, 109, 113, 117, 118, 119, 191, 209, 214, 215, 217, 230, 241, 242, 274, 321, 322, 345, 346
Kooperation 104, 174, 191, 244
Koordination 10, 59, 172, 174, 175, 176, 177, 178, 188, 196, 244, 359
Kosten 105, 106, 121, 176, 184, 190, 196, 227, 234, 240, 248, 250, 256, 259, 261 331, 352, 354
Kostenplanung 251
Kostenrechnung.......... 244, 250, 256
Kultur 281

Kundenbedürfnisse....280, 352, 356, 357
Kundenbeziehung 339
Kundenbindung 354

L

Lebenszyklus 43
Leistung............... 156, 159, 251, 252
Leistungsanalyse 157
Lieferanten 13, 157, 175, 188, 278, 343
Logistik 180, 185, 186, 199, 200, 201, 326

M

Management............33, 67, 71, 78, 79, 95, 98, 100, 105, 108, 113, 115, 118, 120, 124, 126, 128, 131, 134, 146, 153, 165, 169, 170, 187, 198, 242, 257, 265, 270, 289, 292, 294, 303, 305, 306, 307, 311, 316, 320, 333, 343, 353, 360, 367, 371, 376, 381, 384, 385, 405, 406, 408, 409
Managementsystem ... 101, 107, 108, 126
Mandatshierarchie 254, 256
Marketing 108, 154, 172, 180, 183, 196, 197, 198, 199, 233, 291, 308, 338, 360
Markt................120, 154, 168, 172, 176, 177, 178, 193, 195, 208, 213, 217, 219, 226, 230, 236, 284, 305, 325, 329, 358
Märkte 59, 98, 102, 170, 172, 174, 177, 179, 185, 186, 187, 188, 189, 192, 194, 195, 196, 198, 199, 200, 226, 235, 273, 277, 285, 287, 321, 322, 324, 325, 326, 329, 333
Marktsysteme 185, 192, 193, 194, 195
Master of Business Engineering 309
Medium 182, 227, 271, 272, 274, 285, 286, 287

Mensch-Maschine-Schnittstellen
....53, 55
Messung 252
Methode..........1, 4, 5, 15, 16, 19, 22, 23, 24, 28, 32, 38, 42, 47, 53, 60, 102, 121, 153, 157, 160, 163, 200
Methodology engineering..........136, 148
Migrationsplan.....................124, 125
Mobilität..............184, 212, 214, 285
Modularisierung............................66
Monitoring.................................243

N

Networks 205, 289, 290, 292, 293, 294, 297, 298, 301, 303, 305, 307, 372
Netzwerk............49, 160, 183, 195, 207, 213, 216, 325
Netzwerke...........107, 193, 204, 205, 206, 208, 220, 275, 307, 359, 366, 367

O

Objektorientierte Modellierung 53
Objektorientierte Programmierung
....53
Objektorientierte Systeme 53, 54
Operational Data Stores......338, 344, 345, 346, 347, 348
Optimierung 214, 235
Organisation 45, 55, 98, 101, 106, 109, 110, 114, 118, 119, 122, 123, 126, 176, 184, 193, 194, 196, 200, 265, 270, 278, 307, 333, 338, 352, 367
Organisationsstrukturen.......162, 365
Out-of-home-Infrastruktur.........203, 204, 208, 210
Outsourcing................278, 396, 404

P

Partnern 178, 187
Partnerunternehmung..........111, 112

Performance..................41, 159, 409
Personal Information Management
....79, 98
Phasenmodell..............175, 177, 178
Portal 343
Positionierung..........118, 335, 340, 343, 344, 345
Process Measurement 408
Programmierumgebung 39, 40, 41
Programmierung.........36, 37, 39, 40, 42, 43, 53, 213, 214
Projektmanagement.........36, 39, 43, 45, 49, 118, 124, 169
Projektportfolio 111, 123
Projektportfoliomanagement 111, 113, 124
PROMET BPR 153, 154, 155, 156, 161, 169
Prozess.......29, 113, 122, 153, 154, 158, 174, 185, 193, 214, 230, 284, 322, 339, 353, 366, 367
Prozessentwicklung 152
Prozessführung 153, 154, 162
Prozesslandkarte.........................155
Prozessvision 155, 157, 165
Public Services 356

Q

Qualität 15, 118, 161, 280, 328, 331, 352

R

Referenzmodell 101, 169, 191, 235, 351, 363
Referenzmodelle..............165, 334, 348, 353, 360, 363, 364
Relationship...............................366
Repository 243, 244, 252, 253, 254, 257, 258, 261
Ressourcen.........104, 110, 111, 120, 122, 124, 166, 172, 194, 198, 206, 258
Rollenmodell 153, 158, 161, 165

S

Sales 384, 407, 408
SAP 170, 366, 379, 394, 395, 403
Service..... ......17, 62, 187, 216, 220, 223, 226, 229, 231, 240, 291, 355, 356, 358, 390, 393, 403, 406
Service Integrator 356, 358, 403
Shared Service Provider ...355, 356, 358
Smart appliances 377, 390
Software 4, 17, 21, 33, 39, 53, 55, 57, 60, 78, 99, 131, 136, 137, 143, 146, 148, 149, 150, 170, 184, 193, 200, 205, 207, 208, 211, 215, 217, 220, 244, 269, 270, 284, 316, 320, 333, 381, 389, 395
Softwareagenten.......321, 322, 323, 324, 326, 327, 328, 329, 330, 331, 332, 333, 334
Standardisierung...... ......19, 47, 167, 191, 206, 269, 276, 278, 332, 354, 355
Standardsoftware..... ....155, 157, 166, 167, 189, 207, 361
State of the Art 110, 169
Strategie..... 111, 112, 114, 129, 155, 157, 198, 335
Strategy 380, 407, 408
Success factors 86
Supermedium 275, 280, 286
Supply Chain 392, 396
Supply Chain Management 392

T

Technik.... ....21, 160, 195, 209, 229, 232, 269
Technologie............... 176, 177, 178, 180, 187, 220, 222, 227, 231, 270, 271, 308, 322
Telefon-Banking......... 226, 227, 228
Telekommunikation 176, 177, 204, 207, 268, 270
Telematik.................... 176, 177, 270
Tourismus.................................... 180

Transaktionskosten.......... ......173, 174, 176, 177, 179, 195, 234, 278
Transaktionssysteme 36, 48, 230, 276
Transformation 170, 188, 222, 306, 310, 320, 342, 344, 351, 365, 366, 370, 409

U

Ubiquität.............................. 177, 268
Universalbank............................. 361
Unterhaltungselektronik 203, 205
Unternehmensnetzwerk 353
Unternehmensnetzwerke ... 305, 353, 357
Unternehmensstrategie 128, 165
Unternehmungsführung.... ......95, 99, 107

V

Value Management..................... 406
Veränderung...... ....32, 104, 176, 203, 250, 275
Vererbung............. 53, 60, 66, 67, 68
Vernetzung 180, 183, 189, 196, 205
Vertrieb 225, 233, 234, 343, 353
Vision 129, 179, 180, 188, 223, 351, 353, 355, 356, 358, 362, 365, 366, 367, 409
Vorgehensmodell 106, 153, 165, 360, 363, 364

W

Wandel 59, 367
Wertschöpfungskette 120, 157, 165, 183, 353, 357
Wettbewerb 98, 173, 180, 233, 277, 284, 355, 356, 360, 366, 367
Wettbewerbsfähigkeit................. 151
Wissen..... ....2, 37, 99, 167, 208, 217, 238, 239, 269, 285, 354, 363
Wissensgesellschaft.................... 265
Wissensmanagement 307

Workflow 158, 159, 160, 167, 169, 257, 258, 259, 265

X
XML 331, 394

Z
Zahlungsverkehr........185, 207, 279, 282, 283
Zielsetzung 99, 106, 116, 280, 353, 360

J. Becker, Universität Münster; M. Kugeler, Münster; M. Rosemann, Queensland University of Technology, Brisbane, QLD, Australien (Hrsg.)

Prozessmanagement

Ein Leitfaden zur prozessorientierten Organisationsgestaltung

Prozessmanagement ist ein Leitfaden zur Gestaltung prozessorientierter Unternehmen, und folgt den einzelnen Phasen eines Vorgehensmodells, das sich in der Praxis bereits mehrfach bewährt hat. Der Projektablauf wird anhand einer durchgehenden Fallstudie, dem Prozessmanagementprojekt eines modernen Dienstleistungsunternehmens, beschrieben. Zusätzlich werden weitere Anwendungsgebiete der Prozessmodellierung, wie das Supply Chain Management, das Customer Relationship Management, die Simulation, die ERP-Einführung und das Workflowmanagement diskutiert.

4., korr. u. erw. Aufl. 2003. XXVIII, 639 S. 189 Abb. Geb. € **74,95**; sFr 116,50
ISBN 3-540-00107-7

R. Helbig, Basel

Prozessorientierte Unternehmensführung

Eine Konzeption mit Konsequenzen für Unternehmen und Branchen dargestellt an Beispielen aus Dienstleistung und Handel

Prozessorientierte Unternehmensführung betrachtet das Prozessmanagement von Unternehmen erstmals nicht fragmentiert aus verschiedenen Blickwinkeln sondern in seiner Gesamtheit. Es entwickelt systematisch einen Leitfaden zu einem umfassenden, konsequenten prozessorientierten Management-Ansatz. In einem zweiten Teil wird dargestellt, wie dieses Konzept in die Praxis umgesetzt werden kann und welche Auswirkungen es im überbetrieblichen Kontext hat. Eine erfolgreiche Unternehmensführung ist abhängig von den verfügbaren Informationen. Wie diese Informationen im Unternehmen effizient und effektiv erarbeitet und zur Verfügung gestellt werden können, erklärt dieses Buch.

2003. XIII, 359 S. 159 Abb. (Betriebswirtschaftliche Studien) Brosch. € **59,95**; sFr 96,-
ISBN 3-7908-0040-6

M. Kohlgrüber, Prospektiv Gesellschaft für betriebliche Zukunftsgestaltung mbH, Dortmund; H.-G. Schnauffer, Fraunhofer-IFF, Magdeburg; D. Jaeger, GEMI GmbH, Mettmann (Hrsg.)

Das einzigartige Unternehmen

Mit dem Potenzialscanner strategische Wettbewerbsvorteile entdecken

Jenseits gängiger Managementkonzepte zeigt **Das einzigartige Unternehmen** Möglichkeiten auf, wie Unternehmen auf Basis ihrer spezifisch gewachsenen Potenziale ihren Weg zur Einzigartigkeit finden können. Im Mittelpunkt des Ansatzes steht der „Potenzialscanner": diese Toolbox hilft, die bereits vorhandenen, aber nicht bekannten oder nicht systematisch genutzten Stärken des Unternehmens zu identifizieren, die als verborgene Schätze in Fähigkeiten, Wissensbeständen oder spezifischen Abläufen liegen können. Sechs Fallbeispiele schildern konkrete Anwendungsfälle aus Unternehmen und zeigen, mit welchem Ergebnis der Potenzialscanner dort eingesetzt wurde.

2003. VIII, 181 S. 53 Abb. Geb. € **34,95**; sFr 56,-
ISBN 3-540-00581-1

Springer · Kundenservice
Haberstr. 7 · 69126 Heidelberg
Tel.: (0 62 21) 345 - 0
Fax: (0 62 21) 345 - 4229
e-mail: orders@springer.de

Die €-Preise für Bücher sind gültig in Deutschland und enthalten 7% MwSt.
Preisänderungen und Irrtümer vorbehalten. d&p · 009534x

Business Engineering

▶ Erfolgreiche Umsetzung von Business-Engineering-Konzepten

▶ Ressourcen optimal nutzen

▶ Neue Potenziale erschließen

U. Baumöl, H. Österle, R. Winter (Hrsg.)
2004. Etwa 430 S. Geb. **€ 49,95**; sFr 80,00
ISBN 3-540-20517-9

▶ Methoden und Techniken für die verschiedenen Aspekte der Applikationsintegration

▶ Praktisch umsetzbare Ergebnisse

J. Schelp, R. Winter (Hrsg.)
2004. Etwa 380 S. Geb. **€ 44,95**; sFr 72,00
ISBN 3-540-20506-3

▶ Effiziente Gestaltung der internen IT-Managementprozesse

▶ Schnell verständlich durch Best-Practice-Beispiele

▶ Fallstudien als konkrete Hilfestellung bei der Umsetzung

R. Zarnekow, A. Hochstein, W. Brenner (Hrsg.)
2004. Etwa 350 S. Geb. **€ 44,95**; sFr 72,00
ISBN 3-540-20532-2

▶ Anleitung für die Planung und Realisierung von Wissensmanagement-Systemen

▶ Ausführliche Praxisfälle und Anwendungsbeispiele

▶ Anschaulich durch viele instruktive Abbildungen

G. Riempp
2004. XIV, 365 S. 101 Abb., 26 Tab. Geb.
€ 44,95; sFr 72,00
ISBN 3-540-20495-4

Springer · Kundenservice · Haberstr. 7 · 69126 Heidelberg
Tel.: (0 62 21) 345 - 0 · Fax: (0 62 21) 345 - 4229
e-mail: orders@springer.de

Die €-Preise für Bücher sind gültig in Deutschland und enthalten 7% MwSt.
Preisänderungen und Irrtümer vorbehalten. d&p · BA 22051

Printing: Strauss GmbH, Mörlenbach
Binding: Schäffer, Grünstadt